belle vue

人生風景・全球視野・獨到觀點・深度探索

地圖會說話【10週年增訂版】（二版）

從GPS衛星定位到智慧手機地圖，不可不知的地理資訊應用

作　　者　李文堯、林心雅
地圖繪製　李文堯
攝　　影　李文堯、林心雅

總 編 輯　曹　慧
主　　編　曹　慧
美術設計　比比司設計工作室
行銷企畫　林芳如
出　　版　奇光出版／遠足文化事業股份有限公司
E-mail: lumieres@bookrep.com.tw
部落格：http://lumieresino.pixnet.net/blog
粉絲團：https://www.facebook.com/lumierespublishing
發　　行　遠足文化事業股份有限公司（讀書共和國出版集團）
http://www.bookrep.com.tw
23141新北市新店區民權路108-4號8樓
郵撥帳號：19504465　戶名：遠足文化事業股份有限公司
法律顧問　華洋法律事務所 蘇文生律師
印　　製　呈靖彩藝股份有限公司
二版一刷　2021年4月
二版三刷　2024年6月18日
定　　價　480元
I S B N　978-986-99274-8-2　書號：1LBV4019

歡迎團體訂購，另有優惠，請洽業務部（02）22181417分機1124、1135
特別聲明：有關本書中的言論內容，不代表本公司/出版集團之立場與意見，文責由作者自行承擔

國家圖書館出版品預行編目（CIP）資料

地圖會說話：從GPS衛星定位到智慧手機地圖，
不可不知的地理資訊應用/李文堯，林心雅著. -- 二版. -- 新北市：
奇光出版，遠足文化事業股份有限公司，2021.04
面；　公分
10週年增訂版
譯自：Mapping the future with GIS
ISBN 978-986-99274-8-2（平裝）
1.地圖學　2.主題地圖　3.地理資訊系統
609.2　　110002689

線上讀者回函

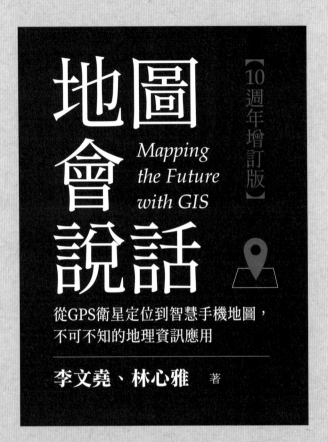

地圖會說話

Mapping the Future with GIS

【10週年增訂版】

從GPS衛星定位到智慧手機地圖，
不可不知的地理資訊應用

李文堯、林心雅　著

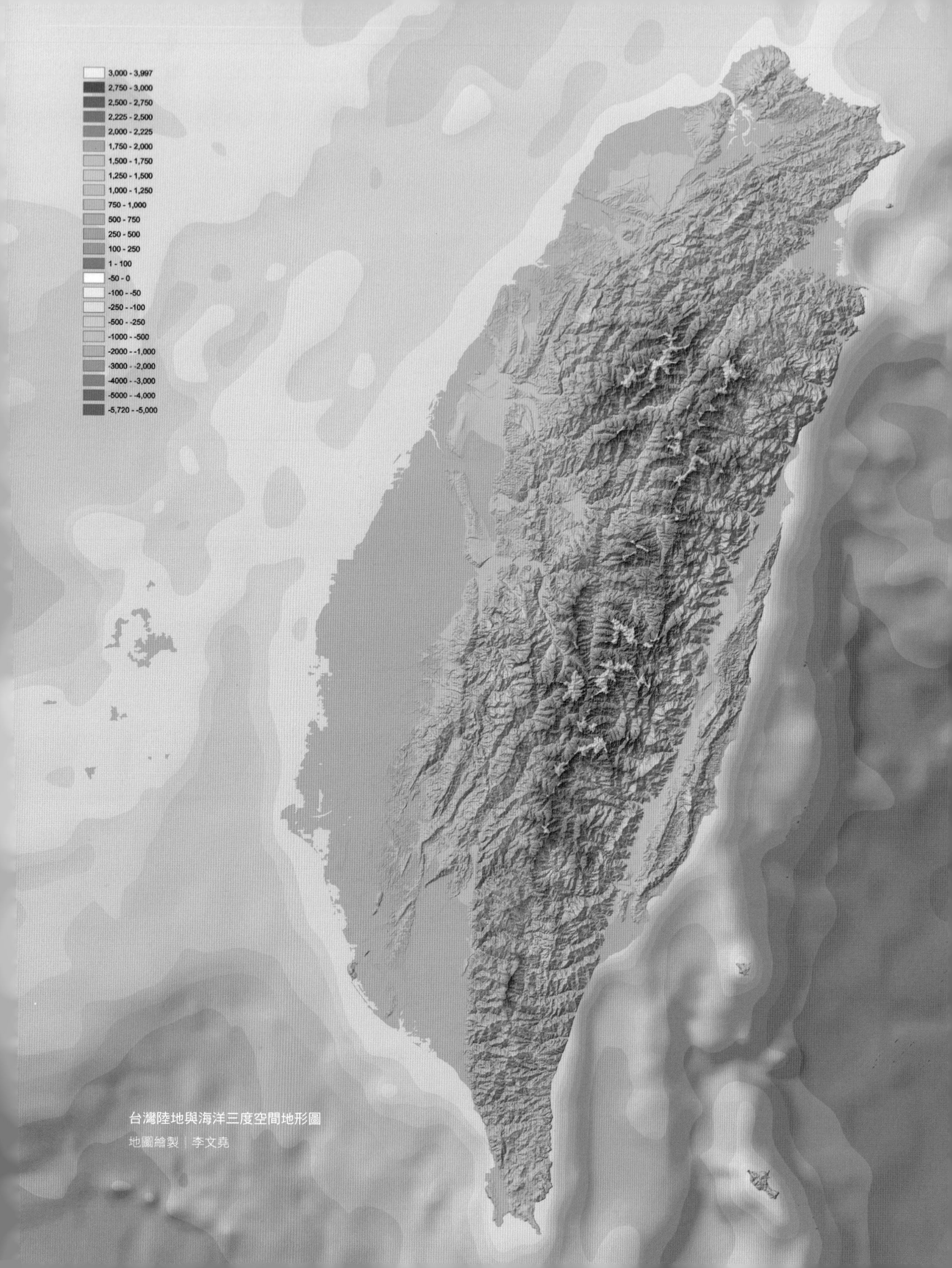

台灣陸地與海洋三度空間地形圖

地圖繪製｜李文堯

Contents

新版序 ………… 008

前言 再好的地圖也會撒些小謊 ………… 012

Part 1

全球視野

Global Vision

1-1 地球是圓的嗎？………… 020
1-2 海平面是平的嗎？………… 024
1-3 世界夜景&全球人口 ………… 030
1-4 人類的足跡 ………… 038
1-5 鳥瞰全球土地利用 ………… 046
1-6 日薄北海——磁偏角 ………… 054
1-7 更綠的田園 ………… 060
1-8 海底地形的呈現 ………… 066

Part 2

生態保育

Conservationn

2-1 要保護，先了解——台灣黑熊 ………… 074
2-2 長途跋涉的女子——用GPS拯救大象 ………… 082
2-3 政治地圖學——極地馴鹿繁殖區 ………… 088
2-4 候鳥遷移圖——追蹤雪雁與沙丘鶴 ………… 096
2-5 畫出棲地，保育珍禽 ………… 104
2-6 重建生態廊道 ………… 108
2-7 重整大沼澤生態體系 ………… 114
2-8 環境永續與環境績效指數 ………… 120

Part 3

生活應用

Practical Application

3-1 網路時代的視線分析……130

3-2 路易斯與克拉克探險圖……134

3-3 救火路線的設計……142

3-4 葡萄酒地理學——土壤與酒質……148

3-5 扭轉土地開發政策的地圖……154

3-6 政客的把戲——選區重劃……160

3-7 考古地理學——畫出地層年代……166

Part 4

疾病與天災

Disease & Disaster

4-1 全球PM2.5與台灣的空污……174

4-2 傳染病地理學——會破案的地圖……182

4-3 西尼羅病毒的擴散分布……188

4-4 龍捲風災害的分析與預防……196

4-5 天然災害預測——台北盆地淹水圖……202

4-6 記錄全球閃電的落點……208

4-7 即時自動繪製的網路地震圖……212

Part 5

氣候與環境

Climate & Environment

5-1 消失中的雨林……220
5-2 退縮中的北極冰帽……224
5-3 退卻中的喜馬拉雅山岳冰河……232
5-4 歐洲熱浪與加州大火……238
5-5 全球暖化──京都議定書與巴黎氣候協定……246
5-6 海面地形與聖嬰現象……254
5-7 臭氧耗蝕的遠慮近憂……260

Part 6

從空中透視

Mapping from Space

6-1 用雷達看地形變遷……268
6-2 巴拿馬地峽與運河……274
6-3 再現伊甸園──美索不達米亞濕地……280
6-4 火口湖的誕生……286
6-5 乾旱中的峽谷重生記……292
6-6 三十年的都市成長──上海……296
6-7 火星地形圖……302

後記 你不能忽視的地理資訊系統 GIS ……… 306

附錄 GIS起源於北美／GIS與主題地圖／GIS的空間資料／放眼看世界GIS ……… 312

參考文獻 ……… 320

相關資訊網站 ……… 320

新版序

舊版《地圖會說話：不可不思議的GIS》出版至今已超過十年，有機會發行這本【十週年增訂版】，實在是件可喜的事。十年前我們在舊版書中即已預言：「可以預見的是，未來在各種傳媒、日常生活、公共決策、甚至跨學術研究中，地圖出現的頻率一定會越來越高。」細心一點的讀者，應該早已察覺到這個趨勢了。

國內地理資訊系統（Geographic Information System，簡稱GIS）這十多年來與時俱進，從平日媒體的報導便可窺見端倪：例如二〇〇七年十二月報載環保署初步繪製完成台北市中山、松山、內湖區以平面方式呈現的「噪音地圖」，可做為民眾了解居家環境品質或未來購屋參考。例如二〇〇九年七月，台北市政府利用Google Earth衛星影像，抓出多筆山坡地濫墾，確定違規或災害事件位置及面積，結合航空照片判斷出違規案件。又如二〇一五年九月中下旬台南登革熱病例破萬，報載「一張圖告訴你登革熱正要往哪移」，由成大資訊工程學系師生在「用數據看台灣」網站呈現一張動態圖表，藉由每天的資料擷取和更新，用最快速而一目瞭然的方式，告訴大家現階段登革熱疫情的範圍及影響程度。

到了二〇一六年二月，報載內政部的國土規畫地理資訊圖台可查出「我家是不是在潛勢災害地段？」——內政部網址http://nsp.tcd.gov.tw/ngis/ 提供全台灣從二萬五千分之一到千分之一的都市計畫地圖供民眾查詢。二〇一六年三月，因南台大地震造成台南維冠大樓倒塌，土壤液化議題備受關注，經濟部表示將在三月中公布「土壤液化潛勢圖」的產製與查詢系統，屆時民眾即可上網查詢住家是否位於土壤液化潛勢地區。

上述僅是披露於報端的幾個實例，其他方面的應用不知凡幾，而且愈來愈具有時效性，跟我們日常生活息息相關。譬如要開車出門，會先查Google Maps看哪裡塞車；若想出門運動，用手機上網到環保署網站https://env.healthinfo.tw/air/查詢「PM2.5全台即時概況」，便能得知此時戶外空氣品質。

提到出門，曾在台北租過Ubike嗎？如果不熟悉停放據點，是不是要先在手機上查地圖，才知道距離自己最近的Ubike腳踏車在哪兒呢？或者租過WeMo Scooter電動機車嗎？WeMo二〇一六年十月開始營運，在台北市提供即時租借且「無特定租還地點」，騎到哪就停到哪兒，比Ubike租借更便捷也更有彈性。那麼當你要尋找附近有沒有WeMo機車時，是不是也要從手機上按圖索驥？你可知道，你的手機可暫時權充機車鑰匙，是因為每台電動機車均裝置GPS定位系統，搭配先進的無線通訊模組與各種感應器，因此監測平台可從遠端授權開啟發動機車或熄火？而你從甲地騎到乙地的距離和時間，其中涵蓋的定位和地圖運作，正是GIS與GPS結合應用的絕佳實例之一。這些租借路線和數據予以長期蒐集，便能透過GIS做進一步空間資訊分析，甚至可作為未來交通運輸改革規畫的參考。

而說到近兩年數位地圖的開發應用，不能不提一下席捲全球的《Pokémon GO》熱潮。這個風靡世界的新世代手機遊戲，中譯為《精靈寶可夢》或《去吧！神奇寶貝》，自二〇一六年七月六日從紐澳地區上架後，首月就創下五項金氏世界紀錄：一、首月營收最高（二．〇六五億美元）；二、首月下載數量最高（一．三億人次）；三、首月最多國家（七十國）下載榜冠軍；四、首月最多國家（五十五國）銷售榜冠軍；五、營收最快，僅二十天即突破一億美元。創造《精靈寶可夢》的Niantic公司執行長漢克（John Hanke）也一炮而紅。可能很多人會好奇，他如何把虛擬世界的寶可夢放到現實的街景地圖上，創造出這麼受歡迎的手機遊戲？

原來漢克從小愛玩電動，長大成為數位地圖專家，於二〇〇一年創立Keyhole影像技術公司，開發出一套數位地圖繪製軟體，並在二〇〇四年被Google看上而併購，這套軟體之後便成為Google Earth虛擬地球的前身。漢克進入Google地圖部門（"Geo" Division），帶領團隊從三十人增至一千多人，打造Google的地圖服務，讓它在Android和iPhone手機上結合GPS做出各種應用。

漢克既是電玩咖，一直想把地圖、手機、遊戲三者加以結合。二〇一〇年在Google內部成立Niantic公司，最先推出的手機app是《Field Trip》，提供用戶所在地點的旅遊導覽如歷史文化景點或知名美食等，利用手機的地圖吸引民眾探索周遭生活環境。第二個產品《Ingress》是一款擴增實境（Augmented Reality，即AR）的冒險遊戲，把GPS定位、多人連線遊戲、戶外景點探索等元素都放進去，玩家須親臨現實生活的地標，以取得所需的武器工具來增加遊戲點數，進而贏得更多領土並在戰鬥中打敗對手。其實《Ingress》就是《精靈寶可夢》的前身，其涵蓋的元素為日後的成功奠下堅實基礎。

二〇一四年Google在旗下Google Maps的官方部落格發布公告（其實是愚人節玩笑），說將開放「精靈寶可夢大師」（Pokémon Master）職缺申請，能在Google Maps地圖上尋找並捕獲大量精靈寶可夢的人，將能獲得在Google總部工作機會。這個假以亂真的整人玩笑，激發漢克的靈感，主動商洽Pokémon Co.希望獲得授權使用精靈寶可夢，剛好Pokémon Co.執行長石原恆和（Tsunekazu Ishihara）是Ingress玩家，結果一拍即合。

接下來兩年，Niantic便致力實現Google Maps的愚人節玩笑。在抓寶遊戲中，便是藉由擴增實境，結合智慧型手機的GPS衛星定位與相機功能，將虛擬的精靈寶可夢投射於現實空間如住家、公園、街道等，並呈現在玩家的手機螢幕上。此新創手遊的基本理念：一是鼓勵「探索」（exploration），用新的眼光看世界；二是「運動」（exercise），須起身到戶外；三是真實世界的人際交往（real-world social），玩家必須走出家門而非宅在家裡。漢克強調《精靈寶可夢Go》遊戲的真正用意，就是要「擴增」人們走出去與現實世界的他人實際互動體驗。

這就是為何街頭會出現抓寶人潮，蔚為奇觀，這在三年前是無法想像的事。即使你不抓寶，但當交通被人潮阻塞，看著大家盯著手機按圖尋寶之際，也會真切感受到數位地圖的潮流趨勢對日常生活的影響愈來愈深遠——甚或還能救命，如二〇一七年六月報載雪霸國家公園管理處設計登山步道導引APP，藉由智慧型手機的衛星定位、離線版數位地圖及擴增實境，即使無法收訊，仍可幫助山友判斷並確認步道，迷路時可自救並發送緊急求救訊號。

言歸正傳，回到增訂版新書：昔日在《大地地理雜誌》「地圖會說話」專欄發表了五十餘篇，然而二〇〇七年舊版僅收錄其中的三十三篇集結成冊；十年後的增訂版則多收錄十一篇有趣的地圖故事，篇幅足足增加三分之一，字數超過了十萬五千字。除了將具有時效性的主題（譬如全球暖化與巴黎氣候協定、退縮的北極冰帽、臭氧耗蝕現況、近年加州大火等相關議題）加以更新之外，新增內容包括視線分析、網路地震圖、環境績效指數、消失的雨林、都市成長、考古地理學等，涵蓋的主題更加豐富多元。

特別值得一書的，是新版中多加了兩篇台灣實地長期研究：一是關於生態保育——用衛星定位追蹤台灣黑熊——要感謝屏科大野保所所長黃美秀教授與指導研究生林宛青多年辛苦努力並提供第一手研究資料，將二〇一七年甫完成的〈衛星定位追蹤玉山國家公園台灣黑熊〉的論文研究結果與地圖放入本書中，讓我們對瀕危的台灣黑熊有更進一步的認識與了解。另一篇是關於台灣細懸浮粒PM2.5空污與癌症分布——感謝中山醫學大學廖勇柏教授繪製並提供台灣過去四十年（一九七二至二〇一一）癌症地圖，並感謝中興大學環工所莊秉潔教授提供參考資料並加註電廠污染源，具體說明空氣污染與癌症死亡率的關係，進一步詮釋該癌症地圖所顯示的意義。最後要感謝主編曹慧幾年前就提出「十週年增訂版」新書構想，補足舊版若干疏漏之處，並全心全意將之完美呈現。

如十年前曾經說過的，我們可以預見未來無論在生活環境品質、交通運輸規畫、市場人口分析、疾病擴散防治、醫療公共衛生、生態保育或跨學術研究等多方領域，任何與地理資訊有關，需藉由電腦儲存及處理龐大空間資料，並藉由數位地圖將時空分布關係具體呈現出來的，將愈來愈倚賴地理資訊系統強大的空間分析能力。此書英文副標：Mapping The Future With GIS即點出這個趨勢，期待地理資訊系統的應用更趨完善，引領我們走向更美好的未來。

Introduction 前言

再好的地圖也會撒些小謊

很多年前網路還不流行，地圖都還印在紙張上的時代，曾聽說一個關於製作地圖的小故事：一些專門製作地圖的大公司，會在自己出版的地圖上故意放進一些錯誤訊息，比方說一條不存在的街道，或是沒人聽過的地名。為何要這麼做呢？目的就是要防止競爭對手抄襲自己的地圖。一張地圖從蒐集資料、設計到出版，往往要花上無數的人力、物力與財力，地圖公司當然不願自己的心血讓別人不勞而獲。但要證明別人抄襲自己的地圖，有時是很困難，甚至是不可能的。為什麼呢？因為地圖應該是真實世界的縮影，例如從火車站出來沿著忠孝東路往東走，就該遇上中山北路，你的地圖能這麼畫，別人當然也能，你又怎麼證明別人抄襲你的地圖呢？

也不知道是哪位聰明人想出來的法子，那就故意在地圖裡放些錯誤資訊吧，如果這些錯誤資訊也出現在別家出版的地圖裡，對方總不能說這是實際查訪的結果，那就人贓俱獲了。

地圖是現實世界的簡化，製圖者就算真能做到「述而不作」，簡化過程中資料的取捨也不容易做到真正的客觀。美國雪城（Syracuse）大學教授蒙莫涅（Mark Monmonier）曾寫過一本相當有趣的地圖論著《如何用地圖撒謊》（*How to Lie with Maps*）。這本書很可能是有史以來最暢銷的地圖書。書裡開宗明義就說，用地圖撒謊不但很容易，而且根本就是無法避免的。因為要用兩度空間的媒介——不論是傳統的紙張或電腦螢幕——來表現複雜的三度空間實

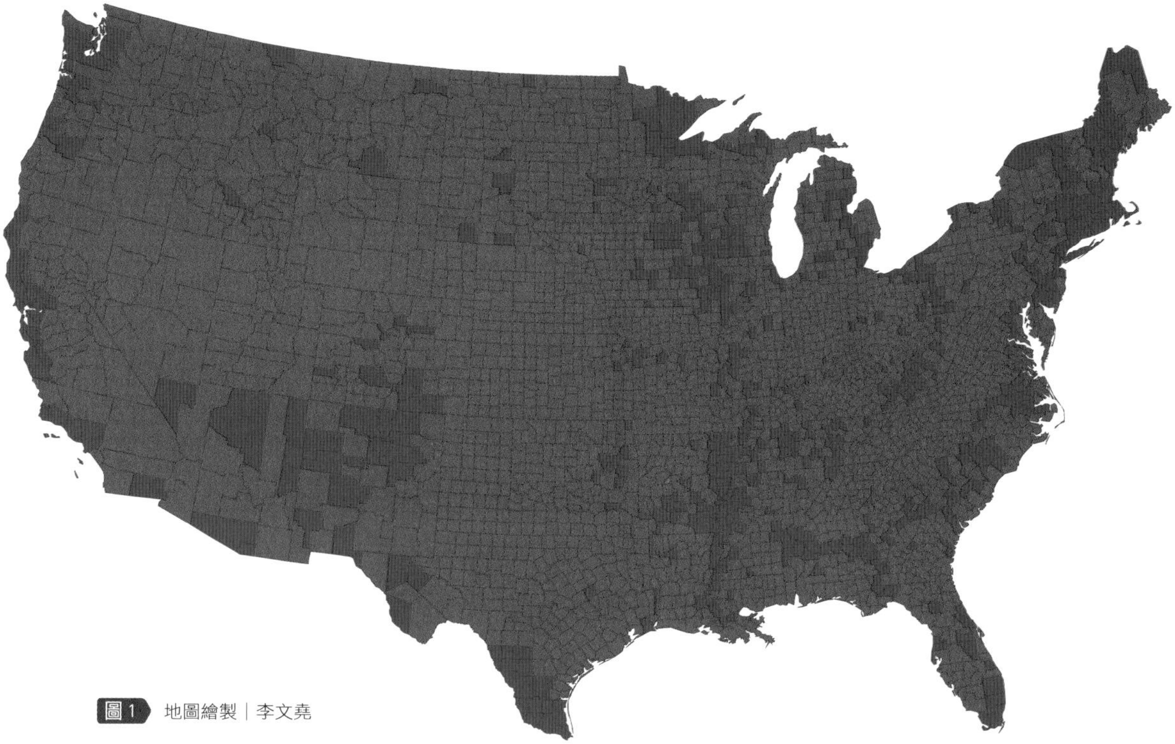

圖1 地圖繪製｜李文堯

體，地理資料一定要經過某種程度的扭曲與簡化。舉個簡單的例子，看慣了某些特定投影的世界全圖，不少人可能都有這樣的印象，格陵蘭的面積大概跟南美洲差不多大，但實際上，格陵蘭面積約只有南美洲的八分之一。

蒙莫涅教授用詼諧的口氣、深入淺出的例子來說明，地圖作為一種溝通或表達的工具，其實就跟語言文字一樣。製圖者為了傳達某種特定觀點或訊息，一樣可以仔細選擇符合自己需要的地圖符號語言，這就是以地圖來撒謊了。可惜一般人對於形之於語言或文字的誤導，或多或少都有一定的免疫力，但對於以地圖形式出現的錯誤訊息，卻很少有分辨的能力。

該書是在九〇年代初期寫的，作者可能沒有料到在過去一、二十年間，「不誠實的地圖」並沒有因此而減少，反而有越演越烈的趨勢！

原因是，在地理資訊系統（Geographic Information System）以及電腦繪圖軟體普及之前，地圖主要是以手工繪製。手工繪製地圖其實是一門相當專門的技術，一般製圖者對地圖符號語言的運用，諸如符號大小、形狀、顏色等，大都有起碼的訓練。但是近幾年來，由於網路發達加上地理資訊系統與電腦繪圖軟體的普及，很多完全沒有受過任何地圖雕繪訓練的人，都能在短短的幾分鐘內做出看起來非常專業的地圖。

再舉個眾所皆知的例子來說。我們都知道二〇〇〇年的美國總統選舉，曾被美國《時代雜誌》封為「有史以來最瘋狂的選舉」（The Wildest Election in History）。大選過後，我曾在某期《USA Today》看到一張如圖1的地圖，乍看之下一時猜不透圖的主題是什麼，仔細看了標題不禁有點意外。原來這張圖是二〇〇〇年美國總統大選的結果，紅色地區是共和黨布希獲勝的郡（county），藍色部分則是民主黨高爾獲勝的郡。高爾的得票數是超過布希的，事實上高爾的得票數甚至超過過去任何一位民主黨總統候選人的得票數，但是為什麼在這張圖上，民主黨看起來像是即將泡沫化的邊緣小黨呢？原因無它，這張圖用的是簡單二分法，任何一個郡，哪怕布希只贏高爾一票，這個郡也要著上紅色。整張圖給人的感覺是，共和黨取得壓倒性的勝利，而這當然與事實不符。

為了讓地圖與事實更吻合，我把選舉資料輸入地理資訊系統中，經過一番分析後發現，布希雖然在全國近八成的郡中領先高爾，但其中有六成的郡選票差距在兩千五百票以內。根據這個發現，我重新調整了地圖資料的分級與設色，使得兩黨在各郡選票數的差距也能呈現在地圖中（圖2），這張新圖與第一張圖相比，雙方顯得勢均力敵多了。這個分析與製圖的過程聽起來有些複雜，但藉著地理資訊系統的幫助，做此類分析所花的時間和寫這篇文章比起來幾乎僅是彈指間的功夫。然而接下來幾經嘗試，還是沒辦法中和面積因素所造成的影響，因為布希贏的郡面積總合就是比較大。於是我試著做一張三度空間圖（圖3）來表現選舉的結果。第三張圖就十分清楚解釋了，何以高爾贏的郡數目比較少，但總得票數卻比較高。高爾幾乎在所有人口密集的大都會都取得了壓倒性的勝利。

二〇一六年的美國總統選舉，很不幸地又發生類似的情形：儘管希拉蕊最終獲得較多的票數，卻主要集中在教育程度較高的都會區；而川普的支持群眾則多分布於廣大的鄉村地區。在美國為保障小州和偏鄉地區所採用的選舉人制度下，由川普奪得總統寶座而跌破大家的眼鏡。

以上這個選舉的例子說明了一個簡單卻常被忽略的道理：同樣的地理資料，可以用非常不同的方式來呈現。你所看到的任何一張地圖，都只不過是一組地理資訊在許多種可能中的一種呈現方式；其結果也可能大相逕庭，甚至誤導大眾視聽。

在邁進二十一世紀之際，地圖繪製與運用正歷經史無前例的革命性轉變。過去需由探險隊先實地踏勘才能手工繪製地圖，現在經由衛星、雷達、攝影、全球定位系統等先進

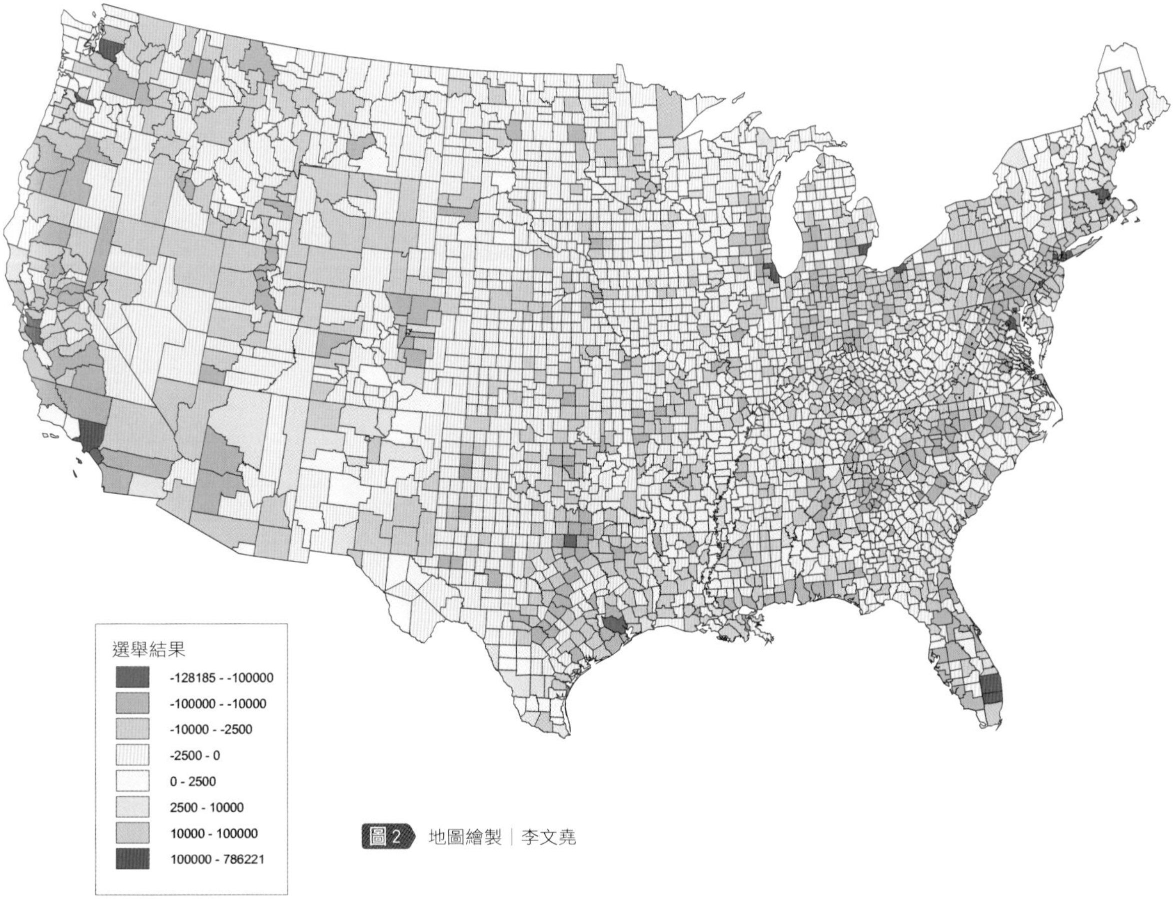

圖2 地圖繪製｜李文堯

技術所提供的大量資訊，藉著地理資訊系統或製圖軟體所提供的便利及效率，製作地圖已經不再是專業繪圖師的專利。地圖繪製者目光不但不再局限於肉眼所見，且能利用電腦龐大的儲存能力，將各種地理資訊整合製作出更精確而豐富多樣的地圖形式，除了上述選舉實例，此外諸如流行病擴散、棲地保育、環境資源管理，乃至氣候變遷與全球暖化等，均能藉由地圖做出與我們生活息息相關的各種分析應用。

可以預見的是，未來在各種傳媒、日常生活、公共決策、甚至跨學術研究中，地圖出現的頻率一定會越來越高。順應地圖大革命的時代潮流，我從二〇〇一年元月起，應《大地地理雜誌》前總編輯呂石明先生之邀開始撰寫「地圖會說話」專欄，用一張張地圖來說故事，深入淺出地介紹近十幾年來全世界地圖發展應用的實況與趨勢。專欄一直持續至二〇〇五年《大地》停刊為止，在那五年期間，常因公務繁忙，由內人心雅幫忙蒐集相關文獻、輸入空間資料、聯繫取得所需地圖，乃至協力撰寫工作。前後完成逾五十篇，在二〇〇七年舊版收錄其中三十餘篇集結成冊，十年後的新版多收錄了另外十一篇，並將每一主題內容與地圖加以更新。在後記中，並收錄我們曾在《大地》發表的專題報導——〈你不能忽視的地理資訊系統GIS〉，讓有興趣的讀者能進一步認識這門愈來愈普遍而且應用廣泛的新興學科。

地圖上看似不變的大地、山川和海洋，其實無時無刻不在變動。我們希望藉由各式各樣引人注目、不同主題的地圖，打破一般大眾對地圖的制式刻板印象，讓大家知道原來當今地圖的應用竟已如此廣泛，舉凡土地利用、交通運輸、疾病擴散、災害防治、生態保育規畫，甚至救火、送貨、搬家找房子等，一張地圖可以「很生活化」，可以和我們日常生活密切相關，而不僅僅是迷路找路時才用得到的密密麻麻的紙圖。

我們更希望能在有限篇幅中，揭露人類在地球舞台上諸多活動面貌，以地球村的宏觀視野包羅今日萬象大千世界，隨著精采清晰的地圖與淺顯易懂的解說，穿插生動有趣的圖片，帶領讀者在紙上臥遊千里，展開跨越國界超越時空的寰宇之旅。並期能讓讀者深一層理解到，

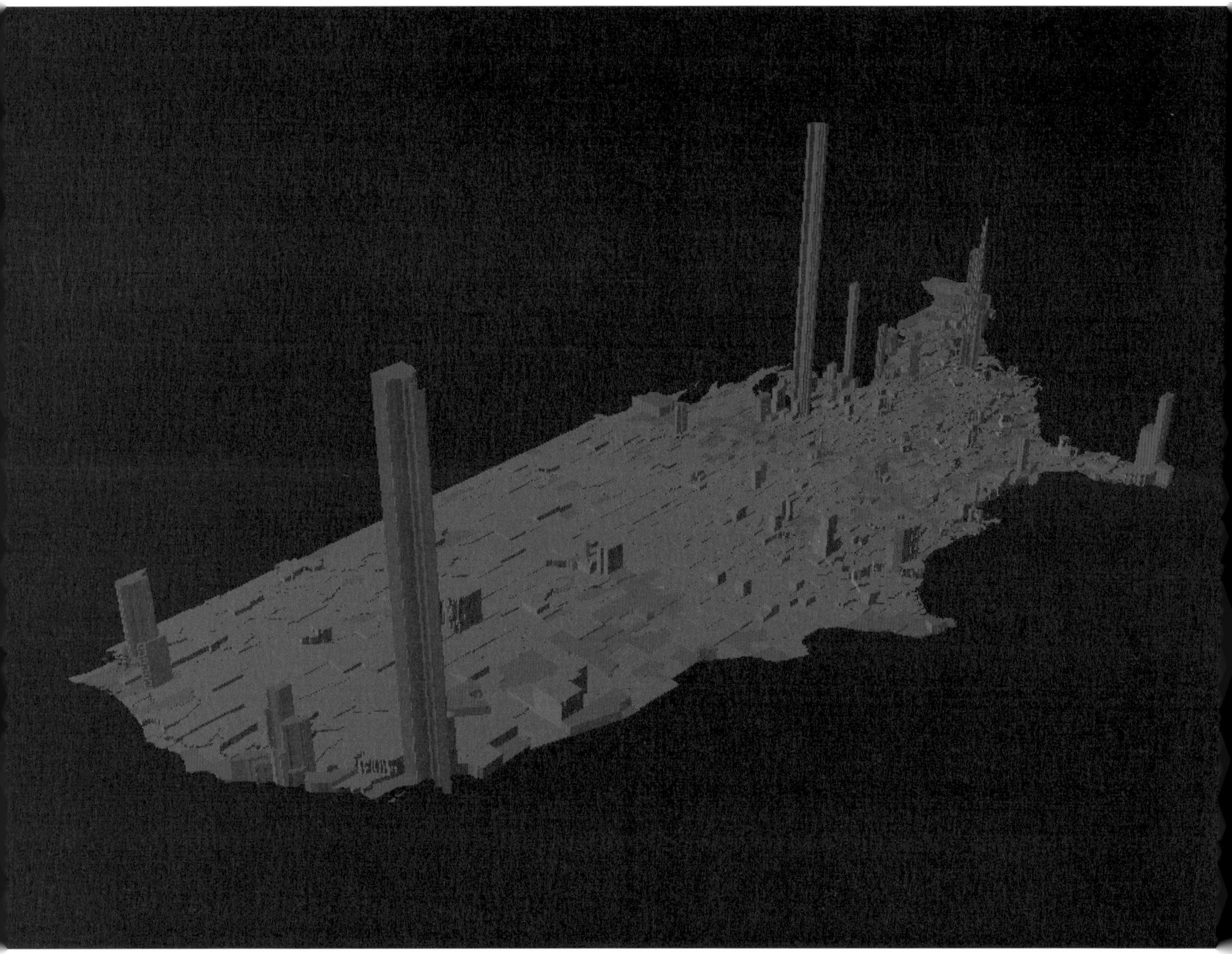

圖3 地圖繪製｜李文堯

善用地圖與地理資訊不僅能讓我們監測並改善生活品質，並能讓我們更了解自身所處環境及世界各地正在發生的現象及未來趨勢，開拓個人國際視野，胸中自有乾坤。

當然，最好的是能讓讀者和我們一樣，從解讀這一張張「會說話的地圖」及涵藏在地圖背後的故事中，讀出濃厚的趣味並得到破解地圖密碼的樂趣。

Part 1

全球視野 Global Vision

馬拉斯皮納冰河（Malaspina Glacier）前端，
此冰河面積約3,880平方公里，是阿拉斯加最大的冰河。

圖片提供｜USGS EROS Data Center Satellite Systems Branch as part of the Landsat Earth as Art series.

地球是圓的嗎？

幾年前在報上讀到一則很有趣的遊記，作者大概是當時矽谷經濟不景氣中被裁員的一份子。這位毫無登山經驗的年輕人利用這個難得的「假期」遠征南美，只花了兩個星期就實現了登上世界第一高峰的願望。

讀到這裡，細心一點的讀者大概會產生兩個疑問，一是兩個禮拜怎麼可能爬得上聖母峰？通常要適應高海拔的稀薄空氣就不只兩個星期。二是世界第一高峰怎麼搬到南美洲去了？

這位作者是怎麼自圓其說的呢？原來他用「地球的形狀」玩了一個小把戲。我們都知道，地球並不是一個完美的圓球體，而比較像個略微壓扁的橢圓球體，最突出的部分在赤道。由地心到赤道的半徑，要比由地心到兩極的半徑多出約兩萬多公尺。因此，如果從海平面算起，八八四八公尺的聖母峰當然是世界第一高峰，但如果從地球的中心算起，世界第一高峰的頭銜就得拱手讓給位於厄瓜多境內的青坡拉索山（Mt. Chimborazo）了。青坡拉索山的海拔高度雖然只有六二五三公尺，然而由於它的緯度只有一．五度左右，就在赤道附近，所以從地心算起，青坡拉索山的高度比聖母峰還要高出兩千多公尺。這種算法雖然有點「賴皮」，但對於夢想能登上世界之頂的人來說，倒不失為一種「安全」又「省錢」的替代方案。

古人說「天圓地方」，認為地表

↑ 太陽看起來是圓的，那麼地球是圓的嗎？

是平坦的。「地圓」的主張起源於何時已不可考。大約在不同的時期、不同的文明中都曾經被提出過，不過最早載諸於文字的要算是希臘人。早在西元前四世紀，亞里士多德就提出地球是圓形的主張，他舉出的證據包括：在海洋遠航的船隻，船身總是比船桅先消失在海平面下；由南向北旅行時，所看到星空會有些不同；月蝕的陰影是圓弧形的，因此造成陰影的地球也應該是圓形的等等。西元前三世紀的希臘學者甚至利用季節性陽光角度的變化，估計出地球的圓周大約是四萬公里左右，相當接近我們今天所使用的數據。

地圓的說法一直到十七世紀末，才被牛頓提出「地球是橢圓形」的主張所取代。牛頓認為因為地球自轉的效應，地球表面在赤道附近的離心力要比兩極為大，因此赤道附近的周長應該比正常的球體略長一些。牛頓並預測，地球在赤道的半徑應該比兩極的半徑多出三百分之一左右，這也相當接近今天我們使用的數據兩百九十八分之一。十九世紀以降，地球的形狀又經過多次的「修正」，但基本上都假設地球為橢圓體，主要差異還是在於地心到赤道與兩極半徑的差距比。

人類進入太空時代後，對地球形狀的測量又向前邁進了一大步。我們今天知道地球的形狀其實也不是一個規則的橢圓體，而是一個近似橢圓卻不太規則的地球形（geoid），這個不規則的地球形

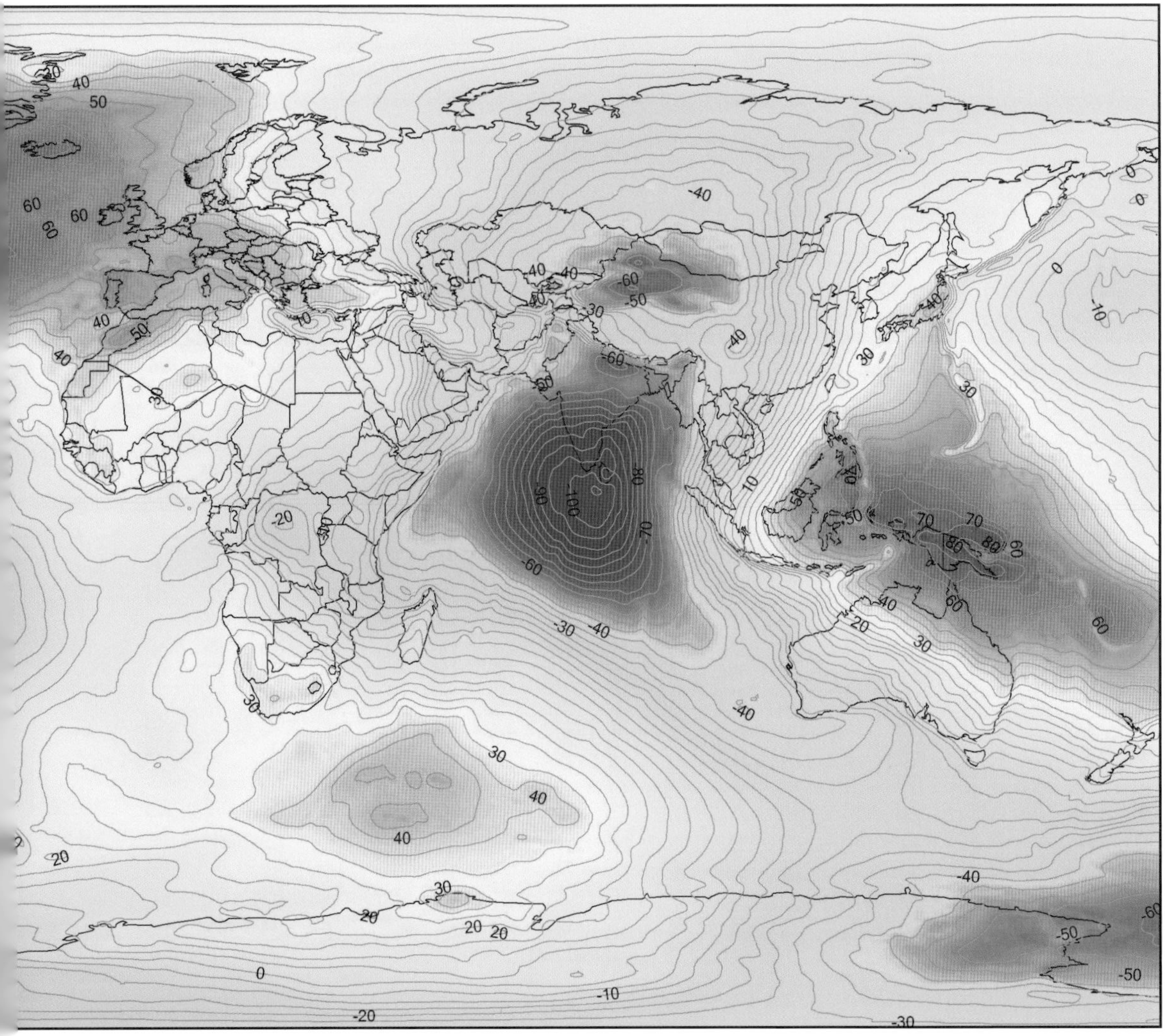

跟理想的橢圓體只有很小的差異。不過這個不規則體，既非正圓球體亦非正橢圓球體，沒辦法用數學公式來表達，一般是用「等高線」來表達地球形偏離規則橢圓球體的程度。

從圖1-1可以看出，兩者差距最大的地方是在印度南方，地球形要比正橢圓球體凹下約一百公尺左右，在新幾內亞附近，地球形則比正橢圓球體突出約八十公尺。科學家相信這些訊息將有助於我們了解地球內部的構造，以及板塊運動、火山、地震等地球內部的活動。

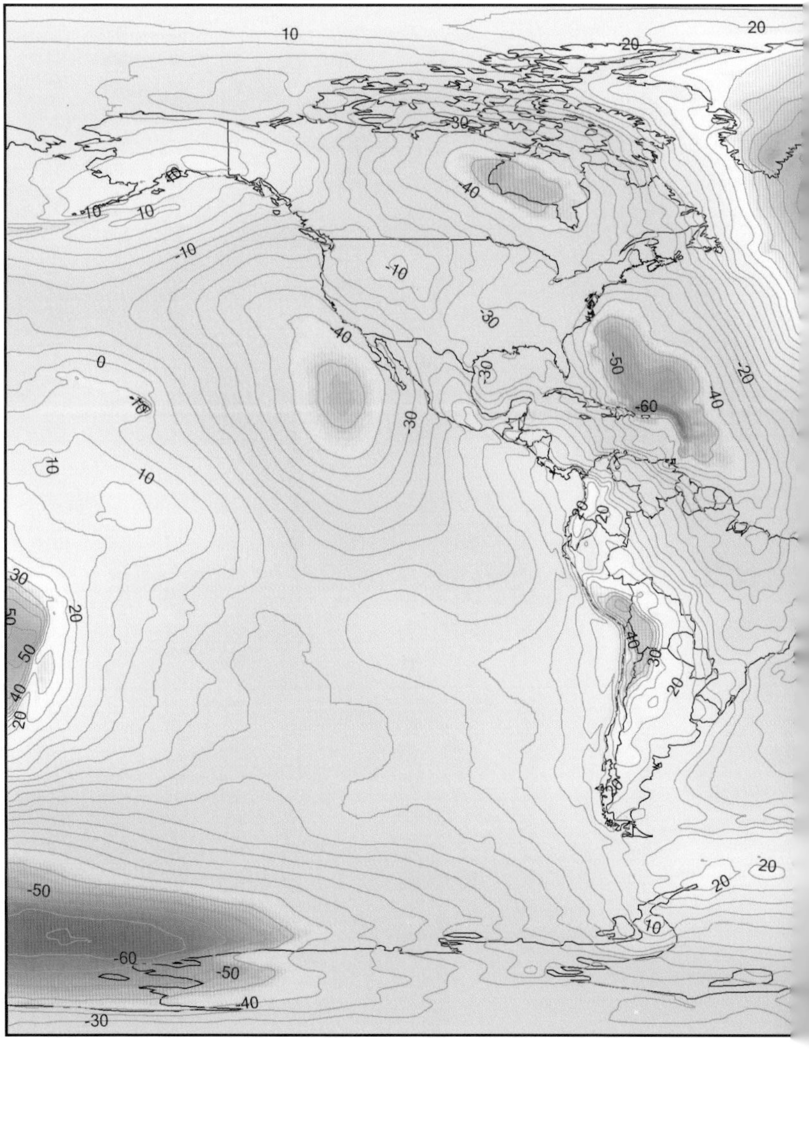

圖1-1 地球形圖

等高線表示地球形高出或低於規則橢圓球體的高度。

地圖繪製—李文堯

Global Vision

海平面是平的嗎？

在人類繪製地圖的漫長歷史中，恐怕沒有任何一張地圖的製作會比海底地形圖來得更加困難了。可能也沒有第二張地圖能像海底地形圖一般，在地球科學的領域中引發革命性的新理論，從而讓科學家對我們居住的地球有了全新的認識。

早在十七世紀，地圖學家就已經能繪製出相當準確的月球表面地形圖。但卻一直要到二十世紀中葉，人類對海底地形的測量以及資料的累積，才足以繪製出比較可信的全球海底地形圖。為什麼會有這樣奇怪的現象呢？道理說穿了也很簡單，因為我們看得到月球的表面，卻看不到海底的地形。看不見的東西，當然是比較難畫的。

雖然古希臘哲人早已用簡單的對稱原則做出不太離譜的推測：海底的深度應與陸上山脈的高度差不多，但是人類對海底地形的探索過程，卻完全可以用瞎子摸象來形容。一直到聲納發明以前，測量海底深度的辦法就是把繫著重物的繩索垂到海底。這種測量方法不僅準確性差，而且相當費時，一個深度點的測量可能就要花上幾個小時。儘管使用現代最進步的聲納探測船，每隔一百公尺測量一個深度點，也要超過一百年才能將全世界的海洋測量完畢。

蒐集海底地形資料是如此的困難，因此直到一九五〇年代後期，美國國家地理學會與美國地質學會才出版了一套世界海底地形圖。以今日標準檢視之，這些地圖固然不

↑ 望著大海，我們可曾懷疑：「海平面是平的嗎？」

夠精確，卻足以讓世人窺見海底的地貌，原來海洋之下也有高山與深谷！而其中最引人注目的地形就是中洋脊（Mid-Ocean Ridge）：這座巨大的海底山脈北起冰島附近，往南居中貫穿大西洋，繞過非洲的南端後蜿蜒進入印度洋，並在此處與延伸自東非的印度洋中洋脊交會，接著朝東南方向延伸，繞過澳洲的南方進入太平洋。這些巨大的海底山脈最寬可達一千五百公里，其總長度可達六萬餘公里，最高山峰的高度甚至超過聖母峰。

中洋脊的發現，讓地球科學家重新思考德國魏格納（Alfred Wegener）於一九一二年提出的大陸漂移理論。魏格納根據大陸海岸線的形狀以及古生物化石等證據推

→ 月亮雖遠卻看得見，比看不見的海底地形要容易描繪。

論：世界上的大陸原本是連在一塊兒的。但因為無法解釋大陸移動的原因，他的理論始終沒有被接受。直到中洋脊的發現，以及接下來一連串對中洋脊兩側海底地殼的形成年代與地磁測定，終於使得一套革命性的板塊理論在一九六〇年代逐漸形成。原來地底的岩漿會不斷從中洋脊湧出，形成新的海底地殼，並將舊的海洋地殼以及大陸地殼向兩側推擠。根據這個理論，我們現已得知無論是造山運動、地震、或火山作用都與板塊的活動有密切關係。

在過去的一、二十年中，拜太空科技之賜，人類對海底地形的認識又有了突破性的進展。

一九九五年，歐洲太空總署（European Space Agency）以及美國海軍相繼公布了由衛星測量的全球「海面高度」的資料——不是「海底高度」，而是「海面高度」——人類的科技還沒有進步到可以由太空直接觀測海底地形的程度。

也許你會奇怪，海面怎麼會有高度？平常我們說海拔若干公尺，不就意謂著海面的高度是零嗎？而且就算海面也有高低起伏，那又跟海底地形有什麼關係呢？

不論在幾何習題或日常生活中，我們都常用到「水平」這個名詞。流動的水自然不平，然而靜止的水體表面就一定是平的嗎？

稍微想一想我們就該知道答案是否定的。大洋的表面不就是彎曲的嗎？確切一點來說，我們平常說的「水平面」或「海平面」應是指「等位能面」（Equipotential Surface）。也就是說，在靜止的水面上，每一點所受的重力牽引是相同的，否則水就會流動。如果地球是個完美的橢圓球體，表面沒有任何高低起伏，那麼海水的表面也會是個完美的橢圓球面（不考慮風、洋流、潮汐等作用）。但實際上，真正的海水面與這個理想的橢圓球面之間（也就是實際值與理論值之間）的偏差最多可達一百公尺。這是怎麼一回事呢？

我們知道重力或萬有引力是由質量所產生的，如果海底有座大山，那麼這座大山的質量就會把它周圍的水吸引過去，這「多出來的水」就會使得這個地區的海面稍微凸起來一點。同樣的道理，海底深谷的海水面則會比較低。不過這種因為重力異常（Gravity Anomaly）而產生的海水面高度變化，與大洋的面積相比是非常微不足道的，因此無法以肉眼觀察出來。但是經由衛星上攜帶的高度計便可以非常精準地測出海水面的起伏，其誤差可以在幾公分之內。由於海水面的起伏與海底地形的起伏是有高度相關性的，科學家便可藉此來推估海底的地形。

美國Scripps海洋研究所的桑德威教授（David Sandwell）與美國國家海洋氣象中心（NOAA）研究員史密斯（Walter Smith）便將這套衛星測量的海面高度資料，配合過去三十年來累積的聲納探測海底深度資料，經過複雜的計算以及與實地資料反覆的核對，建立了一套全球海底地形資料庫。這份資料就其涵蓋範圍與精確程度而言都是空前的，許多偏遠地帶（特別是南半球）的海底地形，第一次準確的呈現在世人面前。圖1-2的海底地形就是利用這份資料庫所繪製的。

桑德威與史密斯所建立的資料庫解析度大約在三至十公里之間。相較之下，在二〇〇一年由美國太空總署完成的太空梭測量「陸地表面高度」的任務，其資料解析度高達三十公尺，而且整個飛行任務只花了十天！由此看來，人類對海底地形的探測還有很長的路要走。

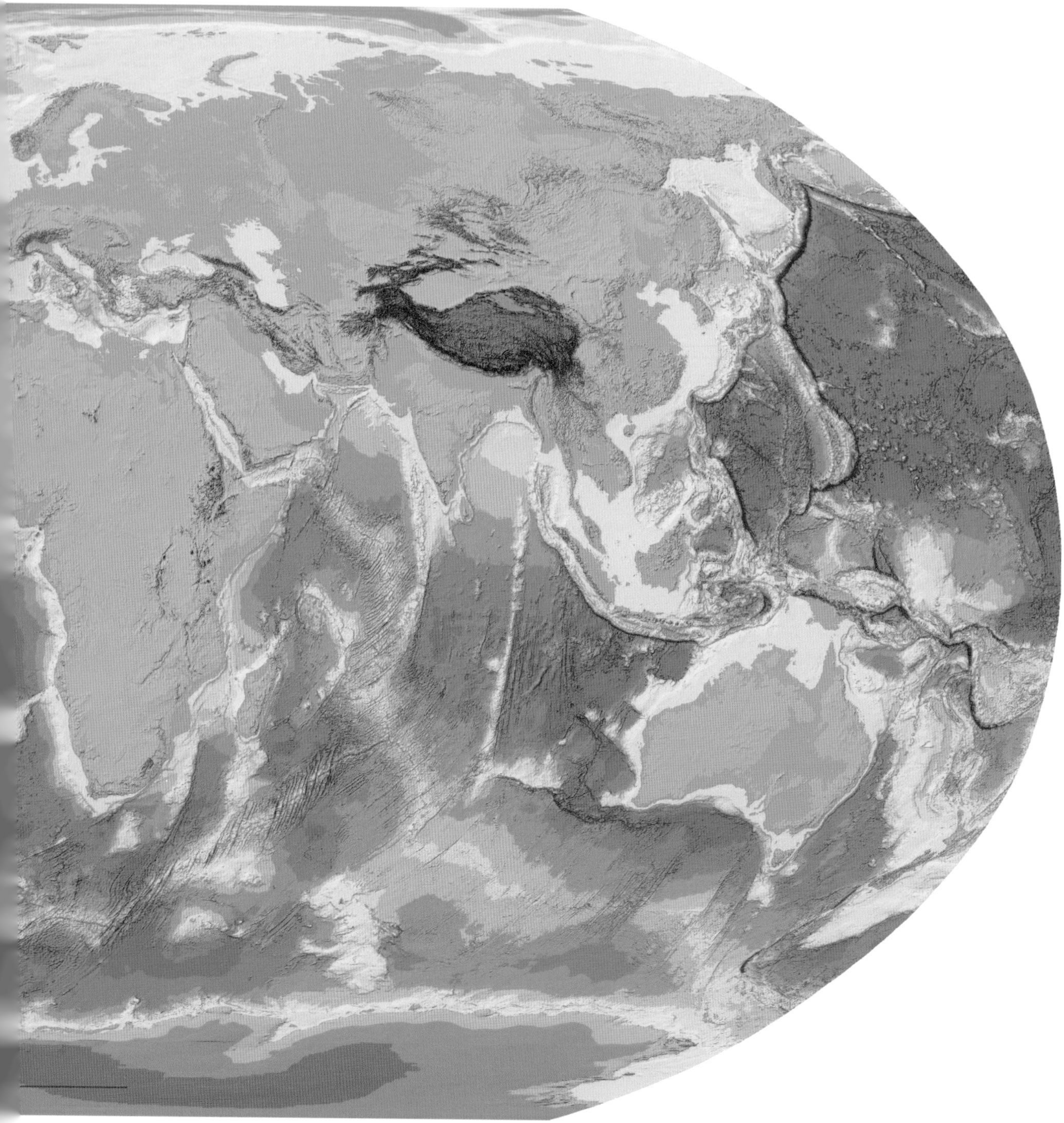

圖 1-2 世界陸地＆海底地形圖

地圖繪製｜李文堯

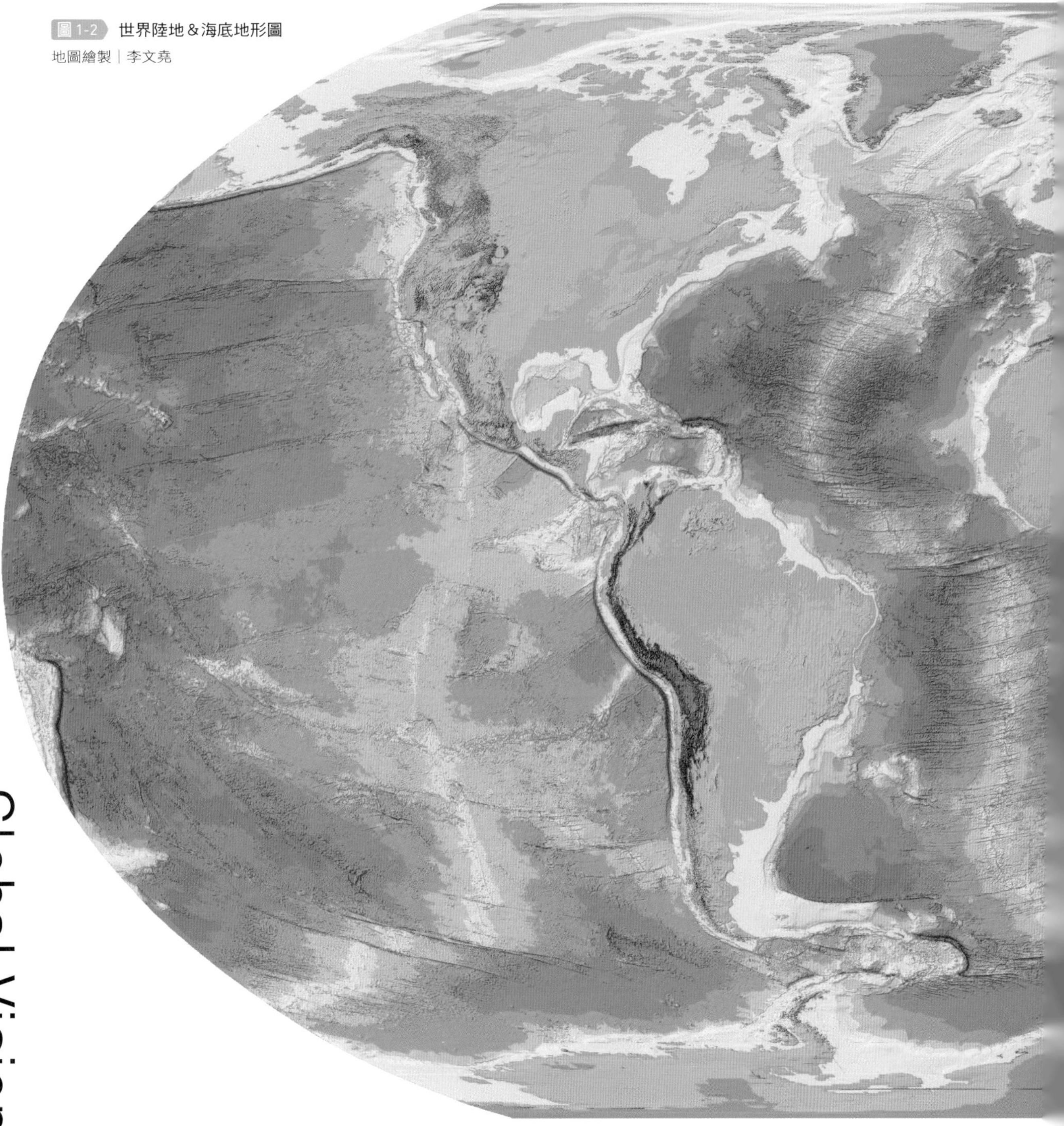

Global Vision 1-3

世界夜景&全球人口

看過銀河嗎？如果答案是否定的，你也不需要太在意，因為世界上約有五分之一的人口是居住在光害太嚴重而看不到銀河的地區。上一次覺得月光很明亮是多久以前的事呢？如果已經太久，這可能也很正常，因為一般城市裡夜晚的燈光往往比滿月還要明亮。古人曾用「清光四射」形容月光，都市人可能覺得有點誇張。或許有一天，老師得帶著小朋友離開城市去看星星，就好像現在去動物園看猴子或大象一樣。

圖1-3A 是根據美國國防氣象衛星計畫（Defense Meteorological Satellite Program）蒐集的資料所繪製而成的全球夜晚燈火圖。由圖中可以看出，最明亮的地區即是都

圖 1-3A 全球夜晚燈火圖｜地圖提供｜NASA/NOAA/DMSP

Global Vision

市化最明顯的地區，包括美東、歐洲、日本都是夜晚燈火最輝煌的地方。但燈火的亮度卻不一定和人口密度成正比，如人口最多的中國和印度，在圖中的亮度就不及西歐與美東。

從夜景圖中也可看出，城市經常沿著海岸線及主要交通路線發展。最明顯的是美國境內網格狀的州際道路連接了大小不一的城市，俄羅斯西伯利亞鐵路沿線的城市清晰可見，埃及境內的城市燈火則沿著尼羅河岸，如圖1-3B。當然，地球表面仍有很大的面積在夜晚幾乎沒有什麼燈光，南極洲是全黑的，偌大非洲及南美亞馬遜叢林的夜晚也很黑暗，此外像澳洲、蒙古、西藏、西伯利亞和加拿大北部的極地也都燈火寥落。

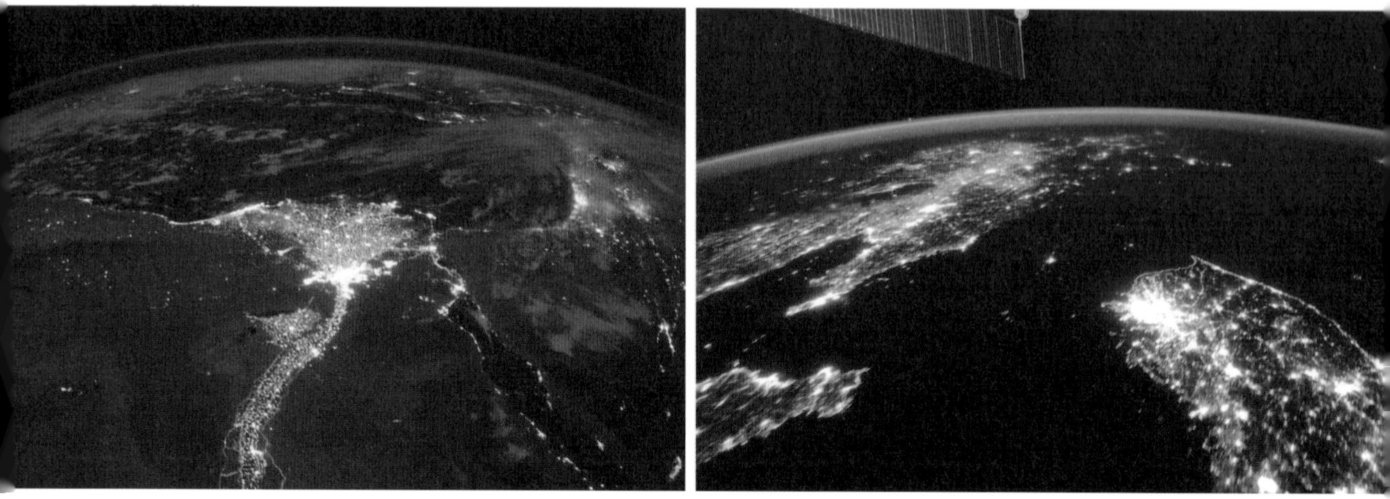

圖1-3B 左：埃及尼羅河沿岸燈火。右：韓國夜晚燈火圖：北韓與南韓相對比，讓人想到「共產鐵幕」一詞。
圖片提供｜NASA/NOAA/DMSP

美國軍方這項國防氣象衛星計畫早在一九七〇年代就已著手進行，當初觀測的目的並非蒐集地表夜晚燈火的資料，而是利用月光觀測夜晚雲層，作為飛航的參考。計畫開始不久，研究人員就發現在無月的夜晚，衛星也能清楚記錄地表的燈火，但當時這些資料還未被善加利用。直到一九七〇年代中期，研究人員才將這些資料加以整理並應用於人口、環境等方面的研究。

長時間觀測的燈火資料，也能用於觀察都市擴張的程度及其對自然環境的衝擊。我們可根據燈火資料，判別都市化最快的地區；都市化與環境敏感區域疊圖後，我們就能及早發現那些最需要管理與保護的地區。此外，即時觀測的燈火資料更能用於監測夜間的人為或天然災害，例如大規模停電、森林火災、火山爆發等。

夜晚的燈火資料也可用來推估人口在空間上的分布。雖然在全球的尺度上，夜間燈火的亮度和人口密度不一定成正比，但在一個局部的區域內，我們仍可用燈火資料來推估人口分布情形。一般人口普查資料大都以行政區域為單位，我們可以知道某行政區內的「人口總數」，但行政區內的「人

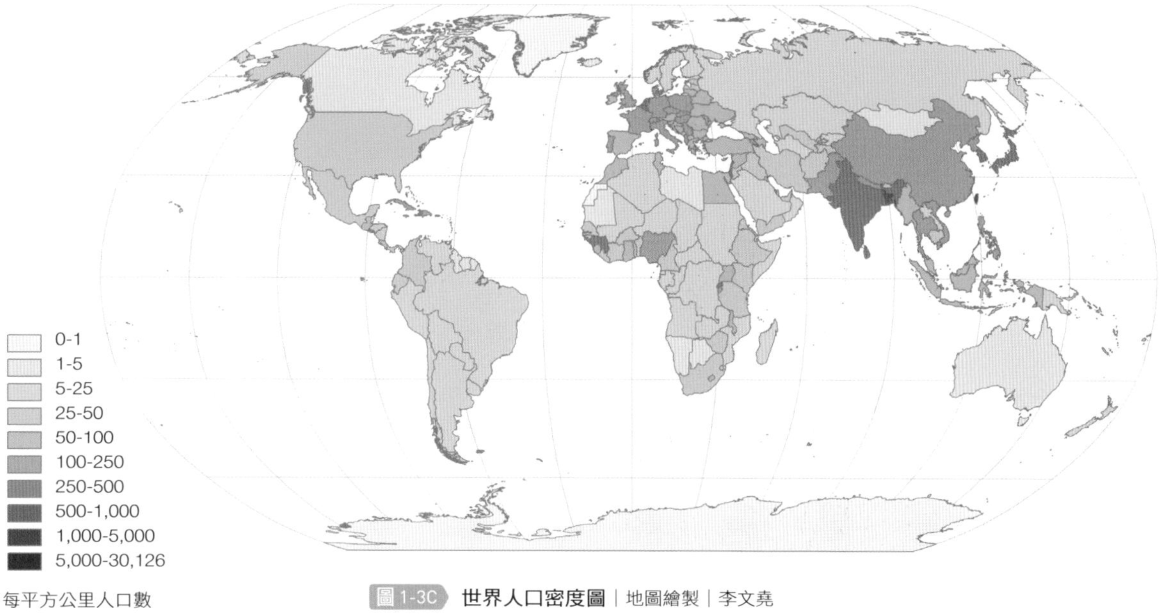

圖1-3C **世界人口密度圖**｜地圖繪製｜李文堯

口分布」就無從得知，這時燈火的分布就派上用場了。研究人員以燈火資料模擬出的美國城市人口密度及分布，與實際普查資料相當吻合。

相較之下，昔日的人口密度圖就顯得粗糙呆板了。翻開一本舊版的世界地圖集，你可能會看到一張如圖1-3C的世界人口密度圖，這張圖說明世界上各個國家或地區的人口平均密度。但像這樣的地圖其實是很不精密的，人口在空間上的分布有高度集中性，絕不會像此圖這般均勻分布。

地理資訊的專家學者在一九九〇年代中期，就體認到全球高解析度人口分布資料的重要性。一九九五年，美國國家地理資訊中心（National Center for Geographic Information and Analysis, NCGIA）製作了一套網格狀的全球人口密度資料庫，其解析度約為十公里，儲存資料是全球每一百平方公里方格的人口密度。一九九八年第二版資料庫，其解析度增加為五公里。二〇〇〇年，美國橡樹嶺國家實驗室（Oak Ridge National Laboratory）發表了解析度為一公里的世界人口密度資料庫，解析度堪稱全球最高，圖1-3D就是利用這份資料庫的資料繪製而成。當然這裡的高解析度是以人口

Global Vision

↑ 西雅圖的夜景是出了名的。圖右尖塔為太空針（Space Needle），是西雅圖的地標。

資料的標準而言，近年NASA以太空梭測量的全球地表高度資料，其解析度可達三十公尺，而目前衛星拍攝地表影像的解析度更可達一公尺左右。

然而像這種網格狀的人口分布資料庫是怎麼建立的？人口資料的蒐集與統計幾乎都以行政單位為基準，那麼該如何把不規則的行政區域人口資料網格化呢？最簡單的作法是把行政區劃分成規則的小方格，然後把人口平分到每一方格中，比如台灣人口若以兩千三百萬來算，面積三萬六千平方公里，則平均劃分後每一平方公里的方格，其人口密度約為六百三十九人。實際的作法當然不會這麼簡單！

較進步的方式，是配合衛星遙測技術調查人口分布。雖然目前仍無法用衛星遙測直接統計人口，但經由此技術收集到的資料，卻可用來推估人口分布情形。例如

↑ 隔著海灣眺望西雅圖市區高樓林立的夜景。

衛星拍攝的地表影像可看出人口密集區，並過濾人類無法居住的地區（如水體或冰原）；地表高度的資料可換算成地表坡度，藉此過濾掉坡度太陡而不適合居住之地；道路密度也是另一個可以推測人口密度的依據，因為兩者顯然有高度相關性。而如上述的夜間影像所呈現的燈光明暗，也可顯示何處人口較為密集。

根據以上的輔助資料，地理資訊專家可計算出每個方格的「人口係數」，行政區的總人口就根據這個人口係數分配到每個方格中，不過係數的推算仍須因地制宜，譬如能源充足的國家，即使人口並不太集中的地區也可能在夜間大放光芒。因此資料庫完成後還得做實地查核，確保推估人口的公式與實際情形吻合。

新式的和傳統普查式的人口分布資料，還有一點很大的不同：普查所建立的人口

Global Vision

分布資料只記錄人們居住的地方，而非活動或工作的地方。因此繁忙的機場在傳統的人口普查資料中大概都是零人口，交通流量大的公路應該也是如此。但這都是人群密集的地方。新式的人口分布資料庫便將人們活動或工作的地點同時納入考量，這種特性在許多應用中有很大的好處。假設我們要模擬核能電廠輻射外洩的擴散及其對周圍人口的影響，便能在居住人口外，同時考慮在可能受災範圍有多少活動人口，以便建立更科學客觀的評估，模擬出更周全的防範措施。

Global Vision

圖 1-3D 世界人口分布圖

根據美國橡樹嶺國家實驗室在2000年出版的網格狀世界人口密度資料庫，可以繪製出如 圖 1-3D 的世界人口分布圖。顏色愈深代表人口愈密集，從圖中可看出亞洲地區如印度、中國、日本等地的人口至為稠密，至於撒哈拉沙漠、西伯利亞、阿拉斯加等地則是杳無人煙。

地圖繪製｜李文堯

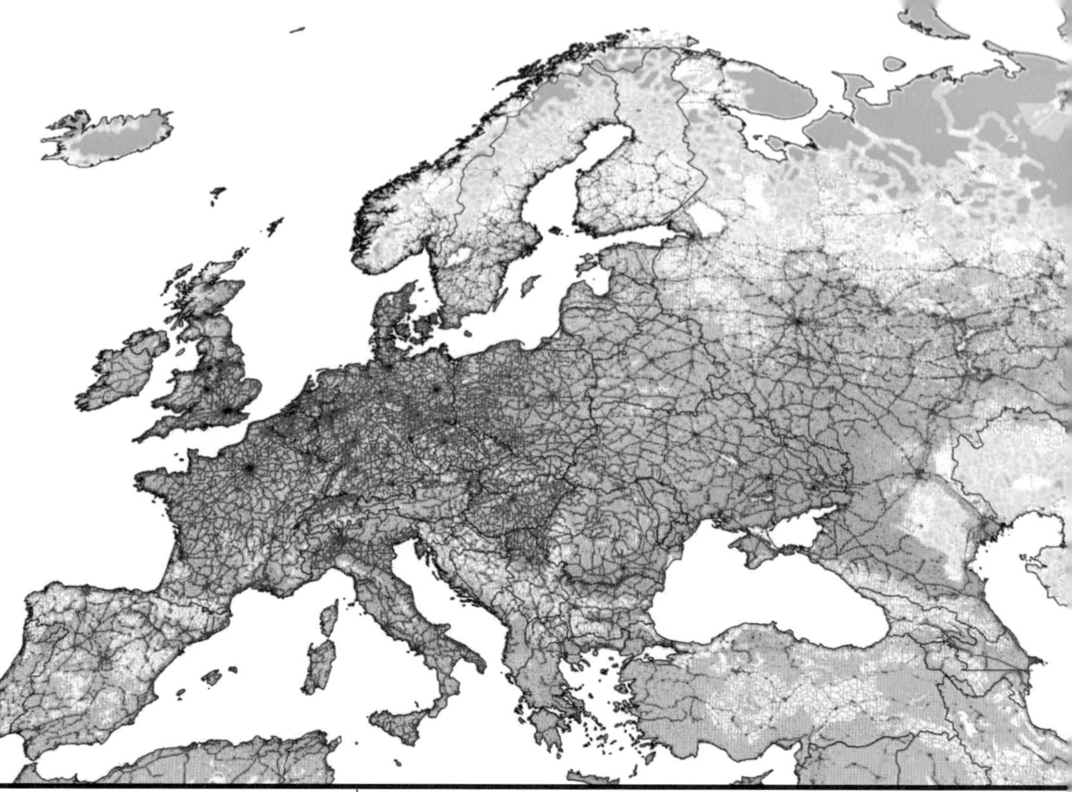

圖 1-4A 人類足跡分布圖 歐洲

Global Vision 1-4

人類的足跡

今日世界人口到底有多少呢？美國人口普查局（U.S. Census Bureau）有個「人口時鐘」的網站，隨著時鐘滴答滴答地走，人口數字幾乎無時無刻不在增加。二〇〇七年八月中旬上網查詢時，得到的全球人口總數為6,611,982,566——這看似精確的數字當然是綜合各國人口普查，再配合上各國出生、死亡率等估計出來的。如果我們知道全世界人口在一九五九年是三十億，而到了一九九九年即突破六十億，在僅短短四十年之間就增加一倍，就會知道今日全球人口成長速度有多麼驚人。根據人口普查局最新推測，二十一世紀人口仍會持續成長，但速度會減緩下來，預計到了二〇四二年，人口將從今日的六十多億變成九十億。

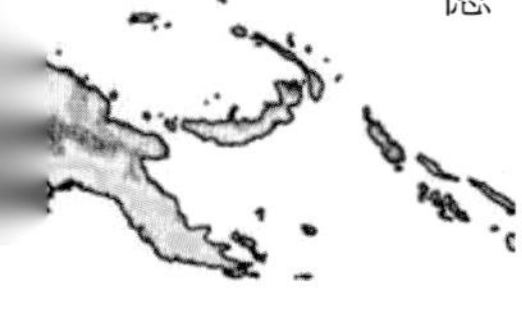

圖 1-4B 人類足跡分布圖 亞洲

圖 1-4A & 圖 1-4B 地圖提供｜Wildlife Conservation Society and CIESIN

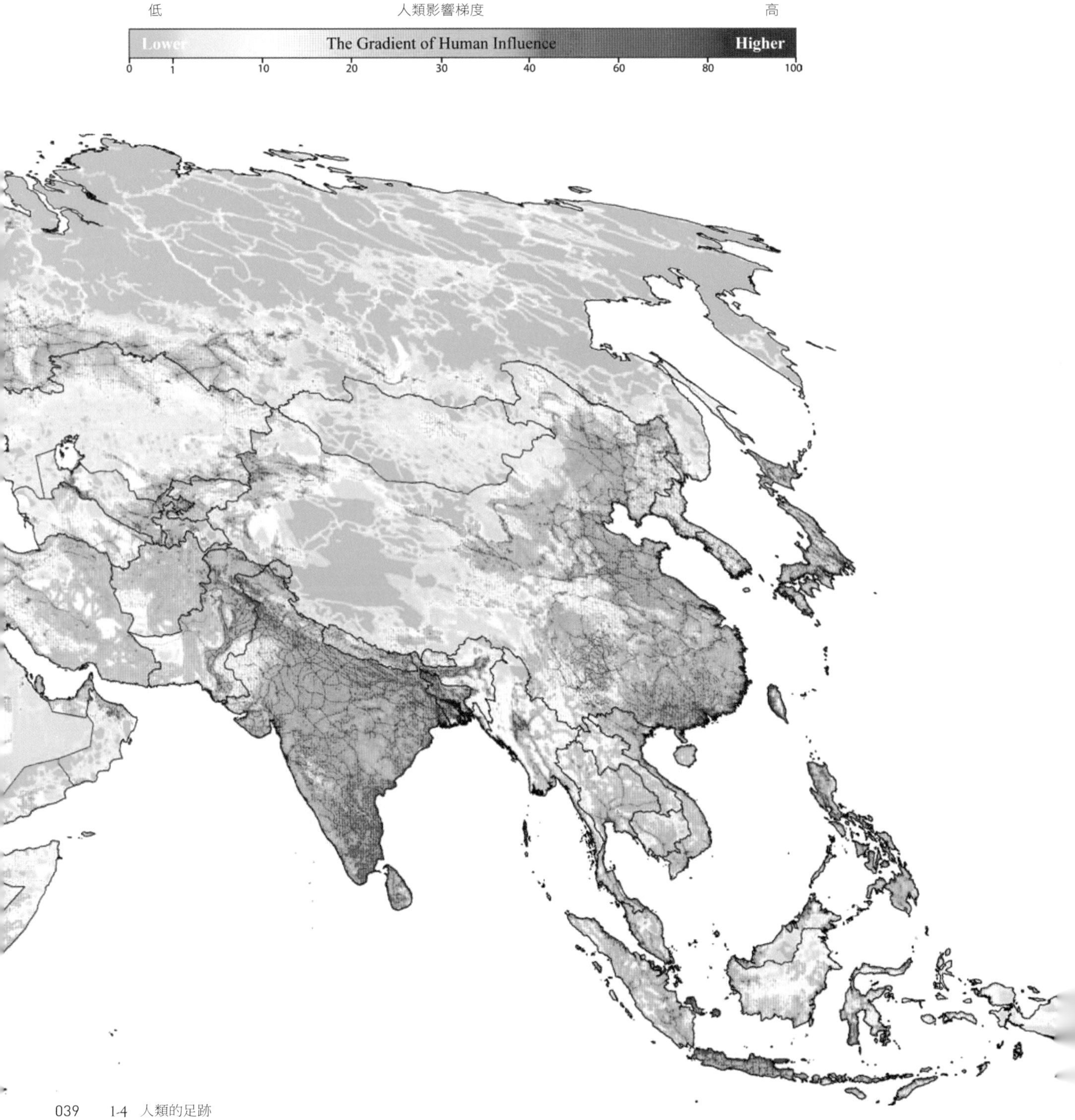

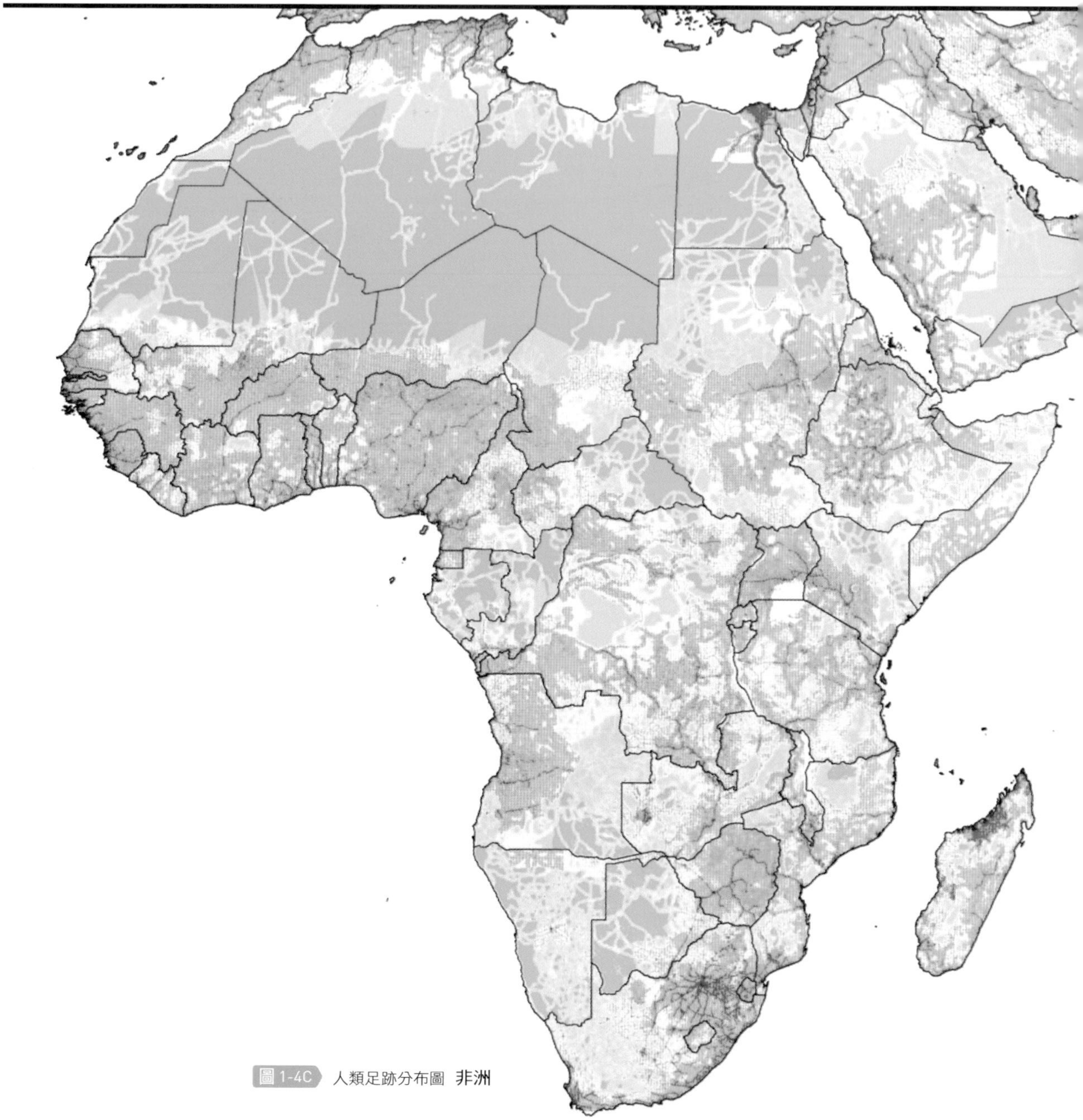

圖 1-4C 人類足跡分布圖 **非洲**

Global Vision

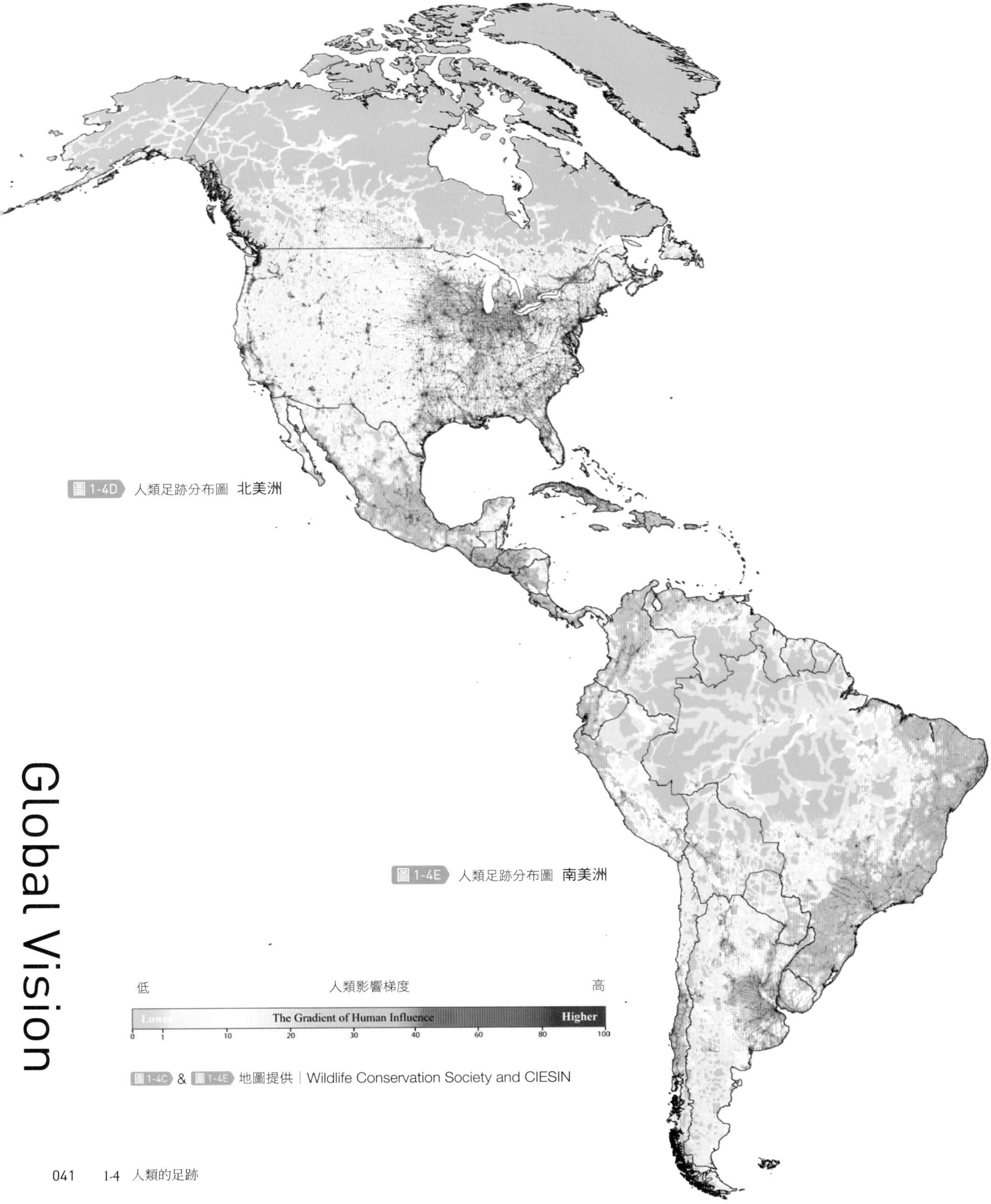

圖 1-4D 人類足跡分布圖 北美洲

圖 1-4E 人類足跡分布圖 南美洲

圖 1-4C & 圖 1-4E 地圖提供｜Wildlife Conservation Society and CIESIN

人口增加及其對自然環境的衝擊，兩者關係是密不可分的。電影《駭客任務》（The Matrix）裡頭有段劇情，即虛擬世界中的特務史密斯在審問真實世界中的「頭號反叛份子」時，對人類這個物種做了一個很有意思的總結。他認為人類不懂得與自然和諧相處，反而像細菌病毒一樣，每到一個地方，非把當地的自然資源消耗殆盡不可，然後再轉移到下一個地點繼續進行破壞。對地球而言，人類就像癌細胞一樣，而特務史密斯則自認為是消滅人類這種病毒的解藥。

電影的情節固然有其誇張之處，但是人類對於改變自然環境所做出的「貢獻」，恐怕是遠超過古往今來所有其他物種的總和。特別是當世界強權的領導人看起來都像是好戰份子時，誰能說毀滅性的核子戰爭不會讓人類成為殺死地球的癌細胞呢？

人類的足跡無所不在，人類活動對自然環境的衝擊也無所不在。由野生動物保護協會（Wildlife Conservation Society）以及哥倫比亞大學的國際地球科學資訊網（Center for International Earth Science Information Network，簡稱CIESIN）所協力繪製的「人類足跡」（The Human Footprint）與「最後的荒野」（Last of the Wild）地圖，嘗試從全球的觀點，全盤描繪出人類對自然環境衝擊的程度與範圍。

圖1-4A 至 圖1-4E 這五張圖，分別顯示世界五大洲人為活動對自然環境衝擊的程度及其空間分布，顏色愈紅表示人類的影響程度愈高，顏色愈綠則表示人類影響程度愈低。這是綜合世界人口分布與人類移動便利性，對人類的活動範圍和頻率做出的估計。實際參考的因素包括：人口密度、土地利用、地表天然植被覆蓋種類，還有道路、河流、海岸、人類聚落的型態，以及上一節所提到的由衛星拍攝的夜晚燈火等等。

根據分析的結果顯示，八十三%的地表或多或少受到各種人類活動的影響。在未受人類影響的土地，也就是地球上僅存的荒野中，八十八%屬於無法從事農業活動的沙漠或極地。圖1-4F 中將全球僅存的荒野再細分為熱帶、溫帶的針葉林、闊葉林、草原、苔原、沙漠、冰原和湖泊等。

這樣全球尺度地圖的製作其實十分困難，光是資料的蒐集與維護就所費不貲。而且由於資料數量太大，等到資料庫建立完成時，有些資料可能已經需要更新了。另外資料的精確度與計算人為衝擊的公式，對於分析結果也有很大的影響。例如夜間亮度較強的光源，範圍常常會被高估。人口統計資料的可靠性也可能因地而異，譬如有時在兩國交界處人口密度突然發生明顯的變化，這通常意味謂各國人口統計的方式或準確性不同。

一般而言，這些誤差都傾向於低估人類對環境的影響。此外一些大規模人類活動的影響也沒有在圖中反映出來，戰爭就是一例，然而這種影響不一定是負面的，像南北韓之間的非軍事區，就成為野生動植物避難的天堂。

由於資料的精確度有限，這些地圖並不適合做為區域性保育的規畫藍圖，而應該被視為人與環境之間關係的檢討。我們應該認清，人類的力量並無法隨心所欲改造我們居住的環境。所謂的「人定勝天」根本就是一種阿Q精神勝利法，在今日重視環保的時代更是一種生活涵養落後程度的指標，愈落後的國家或社會愈喜歡用人定勝天之類的口號來麻醉自己。

一言以蔽之，如果使用地球所提供的自然資源是人類的權利，那麼人類也應該有保護自然環境以及地球上其他物種的義務。

↑ 洛杉磯是全美第二大城，僅次於紐約。圖為年度花車遊行的觀眾人潮。

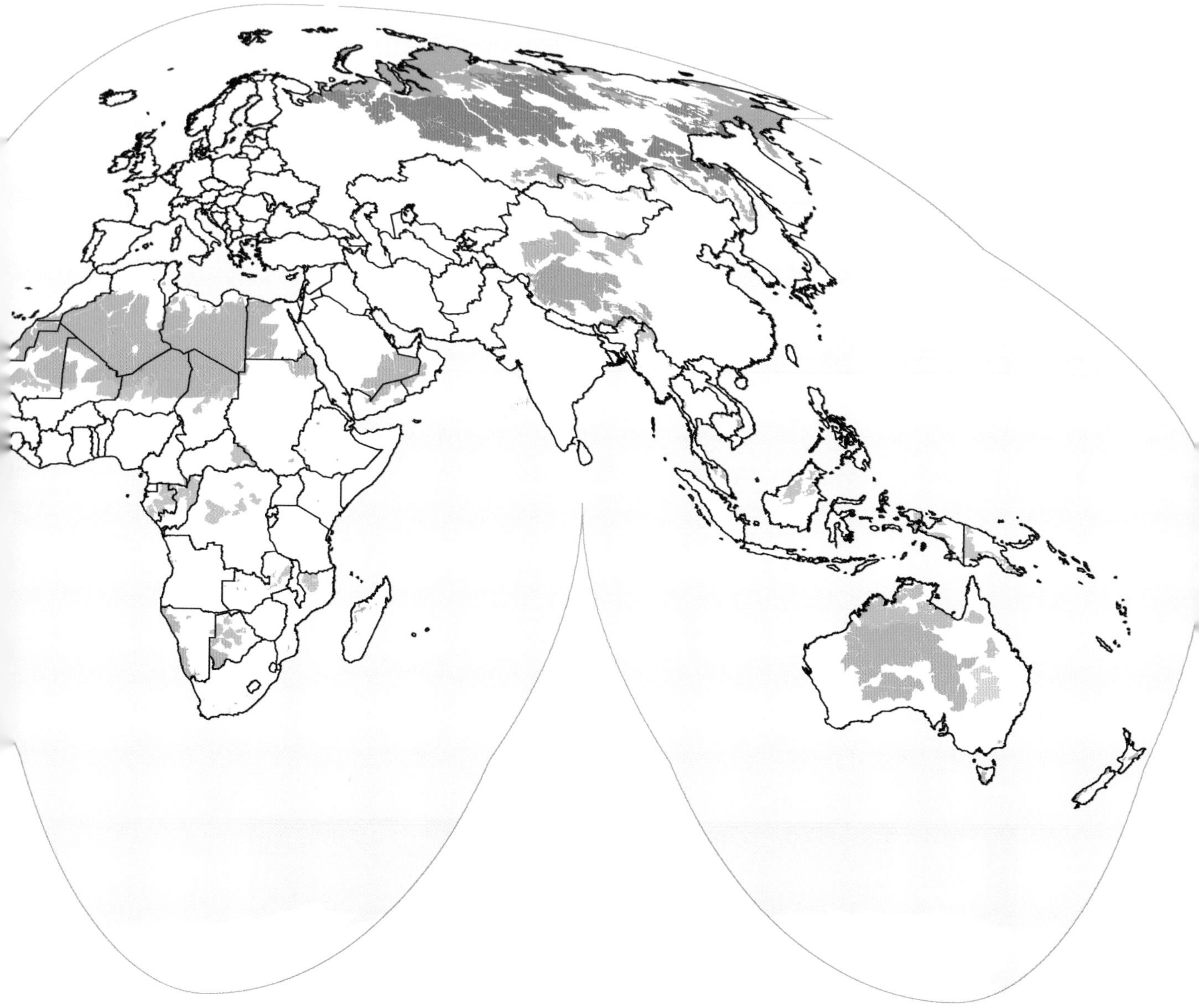

熱帶與亞熱帶雲霧闊葉林
熱帶與亞熱帶乾闊葉林
熱帶與亞熱帶針葉林
溫帶闊葉與混合林
溫帶針葉林
熱帶與亞熱帶草原、莽原、灌木林
溫帶草原、灌木林
氾濫草原
高山草原
地中海灌木林
凍原
苔原
沙漠
紅樹林
冰雪地、湖泊

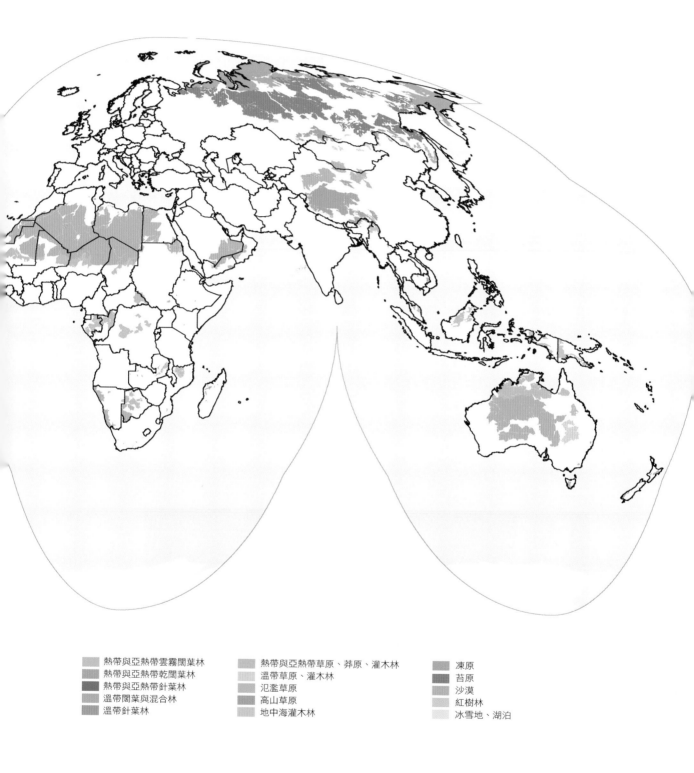

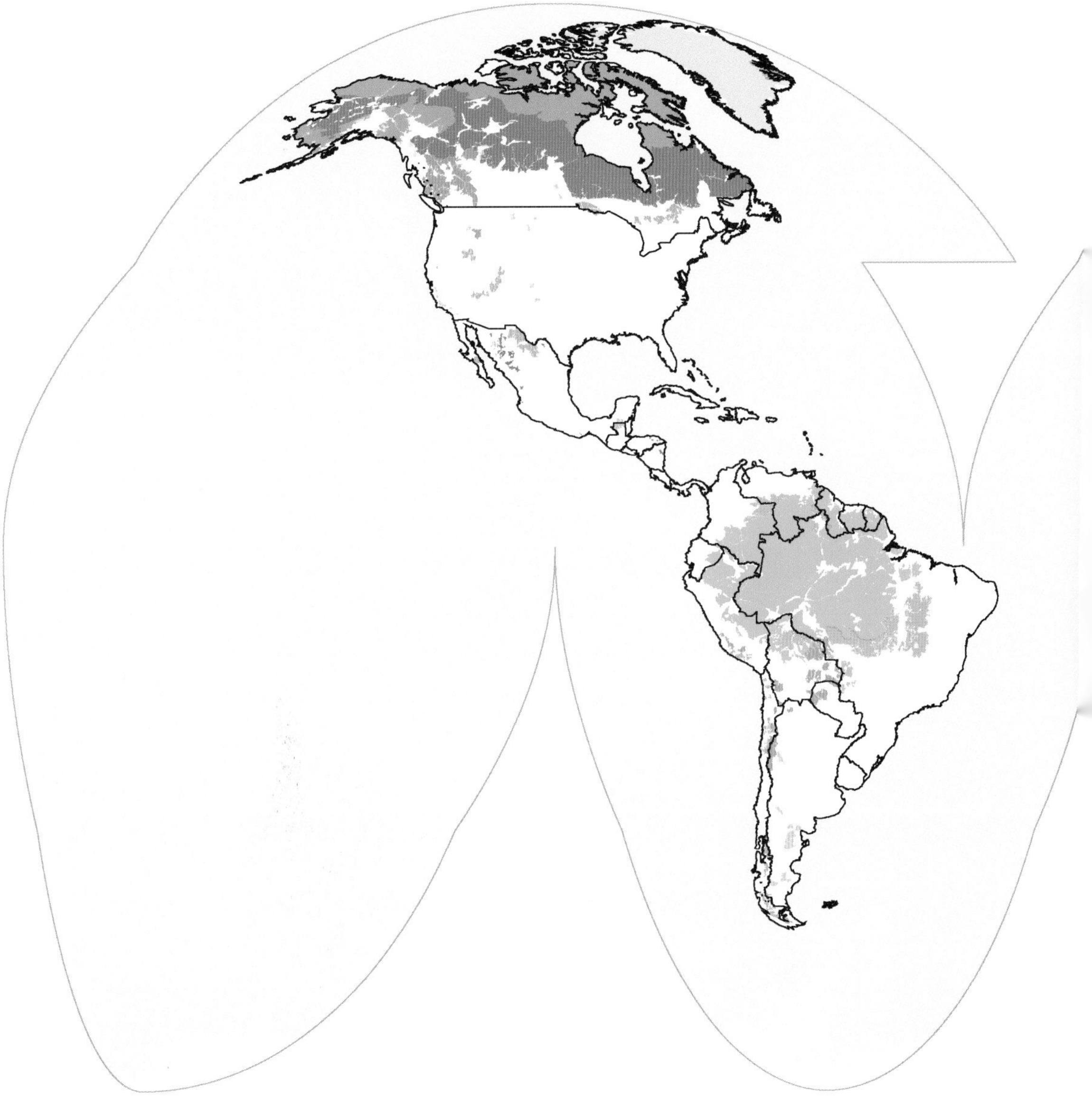

圖 1-4F 最後的荒野區

地圖提供｜Wildlife Conservation Society and CIESIN

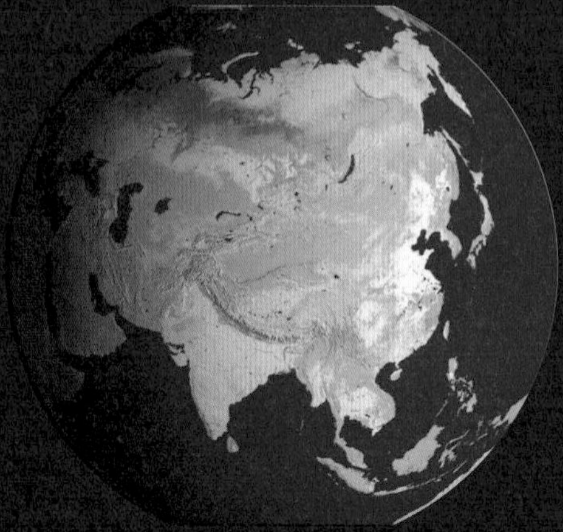

圖 1-5A 亞洲土地利用圖

圖 1-5B 歐洲土地利用圖

Global Vision 1-5

鳥瞰全球土地利用

有史以來最精細的全球土地利用圖終於問世了，這是由美國航空與太空總署NASA所發射的Terra衛星，根據二〇〇〇年十一月與二〇〇一年十月間蒐集的地球影像數位資料製作而成。這些高品質資料的空間解析度為一公里，遠較以往任何全球尺度的土地利用圖來得精密清楚，讓科學家與自然資源研究管理的決策者，對地球生態體系的分布與土地使用模式變化能更進一步確實掌握。

研究人員將衛星蒐集的資料劃分為十六種地表覆蓋類型，其中包括十一種自然植被類型，如針葉林、落葉林、混合林區、莽原區、草原區、沼澤濕地等；其他則如農地、都市建築用地、沙漠或裸露地、與終年冰雪區。此圖應用領域相當廣泛，包括森林資源管理、水循環與能源評估、地球氣候變化模式等，而最重要的分析應用之一，是全球碳

圖 1-5A 至 圖 1-5E

地圖提供｜Boston University and NASA GSFC

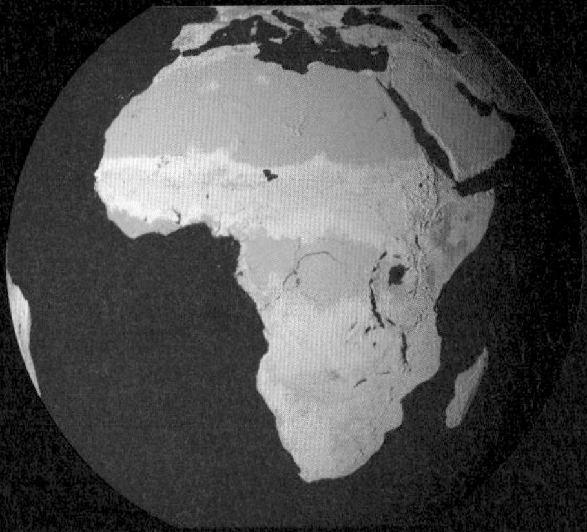

圖 1-5C 非洲土地利用圖

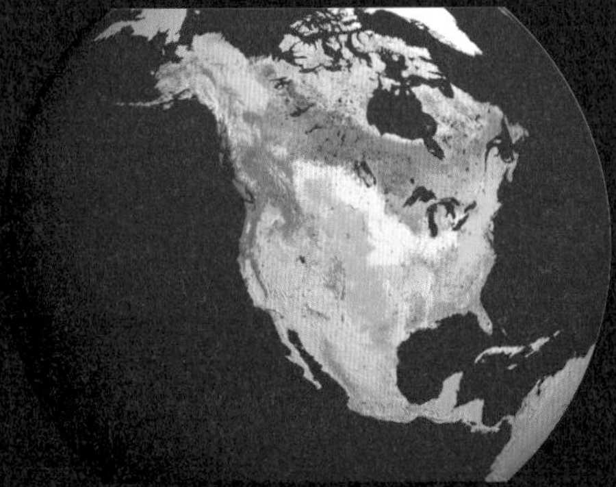

圖 1-5D 北美洲土地利用圖

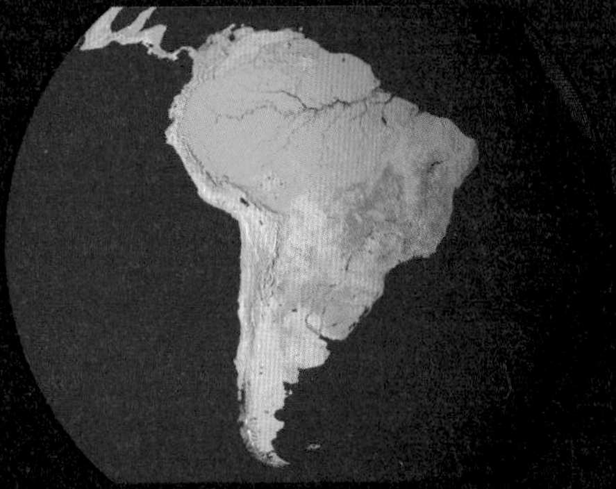

圖 1-5E 南美洲土地利用圖

Global Vision

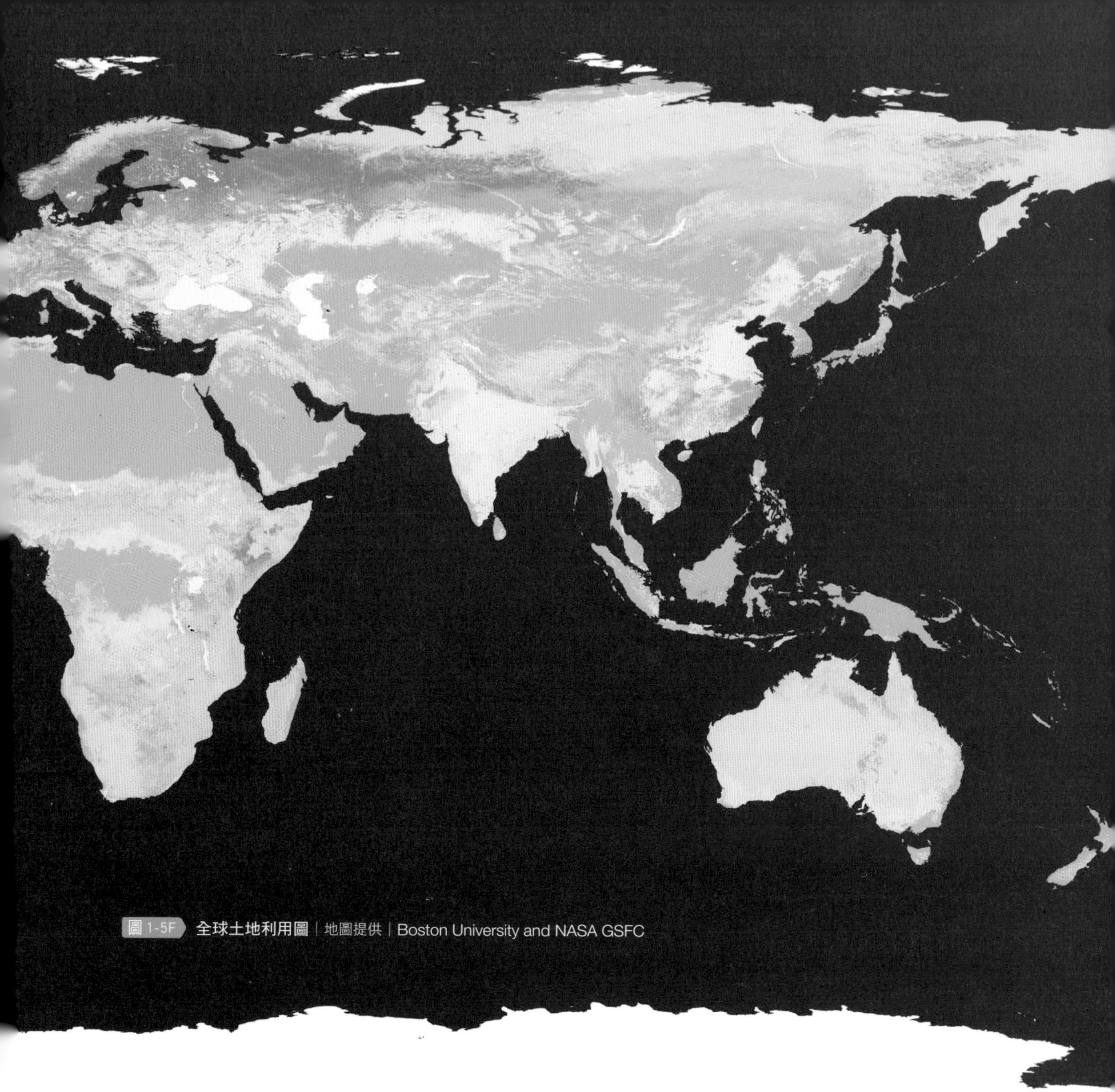

圖 1-5F 全球土地利用圖｜地圖提供｜Boston University and NASA GSFC

碳循環與全球溫室效應有密不可分的關係。我們都知道綠色植物行光合作用時，會從空氣中吸收二氧化碳，而有機體的分解腐敗又會將二氧化碳釋放回大氣中。因此無論是砍伐森林、將草原開墾為農地，乃至工廠與汽車排放廢氣，都會造成大氣層中碳含量的改變。以美國為例，政府每年都會製作清單，評估人類及工業活動

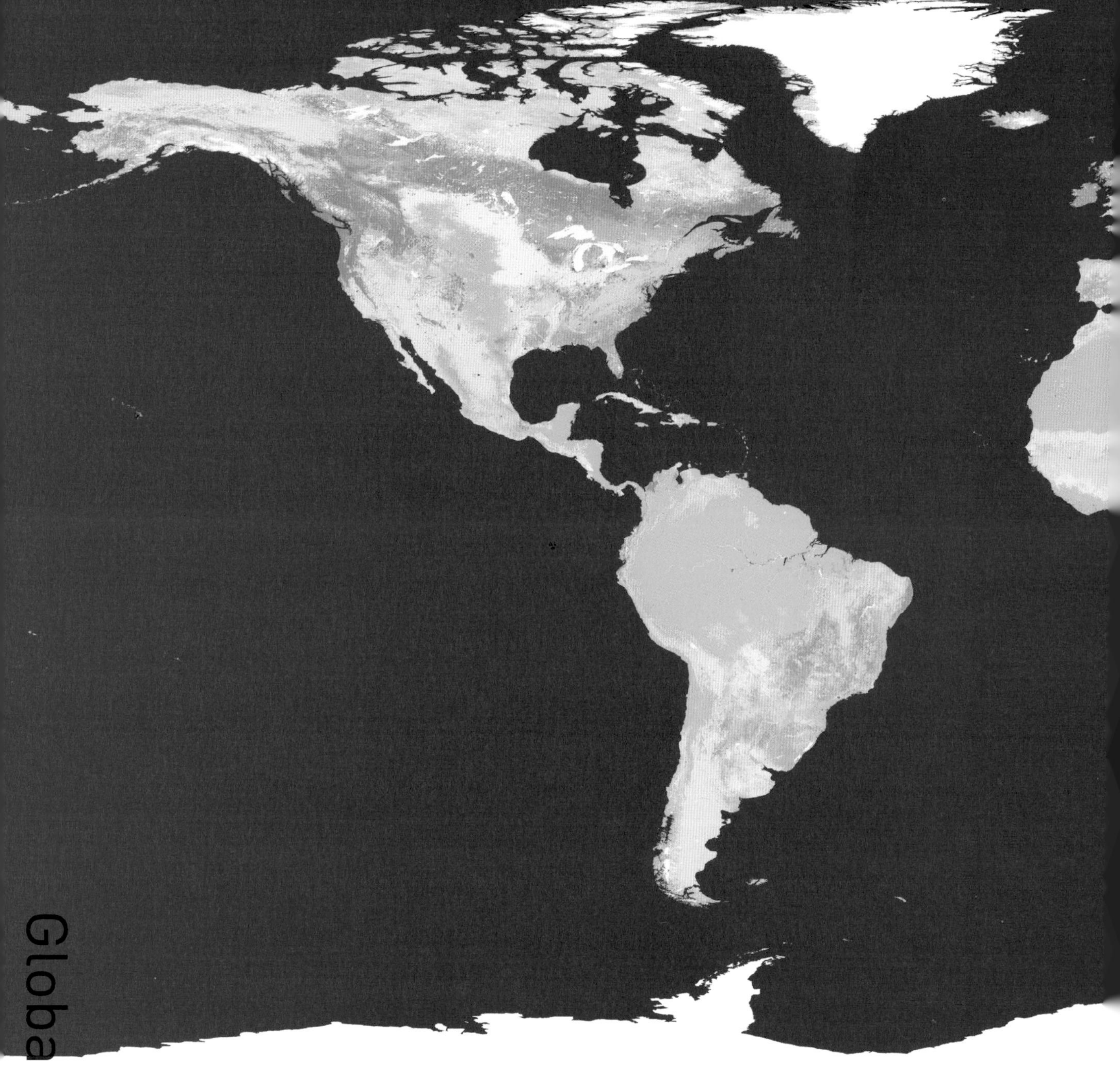

釋放到大氣中的碳化物含量，以及植物所能吸收的二氧化碳與其他溫室氣體總量，根據這兩者循環消長的情形，來瞭解、預測地球氣候的變化。

圖1-5A 至 圖1-5E 這五張圖分別顯示亞洲、歐洲、非洲、北美洲、南美洲的土地利用情形（可和上一節 圖1-4A 至 圖1-4E 五張圖互做比較）。圖1-5F 則是鳥瞰全球的土地利用。

↑ 從飛機上俯瞰紐西蘭南島的基督城及其附近田園農莊景色。

Global Vision

圖 1-5G 2000年巴西亞馬遜流域倫多尼亞區的雨林。｜地圖提供｜Robert Simmon, based on ASTER data / NASA

在這些圖中，每一種地表覆蓋類型在碳循環過程中都扮演不同的角色。譬如北方森林便是地球主要的碳倉庫之一，從加拿大、阿拉斯加、西伯利亞一直綿延至北歐，占全球林地三分之一，約儲存地表所有碳含量的三十%。地球另一個肺，則位於亞馬遜、西非與東南亞的熱帶森林，占全球林地的一半，目前這些地區正因農耕與其他開發活動而迅速消失中。如 圖1-5G 和 圖1-5H，是巴西亞馬遜流域南邊的倫多尼亞（Rondonia）地區在二〇〇〇年和二〇〇六年的地貌改變，從這兩張衛星影像可看出亞馬遜雨林的消失速度之快。

海洋則是地球上面積最大的碳倉庫，海洋中無數的微生植物吸收二氧化碳進行光合作用，在全球碳循環中占有舉足輕重的地位。

過去三百年來，全世界被人類開墾的土地將近一千八百萬平方公里，幾乎相當於南美洲的面積。這般大規模的地表改變，加上熱帶與溫帶地區原始森林被剷除，已直接間接影響了區域性與全球氣候。這張精細的土地利用圖，讓研究溫室效應與氣候變遷的科學家，能

圖 1-5H 2006年同一地區雨林的衛星影像，顯示雨林迅速消失。｜地圖提供｜Robert Simmon, based on ASTER data / NASA

清楚辨識地表上每一平方公里的植被型態，例如哪裡是原始林，哪裡被砍光，哪裡曾發生森林火災，哪裡被闢為農作區等。這意謂著，研究學者可從這詳盡的土地利用圖中，估算每年全球植被型態的改變淨值，根據全球「碳化物的製造來源」與「碳倉庫的吸收儲存」這兩者之間的消長狀況，描繪出更清晰的圖案。

拜今日先進的遙感探測科技之賜，衛星儀器所收集的資料比過去精確，加上資料自動化歸類處理的效率大幅提升，也讓製圖所需時間顯著減少。這張土地利用圖，是由美國波士頓大學利用Terra衛星蒐集的地表空間資料所製成。以往製圖時間往往要幾個月甚至好幾年之久，今日僅需一個星期便能完成。Terra衛星每一至二天便進行一次偵測掃瞄，對地表做全盤觀察。衛星資料除了用於土地利用變遷的觀測，還可應用在各種地球科學觀察研究上，例如空氣污染的追蹤、雲層對地表溫度和氣候影響、冰雪區的消長及洪水導因、降雨趨勢與乾旱現象、生態體系的長期改變，以及海洋植物的健康狀態等，應用廣泛。

日薄北海——磁偏角

二〇〇二年六月，我和心雅在夏至前後去了一趟阿拉斯加的極地野生動物保護區（Arctic National Wildlife Refuge）。

這個保護區位於北美阿拉斯加極北之處，面積約為台灣的兩倍，整個保護區座落於北極圈之內。由於地處偏遠，人跡罕至，堪稱地球上少數碩果僅存的荒野。保護區北部的沿海平原是阿拉斯加馴鹿重要繁殖區，不過由於沿海平原蘊藏石油能源，極地保護區始終是石油業者覬覦開發的目標。

二〇〇〇年，與「黑金」（石油）關係密切的布希政府上台後即明白表示，開放極地保護區開採石油為其既定的能源政策之一。不過由於反對聲浪過大，國會當時並未通過開採提案，然而當時保護區命運仍岌岌可危，隨時可能成為布希政府與石油業者官商勾結下的犧牲品，我們決定在保護區尚未被破壞以前，一探這片北美最後荒野的真面目。

雖曾多次造訪阿拉斯加，這次終於得以進入北極圈，首度見識了只有在極圈內才看得到的「日不落」——午夜的太陽。我們紮營的地方約在北緯七十度處，夏至前後，太陽的仰角即使在午夜時分也只位於地平線以上三度左右。午夜的太陽，其實本身並無特殊之處，看起來就像平常太陽西下之前的樣子，只是它不但不會降至地平線以下，而且在過了午夜的凌晨時分就漸漸往上升起；而且其光線也較為

↑ 夢幻般的極光只出現於南北兩極，因其形成原因和地球磁場有關。

溫暖柔和，是拍照的良好時機。

那時仍然是底片時代，一個幻燈片膠卷只能拍三十六張，不像今日數位相機的縮時攝影功能動輒拍上數百張。在午夜前後的五個小時裡，我們徹夜未眠，每隔三十分鐘按一次快門，以重複曝光手法拍攝太陽在地平線上弧形移動的軌跡，中央最低點的那顆就是「午夜的太陽」。

極地氣候極不穩定，萬里無雲的天氣可能很快就變成風雪交加，能出現連續五小時的晴朗日照已算是天公作美，要謝天謝地了，這便是拍攝「日不落」照片的頭一個前提。

此外更重要的是，我們必須預先確定太陽在何時、何處會達到一天中的最低點。我們須將相機腳架預先架設好，對準太陽移動軌跡的最低點，同時得在太陽到達這一點之前的兩個半小時前，準時開始拍攝。這樣拍出來的十一個太陽才會形成一道對稱的、而且最低點位於中央的完美弧線。為了拍攝這張照片，事前要做的功課一樣也不能少。

除了少數例外，午夜的太陽並非發生在午夜十二點，太陽最低點的時間，是日落與日出的中間時刻。極圈內的夏季雖沒有日出日落（因太陽不會降至地平線以下），然而我們可

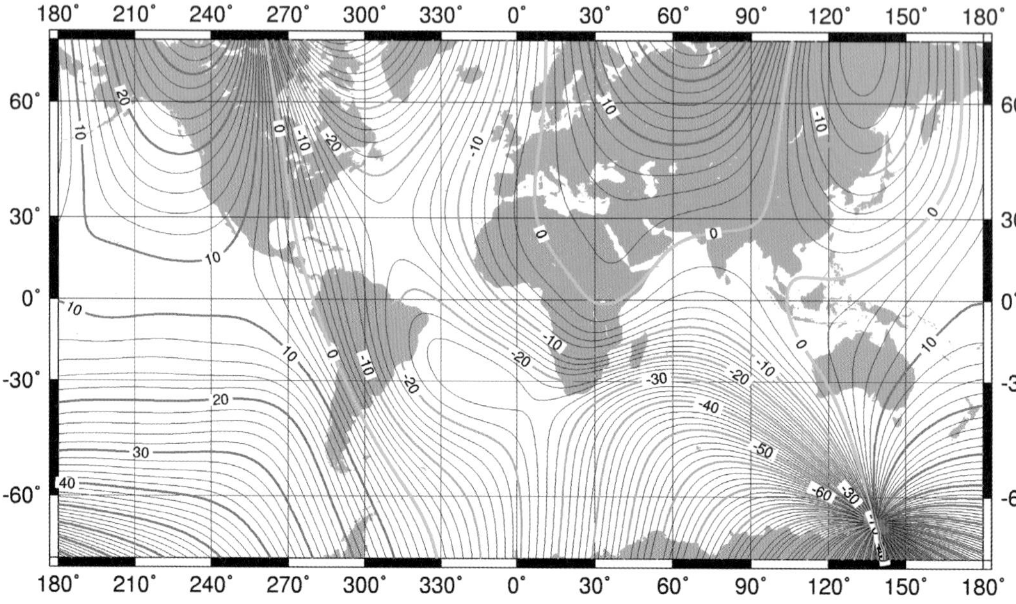

圖 1-6　中低緯度地區等磁偏角線圖——麥卡托投影

這張圖是由美國地質調查所（USGS）繪製的2000年全球（包括兩極）等磁偏角線圖。圖中綠線代表磁偏角為零，紅線表示磁偏角為偏東（磁北在正北以東），藍線表示磁偏角偏西，線上的數字則為磁偏角的大小。

地圖提供｜U.S. Geological Survey

以利用附近費爾班克市（Fairbanks）的日落日出時間作為參考，再調整經度的差異（每一度差四分鐘），以算出真正的午夜時間。

北極圈內「午夜的太陽」會在什麼方向呢？古人不是說「日薄西山」嗎？我想，說這句話的人一定沒有到過真正高緯度地區。如果手邊有地球儀，只需模擬一下地球自轉，就能看出答案是，正北。

午夜時分太陽位於地球的反面，中低緯度地區當然看不到太陽，但因我們在北極圈內，很接近地球的「頂端」，同時此時接近夏至，太陽照射的緯度亦高，因此我們能看到位在地球反面的太陽。所以應該是「日薄北海」才對，那麼用指北針量一下北方，就大功告成了麼？還是會前功盡棄呢？

根據我們所攜帶的地圖顯示，此處的磁

偏角高達三十度左右，也就是說指北針指的方向並不是正北。

指北針指的方向是「磁北」，那何為「正北」呢？地球的自轉軸提供了地表最佳的兩個定位點：北極與南極。同時通過南北極的大圓就是所謂的經線，沿著經線的方向即為正北或正南。由於地球的磁極與地理的南北極並不在同一點上，因此指北針所指的方位並不一定是正北。指北針偏離正北的水平角度，就是所謂的「磁偏角」。

北宋學者沈括（一〇三一－一〇九五）在《夢溪筆談》中曾提到這個現象：「磁石磨針鋒，則能指南，然常微偏東，不全南也。」這是歷史上最早關於磁偏角的記載。不過，沈括對於這個現象並沒有深入研究，而以「莫可原其理」作為結論。

西方對地磁的認識開始較晚。十六世紀，西方的航海人員已經注意到磁偏角的大小與方向因地而異。到了十七世紀，更有學者發現同一地點的磁偏角會隨著時間慢慢改變。由於磁偏角對航海定位極為重要，海權國家對於磁偏角的測量與蒐集都很重視，此時期出版的地磁著作中，已包括全球各地磁偏角的詳細資料。

艾德蒙・哈雷（Edmond Halley，一六五六－一七四二）這位因為正確預測「哈雷彗星」週期而名垂不朽的英國科學家，除了天文學的成就外，對於地磁學，甚至現代地圖學也有絕大貢獻。為了深入了解地磁現象，哈雷於一六九八年到一七〇〇年間以航海方式，實際測量了大西洋各地磁偏角的大小與方向。哈雷將大量的測量數據以一種絕妙的形式呈現：在地圖上將磁偏角相等的點以平滑的曲線連接起來（如圖1-6），將空間上散漫不連續的資料以連續的型態表現出來，如此一來不但方便閱讀，也利於使用內差法估計資料缺乏的地區。哈雷發明的「等磁偏角線」，就是今天地形圖上的等高線以及各種等值線的由來。

哈雷是非常善於利用地圖作為研究工具的科學家，他也曾將極光發生的地點繪在地圖上，正確推論出極光的發生與地球磁場有著密切的關係。

↑ 午夜日不落的自然奇景，只有在極圈內才看得到。

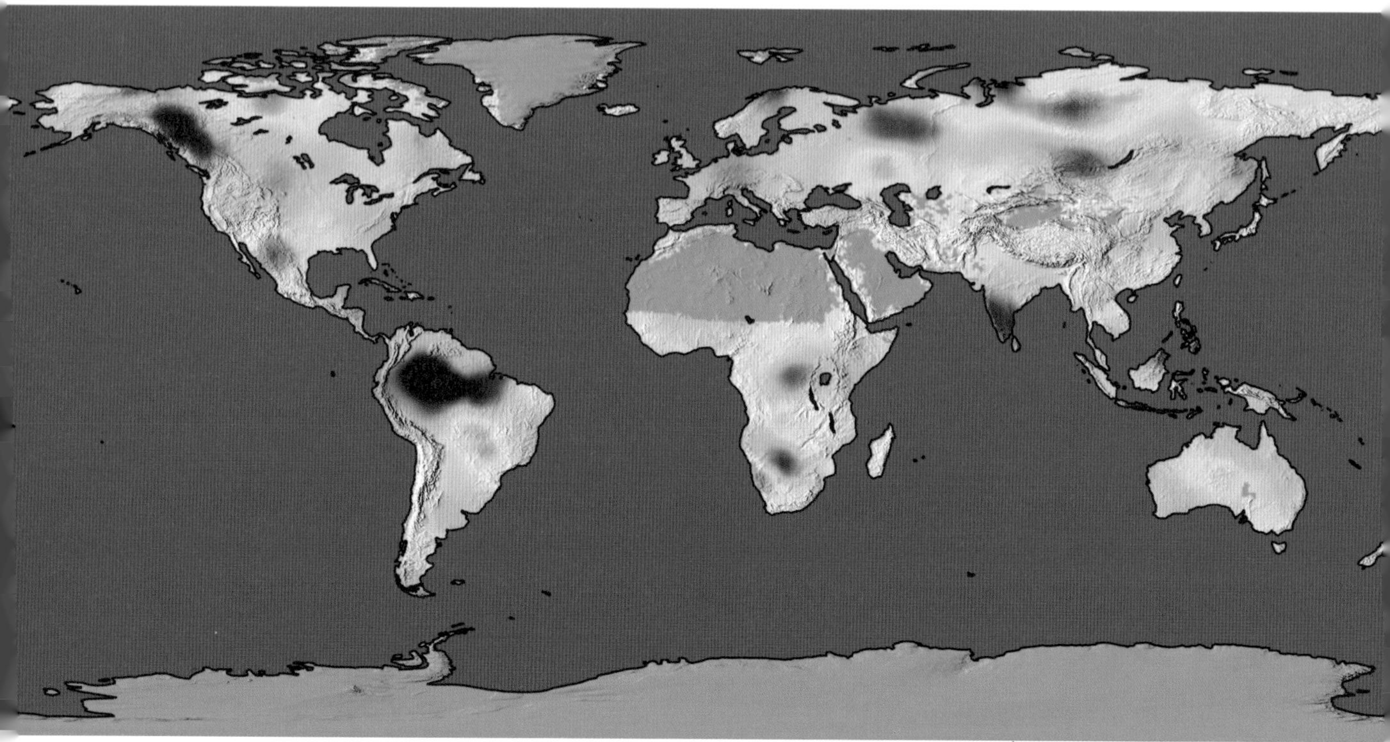

圖 1-7A 全球地表植物總生產力
綠色代表生產力提高，棕色代表生產力降低。

Global Vision 1-7

更綠的田園

先不論全球人口迅速增長導致了森林消逝或其他自然資源的耗竭，過去幾十年來，因為更溫暖濕潤的氣候與更多的陽光，已使地球上許多地區的植物生長得更茂盛，全球大多數的田園變得更綠了，你相信嗎？

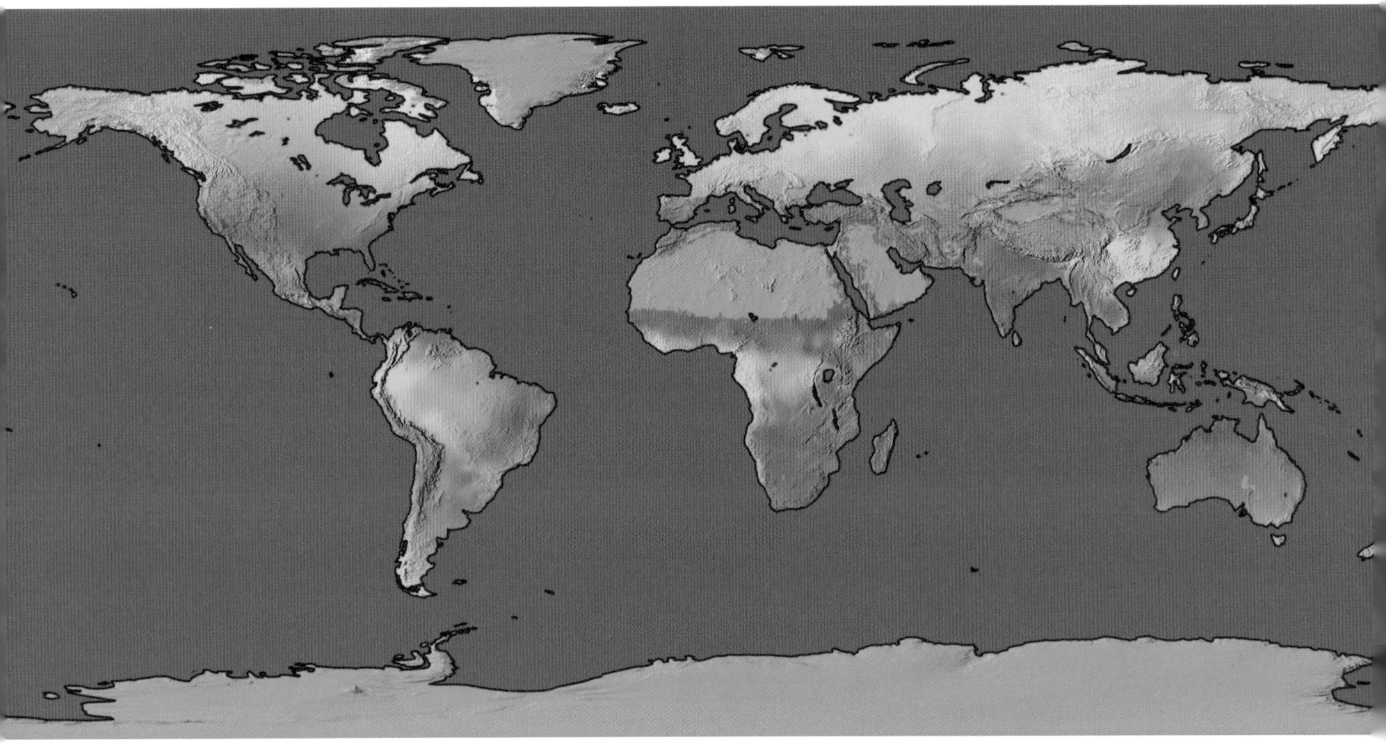

圖 1-7B 最能影響一個地區植物生長的三項關鍵氣候因子：紅色代表「水」，綠色代表「日照」，藍色代表「溫度」。
圖 1-7A & 圖 1-7B 地圖提供｜Robert Simmon/NASA, based on data provided by the University of Montana NTSG.

在二十世紀末葉，已有若干小規模研究指出，某些地區的植物生產力提高了，但完整描繪出全球植被成長改變的大圖，卻是到了二十一世紀初才被描繪出來。由八位科學家組成的研究小組花了將近一年半時間，將一九八二至九九年間有關植被與氣候的衛星資料加以整合分析，其結果顯示了植物生產力改變的狀況，並發現影響植物生產力最重要的幾個因素。

什麼是植物「生產力」，又是如何計算的呢？對科學家而言，他們的著眼點是究竟有多少「碳」被吸收貯存於植物體內。我們都知道植物進行光合作用時，吸收二氧化碳釋出氧氣，科學家藉由衛星偵測的輔助，可觀察地表植物枝葉茂盛

Global Vision

的程度以及該區日照多寡的情形，而估計出該區植物的「原始淨生產力」（net primary production）。科學家並將衛星蒐集的其他氣候資料，包括降雨、溫度、輻射量等因素納入考量，全球哪些地區碳吸收量增多，導致植物生長更茂綠的情形，便得以一一顯示。

研究小組發現一九八二至九九年間，全球有四分之一植被的區域生產力提高，如圖1-7A的綠區所示，生產力提高最顯著的是熱帶地區，其次為北半球高緯度區。至於棕區則代表生產力減低，約占全球七%，如墨西哥北部與西伯利亞便未受益於氣候的改變。

「全球植物總生產力比往常高約六%，」研究小組召集人倪曼尼（Ramakrishna Nemani）說道：「有趣的是，促使各地區生產力提高的氣候因素卻不盡相同。」從資料中顯示，熱帶地區植被生產力提高是因較少的雲量與增多的日照所致，而北半球高緯度區卻是溫度增高與降雨較多的緣故。

有人認為，植物吸收二氧化碳，其生產力提高或許是因為人類燒煤燃油等活動，釋放了更多二氧化碳到大氣層，使得植物長得更好。倪曼尼則指出，二氧化碳的增多有可能助長植物生產力，但絕非唯一因素，氣候改變才是更重要的原因。圖1-7B顯示研究小組所推論的最能影響一個地區植物生長的三項關鍵氣候因子：紅色代表「水」，綠色代表「日照」，藍色代表「溫度」。如圖所示，北半球高緯度區植物生長主要受制於溫度，非洲撒哈拉沙漠受制於水，熱帶地區則因對流旺盛而受制於雲量與日照。

總的來說，地表植物被限制成長的主因，有四十%是因為缺水，三十三%因為溫度，二十七%因為日照。當然，在許多地區這三項因子會相互牽制或交互影響。研究小組檢視過去各地氣候改變的情形，並將歷年的衛星觀察納入分析模型中，得到了上述結果。

雖然植物生產力提高是可喜之事，對今日全球暖化趨勢也深具重要的科學意義，讓研究人員對於「碳」如何流動於大氣與大地之間有更進一步了解，但氣候改變對植物生產力是否將持續發揮正面功效，卻是誰也無法論斷。再者，地表植物的原始淨生產力有將近一半被人類消耗，儘管植物生產力提高了六%，但同一時期的全球人口成長卻超過三十五%。換句話說，植物生產力的提高仍遠遠不敷所需，它並沒有使地球成為更適合居住的地方或改善任何生存環境。

從二〇〇〇至一四年，美國航太總署NASA藉由Terra衛星上的中解析度成像光譜儀（MODIS）對「全球綠化」做更全面性的資料蒐集研究。他們所說的「植物生產力」不僅包括地表植被，並且更進一步涵蓋海洋浮游植物，因為這兩者都是地球的主要生產者，也是地球體系不可分割的一部分，甚至可說它們駕馭著地球整個生物圈——地表植物和浮游植物影響大氣的組成成分，在水循環中起了關鍵作用，並能調節海洋的化學性質。最重要的是，它們還為地球上幾乎所有其他的生命提供了食物。

NASA根據收集而得的數據，計算植被指數和葉綠素濃度：具有強大植被指數的陸地區域呈深綠色，表明植物生長更多；葉綠素濃度高的海水呈淺藍色至黃色，表明浮游植物豐富；灰色表示極圈一帶在永夜的黑暗月份沒有收集數據的區域。

NASA並將季節因素納入考量，製作了兩幅全球綠化圖像。圖1-7C 是二〇〇〇年至二〇一四年間每年六月收集數據的平均值。可以看出每年此時，北半球旺盛的夏季生長季節已蔓延到高緯度地區，北大西洋中浮游植物生長高峰也很突顯。圖1-7D 則是二〇〇〇年至二〇一三年每年十二月收集的數據平均值。與夏季相較下，冬季北半球植物生長範圍較小而許多地區正枯萎著；生命脈動往南移，在南美巴塔哥尼亞海岸能明顯看出浮游植物的繁密生長；南美、非洲、和澳洲均有些變化，但它們生產力不如北半球的夏季來得旺盛。

這兩張綠化圖均顯示在赤道附近當全年養分、溫度、降雨，和日照相當一致時，浮游植物和陸地植物的生長狀況也相對一致。我們也能清楚看到，地球的生物圈絕不是靜止的：陸地上的植物生長隨著季節

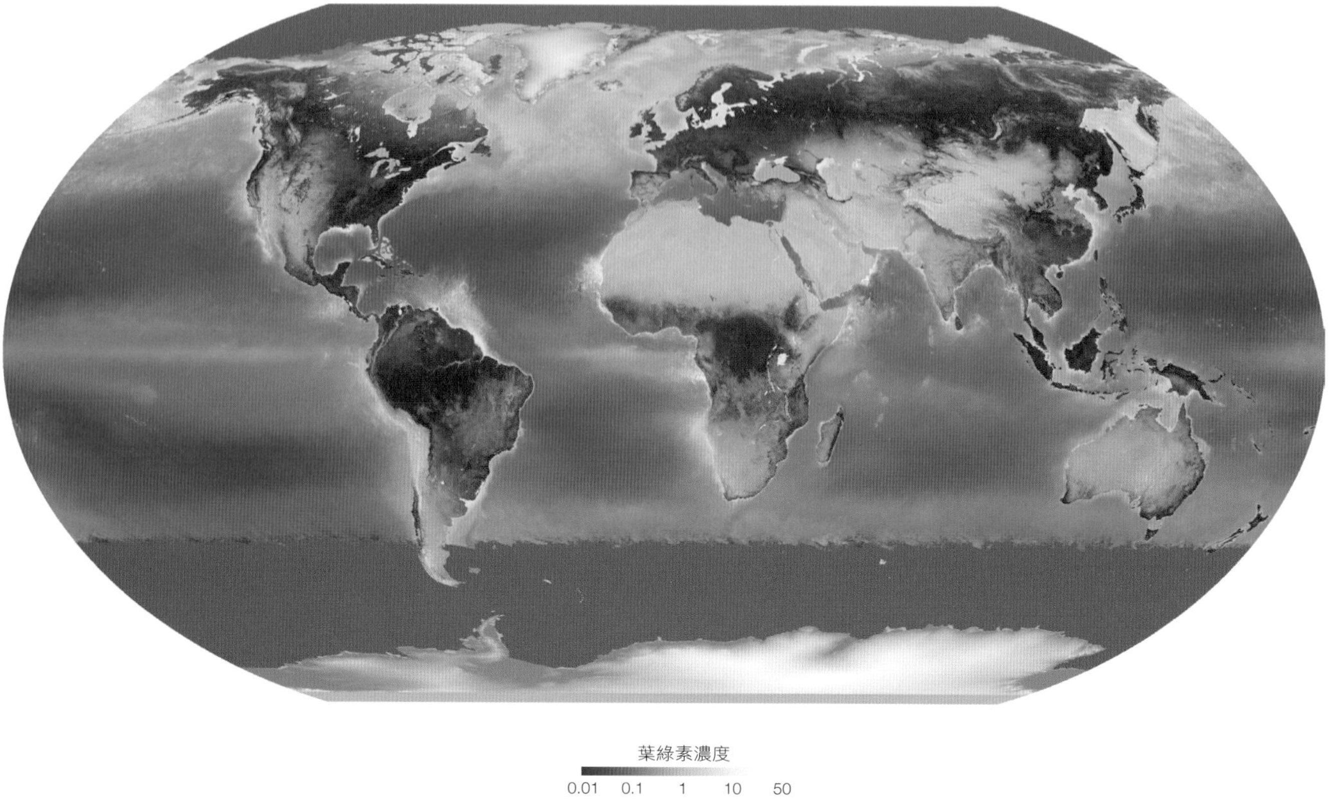

圖 1-7C 2000年至2014年每年6月地表植被生產力與海洋葉綠素濃度平均值。
地圖提供｜Kevin Ward /NASA Earth Observatory, using data provided by the Ocean Color Web and MODIS Land Science Team.

而變化增減；而浮游植物——海洋中如植物一般的微小生物體，也是如此。

對於地球似乎變得更綠的現象，如倪曼尼所言：「這項全球研究奠定了良好基石，但就『碳循環』的真相，這只是一幅巨象的局部。」的確，植物生產力畢竟只是複雜生態體系的一部分，氣候改變對全球其他釋放碳化物的生態體系到底會產生何種影響，科學家也無法論斷。譬如

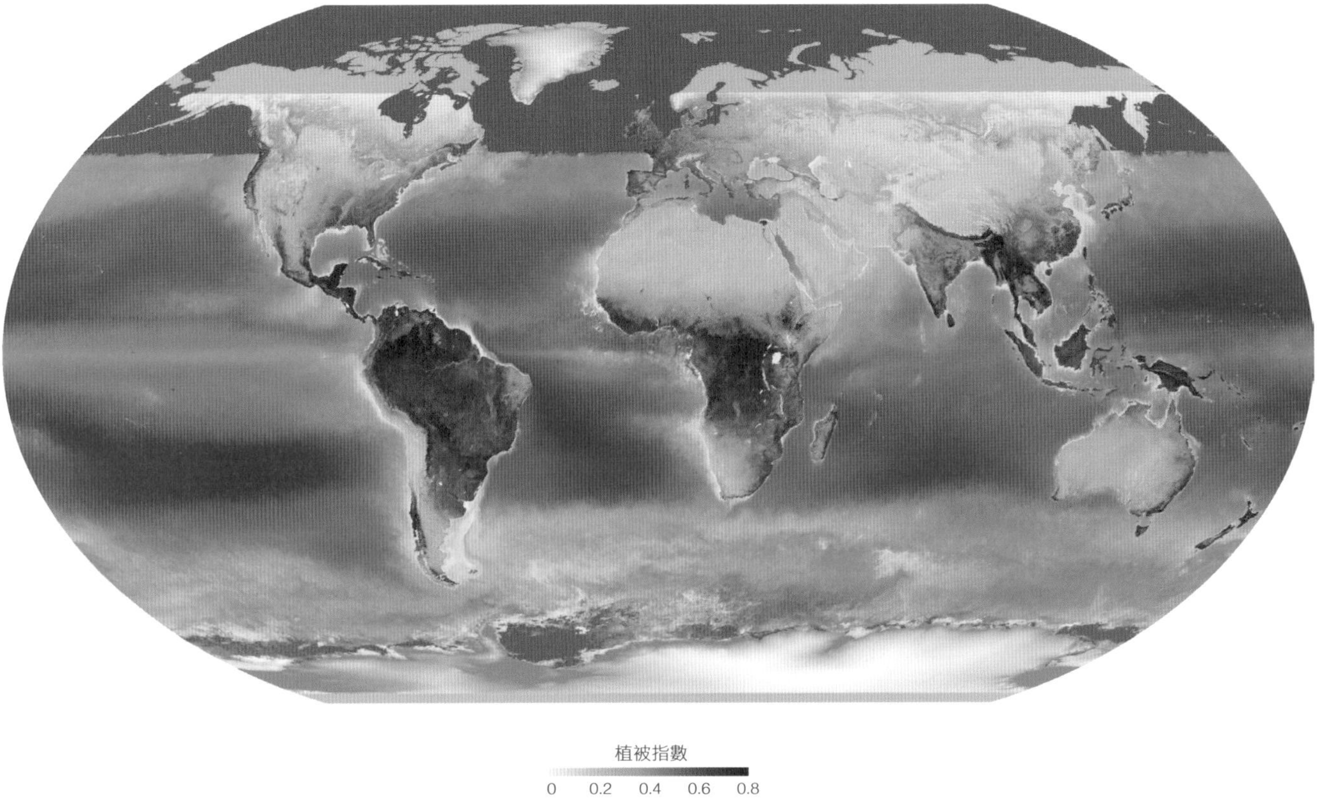

圖 1-7D 2000年至2013年每年12月地表植被生產力與海洋葉綠素濃度平均值。
地圖提供｜Kevin Ward /NASA Earth Observatory, using data provided by the Ocean Color Web and MODIS Land Science Team.

增高的溫度將加速土壤微生物分解有機物，並加速釋放二氧化碳；又如熱帶地區雲量減少導致日照增強，將相對增加水的蒸發率，而使水議題更形重要。對於這幅全球氣候變遷的巨象，我們還有太多要學。

Global Vision 1-8

海底地形的呈現

↓ 茫茫滄海中，孤帆遠影。對於看不到的海底，該如何畫起呢？

一八六五年，在北加州新月市（Crescent City）附近的海域，有艘輪船因觸撞航線圖上未標示的暗礁而沉船，船上乘客與機組人員共二百四十四名，僅十九人倖存。一九八九年，艾克森（Exxon）油輪在阿拉斯加瓦第茲鎮的外海觸礁，造成美國有史以來最嚴重的石油污染事件，有一千一百多萬加侖的原油洩入威廉王子海灣（Prince William Sound），清理善後與賠償金額超過五十億美金，被污染的海岸線長達兩千多公里，造成的生態破壞難以估計。如果當時船長手上有一張較精確的海底地形圖，知道暗礁確實的位置，應可避免慘劇的發生。

二十世紀以前，航海家仍使用相當原始的方法測量海水深度，將繫重物的繩索垂到海底，繩子用多長，海底就多深。這種費時的測量方式，用於河流或淺海仍勉強可行，一旦到了較深的海域就變得不準確——測量深海需用很長的繩索，而繩索本身的重量可能就超過繩端所繫的重物，因此很難判斷重物何時觸及海底。再者，海中洋流與坐船漂浮都容易致使繩索曳斜，測量結果往往比實際的垂直距離來得長。

二十世紀初，人類發明聲納技術測量海水深度。一九五〇年代，美國海軍利用先進的聲納技術，首度繪製出像照片一樣的海底圖。

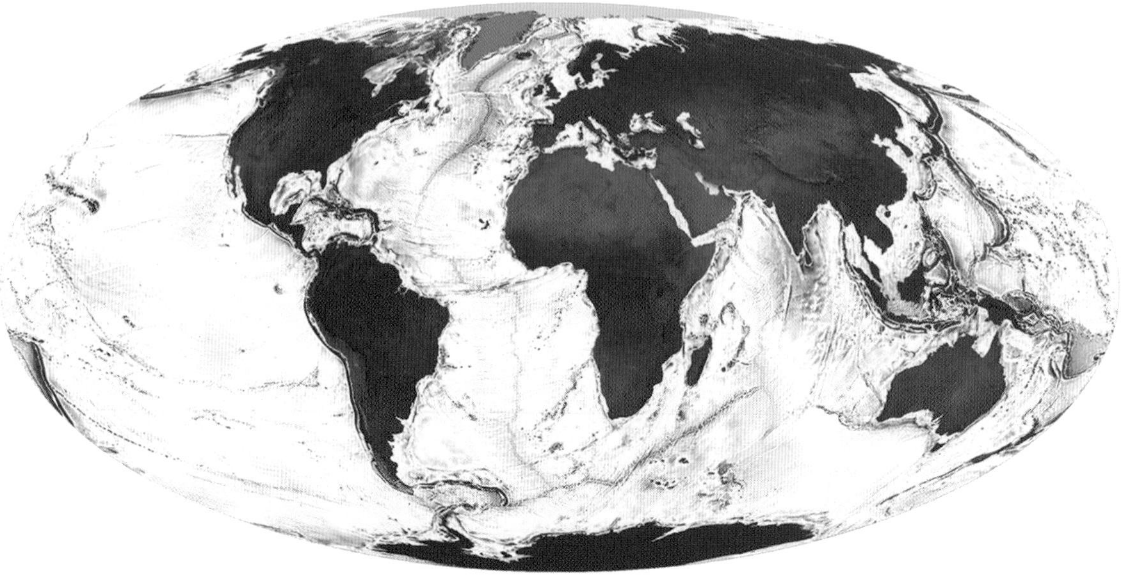

圖 1-8A 重力異常的全景圖

橙色和紅色代表海底重力比全球平均值更強的區域，藍色部位代表重力較弱的區域。

地圖提供｜Joshua Stevens / NASA Earth Observatory, using data from Sandwell, D. et al.（2014）。

美國國家地理學會與美國地質學會也於五〇年代後期出版一套世界海底地形圖，雖然遠不及今日繪製的精確，但中洋脊的發現卻使得革命性的板塊理論在六〇年代逐漸形成。

然而，因為地球有將近七十%被水覆蓋，水可以折射、吸收和反射光線，因此光線只能穿透幾十到幾百公尺。對於人類和大多數衛星眼睛來說，深海是不透明的。難怪到了二十世紀後期，仍有人說我們所有的地球表面地圖，猶不及火星或月球表面地圖來得完整。

九〇年代中期以後，拜太空科技之賜，人類終於能精確畫出海底地形。一九九五年，歐洲太空總署及美國海軍相繼公布了由衛星測量的全球「海面高度」資料，緊接著，美國Scripps海洋研究所與美國國家海洋氣象中心的科學家，利用這套資料

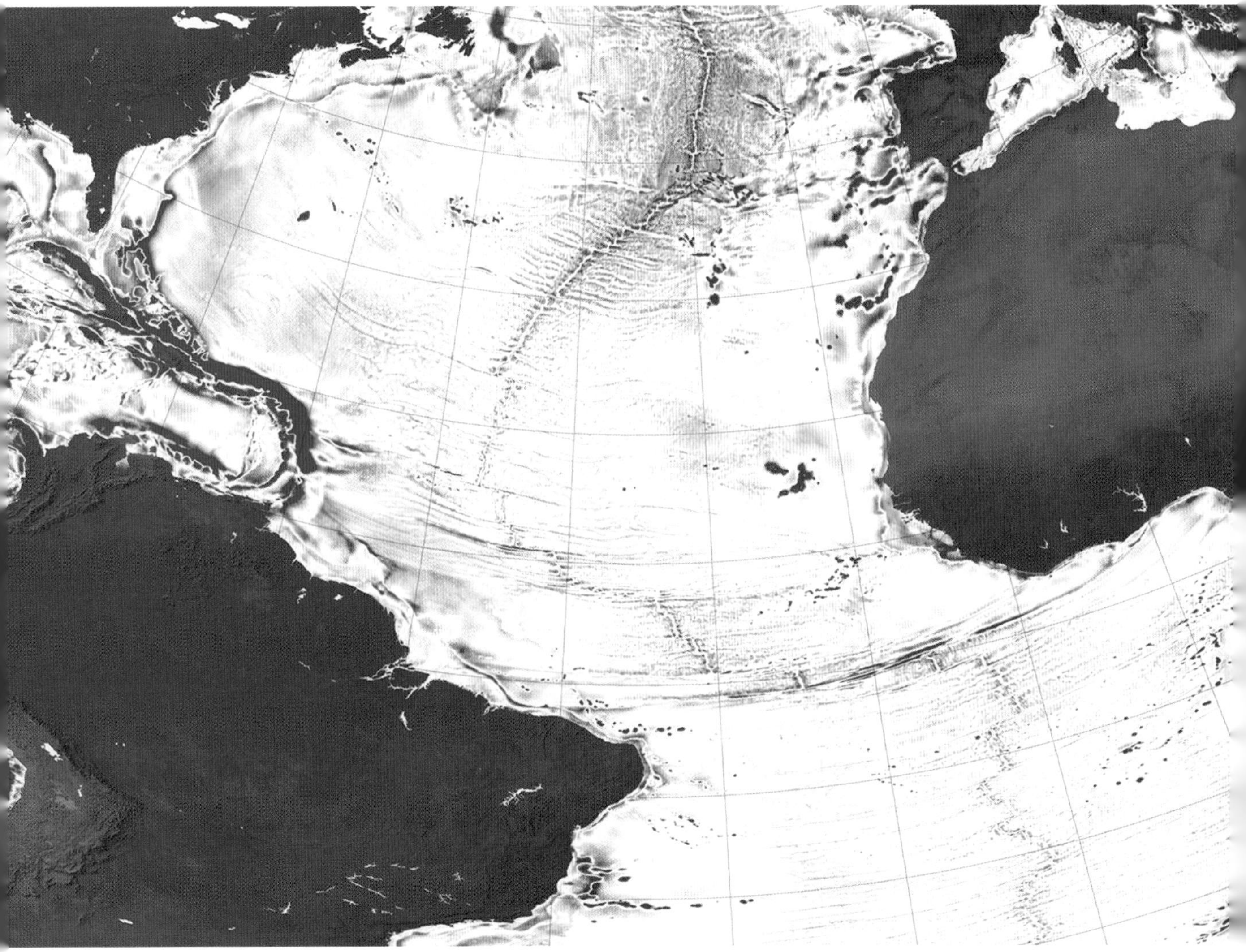

圖 1-8B 將非洲和南美洲之間的大西洋中洋脊沿線數位圖像放大。
地圖提供｜Joshua Stevens / NASA Earth Observatory, using data from Sandwell, D. et al.（2014）。

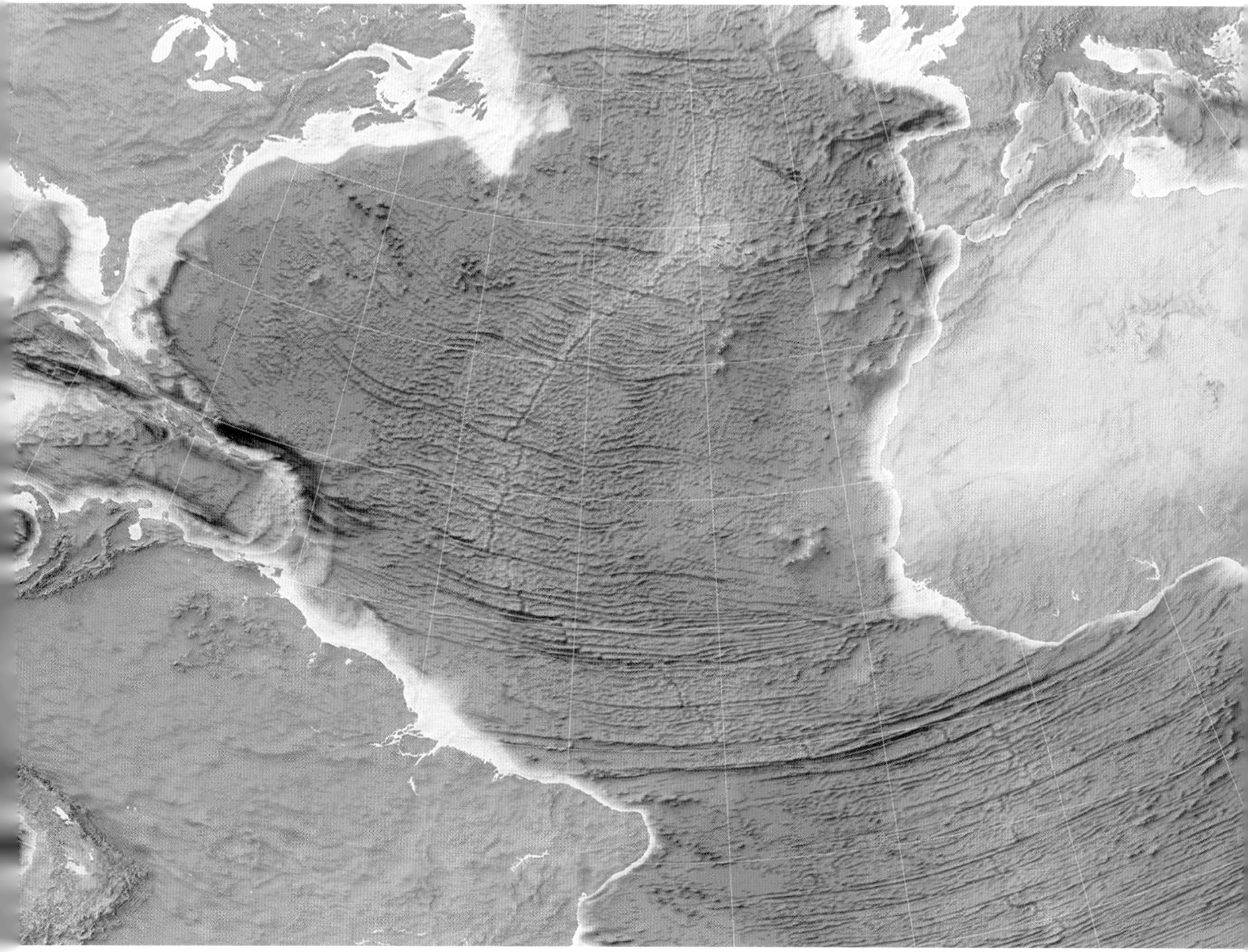

圖 1-8C 和 圖 1-8B 同一區域的重力數據圖，改用深藍色表示海底較深的區域。
地圖提供｜Joshua Stevens / NASA Earth Observatory, using data from Sandwell, D. et al.（2014）。

與過去累積的聲納探測資料，建立了一套全球海底地形資料庫。如圖1-8A即為重力異常的全景圖，橙色和紅色部位代表海底重力比全球平均值更強的區域，這種現象大多與海底山脊和地球板塊構造邊緣的位置相吻合。藍色部位代表重力較弱的區域，主要與海洋中最深的谷壑相對應。圖1-8B則將非洲和南美洲之間，大西洋的中洋脊沿線數位圖像放大來看。圖1-8C的重力數據圖，則是製圖師用深藍色表示海底較深的區域。

這三張地圖製作於二〇一四年，是通過電腦分析和來自歐洲航空局的**CryoSat-2**和**NASA-CNES Jason-1**的新衛星測高數據模型，以及一九八〇年代和一九九〇年代飛行任務收集的舊資料建立而成。對新測量的海面地形（請參閱前面1-2所述）數據進行比較，並與之前的重力測量相結合，使地圖的細節比之前的細節高出兩至四倍，新地圖以每像素五公里的比例提供了海底地形的準確圖像。

值得一書的是，美國地質調查所（USGS）自一九九六年起亦開始進行太平洋海底地形圖計畫。挾尖端繪圖與測量技術，採用最先進的聲納探測技術，並配合全球定位系統（GPS）與地理資訊系統（GIS）的輔助，已能更精確地測量水深和海底地形，可能誤差僅幾公分（淺海）到數十公分（深海）。科學家並從反射波的特性推斷海底的組成物質，再輔以海底實地採樣結果，便可驗證科學家原先的假設，將測量區域的深谷幽壑地形及海底硬岩淤土的分布概況，忠實呈現，對於海底物體的定點描繪，誤差更小於一公尺見方。

海底地形圖的應用範圍十分廣泛，不僅可以用來預防觸礁、避免發生災難，還能幫助科學家與海洋資源使用者了解海底的地質地形環境，界定重要的深海棲地，推斷海底斷層區域的山崩及邊坡穩定性，了解污水排放與海廢棄物的沉澱狀況，追蹤污染物分布情形等，為海洋環境管理的決策方針，提供了重要的科學依據。

Global Vision

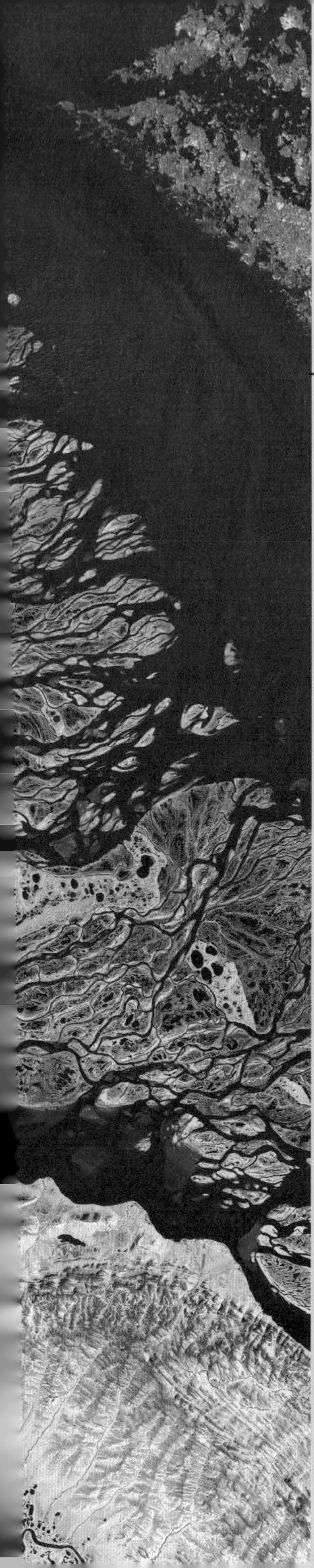

Part 2

Conservation 生態保育

俄羅斯的里納河（Lena River），
長達四千四百公里，是世界上最長的河流之一；
里納三角洲保護區則是俄羅斯境內範圍最廣的荒野保護區。

圖片提供｜USGS EROS Data Center Satellite Systems Branch as part of the Landsat Earth as Art series.

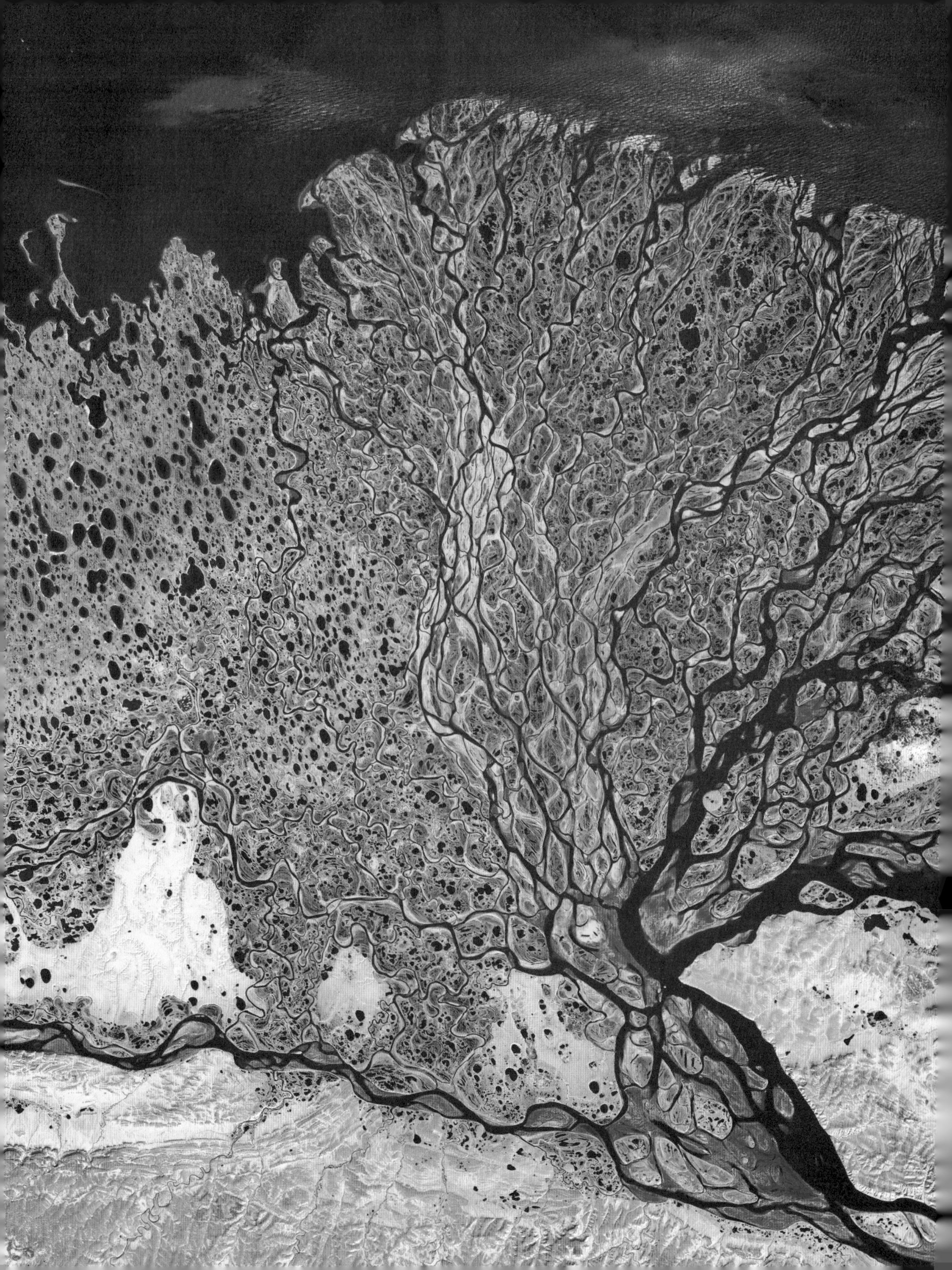

Conservation 2-1

要保護，先了解——台灣黑熊

地圖，不但是傳達地理訊息的工具，也是分析地理問題時很有效的一種工具。很多看似沒有明顯關連的地理事件或現象，一旦畫到地圖上，往往就可以看出事件或現象在空間分布上的關連性及其背後隱含的意義。例如在生態保育的應用上，一個蠻有趣的例子是美國黃石公園的生物學家將棕熊移動的資料畫到公園的地圖上，立刻就看出來棕熊行為模式的改變——牠們會刻意遠離公路，避開能從公路上看得到的地方。

正如英國自然博物學家大衛．艾登堡（David Attenborough）所說的：「人們不會保護他們所不知道的。」（People won't protect things if they don't know about them.）而要落實保育任何一種野生動物，不僅知道就好，還要進一步深入了解。不只是趨避公路這種行為模式，還有一般生態習性、大致活動範圍、主要食物來源與棲息環境等各個層面均需顧

↓ 聖陵望南湖中央尖山

台灣高山地形高低起伏，研究黑熊真的很不容易。
圖為雪山聖稜線下中橫，遠處的南湖中央尖群峰盡收眼底。

及，因為這些都是環環相扣的。

就以台灣為例。首先，你知道台灣有黑熊嗎？你對台灣黑熊的了解有多少呢？你可知道，牠們是台灣陸地上最大型的食肉動物，是本土唯一的原生熊類？你可知道牠們雖然吃肉，卻是標準的雜食動物，以植物莖葉和果實為主食？那麼，牠們平日到底住在哪裡呢？活動範圍到底有多大？會比較喜歡選擇什麼樣的生態環境過日子？會冬眠嗎？還有，你可知道台灣黑熊因為棲地破壞與過度獵捕而導致數量急遽減少，早在一九八九年——將近三十年前就被列入台灣法定一級保育類動物？

就像遊牧民族逐水草而居，台灣黑熊闖蕩山林也居無定所，隨食物而居。牠們是聰明的機會主義覓食者，置身各種環境中能在最短時間內攝取最大的能量。移動力強，爬樹涉水均不在話下，卻生性羞怯喜歡隱蔽，會迴避人類，堪稱神龍見首不見尾。加上台灣山區森林茂密，很難目睹其廬山真面目。

現任屏東科技大學野生動物保育所所長黃美秀教授，是國內第一位運用人造衛星紀錄器，並以直升機追蹤台灣黑熊。在美國攻讀博士期間，她於一九九八年至二〇〇〇年在玉山國家公園的大分地區，成功捕捉繫放了十五隻台灣黑熊，並用無線電追蹤其中八隻，首度建立了有關台灣黑熊移動和活動模式的寶貴研究資料。之後並在二〇一〇年創辦了台灣黑熊保育協會（Taiwan Black Bear Conservation Association），是全世界第一個（也是唯一一個）專門致力於保育瀕臨絕種的黑熊而設置的非營利民間組織。

Conservation

在黑熊保育協會的官網，即開宗明義指出：「當我們要保護一個物種時，最基本的就是了解動物生活或居住在哪裡。」

而要了解神祕的台灣黑熊地理分布狀況，談何容易？

研究團隊投注無數時間心力，或透過訪問活動於山區的原住民與林業工作人員，或蒐集在野外裝設的自動感應相機拍攝到黑熊的位置，加上熊窩（屏科大熊類研究室）人員歷經兩年踏遍了台灣南北調查二十個樣區記錄黑熊留下的痕跡等——藉由上述種種方法，蒐集自一九九〇年來一〇一七筆目擊台灣黑熊或其活動痕跡的紀錄：其中有九十九%出現於國有林內，而雪霸、太魯閣和玉山這三個高山型國家公園，則涵蓋了一半的有熊紀錄。終製作成一張讓人一目瞭然的台灣黑熊分布圖，如 圖2-1A ，紅點即為有熊網格（單位一平方公里）。

繪出台灣黑熊大致的地理分布狀況，已經很不容易了。

但這只是靜態的展現，對於動態的樣貌如活動範圍大小與覓食路徑等行為模式，需做更進一步的研究。

在美秀教授指導下，屏科大動保所研究生林宛青於二〇一七年完成〈衛星定位追蹤玉山國家公園台灣黑熊〉碩士論文，藉由全球定位與地理資訊系統的先進技術，對於玉山地區台灣黑熊的活動範圍與模式、移動過程和路徑，以及其所需棲地與生態環境做更深入的了解。

該研究自二〇一四年兩年間在玉山國家公園共捕捉繫放了九隻台灣黑熊，包括六隻母熊和三隻公熊，並配戴人造衛星追蹤器，進行個體追蹤天數從二三二天至六二〇天不等。

設定每五至八．五小時定位一次，在追蹤期間共蒐集八，四八六筆定位點。

結果發現這九隻黑熊隨季節移動路徑與活動範圍均與大分地區有關，活動範圍約莫從二十平方公里到五六三．五平方公里不等，如 圖2-1B 採用最小凸多邊形法繪出每隻黑熊活動範圍，其中有五隻（即超過半數）會走到國家公園外圍地區，移動路線如 圖2-1C 至 圖2-1G 。

圖 2-1A 台灣黑熊地理分布圖

地圖繪製提供｜黃美秀教授＆台灣黑熊保育協會

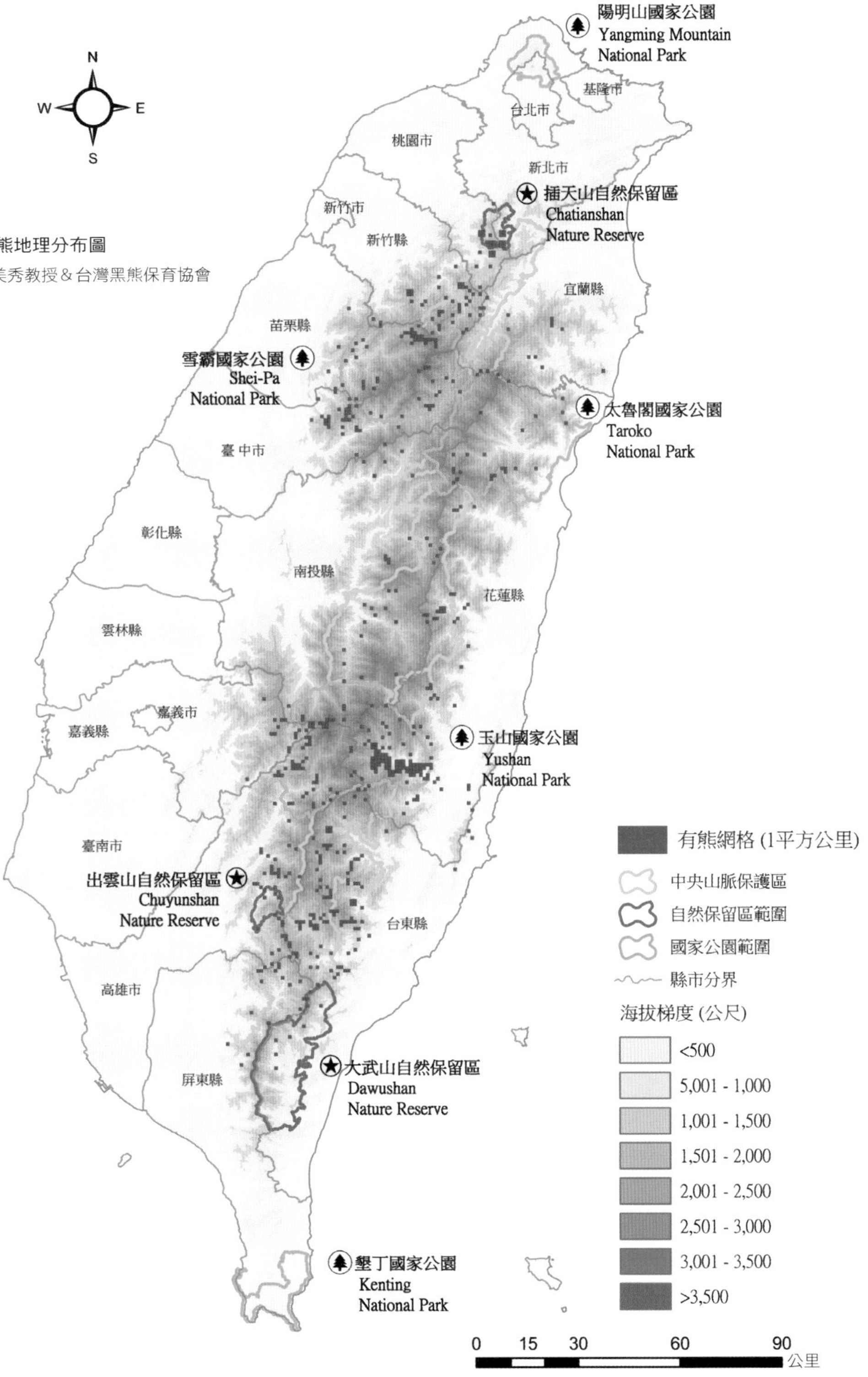
N
W
E
S
陽明山國家公園
Yangming Mountain
National Park
基隆市
台北市
桃園市
新北市
插天山自然保留區
Chatianshan
Nature Reserve
新竹市
新竹縣
宜蘭縣
苗栗縣
雪霸國家公園
Shei-Pa
National Park
太魯閣國家公園
Taroko
National Park
臺中市
彰化縣
南投縣
花蓮縣
雲林縣
嘉義市
嘉義縣
玉山國家公園
Yushan
National Park
臺南市
出雲山自然保留區
Chuyunshan
Nature Reserve
台東縣
高雄市
大武山自然保留區
Dawushan
Nature Reserve
屏東縣
墾丁國家公園
Kenting
National Park
有熊網格 (1平方公里)
中央山脈保護區
自然保留區範圍
國家公園範圍
縣市分界
海拔梯度 (公尺)
<500
5,001 - 1,000
1,001 - 1,500
1,501 - 2,000
2,001 - 2,500
2,501 - 3,000
3,001 - 3,500
>3,500
0 15 30 60 90
公里

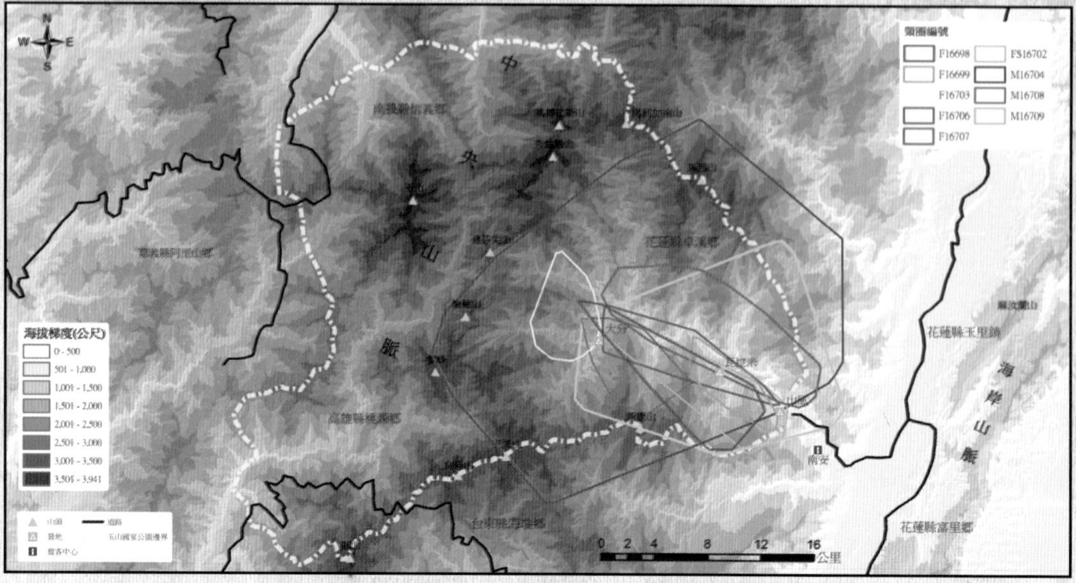

圖 2-1B 利用最小凸多邊形法估算9隻台灣黑熊於玉山國家公園之活動範圍。

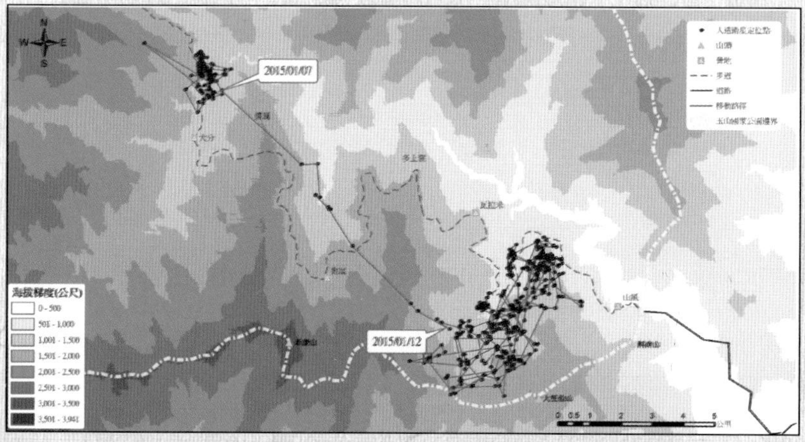

圖 2-1C 成年母熊 F16698在大分捕捉繫放後，從2014/11/13（綠框）至2015/06/29（紅框）之移動路徑。

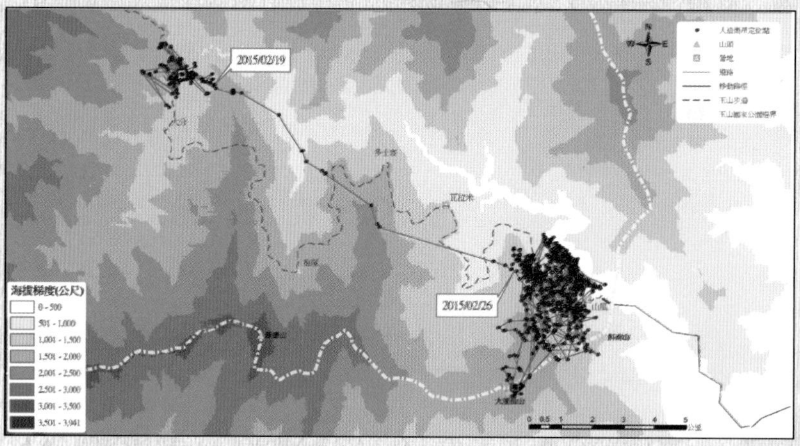

圖 2-1D 未成年母熊FS16702在大分捕捉繫放後，從2014/12/17（綠框）至2015/10/02（紅框）之移動路徑。

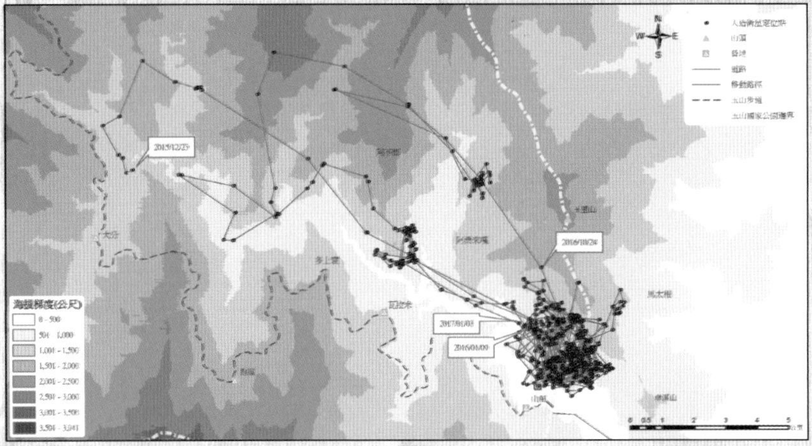

圖 2-1E 成年母熊 F16707在大分捕捉繫放後，從2015/12/23（綠框）至2017/02/28（紅框）之移動路徑。

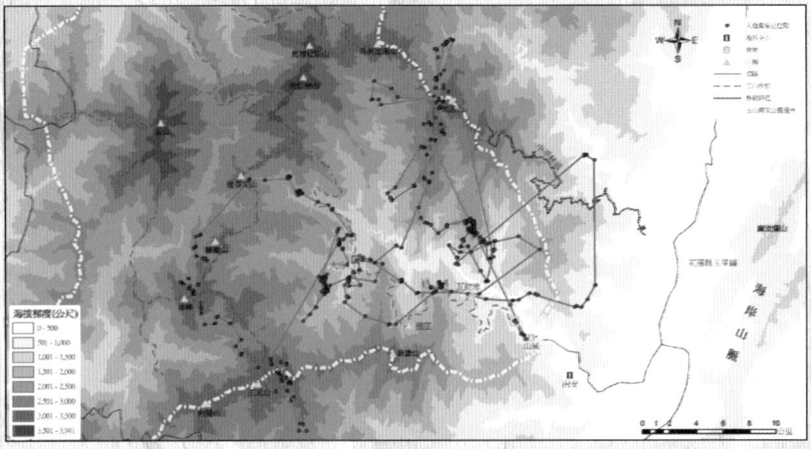

圖 2-1F 成年公熊 F16704在瓦拉米步道捕捉繫放後，從2015/07/03（綠框）至2017/01/27（紅框）之移動路徑。

Conservation

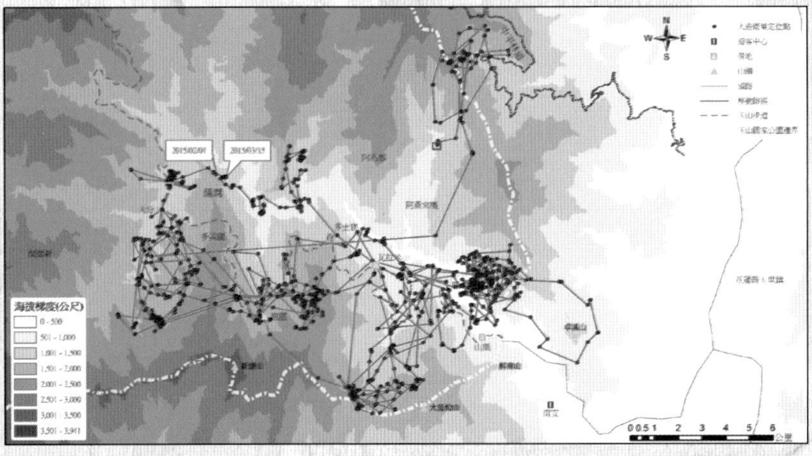

圖 2-1G 成年公熊 F16709在大分捕捉繫放後，從2014/12/29（綠框）至2016/09/05（紅框）之移動路徑。

圖 2-1B 至 圖 2-1G 地圖繪製｜屏科大動保所研究生林宛青【衛星定位追蹤玉山國家公園台灣黑熊】2017年碩士論文之圖4、8、10、13、14、16

↑ 台灣黑熊（Ursus Thibetanus Formosanus）是台灣唯一原產的熊類，耳朵大而圓，眼睛小且色深，吻部長而狀似狗的吻部，故又稱為「狗熊」。｜圖片提供｜黃美秀教授

走最遠的是編號M16704公熊，不但走到公園東界之外直線距離約六公里的中平林道，還走到三叉山以南。如果日後玉山國家公園要調整或擴充疆界，這些資料都是很重要的科學憑據。其實在美國也常有野生動物跑到國家公園界線外，對於這些潛在棲息地，若無法擴增保護區面積，常見的應對措施是劃設荒野區（Wilderness Area）做為緩衝地帶，以加強保護。

此外關於棲地植被類型，此研究指出台灣黑熊偏好針闊葉林與人工林，趨避針葉林、灌叢與人為用地。還有棲地海拔，用人造衛星追蹤定位點最高海拔為三三四九公尺，最低海拔為一九九公尺——為目前台灣黑熊利用最低海拔紀錄；然而台灣黑熊通常偏好活動於海拔五〇〇至一五〇〇公尺。

如果在台灣爬過高山，就知道研究台灣黑熊有多困難，因為牠們多活動於偏遠山區，而且活動範圍很大，加上地形陡峭和植被茂密。這般跋山涉水、千辛萬苦長期追蹤研究黑熊，可能很多人會問，台

↑ 如亞洲其他地區的黑熊，台灣黑熊最大的特徵便是胸前淡黃色或白色的V字型斑紋，由於狀似新月，也稱為「月熊」。｜圖片提供｜黃美秀教授

灣黑熊的存在到底跟我們有什麼關係，或有什麼樣的影響呢？

從地圖上不難看出，熊的移動力很強，可達方圓幾百平方公里，無形中便增加種子散播的距離。而被熊吃進肚裡但消化不完全的種子或有較高萌芽機率，因此黑熊是森林生態體系中有效的長距離種子播散者，影響當地植物的演替甚鉅。此外，牠們是台灣山林食物鏈頂層的掠食者，是山羌山羊水鹿野豬等草食偶蹄類動物的天敵，或能某種程度避免草食動物族群的過度繁殖，不但影響植物的數量與分布，對於整個生態平衡有無可取代的重要性。

就這麼想，黑熊提供眾多的「生態服務」絕對是無價的。如果黑熊居住在一個完整而健康的生態體系，那麼，住在山腳下的我們直接蒙受其益。生存的環境如乾淨的水、森林再生、種子傳播等，對我們不但有益而且非常重要。一旦了解這些環節，如果再問你一次，台灣黑熊的存在跟我們有什麼關係，你還會回答不知道或沒關係麼？

藉著全球定位科技與地理資訊系統的空間分析能力，感謝美秀老師和宛青多年的辛苦努力並願意提供第一手衛星追蹤資料，讓我們對於來無影去無蹤的台灣黑熊有更進一步的認識與了解。了解了，才知道該如何保護。如美秀老師說的，黑熊生態保育的路雖然很「慢」長，但已漸漸有了成效。我們每個人都可以從日常最基本的保護做起，除了不捕獵不傷害黑熊，更不要吃、不要買任何山產（因為黑熊的斷掌或斷指主要是誤入獵物陷阱所致）。

最後，願台灣黑熊能在山林中安心地到處趴趴走，過著悠哉足食的日子，永遠跟我們一起生活在美麗寶島上，共存共榮。

Conservation

長途跋涉的女子——用GPS拯救大象

「如果不管到哪裡都不介意，你就不會迷路。」雖說是至理名言，但能身體力行的人應該不多，「不知身在何處」恐怕還是人類基本的恐懼之一吧？

以前在學校上野外實習課時，第一件要學會的事就是用指南針及等高線圖定位。而每回爬山健行時，定位更是頭等要緊大事。儘管如此，出錯還是常有的事。但這幾年來使用全球定位系統（Global Positioning System，簡稱GPS）以後，野外定位似乎變得簡單多了。曾有一年到優勝美地國家公園的萊伊爾谷（Lyell Canyon）健行，某夜有黑熊造訪營地覓食，幸好食物儲存得法，黑熊無功而返。因為攜帶了GPS，下山後向國家公園「報案」，只需告訴園方事件發生的確實經緯度，不用再大費周章地描述事情是發生在「過了第三座小木橋以後步行約兩小時的地方」。而國家公園如果長期累積這樣精確的「報案」資料，或許便能建立黑熊活動範圍資料庫，對日後黑熊以及遊客的安全管理將有所裨益。

GPS的應用千奇百怪，無所不包。特別是二〇〇〇年五月美國前總統柯林頓解除了對民用GPS的干擾後，一般商業GPS定位的精確度大增，應用範圍也更廣。目前市面上先進的新車種基本配備幾乎都有GPS導航定位裝置，能時時刻刻指引方向讓開車的人不再那麼容易迷路了。有人認為，就導

圖 2-2A 母象伊爾恩圭西遷移路線

地圖提供｜Save the Elephants / Data from Dr. Iain Douglas-Hamilton / Cartographer Clair Geddes

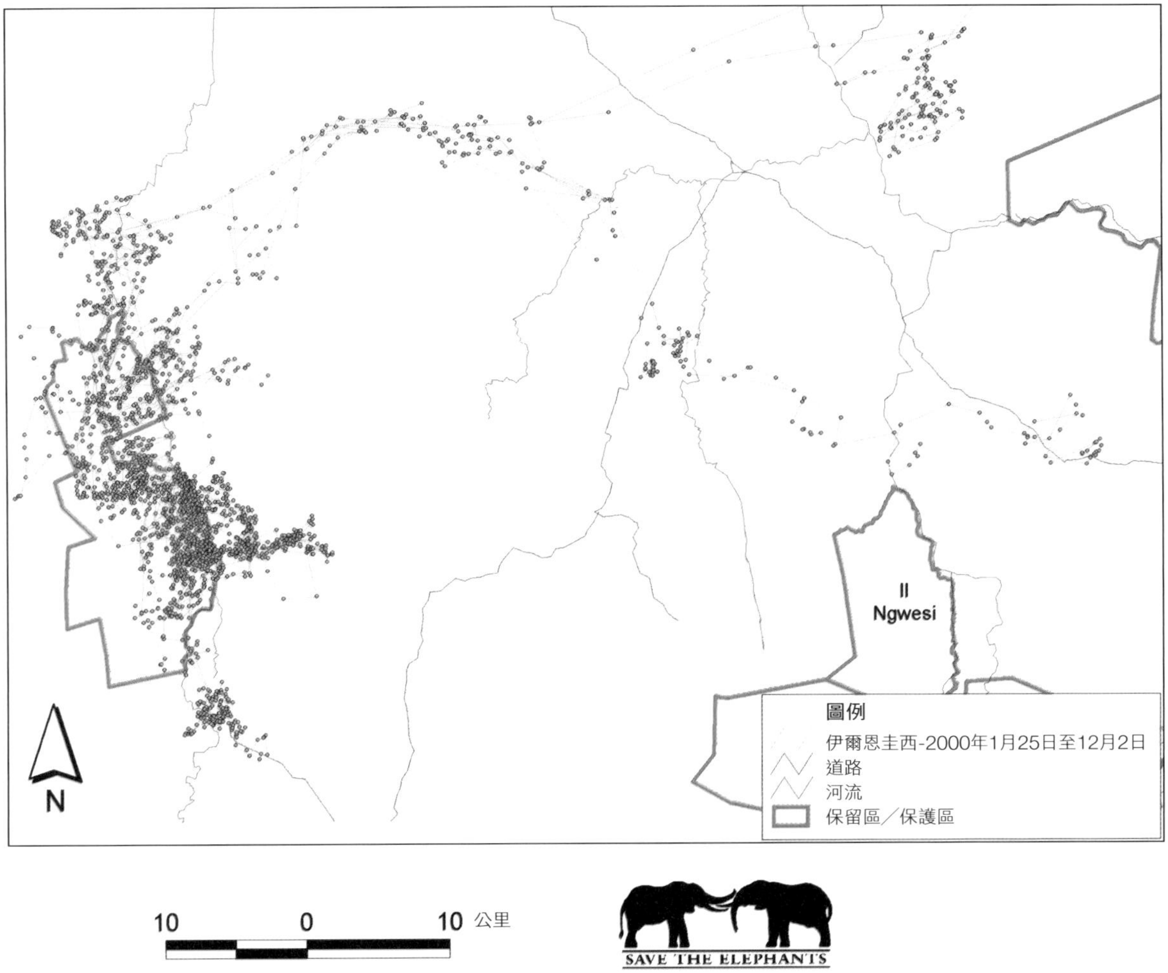

Conservation

這頭母象在2000年 1 月被「拯救大象」環保組織套上GPS項圈之前，已經被追蹤了九年，但是一直到有了GPS記錄的資料之後，研究人員才知道牠確實的遷移路線。基本上牠沿著一條略呈半圓形的路線，往返於肯亞的伊爾恩圭西（Il Ngwesi）與因帕拉（Impala）這兩個保護區之間。偶爾也會到東邊的桑布魯（Samburu）保護區附近，在這兒遇到一些追求牠的公象。不過大部分時間還是待在因帕拉保護區。

這是將GPS應用在棲息地調查上的絕佳例子。由這張圖可以看出來，這頭母象有很長的時間都停留在保護區外面。透過這些圖，有關單位很容易就能看出未來保育工作應該著重的地方。

航定位以及地圖製作等方面的應用而言，GPS是繼指南針之後最重要的「發明」，的確是有幾分道理的。

雖然GPS建立之初主要是為了軍事上的目的，但近年來在野生動物保育的應用上，GPS同樣成效非凡。生物學家估計，當今物種消失的速度是正常的百倍甚至千倍。物種滅絕的因素很多，但棲息地因人類的開發行為而快速消失是重要關鍵之一，因此保護棲息地便成為野生動物保育的首要工作。

不過劃定保護區卻不是件簡單的工作，範圍太大必然招致相關利益團體的反對，範圍太小又可能起不了保護的作用。一九九七年冬天，數千頭因覓食而走出黃石公園邊界的美國野牛，被蒙大拿州政府以「野牛可能傳染疾病給牧場的牛」為理由而血腥屠殺。這個被保育界稱為「黃石公園大屠殺」的例子，說明了動物不懂也不會遵守人為任意劃定的邊界。因此了解野生動物的活動範圍，以及遷移時所使用的生態走廊（corridors），在棲息地的劃設及保護上有極其重要的意義。

國際環保組織「拯救大象」（Save the Elephants）自一九九五年起就在非洲使用GPS來追蹤大象活動的範圍。研究人員將GPS以及測量溫度的晶片用項圈套在大象的脖子上。晶片是為了研究氣溫與大象移動間的相對關係。因為大象體積龐大，長時間運動後身體很容易過熱，因此氣溫高低對大象的移動有很重要的影響。大象身上裝的GPS剛開始每一小時自動記錄一次大象的位置，一個月之後改為每三小時記錄一次位置。GPS中的記憶體可容納約五到六個月的資料，資料下載的方式是用飛機低空飛過大象的上方，然後由機上攜帶的筆記型電腦讀取項圈中的資料。資料下載後輸入地理資訊系統中，就能做出如 圖2-2A 及 圖2-2B 的大象遷移圖。

圖2-2A 的大象在被裝上GPS項圈之前，已經被連續觀察了九年，但一直到裝了GPS項圈之後，研究人員才弄清楚牠遷移時使用的路徑。同時資料也顯示，這隻大象有很長的時間停留在保護區以外。有

圖2-2B 母象恩嘎拉湯妮遷移路線

地圖提供｜Save the Elephants / Data from Dr. Iain Douglas-Hamilton / Cartographer Clair Geddes

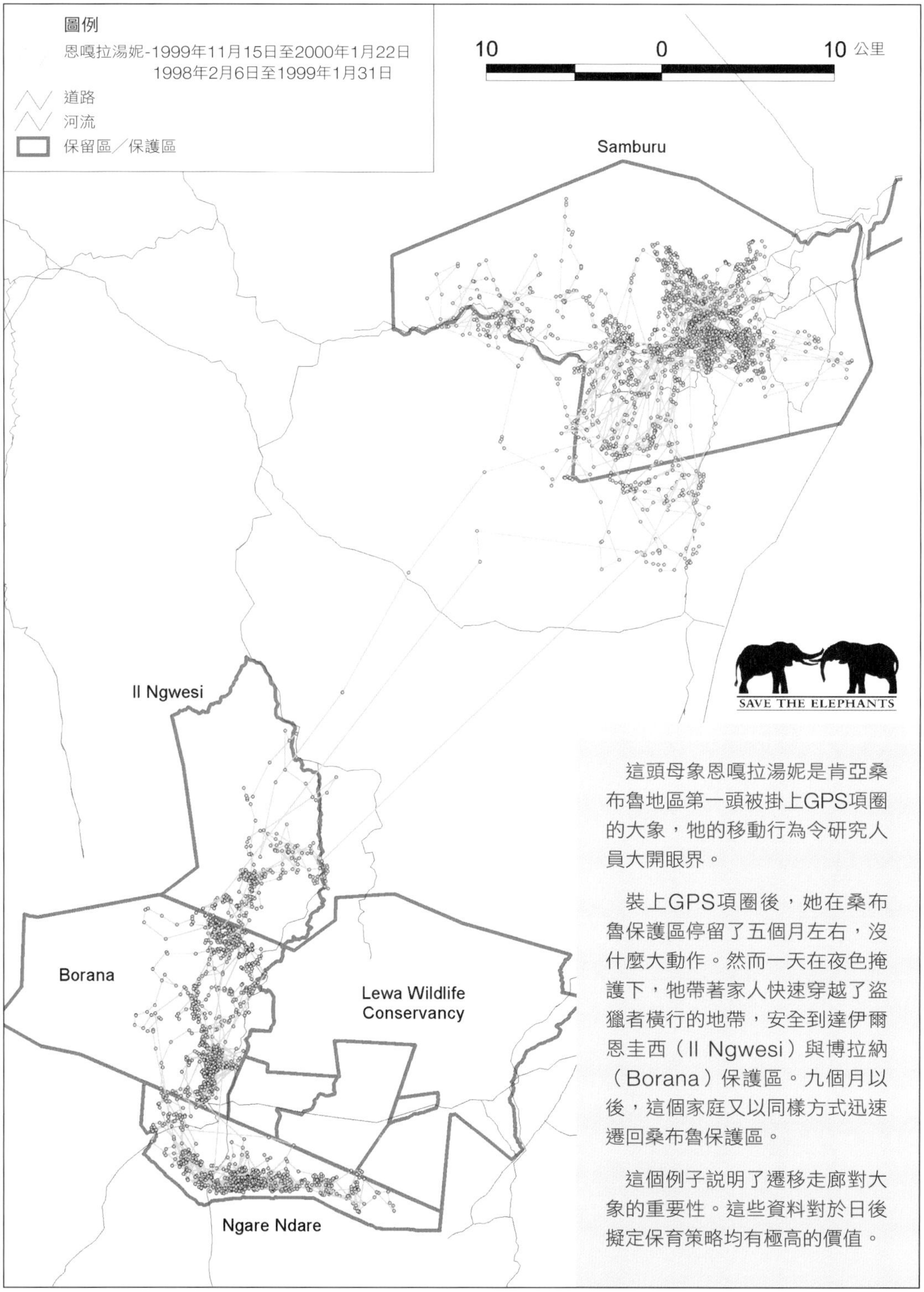

這頭母象恩嘎拉湯妮是肯亞桑布魯地區第一頭被掛上GPS項圈的大象，牠的移動行為令研究人員大開眼界。

裝上GPS項圈後，她在桑布魯保護區停留了五個月左右，沒什麼大動作。然而一天在夜色掩護下，牠帶著家人快速穿越了盜獵者橫行的地帶，安全到達伊爾恩圭西（Il Ngwesi）與博拉納（Borana）保護區。九個月以後，這個家庭又以同樣方式迅速遷回桑布魯保護區。

這個例子說明了遷移走廊對大象的重要性。這些資料對於日後擬定保育策略均有極高的價值。

了這些資料，環保組織就能根據這些客觀科學證據，據理向有關單位爭取保護區的擴大。

圖2-2B 則是根據一隻名叫「恩嘎拉湯妮」（Ngalatoni）的大象其移動資料所繪成的地圖，「恩嘎拉湯妮」在當地土話中的意思是「能長途跋涉的女子」，牠是一個大象家庭的女家長（matriarch）。根據GPS資料顯示，這個家庭在桑布魯（Samburu）保護區停留了五個月之後，某天在夜色掩護下，快速通過盜獵者橫行的地帶進入另一個保護區，停留九個月之後，又以同樣的模式迅速回到原先的保護區。這個聽起來有點兒像偵探小說或天方夜譚的故事，大象真有這麼聰明，知道如何躲過敵人耳目嗎？然而由GPS所提供的具體記錄，我們知道它確確實實發生過。

雖然生物學家自一九六〇年代起就開始觀察大象的遷徙行為，但是不論在空間或時間的尺度上，這些觀察都無法與利用GPS蒐集的資料相

提並論。有了這些詳細的移動資料，生物學家甚至可以分析大象在尋找食物、水源，以及躲避敵人時的決策模式。這個例子同時也凸顯了，保護動物遷徙時使用的走廊的重要性。事實上，坦尚尼亞政府根據「拯救大象」環保組織所提供的資料，已將一些大象經常出沒的地區劃為禁獵區。在此之前，狩獵利益團體始終堅決不肯承認大象會走進開放狩獵的地區。

其實用衛星來監視動物遷移型態的應用相當廣泛，對象也不限於大型的陸上動物。國際環保組織「野鴨無限」（Duck Unlimited）自一九九九年起在一批加拿大雁（Canada Geese）身上裝置小型的無線電發射器，這些發射器會定期發出訊號，訊號被衛星接收後再傳回地面的接收站。研究人員就可以根據這些資料描繪出鳥類遷移的路徑，並立即將這些資料公布在網站上。這項研究進行的時間雖然不長，但已讓科學家對候鳥遷移型態有了進一步的了解。

政治地圖學——極地馴鹿繁殖區

二〇〇一年三月中旬，美國各大媒體都刊載了一則不太尋常的地圖新聞，一位美國國家地質調查所（U.S. Geologic Survey，簡稱USGS）的地圖繪製師因在該所的網站上公布了一張地圖，結果遭到了開除的命運。

根據報導，這位繪圖師在過去三年中已在該所網站上公布了近兩萬張地圖，這些地圖主要都是關於鳥類遷徙、動植物棲息生長範圍之類的主題。這張闖禍的地圖與以往的地圖相比並無特殊之處，不過是顯示了阿拉斯加北極野生動物保護區（Arctic National Wildlife Refuge）的馴鹿棲息繁殖範圍。他被開除的官方理由是「繪製馴鹿棲息地」不在指定的工作範圍之內，然而真正原因卻是這張圖在極不恰當的時刻觸動了布希政府最敏感的一根神經。

北極野生動物保護區位於美國阿拉斯加州的東北角（圖2-3A），面積共八萬平方公里，約為台灣的兩倍，不過整個保護區的心臟地帶則在北部狹窄的沿海平原。每年春末夏初，十幾萬隻馴鹿都會越過布魯克斯（Brooks）山脈，來到沿海平原繁育下一代，目前牠們是北美陸地上僅存的大規模遷徙動物。

美國政府很早就注意到這個地區在生態保育上的重要性，在一九六〇年便劃定此區為「野生動物棲息地」（Arctic National Wildlife Range）。一九八〇年卡特總統更簽署了一道法案，將這個地區提升

圖2-3A 美國阿拉斯加的北極野生動物保護區及1002區

資料來源｜美國國家地質調查所　地圖繪製｜李文堯

成「野生動物保護區」，並將其涵蓋範圍加倍。但是由於沿海平原可能蘊含有大量油氣，這項法案因此留下了一個伏筆，在第一〇〇二條款中，規定保護區內的沿海平原

→ 傳說中的聖誕老公公，就是用馴鹿幫忙拉雪橇。

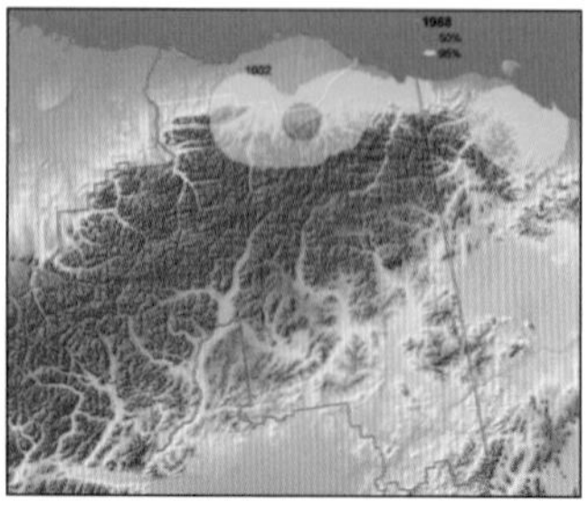

極地馴鹿1988年繁殖區

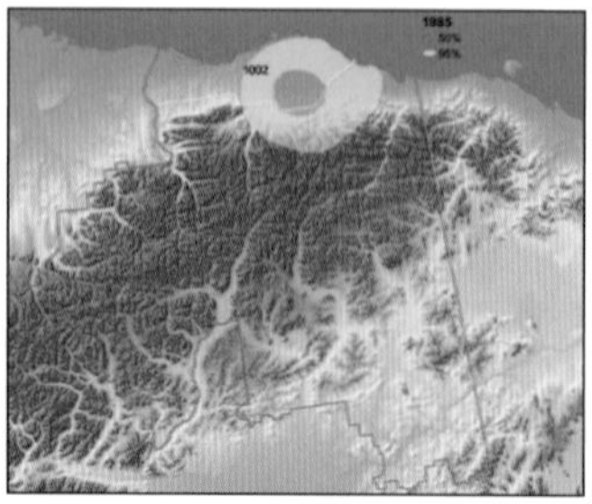

極地馴鹿1985年繁殖區

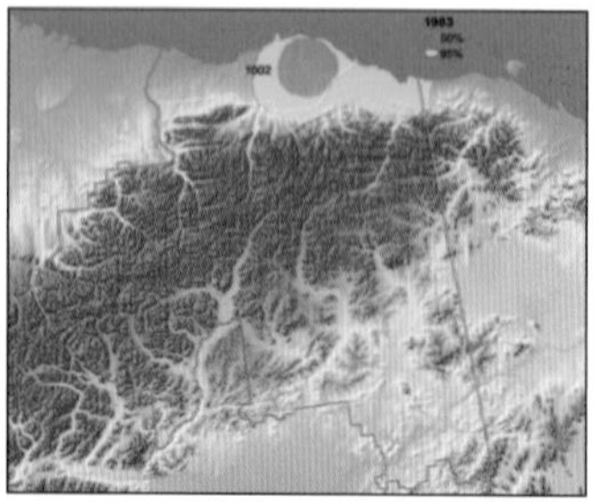

極地馴鹿1983年繁殖區

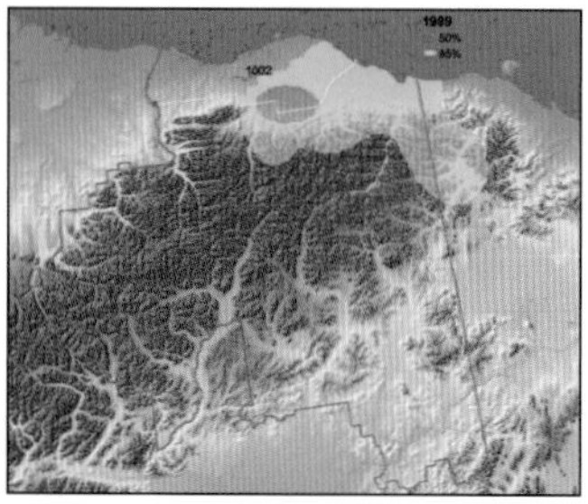

極地馴鹿1989年繁殖區

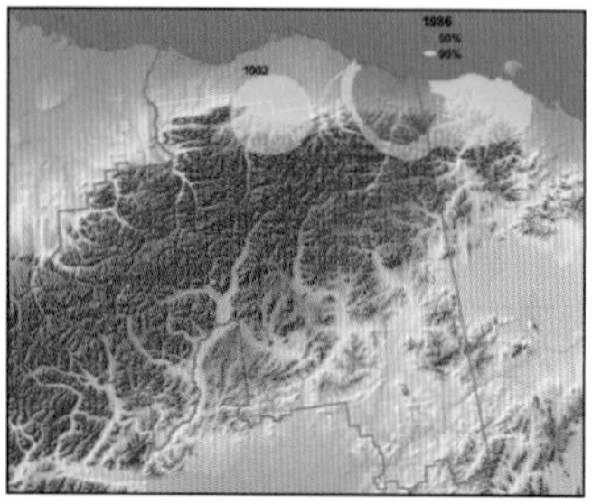

極地馴鹿1986年繁殖區

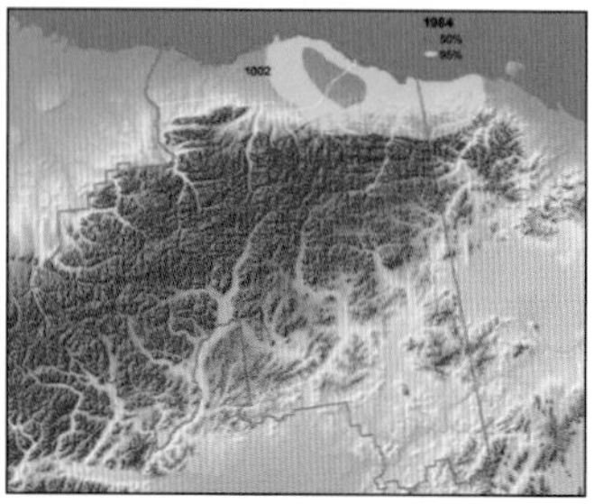

極地馴鹿1984年繁殖區

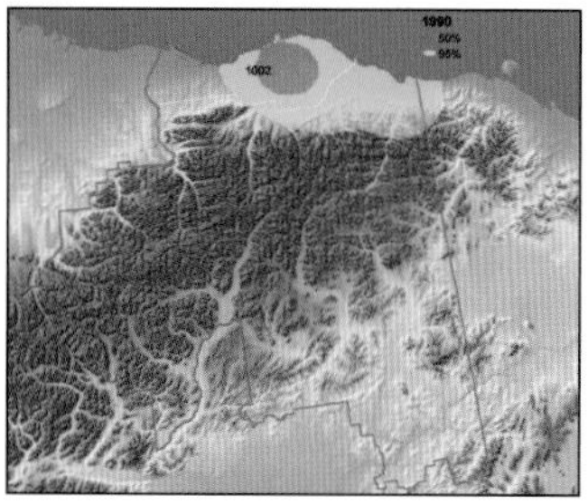

極地馴鹿1990年繁殖區

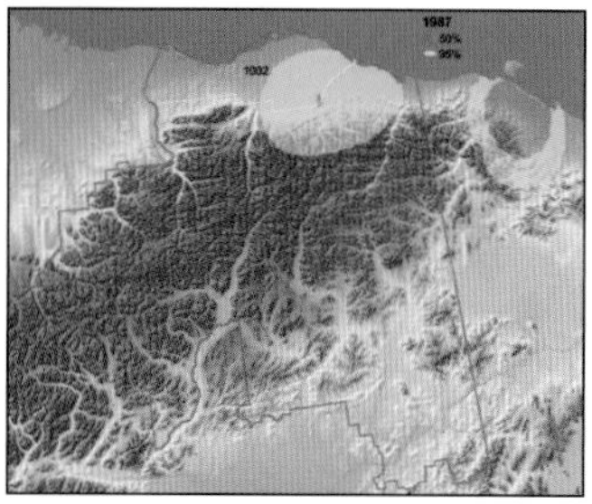

極地馴鹿1987年繁殖區

圖2-3B 極地馴鹿1983～1999歷年繁殖區

美國魚類及野生動物署每年在馴鹿繁殖季節都會派人到保護區調查馴鹿生育的地點，將這些資料輸進電腦後，即可推估該年馴鹿繁殖地的範圍。深綠色是表示馴鹿生育集中的地區（50%的小鹿在這個範圍內出生），淺綠色是表示馴鹿生育大致的範圍（95%的小鹿在這個範圍內出生）。

資料來源｜美國魚類及野生動物署
地圖繪製｜李文堯

需要做更進一步的研究調查，才能決定未來的用途。也因為這個但書，這塊沿海平原（通稱為一○○二區）一直都無法擺脫可能開放石油開採的陰影。

根據這條法案規定，美國魚類及野生動物署（U.S. Fish and Wildlife Service），每年都會在保護區內進行生態調查，特別是馴鹿的棲息地調查。圖2-3B的十七張圖就是藉由一九八三年至一九九九年間的調查結果，所製成的「馴鹿生育季節棲息範圍圖」。由這些圖中棲息地的變化，可以輕易看出一○○二區對於保護區內馴鹿的重要性。其中只有一九八七及八八這兩年，因為冬季積雪太厚，馴鹿無法進入

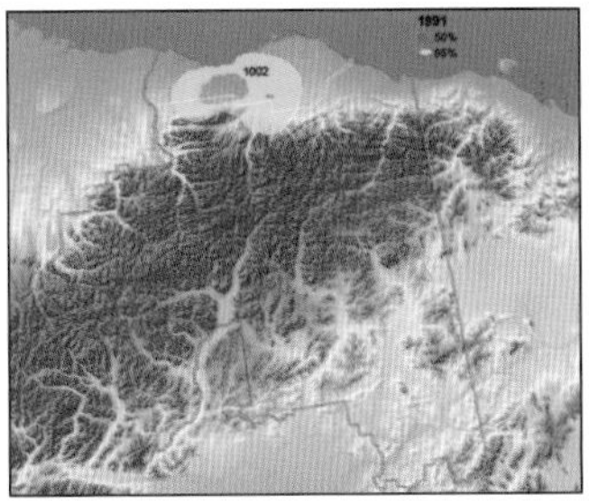

極地馴鹿1991年繁殖區

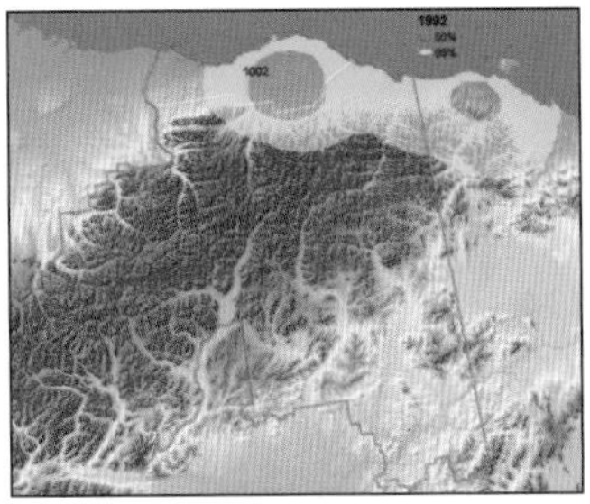

極地馴鹿1992年繁殖區

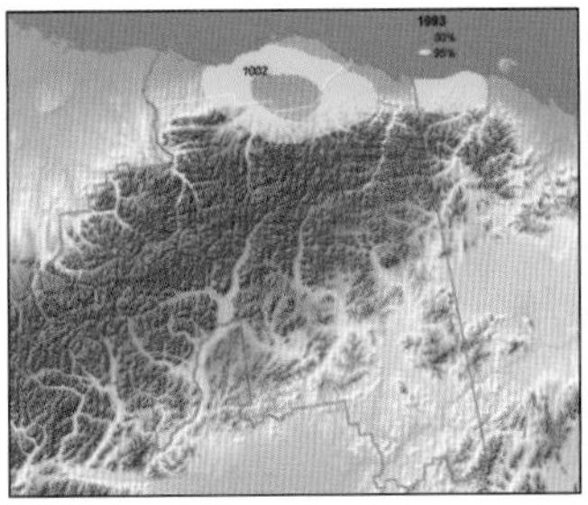

極地馴鹿1993年繁殖區

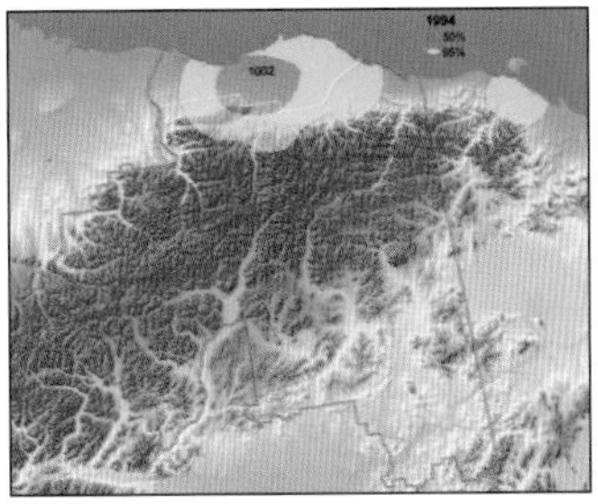

極地馴鹿1994年繁殖區

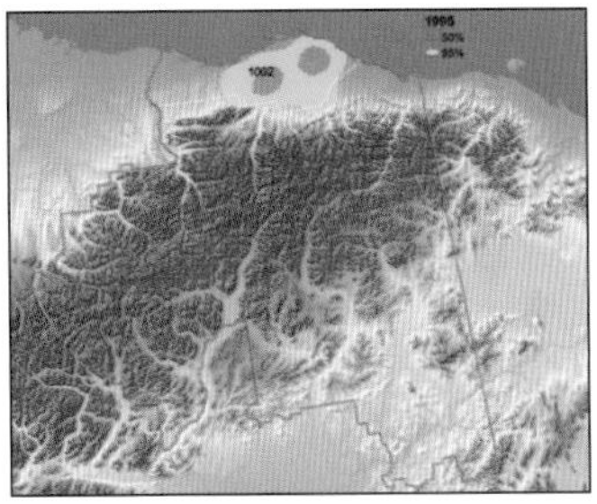

極地馴鹿1995年繁殖區

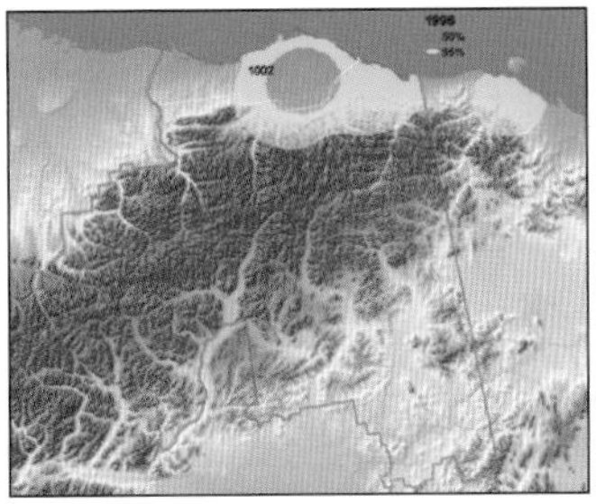

極地馴鹿1996年繁殖區

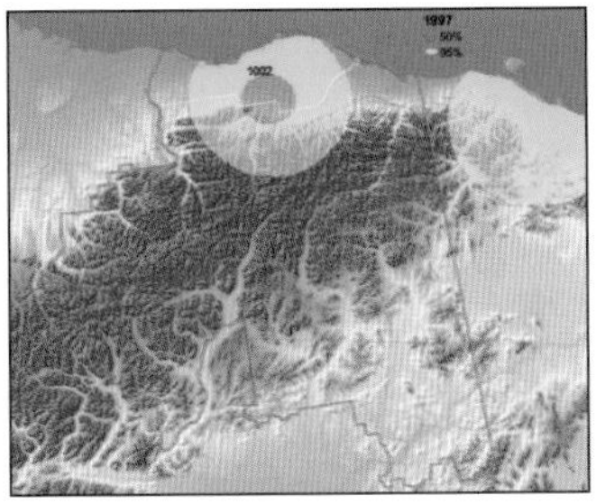

極地馴鹿1997年繁殖區

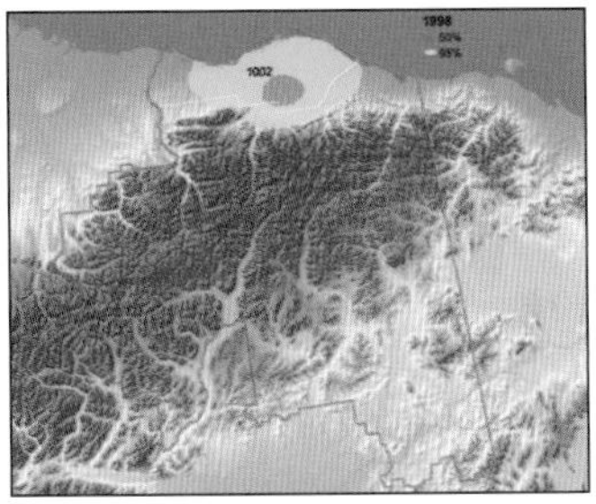

極地馴鹿1998年繁殖區

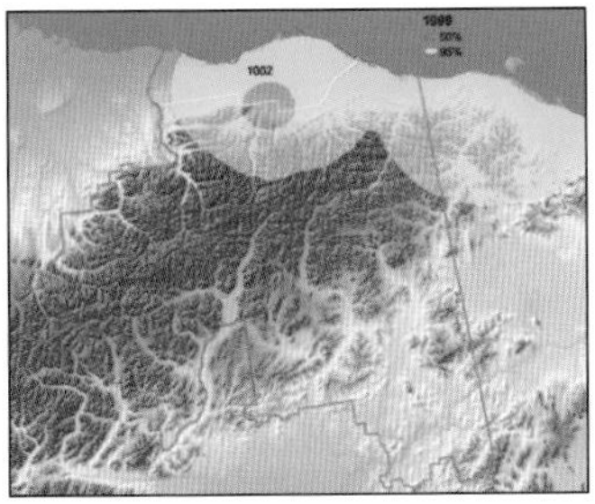

極地馴鹿1999年繁殖區

沿海平原生育下一代，因此被迫在條件比較差的地帶生育，事實上在那兩年的新生馴鹿的存活率都比正常要低。

除了重要的生態價值，一〇〇二區脆弱的極地環境也是經不起破壞的。一九八四至八五年間，美國國會曾經特許石油業者在一〇〇二區從事地表油氣調查，也就是不向地下做挖掘式探勘，只用震波調查地底石油可能的儲量與分布。

為了減少對生態環境的衝擊，調查活動還特別選在冬季進行，此時苔原上覆蓋著厚厚的白雪，能產生一定程度的保護作用。儘管如此，巨大的探勘機械還是在苔原上留下很深的車轍，這些痕

Conservation

↑ 在阿拉斯加極地野生動物保護區內，看到遷徙中的馴鹿。

跡一直到十餘年後還看得出來。由這個例子也可以看出，極地生態一旦受到了干擾或破壞，其復原的速度是多麼的緩慢。

當時的布希總統以及政府中能源政策主要的擬定者副總統錢尼，都是靠石油起家、致富，在競選時並收受了來自能源產業界數百萬美元的政治獻金，因此他們在競選之初就曾主張開放北極野生動物保護區的石油開採。而布希政府上任後公布的能源政策，更被認為是過度偏重供給面，其三大主軸是：能挖就挖（石油、天然氣），能蓋就蓋（發電廠，輸油管），能不管就不管（環保）。

布希還宣稱美國正處於「自一九七〇年代石油禁運以來，最嚴重的能源短缺窘境」。此說法立刻遭致廣泛的譏評，連前總統卡特都親自為文嚴詞批判，指責布希為了圖利石油產業，不惜使出「誤導、恐嚇民眾的伎倆」（misinformation and scare tactics）。正因為布希政府對於開發能源如此積極狂熱，一張關於馴鹿生態的小小地圖也被視為眼中釘，而那位運氣不太好的繪圖師，也就莫名其妙成了布希政府揚刀立威的犧牲品了。

然而一〇〇二條款規定一定要國會同意才能開放開採石油，所以布希也不能一意孤行。而且以當時的國際油價為基準，北極野生動物保護區內有開採價值的石油大約只能供應美國國內不到一年的需求。針對那些擁護開發者宣稱開採一〇〇二區的石油可以減低美國對進口能源的依賴，一位柯林頓政府時代的官員回應得好：「這無異是緣木求魚，美國的石油儲量大概只占全球的二%~三%，石油輸出國家（OPEC）控制了七十五%以上的石油。為了幾個月的油，把這麼特別的地方毀掉，值得嗎？」的確，美國只要繼續倚靠石油為主要能源，就永遠無法在能源上獨立自主。所以就算布希政府想竭澤而漁，覬覦在保護區開放石油開採，也未必能在國會中找到足夠的支持。

非常諷刺的是，布希能入主白宮，除了最高法院保守派大法官的鼎力相助之外，綠黨也功不可沒。

大家應該還記得二〇〇〇年美國總統大選，布希與高爾在勝負關鍵佛州的票數差距僅兩千票左右，而綠黨候選人卻在佛州拿下約九萬張選票，因此若是綠黨沒參選，以高爾向來關心環保的紀錄，他應該可以接收大多數環保人士的選票。

之後由歐巴馬繼任總統，民主黨向來比較注重環保議題，因此北極保護區一直都安然無恙。然而很不幸地，二〇一六年川普當選美國總統，在二〇一七年下旬推動稅改案時讓一〇〇二條款成為附帶條件在國會中過關，而且在二〇一八年四月便踏出第一步積極推動該區石油的開採。土地管理局（Bureau of Land Management）立即公布要開始進行環境影響評估，並在六月中倉促結束兩個月公聽會。其實環評和公聽會只是依法按照程序行事，做做樣子罷了，因為無論結果如何，土管局希望能在二〇一九年就將該保護區租給石油和天然氣業者進行開發。

這是自一九八〇年，國會將一〇〇二區沿海平原確定為能源資源的重要區域以來，聯邦政府首次在北極保護區啟動石油和天然氣租賃計畫。

阿拉斯加原住民部族Gwich'in Nation發表聲明指出，幾世紀以來馴鹿群都會在夏天遷徙到該區沿海平原生育撫養下一代，而內政部正急於在他們賴以狩獵捕魚的地區「以犧牲人權為代價」開發石油。Gwich'in指導委員會執行長迪門提夫（Bernadette Dementieff）表示：「政府正針對我們部族，但我們不會退縮，為了保護馴鹿群，我們每一步都會奮戰到底。」

美國各環保團體也已再度全面備戰，準備打一場近四十年來最重要的環保戰爭。這是否表示北極野生動物保護區的未來極為不樂觀呢？如果川普在二〇二〇年連任，答案也許是肯定的。阿拉斯加的馴鹿，就要因為共和黨的短視近利與貪婪無知而遭受池魚之殃，成為川普政權下的祭品。而不只美國人，全世界公民都將喪失一大片最原始美麗的極地荒野。

Conservation

候鳥遷移圖——追蹤雪雁與沙丘鶴

二〇〇〇年底為了迎接嶄新的二十一世紀，我和心雅到位於美國新墨西哥州境內的「阿帕契之林」（Bosque Del Apache）野生動物保護區拍攝沙丘鶴（Sandhill Crane）和雪雁（Snow Goose）。雖然事先已看過不少在當地拍攝的圖片，但是第一次看到成千上萬的雪雁同時振翅飛起，將眼前的天空完全遮蔽的景象，還是讓人不禁對大自然的神奇感到無比的震撼。我們在保護區停留期間拍攝了一百多捲底片，最後因為「彈盡援絕」，在拍完二十世紀最後一個日出之後，才不得不撤離。

「阿帕契之林」保護區是北美重要的冬季候鳥棲息地，每年秋冬之際都有數萬隻沙丘鶴、雪雁以及其他鳥類到此過冬。

北美候鳥遷移路線大致呈南北向，並有所謂的四大航道（flyways），自東至西分別是；大西洋、密西西比、中央、太平洋航道。沙丘鶴及雪雁的遷移大致均依循這四個航道（圖2-4A）。

研究鳥類遷移路線的傳統作法，是將有編號的腳環（或脖環）繫在鳥身上。北美洲每年約有五十萬隻的鳥被繫上腳環，但也有越來越多的研究計畫利用無線電與衛星來追蹤鳥類遷移的路線。

一九九六年十一月底，美國地質調查所的研究人員在「阿帕契之林」保護區內所捕獲的十隻雪雁身上，裝置了輕型的無線電發射器。為了避免妨礙雪雁的飛行，發射器

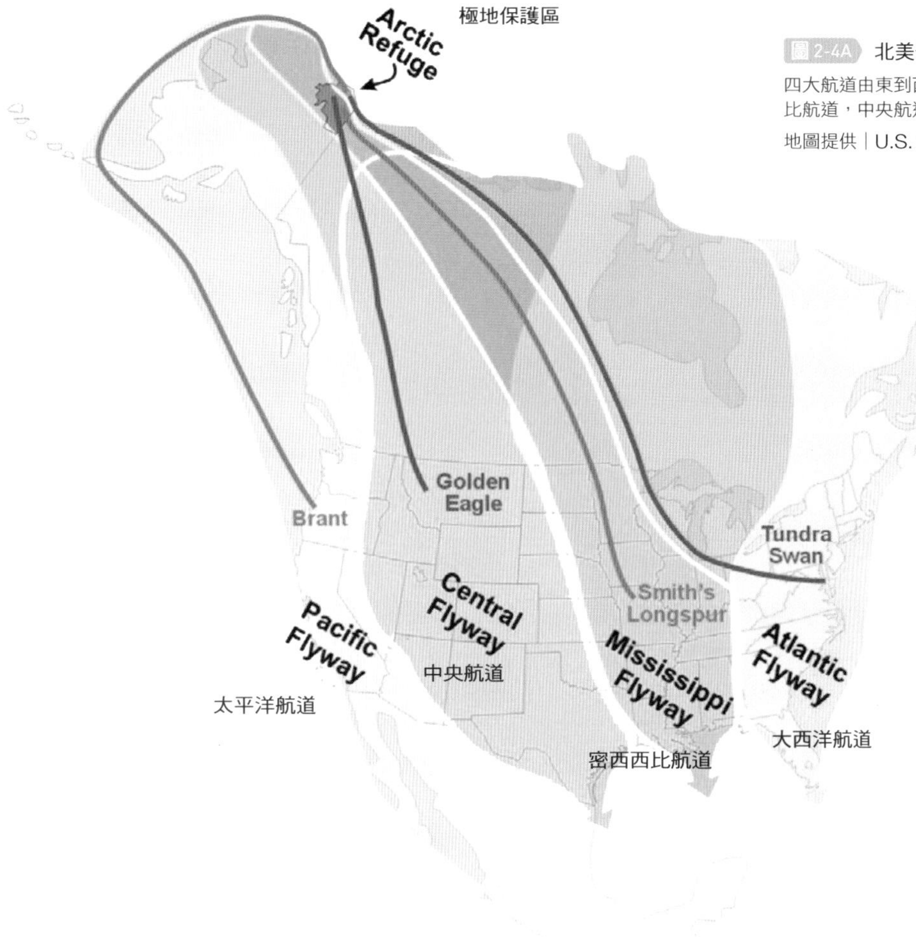

圖2-4A 北美候鳥遷移路線

四大航道由東到西：大西洋航道，密西西比航道，中央航道，太平洋航道

地圖提供｜U.S. Fish & Wildlife Service

的重量只有五十公克左右（雪雁的平均重量大約為二．五公斤）。發射器發出的信號，由美國國家氣象局的氣象衛星所接收，再傳送至地面的接收站。根據這些信號資料便可計算出雪雁的位置，並立刻繪製成地圖，公布在網站上。這項研究計畫從十一月底一直進行到翌年六月。

圖2-4B 就是根據衛星接收到的位置資料所繪製的雪雁遷移圖。我用不同顏色的圓點顯示這十隻雪雁在不同月份的位置。由圖中可看出從十一月到翌年二月，雪雁的活動範圍主要集中在「阿帕契之林」保護區附近，但也有雪雁更往南飛到墨西哥北部的濕地過冬。

圖 2-4B 雪雁遷移圖

圖中圓點代表被繫放的雪雁位置，圓點顏色則顯示不同月份 時的位置。由此看出雪雁在11月全翌年2月間棲息於「阿帕契之林」附近，2至3月間開始往北遷移，約在6月時返回極地。｜地圖繪製｜李文堯

↑ 在保護區沼澤中覓食的一群雪雁。

↓ 阿帕契之林野生動物保護區為沙丘鶴開闢玉米田，讓牠們有充裕食物過冬。

Conservation

二月底三月初，雪雁開始漸漸向北遷移，遷移的路線比研究人員預測的要稍微偏東一些。由圖2-4B可看出，雪雁的北遷是分成幾個階段進行的：三、四月間，多數的雪雁都還在美國境內，五月開始有雪雁在加拿大出現，六月已有雪雁飛回到極地附近。有趣的是，時至六月仍有兩隻雪雁停留在「阿帕契之林」保護區附近。

雪雁遷移的時機受天候影響，一般雪雁都選擇無雲、溫暖的夜晚開始遷移，如果條件理想，雪雁可以在短時間內飛行很長的距離。根據衛星資料，編號一〇〇二七的雪雁在兩天之內就飛行了一千六百公里。用衛星追蹤遷移的鳥類雖然比傳統繫放的方式要精確很多，但所費不貲，追蹤每隻雪雁的成本高達數千美元。

美國航太總署NASA也有一個利用衛星追蹤動物遷移的教育計畫，名為「春天的訊息」（Signals of Spring）。這個計畫利用衛星追蹤沙丘鶴、白頭鷹、鶚、天鵝等鳥類在春天的遷移路線。NASA除了在第一時間將這些位置資料公布在網站上，同時還提供氣象與衛星照片等相關訊息，鼓勵中小學生以此分析候鳥遷移的行為，了解氣候或植被等條件對候鳥遷移的影響。

圖2-4C為六隻沙丘鶴在二〇〇一年春季的遷移路線，就是利用這個計畫所提供的遷移資料繪製而成。由圖中的遷移軌跡可以看出，這些沙丘鶴在冬天棲息於德州與新墨西哥州交界處或墨西哥北部，三月左右開始漸漸向北遷移，也像雪雁的遷移一樣分成幾個階段，一直要到五月，牠們才會返回加拿大北部以及阿拉斯加北部的夏季棲息地，並在那裡繁衍後代。當秋天來臨，牠們又將南遷。

一九九四年夏末初秋，我們首度造訪阿拉斯加的迪納利（Denali）國家公園，也就是在那北國苔原的上空，生平第一次看到呈人字形的沙丘鶴，成群結隊往南飛。

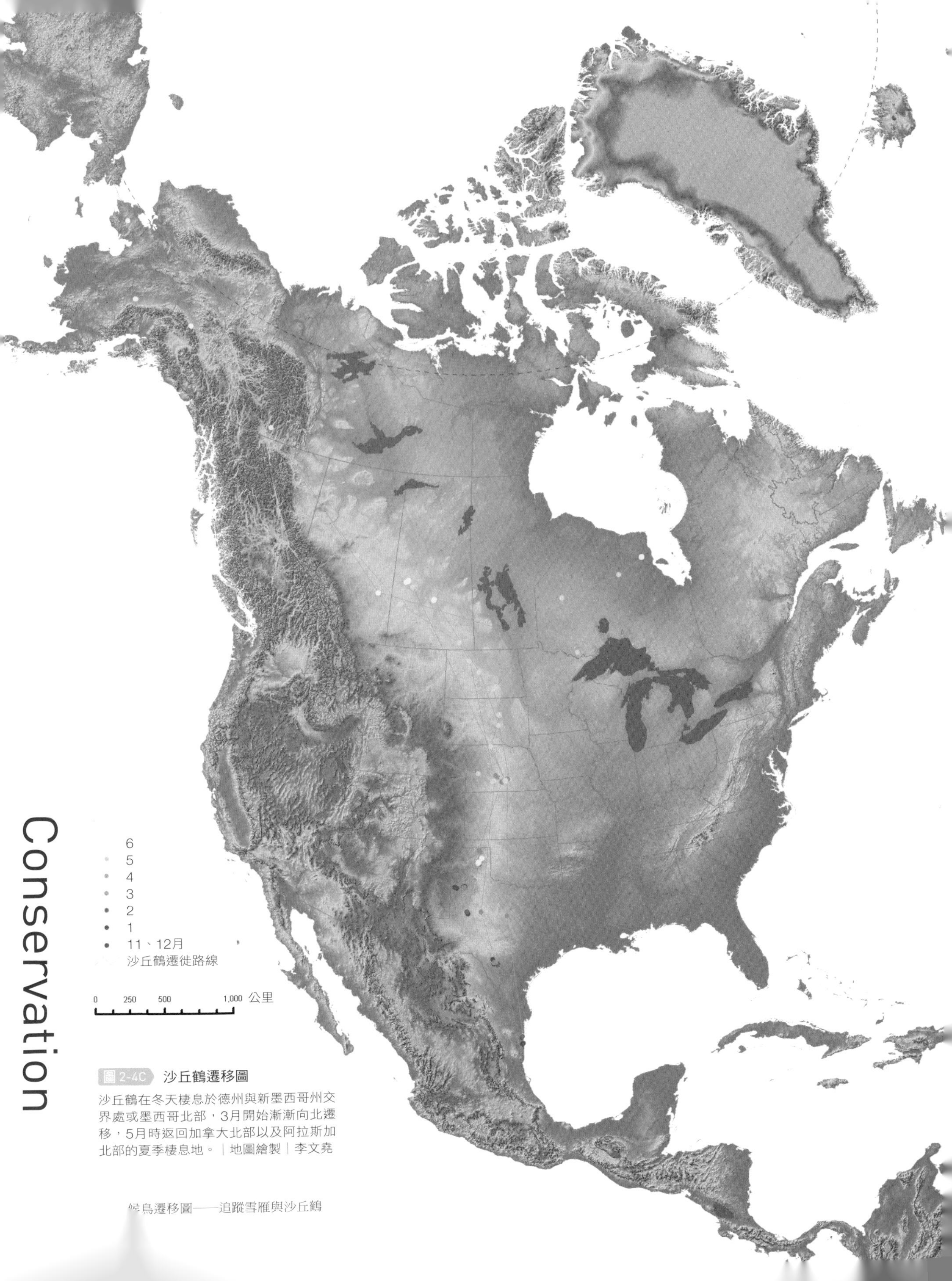

圖 2-4C 沙丘鶴遷移圖

沙丘鶴在冬天棲息於德州與新墨西哥州交界處或墨西哥北部，3月開始漸漸向北遷移，5月時返回加拿大北部以及阿拉斯加北部的夏季棲息地。｜地圖繪製｜李文堯

Conservation

↑ 在新墨西哥州阿帕契之林野生動物保護區，冬季有上萬雪雁在此過冬。

↑ 象徵美國國徽的白頭海鵰，1963年在美國48州僅剩約400對，1972年禁用DDT，經過幾十年努力保育，數量已超過一萬對，於2007年8月8日從瀕危物種名單中除名。

Conservation 2-5

畫出棲地，保育珍禽

二〇〇二年一個偶然的機會，在國外一本知名的賞鳥雜誌看到台灣觀光局刊登的廣告，鼓吹國際賞鳥人士來台賞鳥。當下覺得這對改善台灣在國際間的環保形象，以及提高台灣在國際社會的能見度是個惠而不費的作法，比起國內政治人物見縫插針式的出訪，著實高明許多。在這幅跨頁廣告中，國寶級的保育珍禽黑面琵鷺成了推銷台灣賞鳥環境的最佳代言人。

同年秋冬之際，黑面琵鷺一如往昔飛抵台灣過冬，卻不幸發生數十年來首宗集體暴斃事件，一時之間黑面琵鷺又讓台灣登上了國際環保新聞的頭條。閱讀報導之餘，我不禁想到台灣若能重新恢復此珍禽的族群數量，因而在國際社會得到掌聲與肯定，其效果將遠遠超過每年在聯合國虛擲大把銀子拉攏小國的支持。

可惜，有遠見的政治人物也是稀有品種，這些年政府高官下台又上台有如走馬燈，整個大環境對需要長期經營才見功效的野生動物復育工作相當不利。前面章節曾提到，美國魚類及野生動物署在北極保護區記錄馴鹿的繁衍與遷徙，十餘年如一日，即使主政者想在保護區內開採石油，面對十餘年來累積的客觀資料，也不能一意孤行。這種事在選舉主導一切的台灣，一時大概還看不見吧。

後來讀到一則研究報告，也是關於瀕臨絕種珍禽的保育研究，故事的地點在美墨邊境上，主角是體型強壯的猛禽黃腹隼（Aplomado Falcon，學名Falco Femoralis）。

西班牙語中"Aplomado"是深灰之意，用來指此鳥肩背上的顏色；其身長約四十五公分，兩翼張開寬達九十公分。二十世紀之前，牠們曾遍布美國西南地區廣闊的草原上。自一九三〇年代以降，該鳥數量卻顯著減少，可能原因包括棲地的改變、人類的獵殺、還有殺蟲劑的廣泛使用等。到了一九八六年，正式被美國政府列入瀕臨絕種的名單中。

然而，就在黃腹隼逐步走向滅絕之際，自一九七八年起即有若干私人保育組織如奇華荒沙漠研究機構（Chihuahuan Desert Research Institute）、游隼基金會（Peregrine Fund），以及聖塔庫魯茲獵禽研究團體（Santa Cruz Predatory Bird Research Group）默默地為此鷹的復育工作投注心力。從一九七八至一九八八這十年間，研究人員在墨西哥不同地區的黃腹隼巢中採集二十五隻幼雛，作為人工繁殖哺育計畫的基礎。

計畫初期因缺乏經驗，人工養育的黃腹隼幼雛不易存活，失敗率高。一直到九〇年代，研究者始能成功地大量培育黃腹隼成鳥，已釋放到野外的八百多隻成鳥中，存活下來的五百七十多隻便是九〇年代的培育成績。

因數量顯著提升，釋放到大自然的黃腹隼已足以發揮影響力，開始改變、扭轉瀕臨滅絕的趨勢。到了二十一世紀初，整整闊別半個多世紀後，已有黃腹隼再度在德州南部築巢繁衍，並成功哺育了幼鳥；而在新墨西哥州南部也屢屢出現牠們棲息的蹤跡。

近年來，為能進一步了解黃腹隼的活動棲地型態，確使保育成果持續有效，新墨西哥漁業與野生動物合作研究單位與新墨西哥州立大學的研究人員，利用遙感探測與地理資訊系統的應用科技，對黃腹隼經常出沒的奇華荒沙漠進行深入調查，以辨識最適合此鳥生存的棲地特色。

此項五年計畫從一九九八年開始，共分為三個階段：第一階段是以美墨邊界的一塊奇華荒沙漠為樣本區，作實地觀察記錄；第二階

Conservation

段是根據第一階段所收集的田野資料，針對此鳥活動棲地的自然環境特徵作細部的科學評級分類；第三階段是加入衛星影像與數值地形模型（digital elevation models）的分析資料，如植被與坡度等，根據棲地特色的「可適性」製作一份地圖。研究者並將此預估模式套用至樣本區周圍的奇華荒沙漠，地圖範圍涵蓋了新墨西哥州南部、德克薩斯州西端、與墨西哥北部。

如圖2-5所示，研究者使用七種顏色描繪適合黃腹隼居住的棲地分布情形，適合的棲地分別用醒目的鮮紅色（適合度5）、豔綠色（適合度4）、湛藍色（適合度3）標示，而不適合者則用淺灰色（適合度0）與淡黃色（適合度0.5）標示。

雖然最適合居住的紅色地區僅占全部評估範圍的一．一%，約計兩千六百平方公里，但概括來說，適合黃腹隼居住的棲地（適合度3以上）仍占十四．五%，預估面積將近三萬六千平方公里——幾乎相當於台灣的面積。

研究報告並指出，傳統的黃腹隼喜愛活動於草原上，並習慣利用烏鴉或其他獵禽廢棄的鳥巢，據為己用，通常是在低矮的皂樹絲蘭或豆科灌木頂上。因為黃腹隼有使用廢棄鳥巢的習性，要能延續此鷹的復育數量，牠們就必須生活在一個與其他大鳥們共生、繁榮而健全的生態體系裡。

如計畫研究者之一的肯道爾．楊恩（Kendal Young）所強調的：「這項研究計畫其實與人類休戚相關，因為黃腹隼的出現，是整個生態環境健康與否的一項重要指標。」這張繽紛複雜卻又一目瞭然的「適合棲地」分布圖，是集結了眾多人力、物力和財力，歷經五年的跨國研究所繪成，無庸置疑地，將有助於黃腹隼的後續保育工作。

畫出適合居住的棲地，能為保育工作提供明確方向。在人與鳥獸爭地的無情開發趨勢中，唯有透過正確的保育政策與妥善規畫，給予足夠的活動空間，才有可能讓黃腹隼與黑面琵鷺等珍禽從瀕臨絕種的名單中除名，永遠生生不息。

圖 2-5　黃腹隼的適合棲地圖

用不同顏色標示黃腹隼棲地的合適程度：最適合的用鮮紅色（適合度5）、其次為豔綠（適合度4）、湛藍（適合度3）；不適合的用淺灰（適合度0）與淡黃（適合度0.5）。

地圖提供｜New Mexico Cooperative Fish and Wildlife Research Unit and New Mexico State University

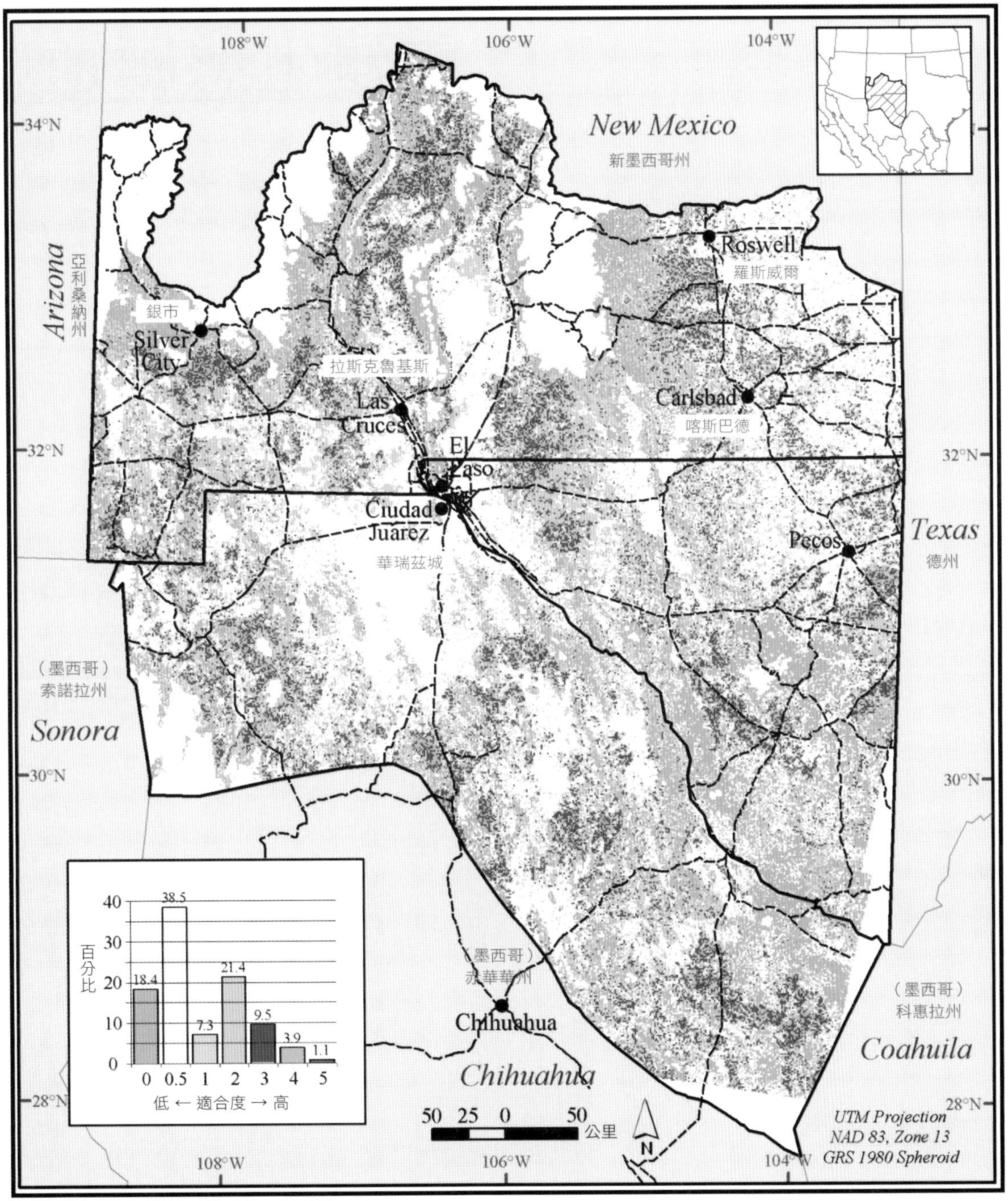

Conservation

重建生態廊道

在二〇〇七年三月看到報上有一則新聞，陽明山國家公園管理處黃光瀛博士從一九九五年起，在陽明山馬路上拾獲上千件動物屍體，為了讓野生動物安全過馬路，決心幫牠們搭蓋「地下道」。他根據動物屍體的分布情形，找出了五處最常出車禍的路段，並於三年前開始在這些路段架設「野生動物地下道」以保護牠們行的安全。

這報導讓我想起加拿大班夫國家公園的「生態廊道」（歐美稱為Eco-passage或Wildlife corridor）。早在一九八〇年代初期，加拿大公園管理處便開始在此公園高速公路兩旁搭起逾兩公尺高的柵欄，接著在沿途建造二十二處地下生態廊道以及兩座寬約五十公尺的天橋，光是兩座天橋就耗資約加幣三百萬元。結果成效顯著，大幅減少有蹄動物車禍死亡率達九十六%。

黃博士建造的「地下道」正是生態廊道的一種，主要是協助野生動物安全過馬路、尋找食物、交配及遷徙棲息地等。

生態廊道會愈來愈受到全球保育人士重視，不是沒有原因的。隨著工業化、都市擴張與開發自然資源的結果，原始的自然棲地被切割得愈來愈零碎。森林、濕地消失了，候鳥無處著陸棲息；水壩興建，阻擋鮭魚返鄉的去路；錯綜的高速道路，更讓野生動物的活動範圍被迫侷限在有限方圓之內。

過去一、兩百年來，生物種類以

↑ 道路會把一個地區切得支離破碎，野生動物活動範圍受限，也常被車撞死。

超乎尋常千百倍的速率自地球上絕跡。

一九六〇年代晚期，美國兩位著名的生物科學家威爾遜（Edward O. Wilson）與麥克亞瑟（Robert McArthur）便提出「島嶼生物地理學」（Island biogeography）的學說，他們檢視在最近一次冰河時期結束、海水上升後才與大陸分離的眾多島嶼，發現棲地的隔絕將無可避免造成島上動植物種類的消逝，而且島嶼愈小、愈孤立隔絕，物種消逝會愈多。二十多年後，生態學者開始將該論點應用在未被開發、卻被孤立保護的原始自然棲地。他們認為若野生動物被迫局限在一個小範圍活動，遇到旱災或火災而無路可去，或因族群數目太少而被迫近親交配時，島嶼上滅絕的情形同樣也會在大陸上演。佛羅里達美洲豹（Florida Panther）目前僅存數十隻

Conservation

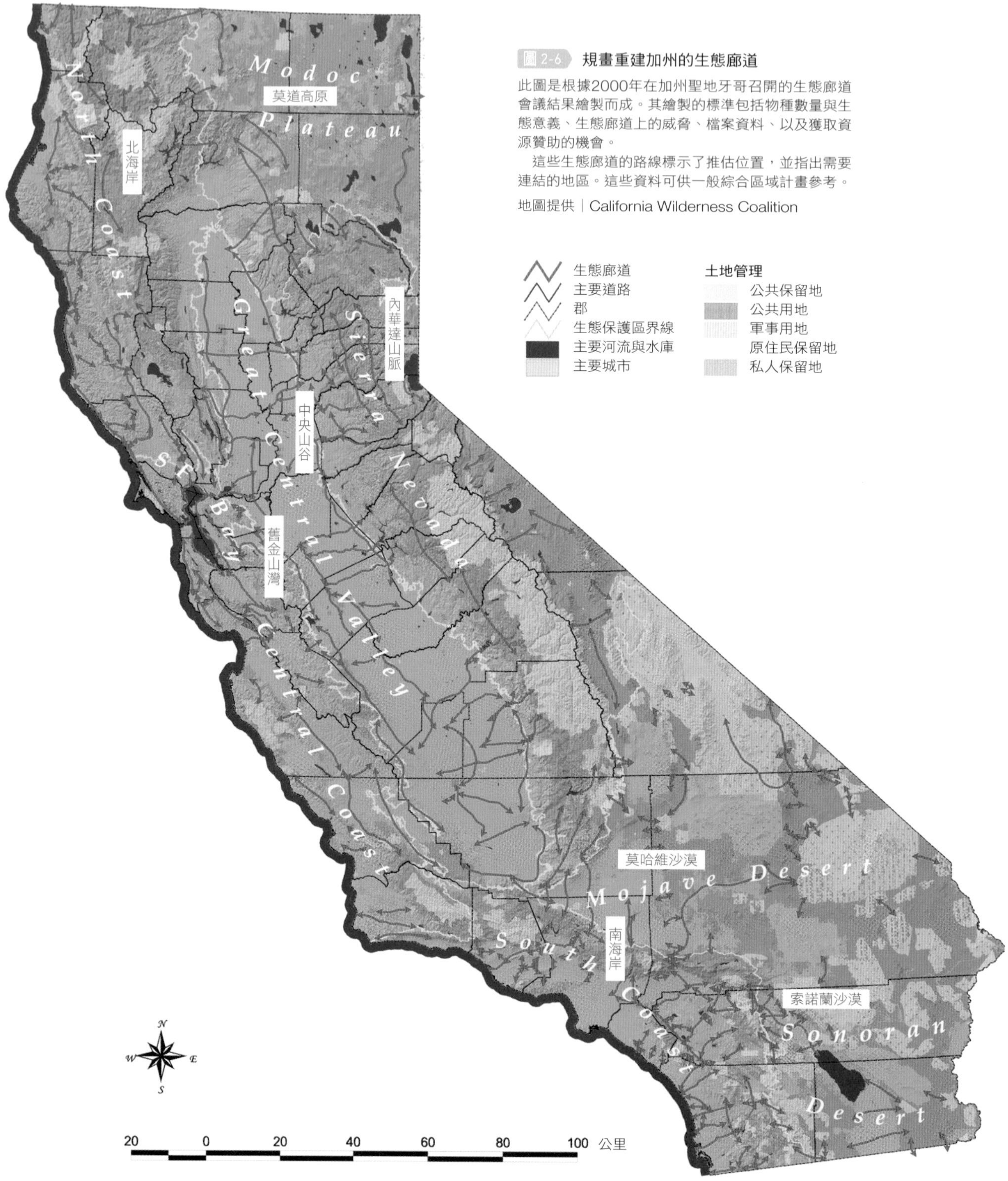

圖 2-6 規畫重建加州的生態廊道

此圖是根據2000年在加州聖地牙哥召開的生態廊道會議結果繪製而成。其繪製的標準包括物種數量與生態意義、生態廊道上的威脅、檔案資料、以及獲取資源贊助的機會。

這些生態廊道的路線標示了推估位置，並指出需要連結的地區。這些資料可供一般綜合區域計畫參考。

地圖提供｜California Wilderness Coalition

而瀕臨絕種，即是典型的一例。

近年並有學者研究美東與加拿大的野生動物保護區，證實小於一千平方英里的保護區均有物種消逝的現象，而且在他們研究的二三五五座保護區中，僅十四座面積達到一千平方英里。要挽回這令人憂心的趨勢，唯有建立「生態廊道」將各個零碎而被孤立的保護區連接起來。於是，一股新的保育潮流應運而生，昔日環保團體致力於捍衛偏僻隔離的原始棲地，如今已逐漸將注意力轉移至各棲地間生態廊道的連結。

根據美國聯邦公路局統計，每年有數百萬動物在過馬路時遭車輛撞死。加州是全美人口最多的一州，都會迅速擴張且道路四通八達，相對地，自然棲地被切割得更加片段零碎。二〇〇〇年十一月在聖地牙哥舉行的生態廊道研討會，

↑ 野牛也需要過馬路，沒有生態廊道，只能對車輛嚴格限速以防止車禍。

↑ 在美國大多國家公園內，棕熊有優先行路權，車輛得在後面耐心等候。

逾一六〇位科學家、保育人士及土地管理者與會，並以自己的研究或轄區，在地圖上畫出亟需加以保護的野生動物活動通道。這些地圖與報告資料逾百頁，經數位處理並輸入地理資訊系統後，合併成一張「消逝中的生態走廊」加州全圖，如圖2-6，圖中標示的生態廊道超過三百條。

加州政府根據這項研究報告，已在二〇〇一年花費兩千多萬美元買下兩條「廊道」，一是聖地牙哥山區的一塊牧場，另一是洛杉磯地區的一條峽谷。二〇〇二年五月，前加州州長戴維斯（Gray Davis）宣布斥資三千兩百萬美元購買蒙特利郡一塊牧場，面積將近一萬英畝，串連周圍十三處公私立保護區，打通卡邁爾河（Carmel River）至加州中部海岸這條生態廊道。

不僅加州，其他各州也愈來愈重視這個

↑ 路邊的山羊，並不知道柏油路是致命的危險地區。

問題。佛羅里達州政府在二〇〇一年花費六千萬美元收購Pinhook Swamp近六萬英畝的私有地，以連接北邊喬治亞州的Okefenokee 野生動物保護區及其南部Osceola國家森林兩塊保護區，提供佛羅里達黑熊一條重要的維生通道。蒙大拿州計畫在最近六年內，興建七十座以上天橋以及地下生態廊道。美國魚類及野生動物署近年也開始協助地方居民拆除水壩等人工設施，回復河流自然順暢，讓魚類能自由遷徙繁殖。

其實不只在國家公園內或保護區附近，即使在都市裡，道路下的甬道，河岸的緩衝區，甚至公園綠地等，均能為都市水泥叢林中的野生動物提供安全通道。如果人類能多為其他生物設想，將「生態廊道」的概念納入都市規畫藍圖中，人類與其他萬物將更能和平共存。

Conservation

重整大沼澤生態體系

美國大沼澤國家公園（Everglades National Park），又稱為「草之河」（River of Grass），位於佛羅里達半島南端，範圍涵括佛羅里達灣的大部分海域。這個國家公園是北美唯一的亞熱帶生態保護區，境內有綿延寬廣的沼澤濕地，兼具有溫帶與熱帶植被，包括鋸草草原、紅樹林、落羽杉、闊葉密叢、松林地，以及河口與海洋等豐富生態環境。並以鳥類多樣性著稱，特別是林鸛、粉紅琵鷺、大青鷺等大型涉禽類。

一九七九年繼黃石國家公園後，大沼澤國家公園和大峽谷在同一年被聯合國教科文組織遴選為「世界自然遺產」，足見其自然生態之珍貴在美國名列前三名。然而到了一九九三年，此公園卻正式被列為「瀕危的世界自然遺產」。

為什麼呢？因為早自一九五〇年代以降，地勢低窪的南佛羅里達，為了改善水患並將濕地變成可居住的建地，於是實施一連串的水資源管理措施，政府治水工程在此區建設了長達兩千多公里的堤防與運河，有效掌控洪水氾濫，卻也徹底截斷自北而來、公園賴以維生的天然水源，改變了整個水文生態。（參見 圖2-7A & 圖2-7B）

水資源完全由人工操控的結果，是缺水時，便將水用於灌溉農地與供應都市用水，任大沼澤愈形乾渴焦枯；遇到颶風水災時，就把多餘的水往大沼澤濕地

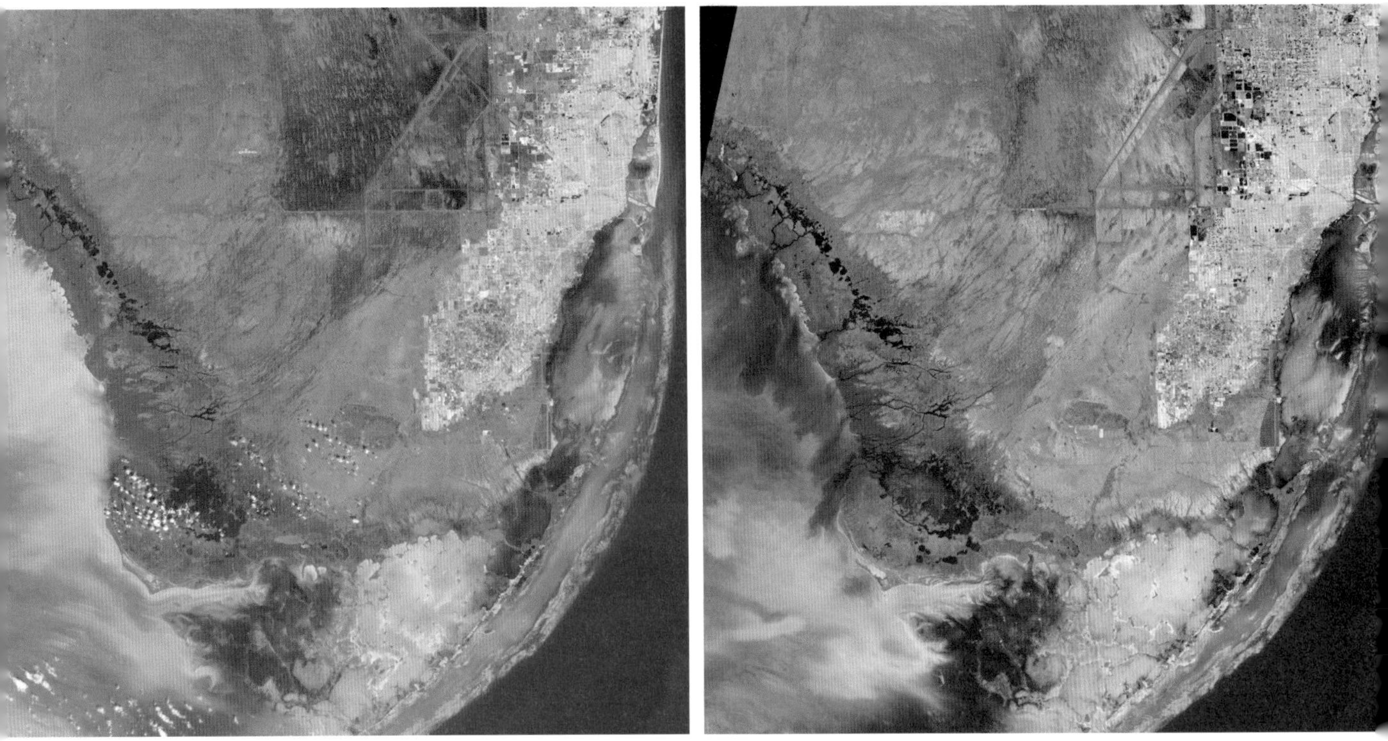

圖 2-7A　圖 2-7B　NASA衛星影像對照1985年和2014年佛州南端大沼澤

兩圖中均可看到交錯縱橫的不自然直線即堤防與運河，南邊橫跨的一條線41號公路本身是加高的堤防。半島東側的灰色部分為邁阿密人口稠密區，經過30年開發更加密集。佛羅里達曾發起一項區域規畫「噢，到東邊去！」就是希望將開發局限於東側沿海都會區，別再往西進蠶食大沼澤。｜地圖提供｜NASA

排放，讓沼澤區更形氾濫。

棲息於此的動物如鱷魚、琵鷺、林鸛等的哺育季節，向來與此區特有的乾濕季週期輪替環環相扣。一旦水況不按常理出牌，如漲水把鱷魚巢淹沒了，或沼澤的水太深，以致涉禽水鳥覓食不易，便會直接影響雛鳥存活率，影響族群繁育狀況。

再者，堤防與運河在雨季時，雖有效遏止了洪水氾濫，但平日卻將原應流注這片草之河的大量清水排放到海裡，干擾了淡水與鹹水間微妙的平衡消長關係，進而對魚類與其他生物族群產生負面影響。該半島東南端、位於邁阿密都會區邊緣的碧斯坎灣（Biscayne Bay），其珊瑚礁群便飽受淡水排放的威脅。

Conservation

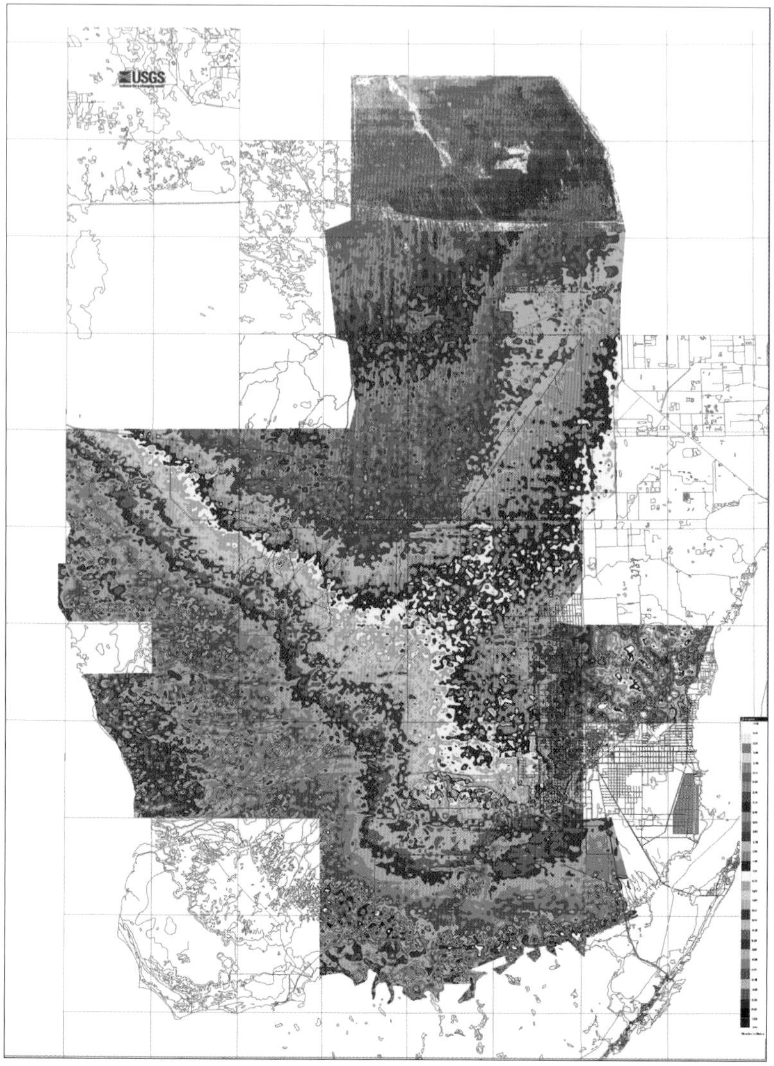

圖 2-8C 南佛羅里達高度圖

由圖可見該區地形是漸往西南傾斜的平淺盆地，且高度差距僅在數公尺之間。

地圖提供｜USGS

經過了半個多世紀，大沼澤仍默默承受著各種「水問題」，不單單是「患多寡」的水量問題，還有「患不均」的水分配問題以及「適時與否」的供水時機問題。更甚者還有「患污染」的水質問題，如上游農地排釋過氧的灌溉用水，造成水質優化，破壞了下游濕地與沿海藻類生態，致使魚蝦消失，而沒有足夠魚蝦當食物的鳥類也跟著減少。種種水問題，造成了海水入侵、水污染、棲地遽減等。長期惡性循環下來，該區生態環境嚴重惡化，當地動植物直接受到衝擊，尤其涉禽類數量僅存不到原來的十分之一。

圖 2-8D 大沼澤國家公園核心地區

此圖框出大沼澤並予以著色加工，宛如現代抽象的藝術作品，彷彿能看到大沼澤草之河的流動，一片平廣淺水向南蔓延流入東南的碧絲崁灣、南面的佛羅里達灣，以及西南的萬島嶼（Ten Thousand Islands）海域。｜地圖提供｜USGS

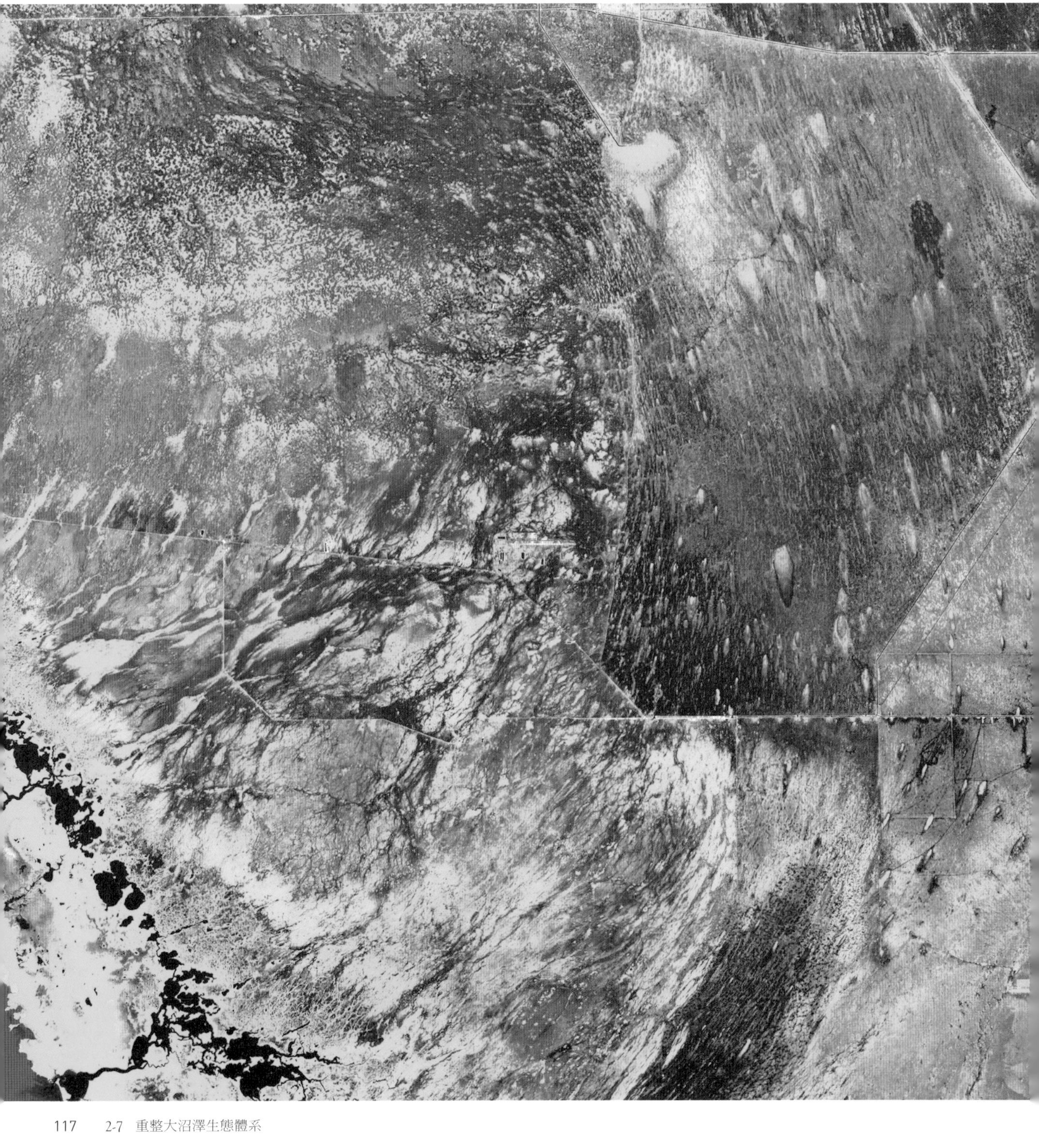

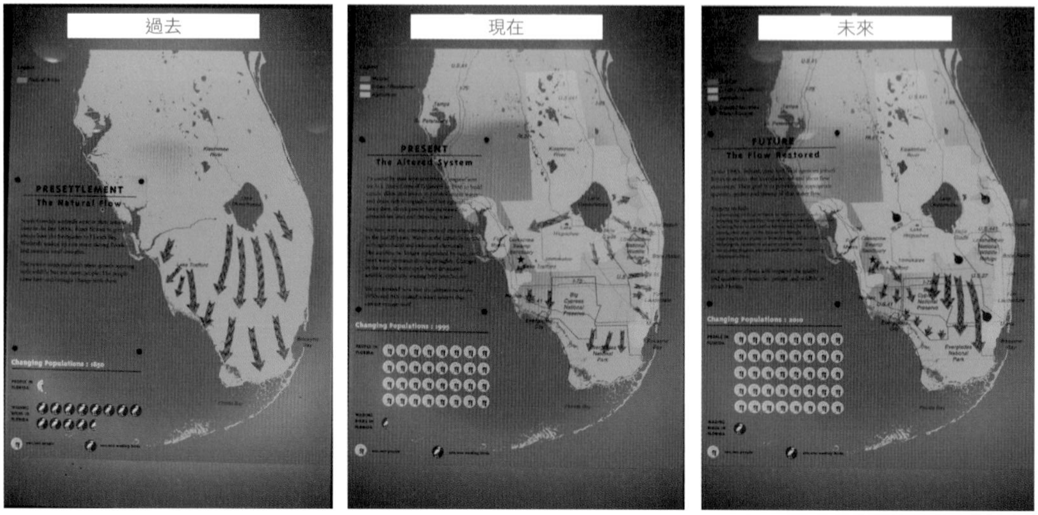

圖 2-7E 圖 2-7F 圖 2-7G 水的流向——大沼澤的過去、現在與未來 ｜地圖提供｜Everglades National Park

公園早期捍衛者瑪裘麗．道格拉斯女士（Marjory S. Douglas）曾說過，大沼澤的未來即是佛羅里達的未來，如果大沼澤死了，佛羅里達也將死去。「如何兼顧南佛羅里達的生態與開發」這棘手議題在一九七○年代就曾引起廣泛注意，一九八三年該州州長葛漢姆（Bob Graham）即提出「拯救我們的大沼澤」計畫（Save Our Everglades），但因地方力量有限，問題錯綜複雜加上各種利益衝突而未見成效。

直到一九九九年，美國陸軍工兵團完成「大沼澤生態重整計畫」（Comprehensive Everglades Restoration Plan），並於二○○○年由柯林頓總統簽署立案，才真正凝聚各方共識，集結聯邦與地方之人力、財力、物力，預計將用三十年時間進行大沼澤長期生態重建工程。（參見 圖2-7C 至 圖2-7G）

雖然經過多年努力，大沼澤在二○○七年從世界遺產瀕危名單中被移除，可惜好景不常，在二○一○年再度被聯合國列入瀕危。看來大沼澤的生態重整，仍有好長一段路要走。

↑ 佛羅里達州南端的大沼澤國家公園，是北美唯一亞熱帶生態保護區，以鳥類多樣，特別是大型涉禽著稱。

↓ 大沼澤國家公園因為各種水問題，於2010年再度被聯合國列入瀕危的世界自然遺產。圖為林鸛亞成鳥。

Conservation 2-8

環境永續與環境績效指數

二○○五年一月在瑞士舉行的世界經濟論壇中，美國耶魯大學和哥倫比亞大學的研究學者發表了〈二○○五環境永續指數〉（Environmental Sustainability Index，簡稱ＥＳＩ）評比報告，該報告對全球一百四十六個國家的環境永續性發展狀況進行評估，高居前六名者分別是芬蘭、挪威、烏拉圭、瑞典、冰島、加拿大。日本排名三十，美國第四十五，南韓一二二，中國一三三，最後一名是北韓，台灣則排到第一四五名，即倒數第二名（參見圖2-8A）。

看到這樣的評比結果，不禁令人納悶，台灣為何被評得這麼低？而「環境永續」如此抽象的概念，國外專家學者究竟用什麼指標和方法來做這樣的跨國評比呢？

就像日常提到「健康」、「貧窮」、「民主」、「腐化」這些抽象字眼可用客觀方法來衡量，「環境永續」也用很多具體指標予以量化評估。此項研究整合七十六個變項：包括追查各國自然資產、過去與現在污染程度、對於環境管理的努力，以及該社會改善環境品質的能力，將之歸納為二十一項評估指數。這些指數又被併為五大類：

一．**環境體系（或稱自然資源優勢）**——其指數包括環境品質、生物多樣性、土地、水質與水量。

二．**減低環境壓力**——包括減

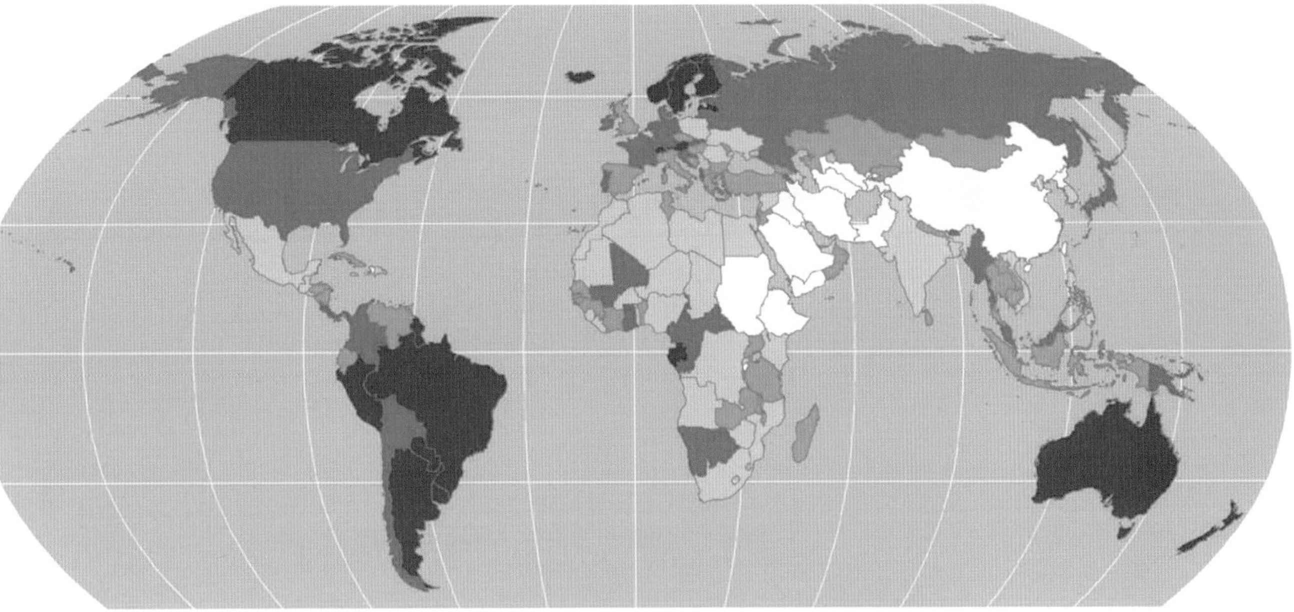

圖 2-8A 2005年全球「環境永續指數」評估結果

圖例顯示各國ESI分數是根據各項評估指數用統計分析而得。圖中顏色愈淺者，表示得分愈低。

地圖提供｜Yale Center for Environmental Law and Policy & CIESIN of Columbia University

29.2 – 40.0
40.5 – 46.2
46.6 – 52.4
52.5 – 59.6
59.7 – 75.1

少空氣污染、減低生態體系壓力、減少人口壓力、減少廢棄物與消費壓力、減少用水壓力與自然資源管理。

三・減低環境壓力對人們的傷害——如環境健康狀態、人們基本生計、減低環境相關的自然災害。

四・社會機制對環境議題的反應能力——如環境管理、能源使用效率、私人企業的應合。

五・對全球公共資源的保護貢獻——包括國際合作努力、溫室氣體排放、減低國界間的環境壓力。

該報告的環境永續性，廣義來說是指在人類體系中，經濟、社會與環境各層面在過去、現在、與未來的互動結果。因其涵蓋很多複雜議題，不僅過去到現在的資源

Conservation

圖 2-8B 2006年全球「環境績效指數」試驗性計畫評估結果

圖例顯示各國評比分數，台灣在2006年EPI分數高達79.1，因而被塗上綠色。

地圖提供｜Yale Center for Environmental Law and Policy & CIESIN of Columbia University

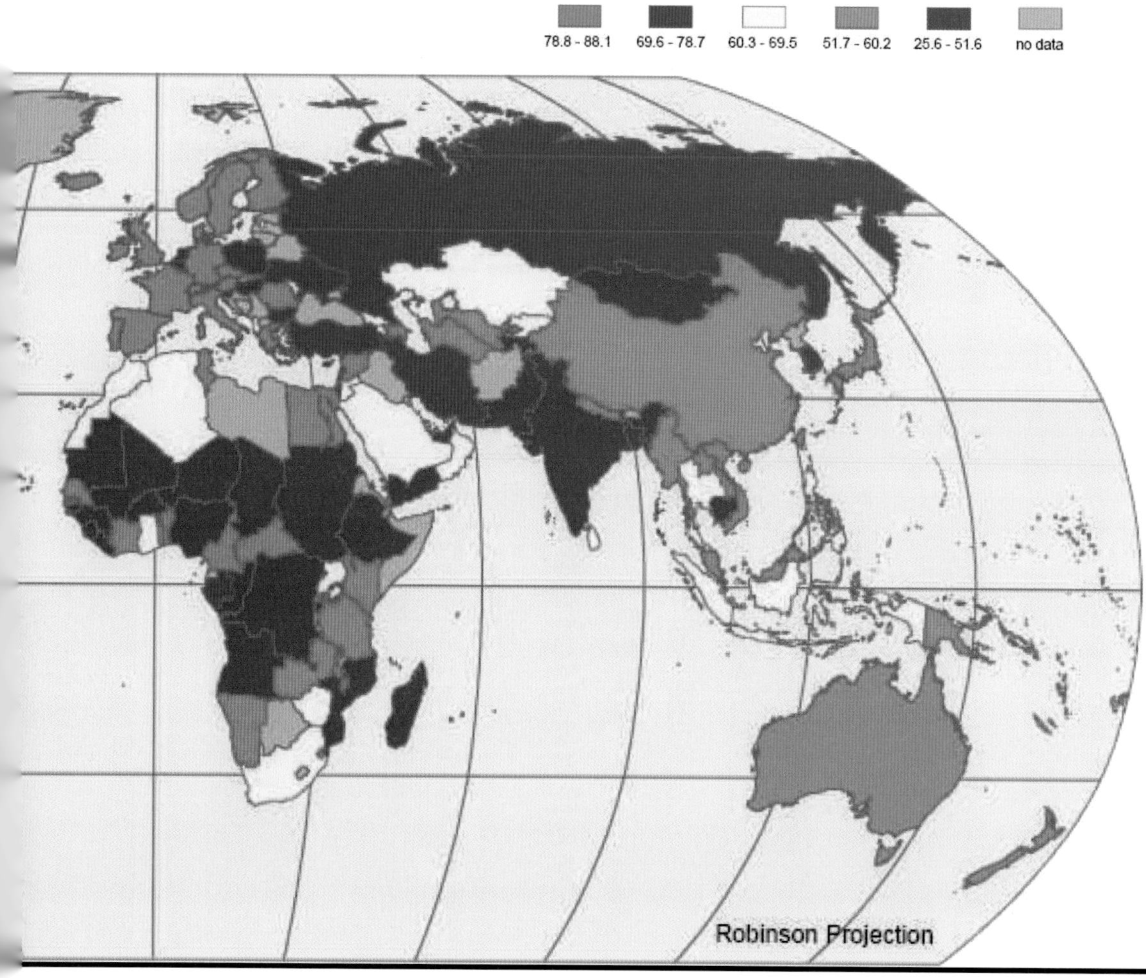

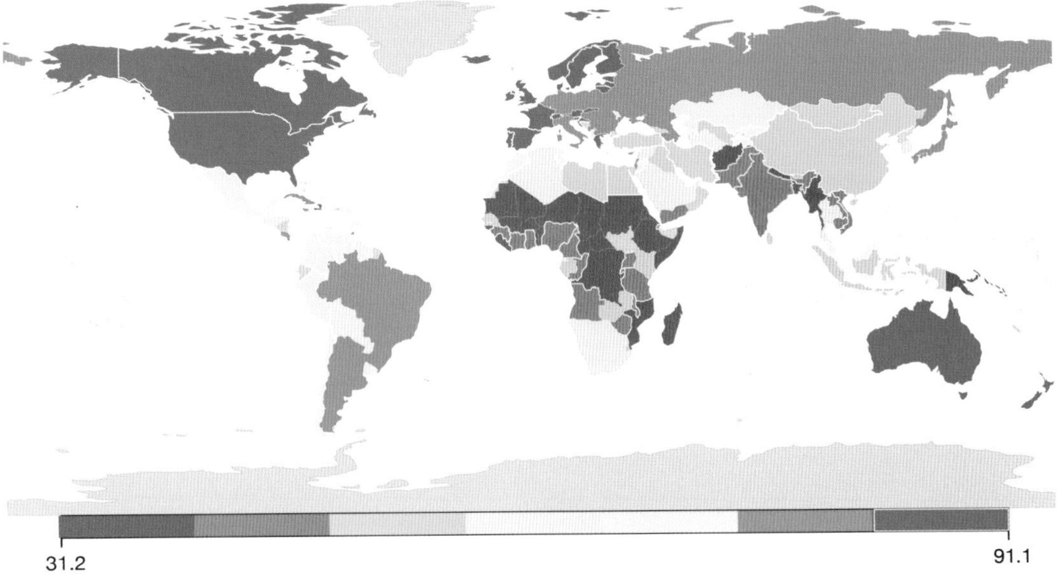

圖 2-8C 2016年全球「環境績效指數」評估結果

圖例顯示各國評比分數，台灣在2016年EPI分數74.88，因而被塗上藍色。

地圖提供｜Yale Center for Environmental Law and Policy & CIESIN of Columbia University

Conservation

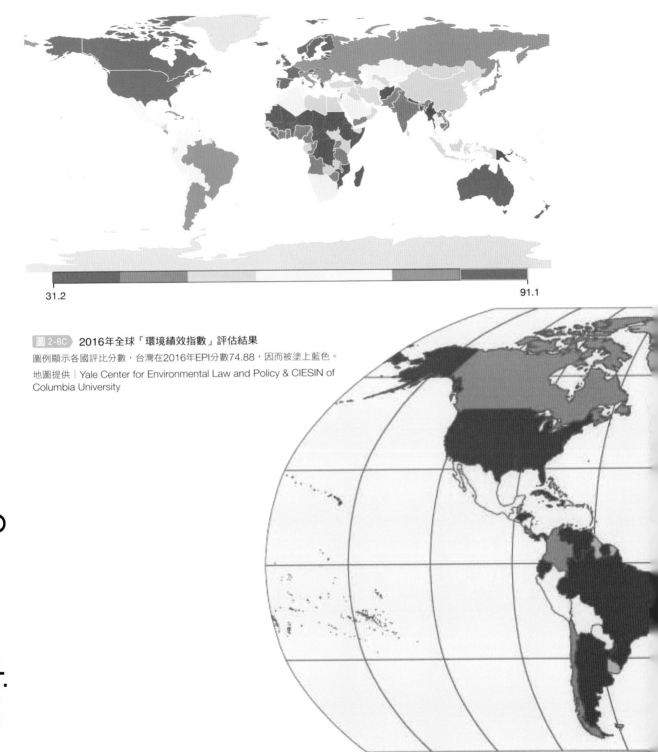

使用和污染程度，是永續性的重要決定因素，各國改變未來發展軌道的能力——包括政府用制度解決問題以及能否長期改善結果的效率，都是永續性的重要驅動力。報告中並指出，已開發國家所面臨的環境挑戰「大多為污染壓力與消費相關問題」，而開發中國家面臨的多為「自然資源匱乏和缺少控制污染的能力」。

拿些案例來看。北歐各國因自然資源豐富、人口密度較低，以及成功的環境發展策略而名列前茅。南美烏拉圭高居全球第三，因它並未高度工業化，因此加諸於環境的壓力也相對來得低，此外還具有相當經濟實力與良好的政治與社會機能，均產生加分作用。而美國在某些環保上有不錯的表現，但其消費型態卻製造大量垃圾和溫室氣體，因此排名

總差強人意。反觀台灣和墊底的北韓、伊拉克、海地等，都遭受嚴重的環境壓力並缺乏良善的政策反應。除了相對富裕的台灣，其他墊底的國家還面臨了貧窮與管理不彰的挑戰。

按理說，經濟成長達到一定水準，就會開始注重生活品質，也更有能力回過頭來保護環境。台灣國民平均生產總額之高，僅次於日、德、法、英、義等國，但在自然資源管理、減低對環境的壓力，以及減低環境壓力對人們的傷害（如豪雨造成土石流）這三大類指數得分卻很低。還有台灣「對全球的貢獻」指數與英國同分，可見我們之所以敬陪末座並非無法躋身國際舞台之故；而我們的「社會機制能力」得分算是高的，

↑「環境永續性指數」在2006年被評為第6名的加拿大，地廣人稀自然資源優渥，圖為洛磯山脈班夫國家公園的冰磧湖。

更加凸顯台灣「非不能也，不為也」。

幸好到了二〇〇六年，耶魯和哥倫比亞學者改弦易轍推出新研究架構，將環境評比的指標和統計方式予以適度調整，並在該年推出試驗性計畫，將「環境永續指數」更名為「環境績效指數」(Environment Performance Index，簡稱EPI），結果出人意表，台灣竟一躍成為第二十四名。（參見圖2-8B：二〇〇六年EPI評估報告第十四頁）

怎麼會進步得這麼快呢？當然跟評比選用的指標與計算方式的改變有絕大關係。細觀新的研究架構，「環境績效指數」的評比主要根據兩大類別：一為環境衛生（Environmental Health），二為生態體系的活力（Ecosystem Vitality）。前者的指標包括了兒童死亡率、室內空氣污染、飲水衛生、適當如廁條件、都市塵埃微粒等。後者的指標包括空氣品質、水資源、生物多樣性與棲地、自然資源生產力、永續性能源等。

和二〇〇五年舊的研究模式相較下，即可發現二〇〇六年生態資源的比重大幅提高，而台灣在環境衛生條件和生態多樣性的表現，以及在環境議題上所做的努力，無疑受到相當的肯定，雖落在日本（第十四名）之後，卻優於美國（第二十八名）、南韓（第四十二名）、中國（第九十四名）及印度（第一一八名）。

從二〇〇六年至今，耶魯和哥倫比亞大學的學者每兩年做一次環境績效評估，期間EPI評比指標、內容分類、權重與計算方式或有更動調整，但仍以二〇〇六年研究架構為基礎。到二〇一六年評比兩大類別仍是環境衛生與生態體系活力：前者包括飲水與污水處理、空氣品質、健康影響；後者包括水資源、農林漁業、生物多樣性暨棲地、氣候與能源。台灣在二〇一六年排第六十名（參見圖2-8C：二〇一六年EPI評估報告第一一一頁），到二〇一八年因環境衛生與生態體系活力的比重從各占一半調整為四十%和六十%，台灣大幅躍升至第二十三名。

其實無論「環境永續指數」或

「環境績效指數」，其核心價值並非在於得分多少或排名高下，各國政府需借鏡改進的，是用來做為分析基礎的那些「評比指標」（如飲水與空汙）。正如該研究主持人艾司提教授曾強調的，此研究樹立了評判基準，目的是希望各國在未來環境保護的政策擬定與執行上，能受益於這份研究分析而讓環保更具成效，從而改善整體生活環境品質。

↓ 有「福爾摩沙」之稱的台灣生態體系活力很強，2018年環境績效指數升至第23名。圖為中央山脈六順山附近的七彩湖。

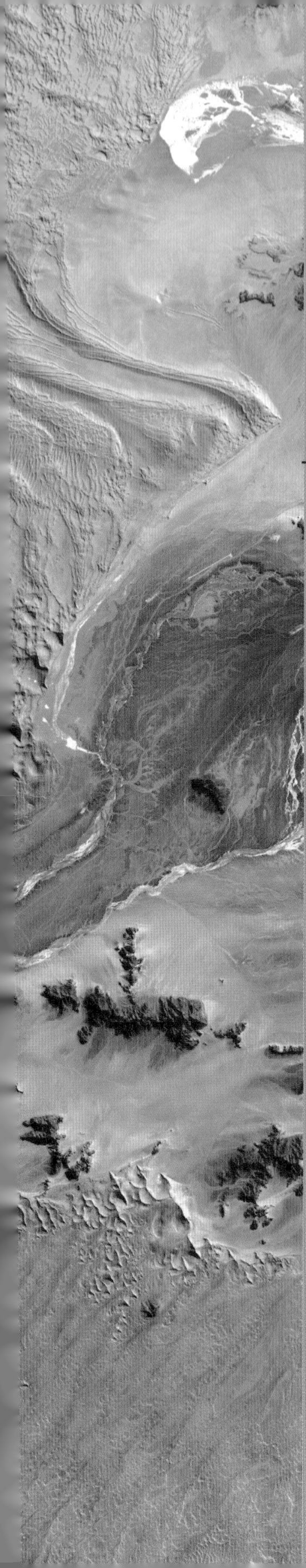

Part 3

Practical Application 生活應用

非洲納米比亞沙漠中的
納米比國家公園（Namib-Naukluft National Park）
是個生態保護區，強盛的海風塑造了世界上最高的沙丘，
有些甚至可達三百公尺高。

圖片提供｜USGS EROS Data Center Satellite Systems Branch as part of the Landsat Earth as Art series.

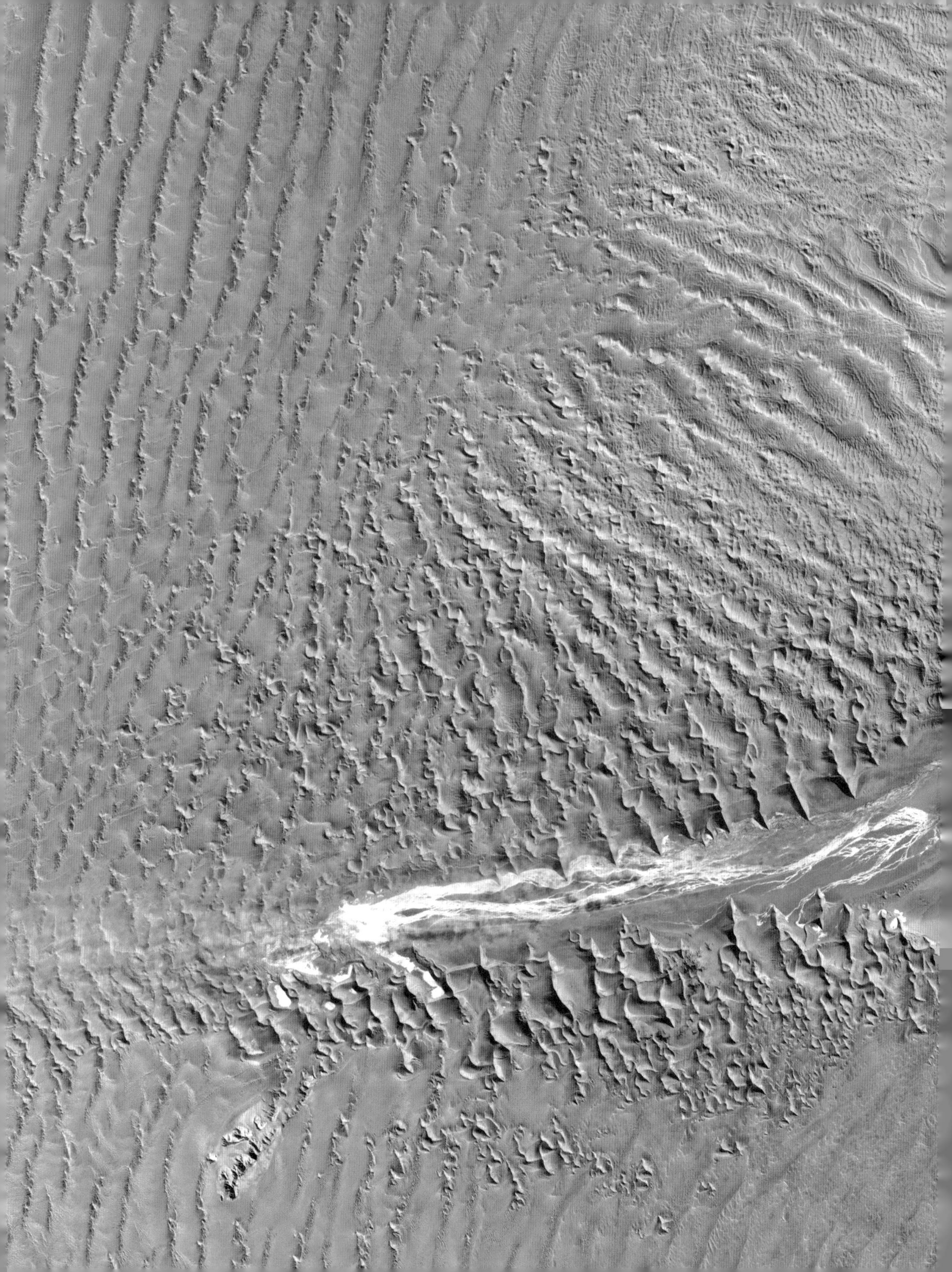

Practical Application 3-1

網路時代的視線分析

我們生活在資訊爆炸的時代，每天透過網路傳送、搜尋或下載各式各樣的資訊。電子郵件取代了傳統的信件——不記得上次用紙筆寫信是什麼時候的事了，只知道大概發生在上個世紀。年節不再收到賀卡，取而代之的是會唱歌，有動作，偶爾讓人擔心帶有病毒的電子賀卡。而逛書店的頻率也大大降低，因為網路書店線上訂購、寄送到家的服務實在太方便。因此，儘管人類的未來充滿了不確定性，但可以預見的是，我們對網路的倚賴程度只會越來越高。

然而，網路時代到底是美夢還是惡夢，主要還是得由你的頻寬來決定。今天我們居住的城市的設計與規畫大部分仍是為了方便人或車的移動，而非資訊的移動，雖然至今已有不少新社區標榜著光纖（Fiber Optics）社區網路，並在屋內預設區域網路（Local Area Network），但仍有不少人目前仍須靠著電話線連接網際網路。這種情形有點像那些早在汽車普及前就已經定了型的城市，一旦大家都決定擁有汽車後，道路擁擠的簡直連走路的空間也沒有。修建捷運雖可以解決部分的交通問題，但造價昂貴，而且居民要忍受好幾年的交通黑暗期。為了解決網路頻寬不足的問題，我們同樣可以把城市挖開來安裝高速網路。但除此之外，還有一個簡單而省錢的方法，那就是用定點無線通訊（fixed wireless）作為增加網路頻寬的工具。

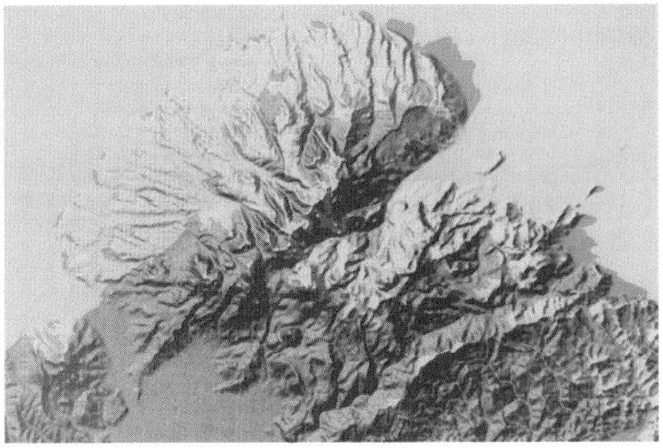

圖3-1A 自然地形的視線分析圖

從台北大屯山區某個山頭（紅點標示處）向四周眺望，綠色部分就是可見範圍。｜地圖繪製｜李文堯

具體的作法是，在都市高樓的頂樓架設通訊天線，整棟建築的網路交通就由區域網路集中到樓頂的天線，再發射到鄰近其他建築物上的天線，最後再連接上網際網路。這種通訊方式的應用並不限於城市中，即使在沒有電話線的地方，都可以利用這種無線接力的方式連上網際網路。

不過定點無線通訊最大的限制就是，天線之間不能有任何阻礙。因此在選擇搭建天線的地點時，工程人員必須爬到每棟大樓的樓頂，測量附近哪些大樓之間是可以直接傳送訊號的。當然，一個更簡單的方法就是把這個問題交給地理資訊系統來處理。

在地理資訊系統裡面，這個通常稱為「視線分析」（line-of-sight analysis）的問題，其實是個相當簡單的題目。關鍵在於我們得先把準確的地表高度資料——包括地表上任何人造物的高度——輸入地理資訊系統中。一旦地表模型建立之後，我們就可以要求系統計算地表任意兩點之間的視線是否暢通無阻。我們甚至可以要求系統計算任意一個地點的視野（viewshed），也就是從該點向四周眺望時所能看見的範圍。圖3-1A顯示的就是從台北的大屯山區某個山頭（紅點標示處）向四周眺望時所看到的地區，其中呈現綠色的部分就是可以看見的範圍。

視野分析的應用相當廣泛，比如說我們想建度假別墅，就得找一塊

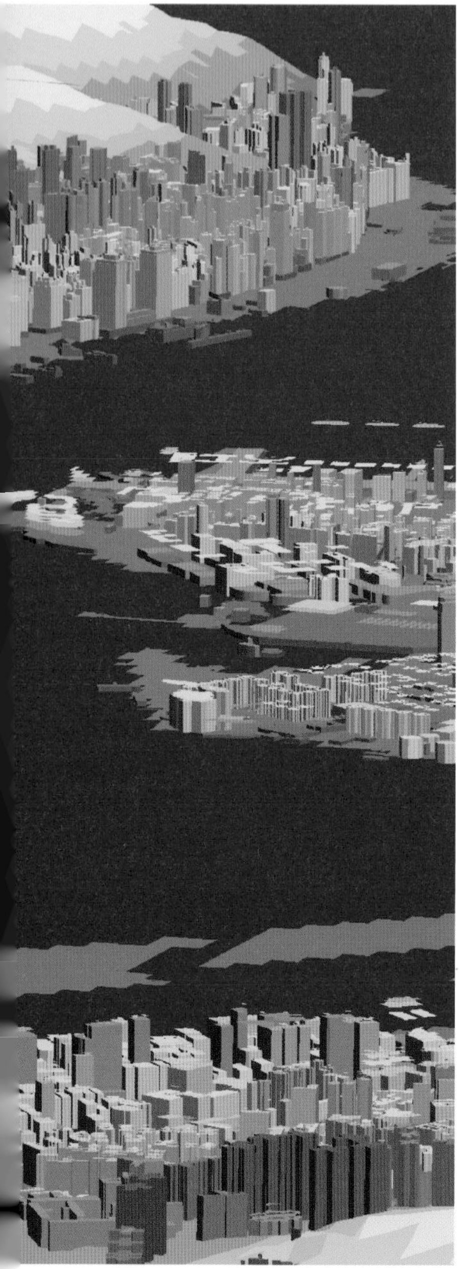

視野好的地方，但如果我們想建造隱密性高的軍事設施，就得找塊從四周不易看到的地方。地理資訊系統甚至可以算出某條公路沿線各點的視野，這在景觀道路的規畫上同樣極具效率，有很大的應用價值。

圖3-1B 則是自香港九龍半島往西南方眺望香港島的三度立體空間圖，圖中建築物不同的顏色代表其不同的高度。而高度資料主要是由空照以及實地勘查所取得的，將這些資料輸入地理資訊系統之後，系統就可以建立出非常逼真的三度空間模型，其誤差可以在兩公尺以內。有了這個立體空間模型，研究分析人員就可以要求系統計算任意兩棟大樓之間能不能直接通訊？如果不能，附近哪些建築可以提供最佳的轉接站？

此外，更複雜的模擬分析也可以利用這個模型來達成，比方說如何用最少的天線（包括轉接站）連接最多的建築，或以最低的成本（假設每個大樓搭建天線的成本不同）連結兩棟無法直接通訊的大樓。此外你還可因應實際需要加入一些限制條件，比方說某些建築的屋頂因為政治、社會或其他因素是不能搭建天線的，地理資訊系統在分析時就會避免使用這些建築。

地理資訊系統應用範圍相當廣泛，與我們的日常生活息息相關，以上所舉的就是一個很好的例子。下次如果你看到有工程人員在自家大樓樓頂四處張望，你可以問問他：為什麼不用地理資訊系統呢？

圖 3-1B 地表高度（包括人造物）3D空間圖

自九龍半島往西南方眺望香港島的三度立體空間圖，圖中建築物不同的顏色代表其不同的高度。

圖片提供｜Graphics by CCT–Teligent, based on 3D Geodatabase procured to Teligent specifications, from TGNET, Inc.

路易斯與克拉克探險圖

你可知道一八〇〇年的美國，是長成什麼樣子？

美國在一七七六年脫離英國獨立，到了一八〇〇年還是個年僅二十四歲的年輕國家。那時美國國土僅包括密西西比河以東地區，境內並沒有棕熊（grizzly bear）、羚角鹿（pronghorn）或加州禿鷹（California condor）。因為這些北美特殊的動植物，都分布在密西西比河以西的偌大之地——當時分別由法國與西班牙占領，如圖3-2A，當時的美法兩國領土即以密西西比河為交界。

一八〇三年四月，美國第三任總統湯瑪斯．傑佛遜（Thomas Jefferson）從法國手中買下「路易斯安納領域」（Louisiana Territory），協議的成交金額為八千萬法郎，約折合當時的一千五百萬美金。買下的區域涵蓋密蘇里河整個流域，但實際的範圍究竟有多大？從密西西比河以西之後，到底到哪裡呢？當時沒人能確定。

傑弗森總統在呈交國會的文件中，頭幾句便這麼寫著：「關於路易斯安納領域，迄今仍沒有一張正確而值得信賴的地圖出版，也沒有任何一張能從私人之處購得的地圖……因為從未有過這麼大範圍的勘踏調查……」如今回頭看，路易斯安納領域的面積廣達兩億一千四百四十五萬兩千公頃，那次交易不但將美國國土從大西洋岸擴展至洛磯山脈區，而且折算起

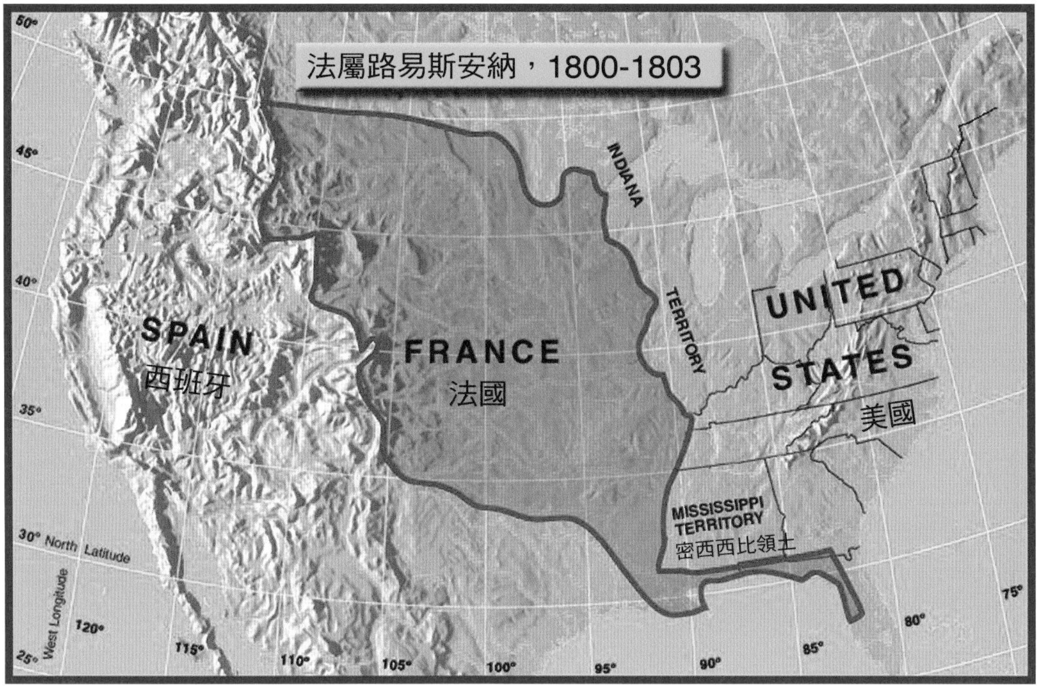

圖3-2A 1800年的美國

地圖提供｜Discovering Lewis & Clark: www.lewis-clark.org

來，一公頃地只值七分錢。

傑弗森總統亟欲進一步認識這片未知的處女地，更希望藉此找到一條西北通道（Northwest Passage）直抵太平洋。一八〇三年六月他指派路易斯（Meriwether Lewis）著手籌備，前往當時所謂的「北美大陸內部」探勘——即密蘇里河與哥倫比亞河交會之處及其西側地區。

路易斯是陸軍出身，當時已在總統身邊擔任兩年私人祕書。是年八月他從匹茲堡啟程，沿著俄亥俄河往西行，於十月在印第安那州的Clarksville小鎮與昔日軍中同袍克拉克（William Clark）會合。兩人一路招兵買馬，廣蒐相關的地理資料，為遠征進行縝密的準備工作。一八〇四年五月，他們從密西西比河與密蘇里河交口附近的聖路易斯（St.

右上　被喻為送子鳥的白鵜鶘（White Pelican），也出現於路易斯探險日誌中。
右下　美國西部特有的羚角鹿，性喜遼闊的原野。
左上　美國西部特有的大角羊（Bighorn Sheep），目前數量比兩百年前減少很多，被列為保育動物。
左下　探險隊曾遇到棕熊，路易斯在日誌上寫他寧願和兩個印地安人打架也不願招惹一隻棕熊。

Louis）出發，正式進入未知的「路易斯安納領域」展開探勘。遠征隊共四十二名成員，包括一艘河船與兩隻獨木舟，視不同情況需要，使用帆、竿、槳或船纜使船前進。

當時路易斯年僅二十九歲，是位業餘的自然學家，除了對植物學與動物學有相當造詣外，對於民族學與古生物學亦有所涉獵。年紀稍大的克拉克三十三歲，擅長地理學、導航與地圖繪製。

傑弗森總統對遠征隊有深厚的期許，除了探勘西北通道的實際地形外，還特別叮嚀要觀察該領域的各個面向：如植物成長狀況，萌芽、落葉或

↑ 路易斯＆克拉克探險隊沿著奧勒岡州的哥倫比亞河抵達太平洋。圖為今日哥倫比亞河上的觀光遊船。

花開花謝的日期；該區常見的動物，特別是那些在當時美國「前所未聞的」；還有鳥類、兩棲類、或昆蟲出現的季節或活動時間。

在那個時代，遠征過程的艱辛是可以想像的。如圖3-2B，他們溯密蘇里河而上，冬天在今日美加邊境的北達科塔州（North Dakota）與曼丹（Mandan）印地安人度過了刺骨寒冬。除了激流與瀑布，他們也遇到種種險惡的地勢，跨過中西部大平原，翻越洛磯山脈、順延哥倫比亞河一直到達奧勒岡州的太平洋岸。途中遇到印地安人，遠征隊均釋出和平誠意，雙方化敵為友，進

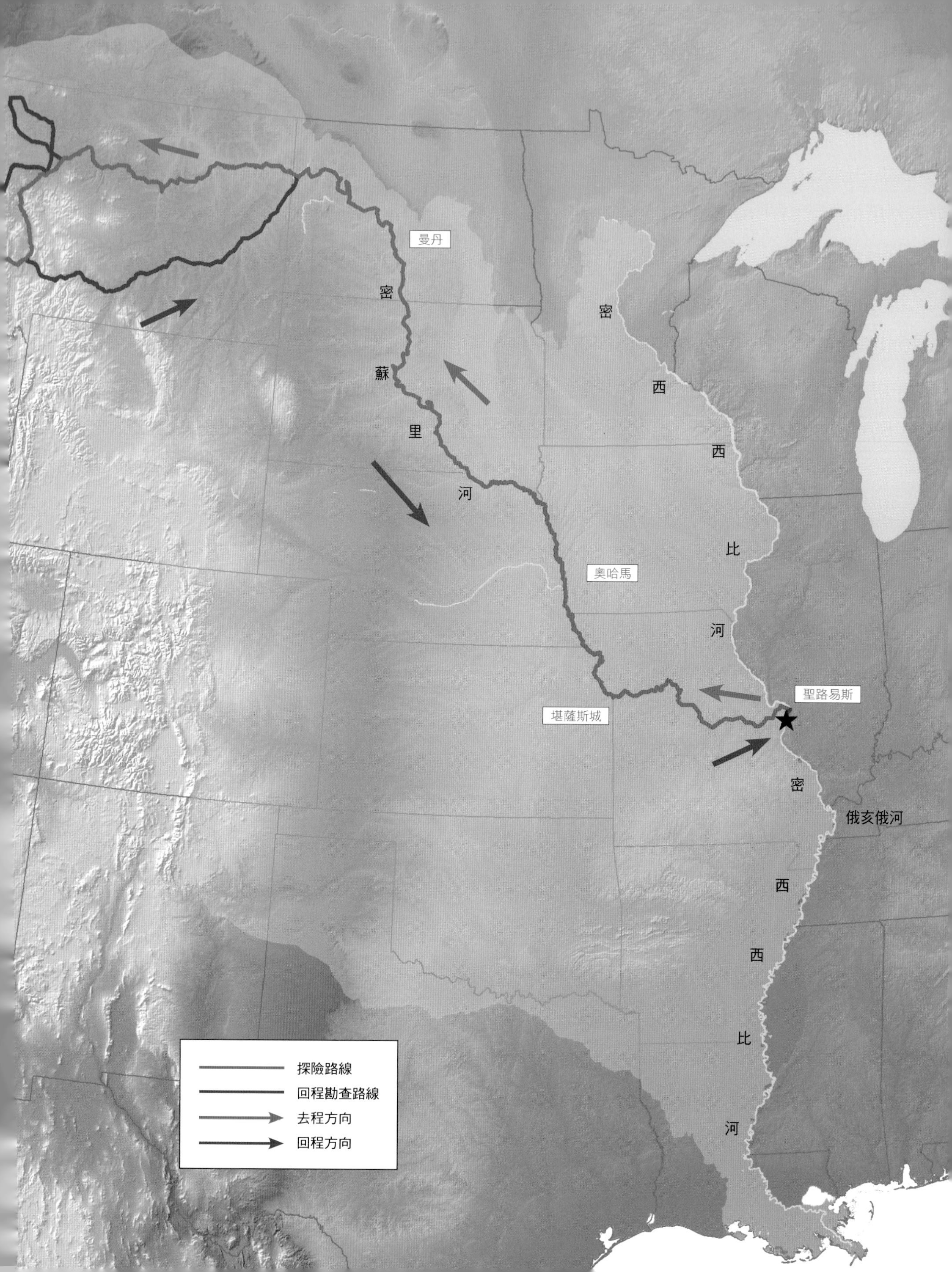

曼丹
密蘇里河
奧哈馬
密西西比河
聖路易斯
堪薩斯城
俄亥俄河
密西西比河
探險路線
回程勘查路線
去程方向
回程方向

而得到印地安人的幫助。期間也曾遭遇疾病的侵擾與棕熊的攻擊，而當食物短缺、飢寒交迫時，不得不數度殺馬果腹，才得以生存下去。

路易斯與克拉克遠征隊在一八〇六年成功歸來。歷時二十八個月，路途往返長達一萬兩千多公里，路易斯與克拉克也因而成為美國著名的探險家與軍事將領。一八一四年，克拉克所繪製的地圖（圖3-2C）正式出版了，北美大陸中間那塊偌大空白之處，第一次被畫上了山脈與河流，還有若干印地安部落的分布情形。

此次遠征探險之旅，路易斯與克拉克對於自然界的觀察與描述，尤其功不可沒。那時還沒有相機，路易斯在記錄棕熊時，如此生動描寫著：「牠的顏色是黃棕色，眼睛黑而小，卻能

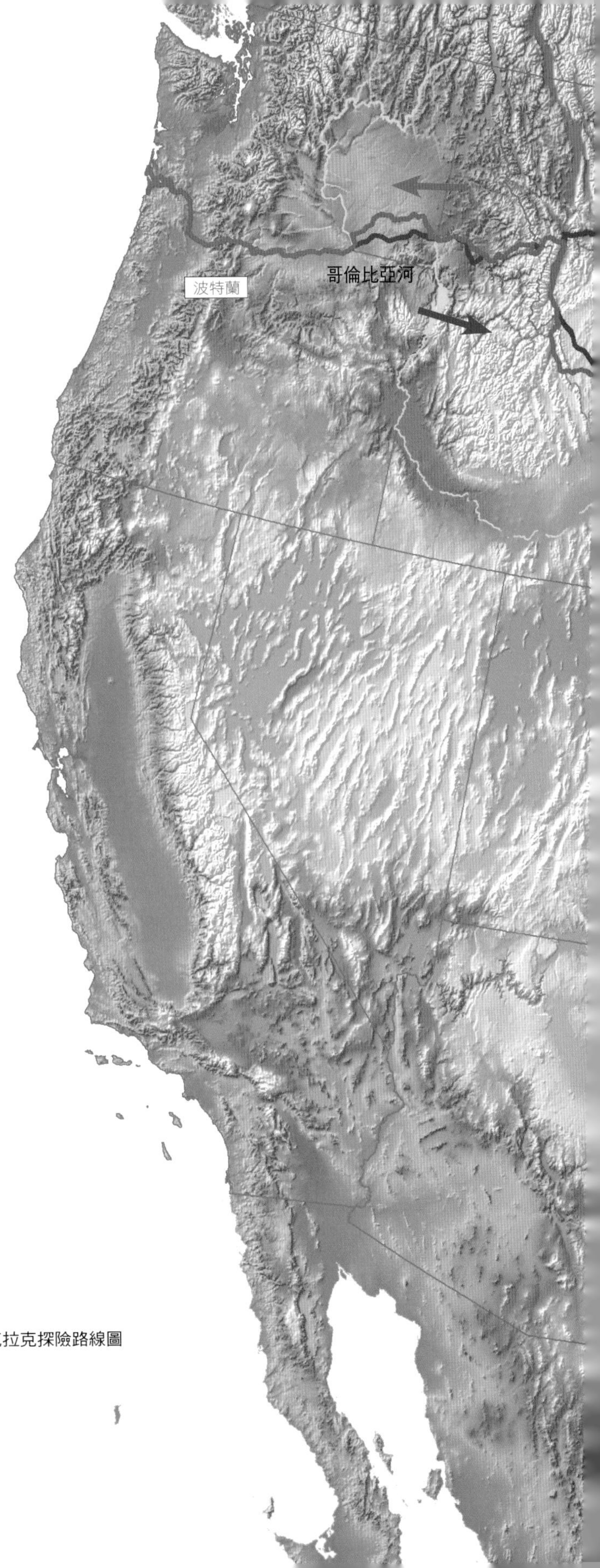

圖3-2B 路易斯與克拉克探險路線圖

地圖繪製｜李文堯

Practical Application

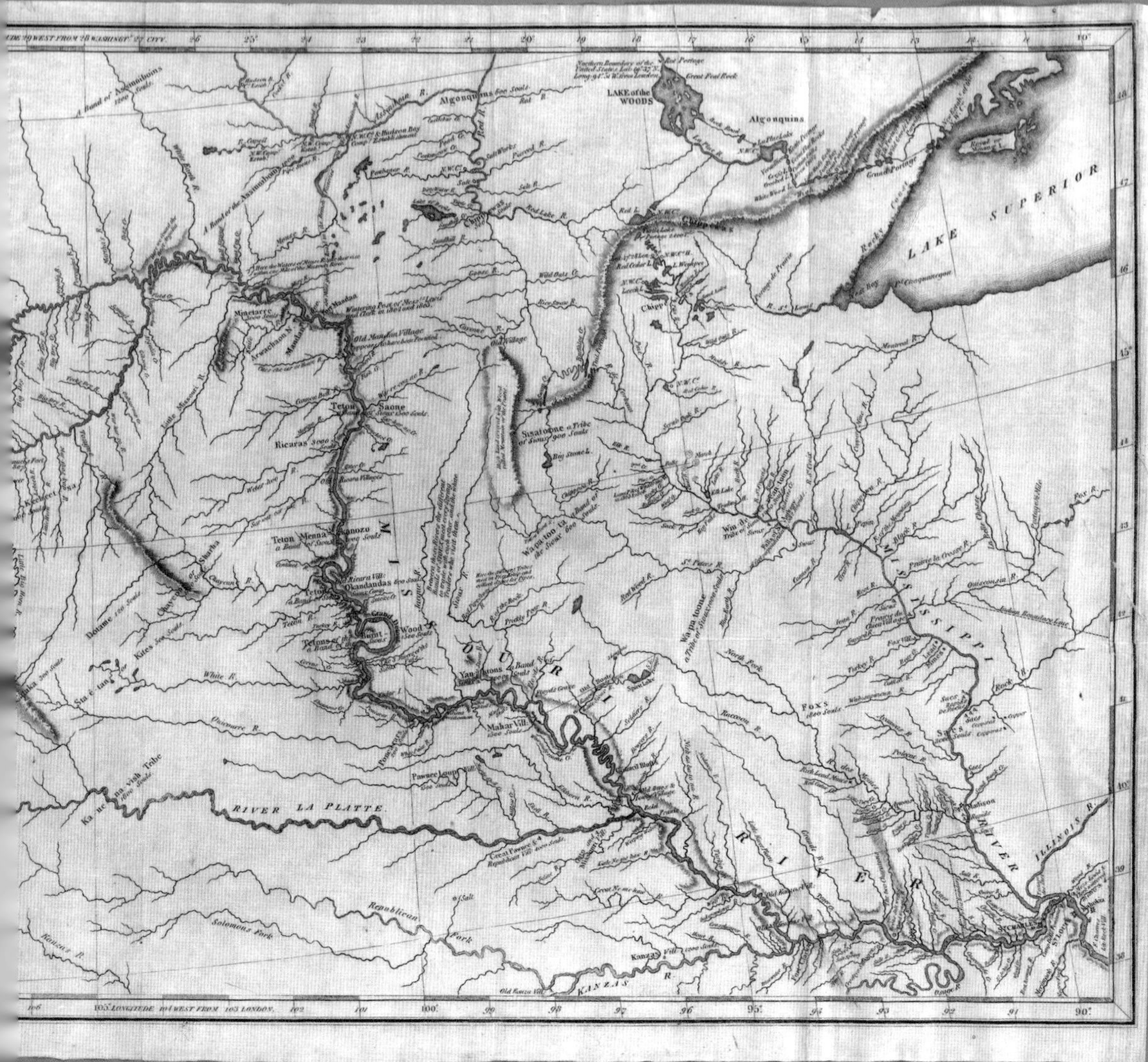

看穿你似的……我必須承認我並不喜歡這位紳士，寧願和兩個印地安人打架也不願招惹一隻熊。」

此外還有大角羊、羚角鹿、白鵜鶘等，他們一路細心觀察，忠實記錄，寫下將近一百萬字，可說是人類探險史上記錄最詳盡的日誌，卻因一直未被完整出版，使他們這項重要的貢獻受到忽略。直到一八九三年與一九○四年間，也就是將近百年之後，遠征版

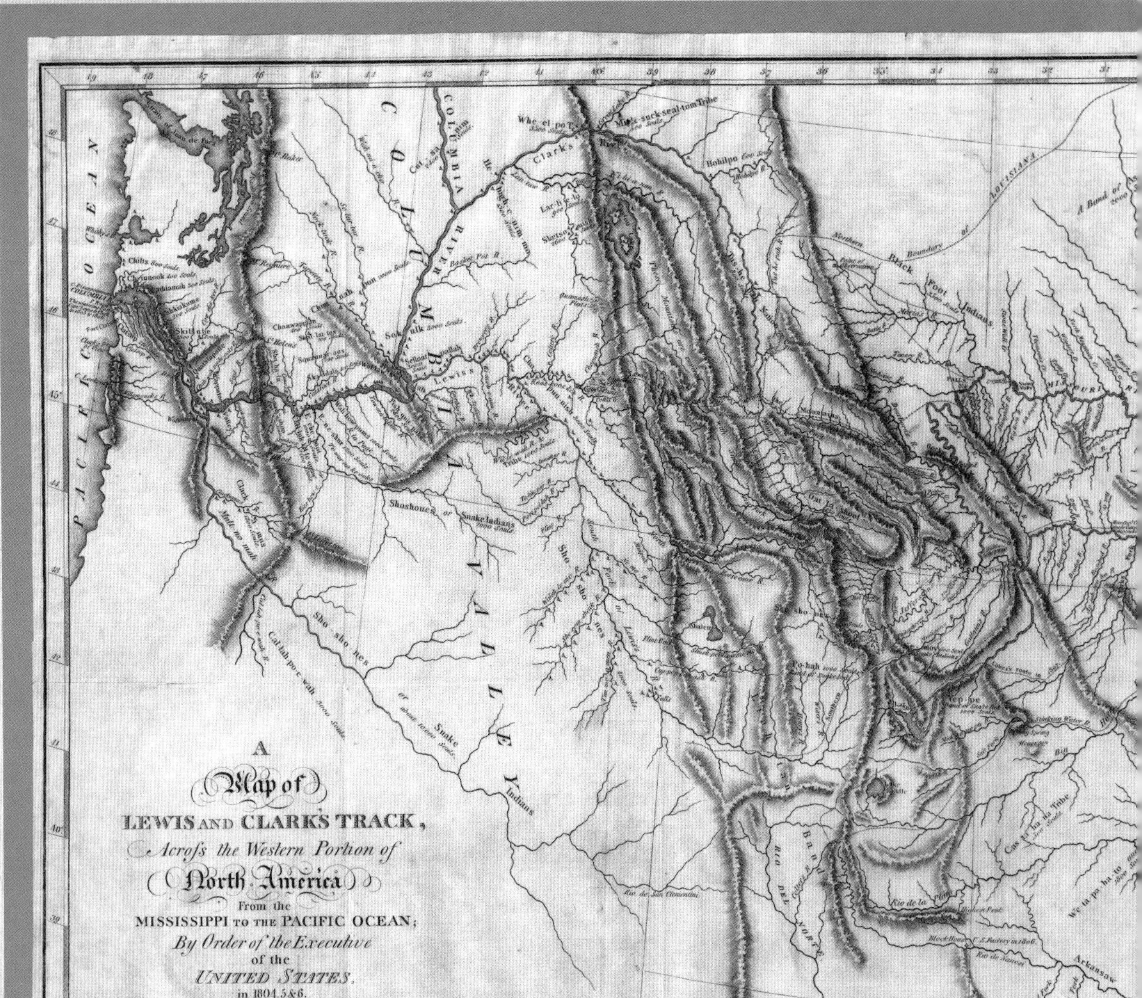

圖 3-2C 路易斯與克拉克探險圖的手繪真跡。｜地圖提供｜David Rumsey Map Collection: www.davidrumsey.com

本相繼問世，人們才知道路易斯與克拉克發現並記錄了一百七十八種植物與一百二十二種動物。

二〇〇三年是路易斯與克拉克遠征兩百週年紀念。他們鉅細靡遺的探勘紀錄，讓後人仍能勾畫出兩百年前北美中西部尚未被開發破壞前的自然荒野，原始生態環境的真實面貌。可惜的是，在他們所記錄的動植物中，迄今已有不少物種早已滅絕或瀕臨絕種危機了。

救火路線的設計

↑ 救火堪稱分秒必爭。圖為2003年10月南加州大火，站在路邊看，大火好像就要燒到跟前。

在電視上看到火災的報導，受困者在濃嗆黑煙與火舌吐竄的窗邊，一邊吶喊求救、一邊想跳樓逃生的危險畫面，看了都令人忍不住捏一把冷汗。分秒之差，可能就是生死之隔。消防員是否能及時趕到，還有消防員對現場的掌控與搶救工作的時效，不但攸關受難者的性命安全，對火勢蔓延所造成的財物損失，都有無法估算的深鉅影響。

針對緊急救災防治，美國北卡羅來納州的溫薩市（City of Winston-Salem）早在一九九八年便完成「救火運作整合網」（Integrated Network Fire Operations，簡稱INFO）系統建置。此城市人口十七萬多，面積約兩千七百六十公頃，當時共有十七個消防隊分布在城市各角落。在執行INFO計畫之初，消防部門利用全球衛星定位系統（GPS）建構全市街道的數位基本圖籍，並將消防部門所有資料——包括全市建築平面圖與管線配置等都轉為電子影像檔，每輛消防車上並裝置了行動資料電腦（Mobile Data Computers，簡稱MDC）。

當火警一起，消防員第一個動作，是立刻上救火車。緊急救災位置是透過無線電傳到車上MDC電腦，在GIS軟體操作下，直接在螢幕上顯示到達目的地距離最短的捷徑；如果在路上遇到交通阻礙或道路施工，也能立刻顯示最佳替代路線。

圖 3-3A 救災反應時間圖

（Fire Incident Response Time，1990-1998）

圖中顯示歷年來每個火災案例消防隊到達災害現場所花的時間。圓圈所顯示的是各消防隊周圍一英里的範圍。

地圖提供｜Tim Lesser/ City of Winston-Salem, North Carolina USA

消防救火總轄區
每消防大隊駐守轄區
溫薩市區界線
溫薩市街道中心線
鐵路交通網
水道網絡

消防隊所在及半徑一英里範圍
高中
初中
小學
其他學校

實際反應時間

1990至1998年緊急消防事故9341件

少於1分鐘計378年占4.0%
介於1至2分鐘計1720年占18.4%
介於2至3分鐘計3149年占33.7%
介於3至4分鐘計2501年占26.8%
介於4至5分鐘計974年占10.4%
多於5分鐘計508年占5.4%
資料不詳（111件占1.2%）

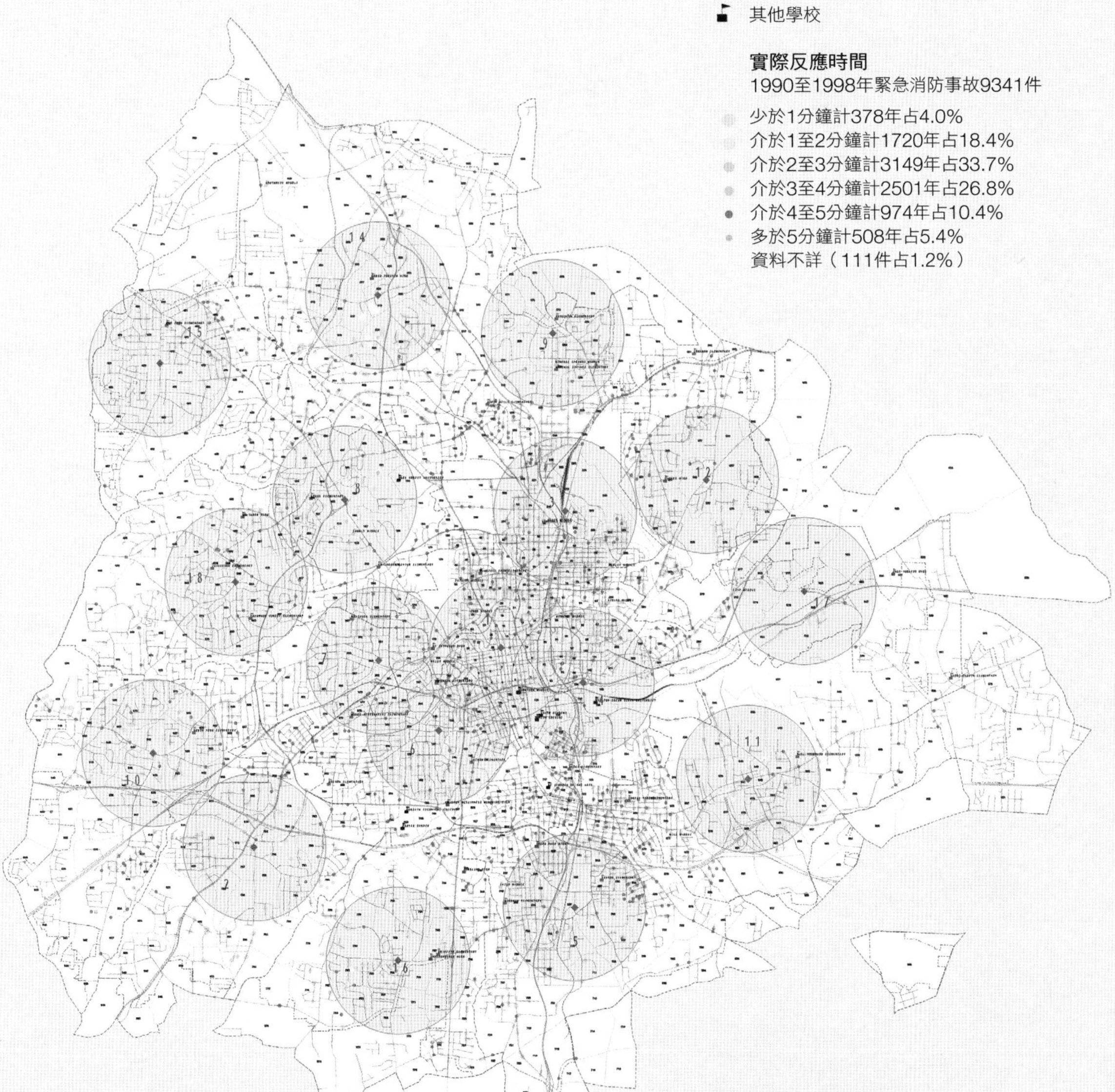

消防員在抵達現場之前，就能在車上螢幕看到災區附近的消防栓分布情形以及各消防栓的水容量，該區任何已知的災害性危險物品也會同時顯示。只要在螢幕上直接圈選火災現場位置，所有相關資料如建築物平面圖、緊急出口、水管瓦斯等管線分布都能清楚顯示。如果是大範圍的災變，消防員看到這些圖像分析後，並能及時判斷該緊急疏散哪些地區及其先後順序。

ＩＮＦＯ計畫可說整個改變了溫薩市消防系統的運作，讓消防隊能在最短的時間抵達現場而顯著減輕災害，不僅在危機應變方面，即在相關資料的維護更新上也遠比以前要有效率。諸如整個城市的消防栓與危險物品分布，與每一棟建築物的平面圖等，其ＧＩＳ資料與影像都儲存在光碟上，各轄區消防隊均需負責該區資料的更新，再由市消防部每個月複製新的光碟片，統籌分配給各隊。

然而以上所舉的應用實例，只不過將ＧＩＳ最基本的查詢功能發揮出來而已。ＩＮＦＯ更進一步利用ＧＩＳ分析功能，對救火問題做進一步的透視與若干基本分析，諸如災害發生地點與消防隊反應時間的關係（圖3-3A），顯示該市火災發生時可能的救災死角；全市各區火災發生的頻率圖（圖3-3B），顯示過去火災發生最頻繁的地區。

除了初步分析，ＩＮＦＯ更利用ＧＩＳ分析計算全市每個地點如果發生火災時，最近的消防隊要多久才能到達，此項分析同時考慮了災變地點與救火隊之間的距離遠近，以及可能影響行車時間的因素包括道路速限、寬度、單行道等，如圖3-3C所示，不同的路段用不同顏色的符號來表示最近的消防隊到達該處所需的時間。另外，ＩＮＦＯ也利用ＧＩＳ畫出歷年來各個火災是由哪個消防隊最先抵達災害現場的（圖3-3D）。

這些圖所呈現的各種空間對應關係，對於日後災害預防的相關問題，例如新增一個消防隊的最適地點分析，或是某地點發生火災時除了最近的消防隊之外，哪個消防隊可以提供最快的支援工作等，都成為重要的決策指標。

圖 3-3B 火災頻率圖

（Fire Incident Frequency，1990-1998）

歷年來全市各區火災發生的頻率，顏色愈紅的地區，表示火災頻率愈高。

地圖提供｜Tim Lesser/ City of Winston-Salem, North Carolina USA

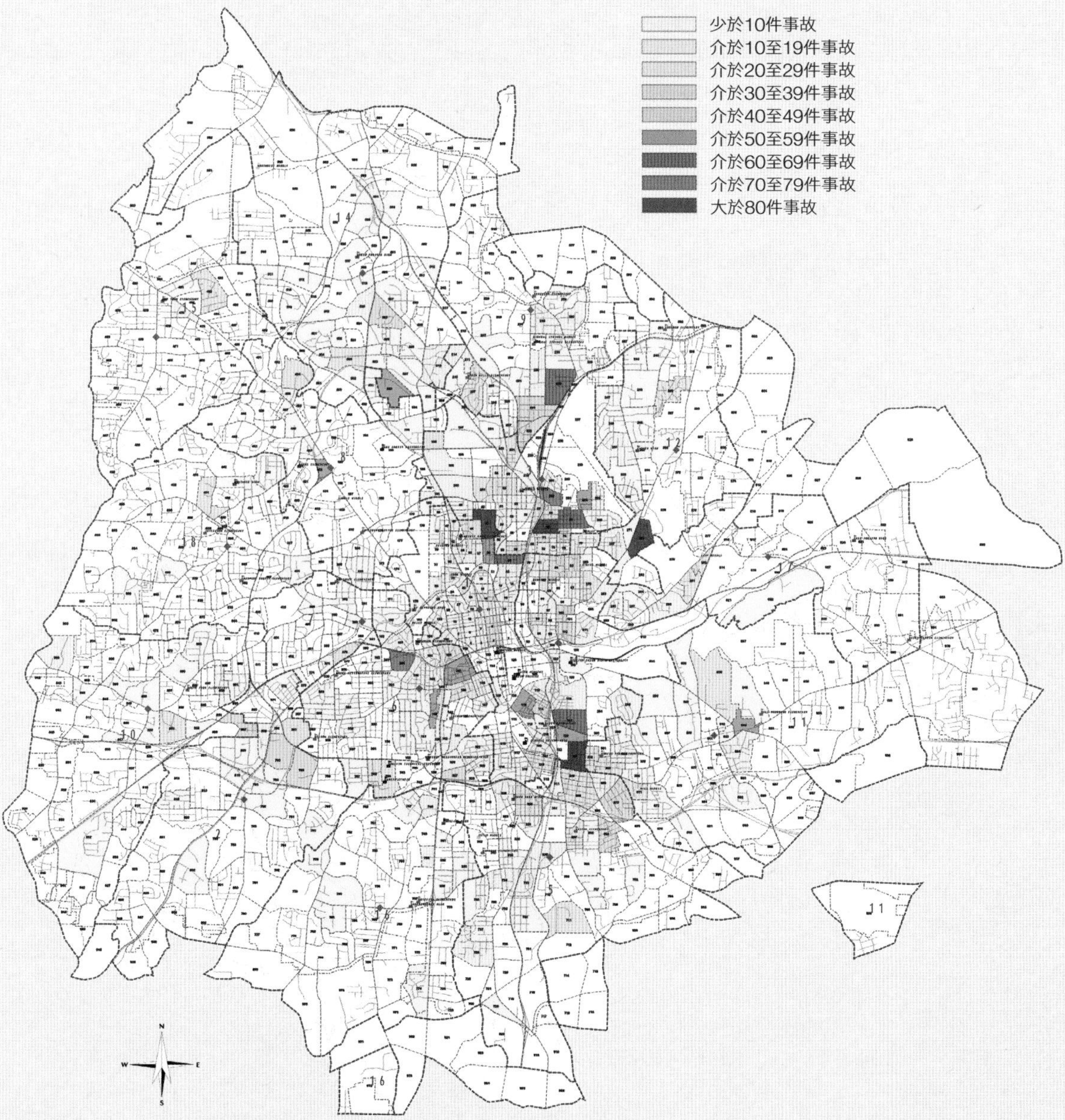

圖 3-3C 救災時間分析圖
（Fire Station Response Allocation）

最近消防隊到達全市各點所需時間的理論值，考慮的因素包括距離、道路速限、寬度、行車限制等。

地圖提供｜Tim Lesser/ City of Winston-Salem, North Carolina USA

- 消防救火總轄區
- 每消防大隊駐守轄區
- 溫薩市區界線
- 溫薩市街道中心線
- 鐵路交通網
- 水道網絡

- 消防隊所在位置
- 高中
- 初中
- 小學
- 其他學校

- 1分鐘能到達的地方
- 2分鐘能到達的地
- 3分鐘能到達的地方
- 4分鐘能到達的地方
- 5分鐘能到達的地方

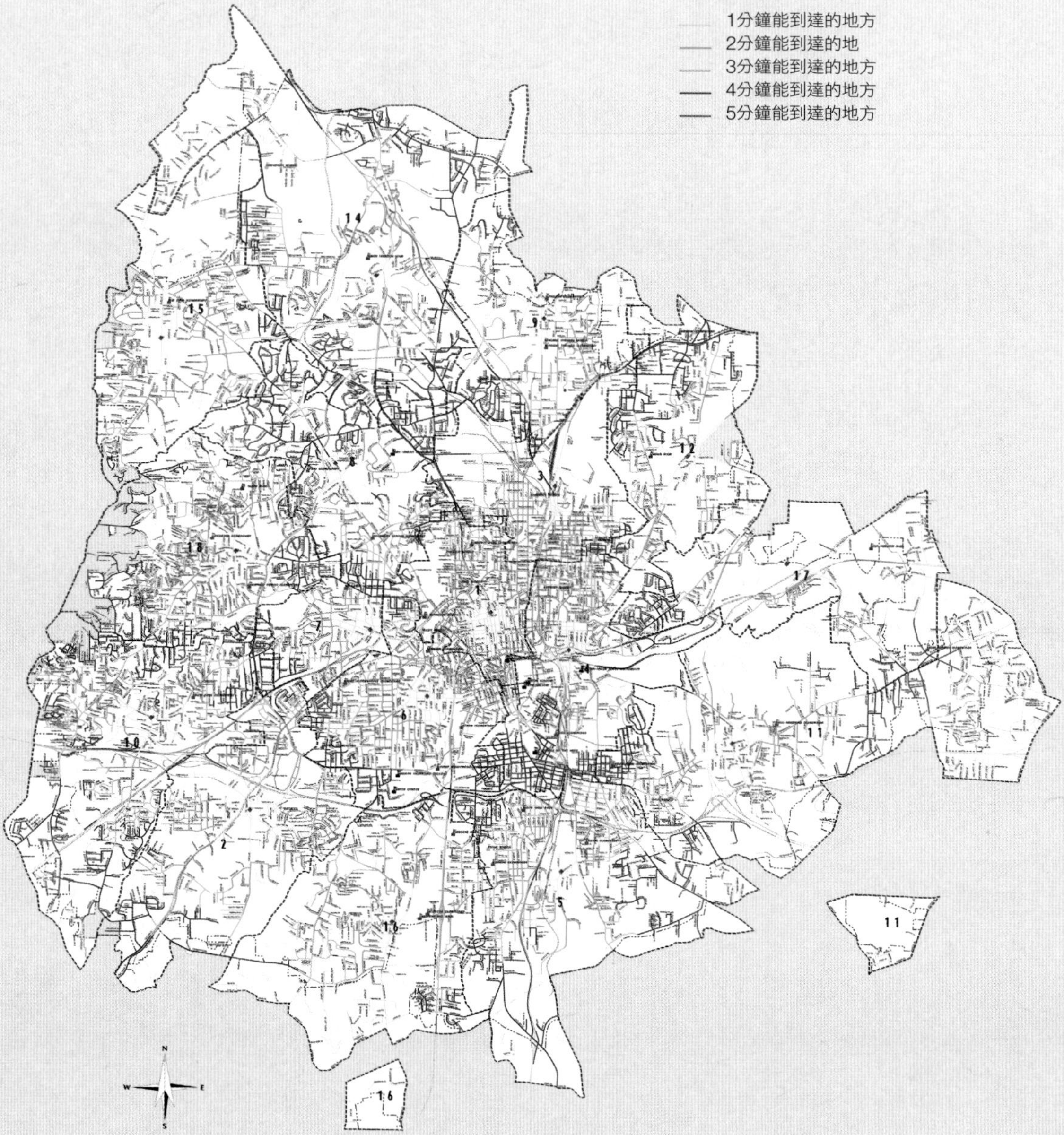

圖3-3D 各消防隊與火災點關係圖
（Fire Incident First Response，1990-1998）

圖中顯示歷年災變發生時，每次最早到達的消防隊。

地圖提供｜Tim Lesser/ City of Winston-Salem, North Carolina USA

- 消防救火總轄區
- 每消防大隊駐守轄區
- 溫薩市區界線
- 溫薩市街道中心線
- 鐵路交通網
- 水道網絡
- 消防隊所在位置
- 高中
- 初中
- 小學
- 其他學校

最先做出反應的消防隊／包括跨越不同轄區者
1990至1998年緊急消防事故9341件

- 第1消防大隊（1077年占11.53%）
- 第2消防大隊（400年占4.28%）
- 第3消防大隊（1225年占13.11%）
- 第4消防大隊（1180年占12.63%）
- 第5消防大隊（661年占7.08%）
- 第6消防大隊（850年占9.10%）
- 第7消防大隊（256年占2.74%）
- 第8消防大隊（404年占4.33%）
- 第9消防大隊（462年占4.95%）
- 第10消防大隊（410年占4.39%）
- 第11消防大隊（532年占5.70%）
- 第12消防大隊（384年占4.11%）
- 第14消防大隊（645年占6.91%）
- 第15消防大隊（212年占2.27%）
- 第16消防大隊（290年占3.10%）
- 第17消防大隊（175年占1.87%）
- 第18消防大隊（174年占1.86%）

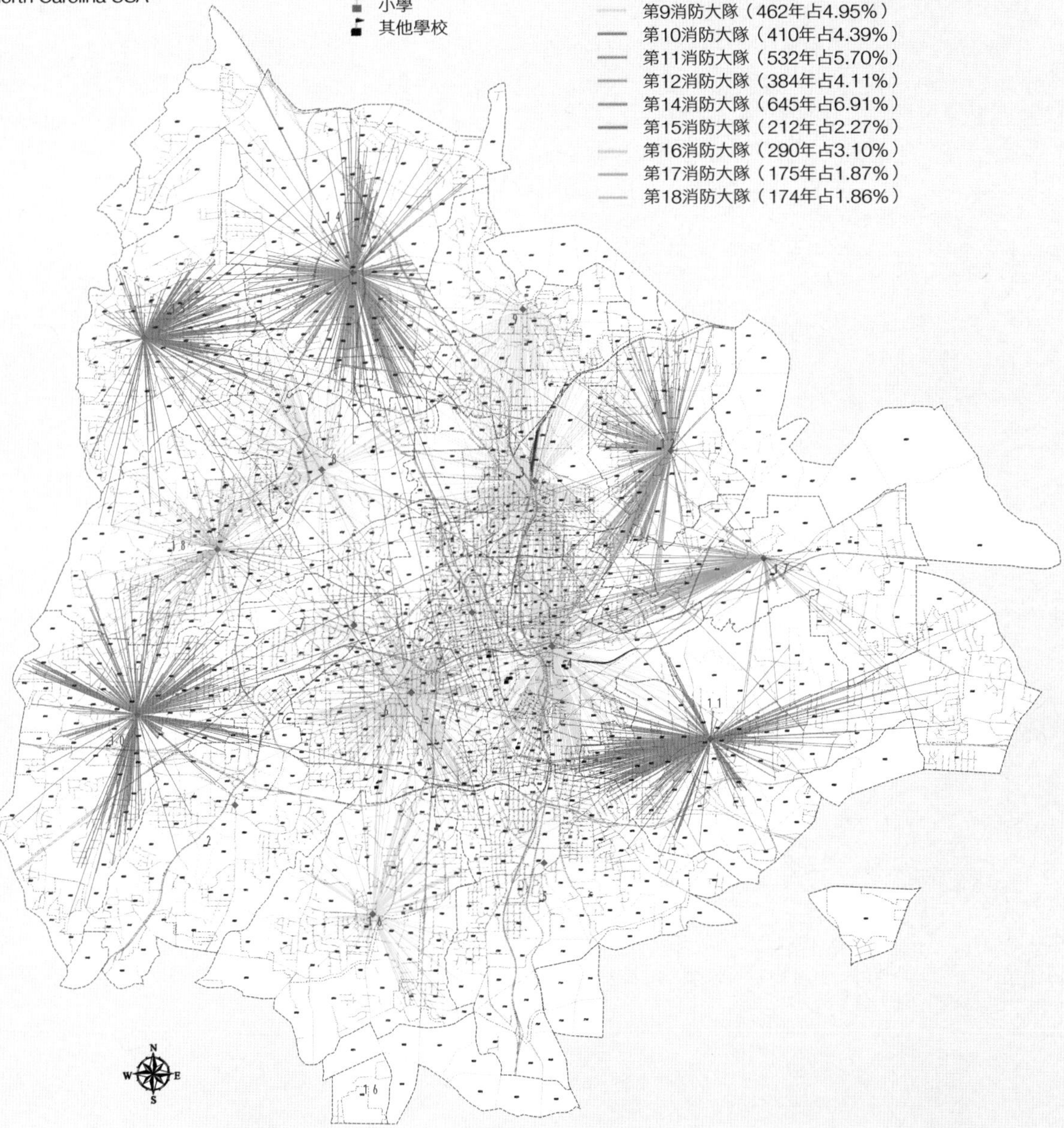

Practical Application

↑ 秋季加州葡萄成熟時。好酒的釀造，與葡萄品種及產地條件有密切關係。

葡萄酒地理學——土壤與酒質

愛看金庸小說的人都知道，《笑傲江湖》中的令狐沖單憑酒香，便能辨別出來自西域吐魯番四蒸四釀的紅葡萄酒。令狐沖天賦異稟劍法通神，品酒的功夫自非常人所能及。不過即使不善飲酒的人，在看過酒瓶上的標籤後，或多或少也能嘗出來自不同產地的葡萄酒，風味確實有異。這就好像台灣不同地區出產的茶或世界各地的咖啡，都有其特殊的風味一樣。

產地對葡萄酒品質及風味的影響，法國人用terroir這個詞來概括。terroir一詞並不太容易翻譯，一般譯作「風土」，英語中最接近的詞大概是terrain（地勢或地表起伏）；不過法語的terroir含義更廣，不僅指地形也包括土質，內外兼具。因此英語系民族總認為terroir一詞是法國人發明出來的，為了強調只有法國的土壤才生產得出最高品質的葡萄酒。其實每一塊土地都有其terroir，你家後院（如果有的話）也有其獨特的terroir。如果後院夠大，也許還不只一種terroir。

簡單的說，terroir就是一個地點提供植物生長的條件。最狹義的定義是指一個地方的土壤。廣義的定義還包括土壤以下的岩層、土壤鬆軟、密度、通透性、排水速度，乃至其海拔高度、坡度、坡向、陽光照射角度以及附近的森林、水源等等。葡萄酒的「身價」與其terroir有密切的關係，不同terroir所生產的葡萄酒就會有不同的「個性」。

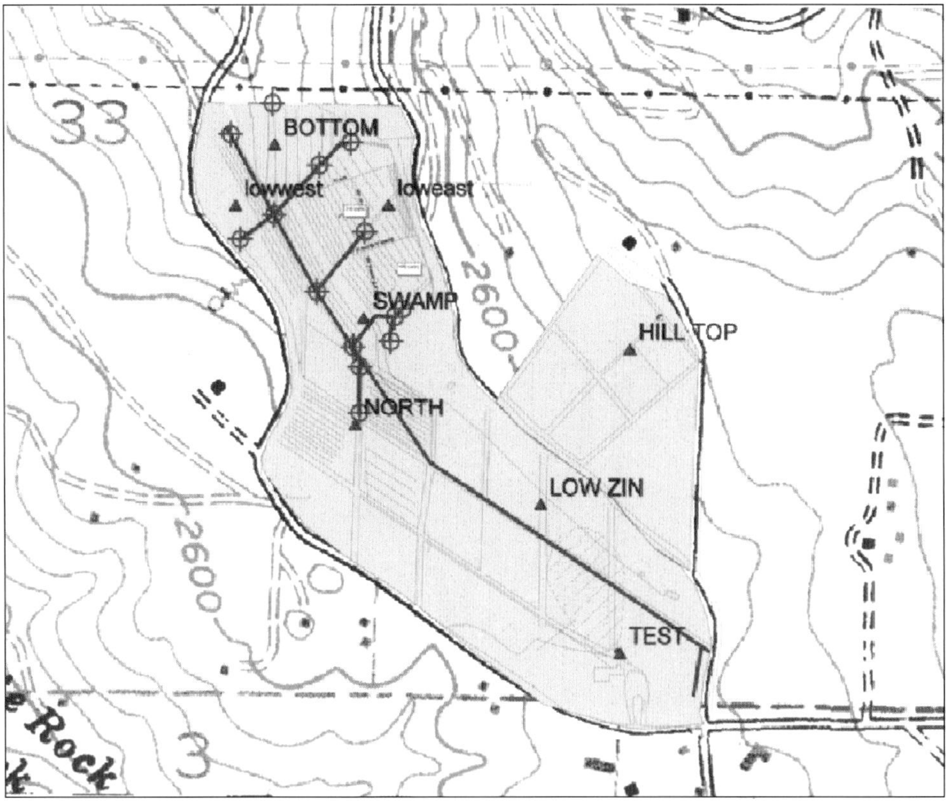

圖3-4A 熔岩角葡萄酒莊園平面圖
地圖提供｜David Jones / Lava Cap Winery, El Dorado, California USA

長久以來，科學家就企圖「量化」葡萄產地的各種自然條件對酒的風味的影響。美國的瓊斯（David Jones）就是其中一例，他利用地理資訊系統加以分析，為什麼不同地區生產的葡萄酒，會有不同的特質？

瓊斯原本是地質學家，曾執教於加州柏克萊大學，任職於美國地質調查局，並且有十幾年使用地理資訊系統的資深實際經驗。一九八一年，他在加州內華達山脈（Sierra Nevada）山腳下的多拉多郡（El Dorado）成立了熔岩角（Lava Cap）葡萄酒莊園（圖3-4A）。根據傳統葡萄園世代相傳的「智慧」，多拉多郡因為夏季氣溫太高，葡萄酒品質比不上舊金山灣區以

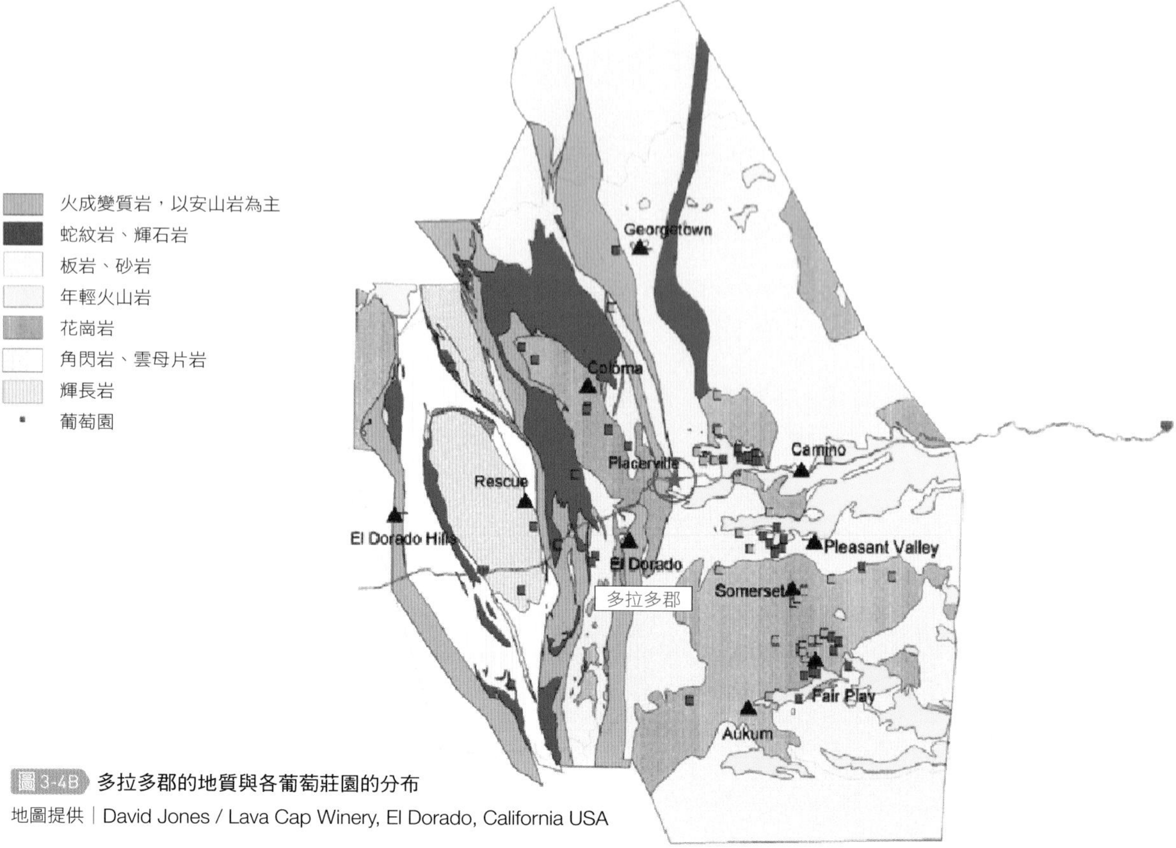

圖 3-4B 多拉多郡的地質與各葡萄莊園的分布

地圖提供｜David Jones / Lava Cap Winery, El Dorado, California USA

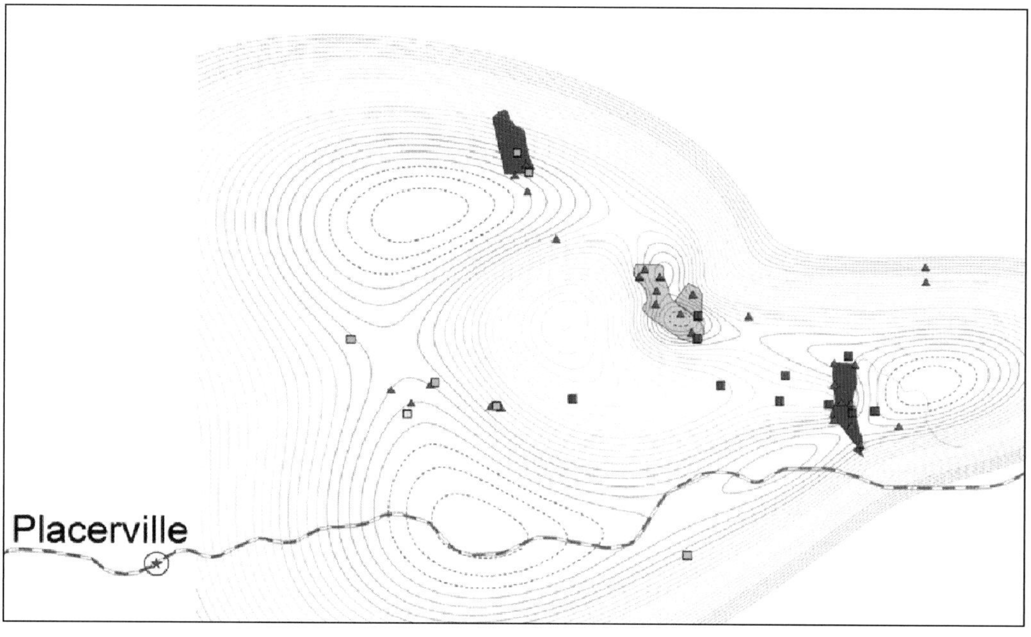

圖 3-4C 1999年溫度最高當天等溫線圖

熔岩角葡萄酒莊園附近夏天溫度最高可達37.8℃，圖中央的淺綠色塊即為熔岩角葡萄酒莊園。

地圖提供｜David Jones / Lava Cap Winery, El Dorado, California USA

↑ 葡萄莊園釀造的葡萄酒，用大大的圓木桶貯存於陰涼地窖中。

北、氣候較涼爽的納帕山谷（Napa Valley）。瓊斯決定用科學方法來打破這個傳統的迷思。

瓊斯進行分析的第一步，就是針對當地的土壤（圖3-4B），因為土壤的成分、含水能力、厚度等，都能影響葡萄的品質。由於整座內華達山脈主要是由花岡岩構成的，因此土壤也以花岡岩風化後形成的土壤為主，不過熔岩角所在的地點卻富含火山噴發物風化之後所形成的土壤。十九世紀中葉湧入加州的淘金客，就知這種火山風化土的含金量豐富，今日同樣的土壤也為熔岩角生產高品質的葡萄。

除了土壤，瓊斯還利用自動溫度記錄儀長期觀測熔岩角附近的溫度變化，並將觀測結果輸入地理資訊系統繪成等溫線圖（圖3-4C）。綜合各項

觀測結果，他在不同的地點栽種不同品種的葡萄。比如說知名的夏多內（Chardonnay）品種葡萄，就栽種在面向北方的高坡上，以防霜害及過度的日照。

熔岩角附近的許多葡萄酒莊園也參與了瓊斯的溫度觀測計畫，其中有位鄰居的葡萄園總是收成不好，在瓊斯協助分析當地的氣溫後，發現原因是這位鄰居在錯誤的地點栽種了錯誤的品種。

瓊斯計畫將繼續擴大溫度觀測記錄的範圍，他希望最後能建立一個區域性的葡萄生長環境資料庫，期能地盡其利，並幫助其他莊園選擇栽種葡萄的最佳位置及最適品種。

台灣在WTO（世界貿易組織）衝擊下，加上時下政客習慣以口號治國，「精緻農業」成了大家耳熟能詳的名詞，但可能對其內容與做法又不甚了然。像瓊斯這樣，用地理資訊系統來經營葡萄酒莊園，以提高作物的品質與產量，或許可視為精緻農業的一種註腳。

↑ 納帕山谷不但是加州最著名的葡萄酒產地，亦馳名國際。

扭轉土地開發政策的地圖

學生時代常常參與山坡地自然災害的現場勘查，踏訪受災地區。印象最深的是淡水米蘭山莊的大規模地滑，只見一棟棟百萬豪宅的牆壁與地基崩裂，隨時有傾倒之虞。而在一九九七年震驚全台的汐止林肯大郡災變造成了慘重傷亡，目睹報章媒體上觸目心驚的景象，相信很多人記憶猶新。

台灣地小人稠，過去幾十年來山崩災害層出不窮，除了地震豪雨等天災，不少是因山坡地開發不當所致。而容許不當開發，尤其是大規模的不當開發，是政府未盡監督管理之職，要負起相當的責任。

其實土地開發議題在美國早已受到普遍重視，尤其是人口眾多又位居地震帶的加州。依照目前人口成長率，估計從二〇〇〇年至二〇二〇年，加州將從三千五百萬人口增至四千五百五十萬，短短二十年即增加一千多萬人口。加州州政府的住宅社區發展部門為因應人口成長所牽引的住屋需求問題，於二〇〇〇年公布一份各郡市未來二十年的住宅營造數預估報告與一張「可開發土地圖」，並規定各郡市需針對該地人口成長趨勢與這張可開發土地的地圖，對未來住宅供應需求提出具體規畫方案。

這張「可開發土地圖」以一百公尺平方（100m×100m）為測量單位，將已開發地區與主要高速道路，以及坡度、植被、農業類型、集水區、公有地、自然保護區等均列入考量。這些數位資料可從聯邦

↑ 依山傍水的蒙特利郡天然環境優美，當地人並不樂見過度的建設開發。

Practical Application

地質測量署、人口普查局、美國魚類及野生動物局等政府單位取得，將這些資料輸入地理資訊系統，經套疊分析製作而成。

以加州多山的蒙特利郡（Monterey County）為例，圖3-5A 紅色地區為坡度超過十五％以上者，粉紅色為限制開發的保護區，深綠色為公共用地，淺綠色代表重要農地，淺藍色代表沖積氾濫區與濕地，再扣除深藍色集水區，剩下的黃色地區便是由州政府公布的可開發地區。根據這份地理資訊分析結果，蒙特利郡仍存有五六〇，八〇六英畝的可開發土地，約占全郡總面積四分之一（二五．八八％）。

在美國，地方郡縣政府在許多議題上都有相當大的自主權，如依山傍水、風景秀麗的蒙特利郡對開發案便很有意

↑ 台灣多山，對山坡地開發更應嚴加規範，以避免崩山災難。圖為中央山脈的能高群峰。

見。當州政府公布這份「可開發土地圖」，並要求蒙特利郡在二〇〇七年前要興建二八，一八〇棟新住宅以因應人口成長需求時，蒙特利郡政府相關部門對這偏高的數字均感到詫異。他們第一個反應，是重新審視這張地圖的準確性。

由於這張地圖所有數位資料均可從聯邦機構取得，蒙特利郡的地理資訊分析師高梅斯（Marc Gomes）便採用同樣的考量因素與分析模式，並用六十公尺平方（60m×60m）更精確的測量單位，疊上該郡最新的公共用地資料，重新製作一張蒙特利郡可開發土地圖。

如 圖3-5B ，這張資料準確度較高且較精細的地圖，與 圖3-5A 州政府製作的地圖，兩者之間有相當大的差距，尤其是坡度大於十五%不可開發的紅色地區，顯然比州政府所繪製的要多出許多。根據這張新圖，蒙特利郡可開發土地——即黃色區塊僅存二六九,七九五英畝，約占全郡面積十二·七二%，還不到州政府原先預估的一半。有了這張更精細的新圖，州政府不得不重新檢視蒙特利郡所能擔負的住宅供應量，並在二〇〇一年七月公告中，將蒙特利郡在二〇〇七年以前所需興建的新屋數量減至一五,三四二，比原來少了五十四·四%之多。

從這個真實例子，我們看到一位專業地理資訊分析師如何藉由更精密的空間資料，提出強有力的科學佐證，扭轉了全郡土地開發的趨勢。此外，更值得我們深思的一點是蒙特利郡所展現的「反對過度開發」的信念。反觀國內，不論是官員或民眾，往往把開發與進步畫上等號，執政者甚至為了選票不惜一切開發後果。而且台灣所謂的開發經常只考慮到最低層次的土木建設，罔顧人類與生態環境的平衡，導致大自然反撲，開發反而變成終極的破壞。

言歸正傳，今日數位資料與個人電腦已十分普及，地理資訊系統在開發議題上的應用也愈趨廣泛，而整合、更新資料，因地制宜訂立適當的開發政策以保障人民居家安全，政府責無旁貸。尤其台灣氣候濕潤多雨，地質複雜脆弱，不當開發很容易釀成災變。若政府能提供類似的「可開發土地圖」，將地質地層、坡度坡向、自然生態等種種條件列入考量，清楚標明哪裡是可開發地區，哪裡是限制開發地區，更重要的是將結果公開透明化，保障人民知的權利。那麼，在有憑有據的法令下，建商不易鑽營法規漏洞，購屋者能得到某種程度的保障，而像林肯大郡這樣慘重的災變或能避免再度發生。

圖 3-5A 加州住宅社區發展部門可開發土地評估研究

地圖提供｜Marc Gomes, GIS Programmer Analyst / County of Monterey, California USA

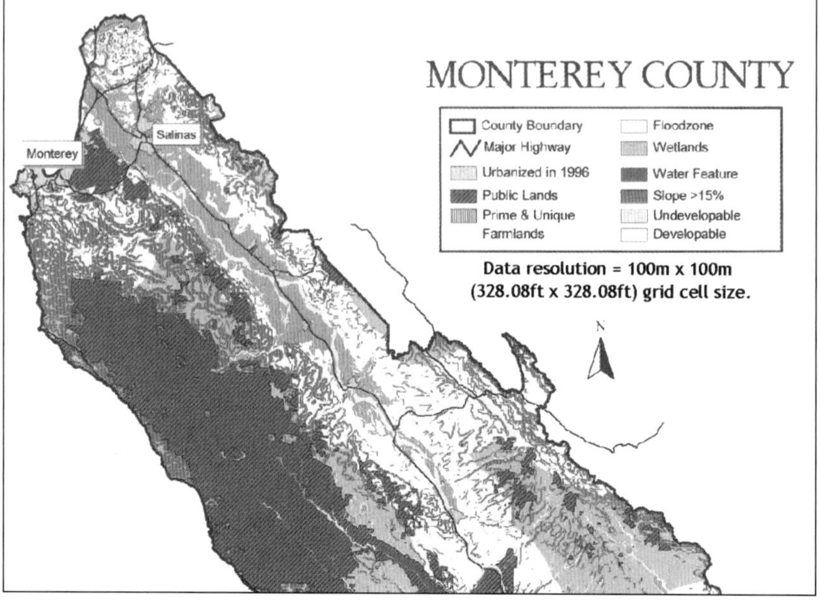

蒙特利郡計算的限制與未限制開發土地比例

限制 1,851,713 acres / 87.28%

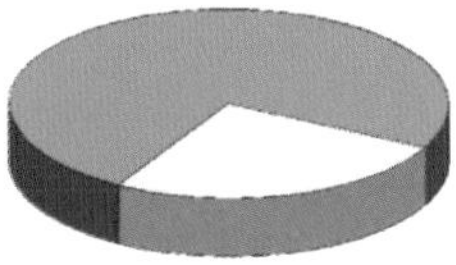

非限制 269,795 acres / 12.72%

加州住宅社區發展部門計算的限制與未限制開發土地比例

限制 1,606,429 acres / 74.12%

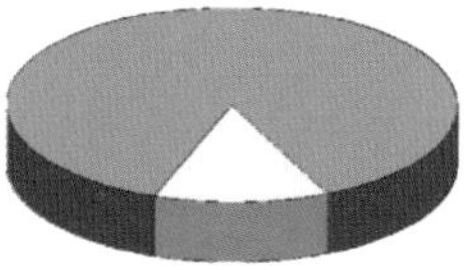

非限制 560,806 acres / 25.88%

可開發土地評估研究

- 郡界
- 市界
- 主要高速公路
- 都市化地區
- 公有地：聯邦政府、州政府、地方政府、土地信託、保護區
- 農地：主要的、特殊的重要農地
- 洪氾區：100年洪水平原
- 水體
- 坡度大於15%的地區
- 不適合開發土地（距離都市化地區或主要道路十公里以上的地區）
- 可開發土地

資料解析度：60×60m

N W E S

MONTEREY COUNTY CALIFORNIA 1850

Total Area → Subtract → Physical Developability Constraints → Environmental Constraints → Equals → Results

2 0 2 4 6 8 10 12 14 16 18 20 Miles

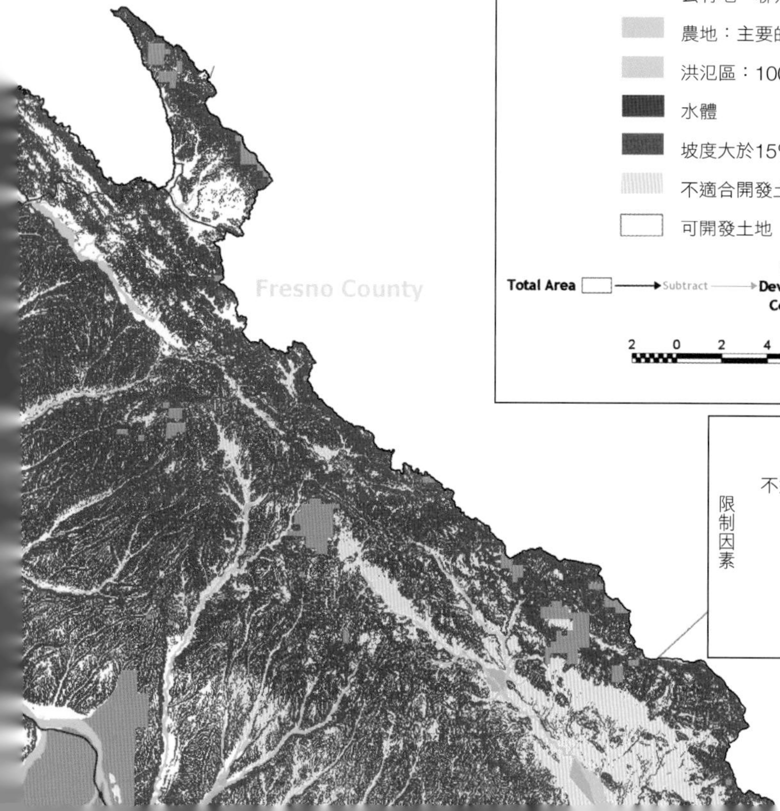

蒙特利郡土地開發限制因素面積與比例

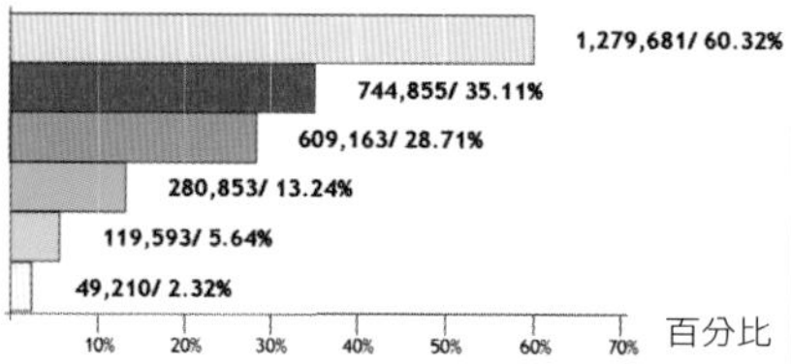

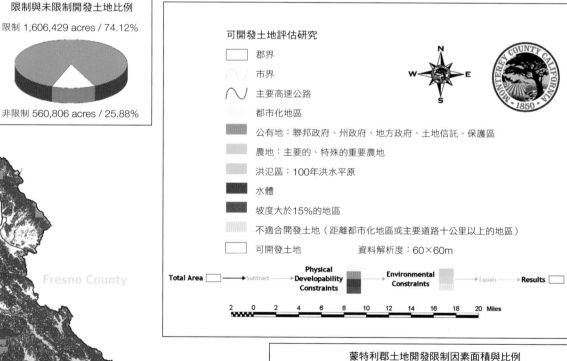

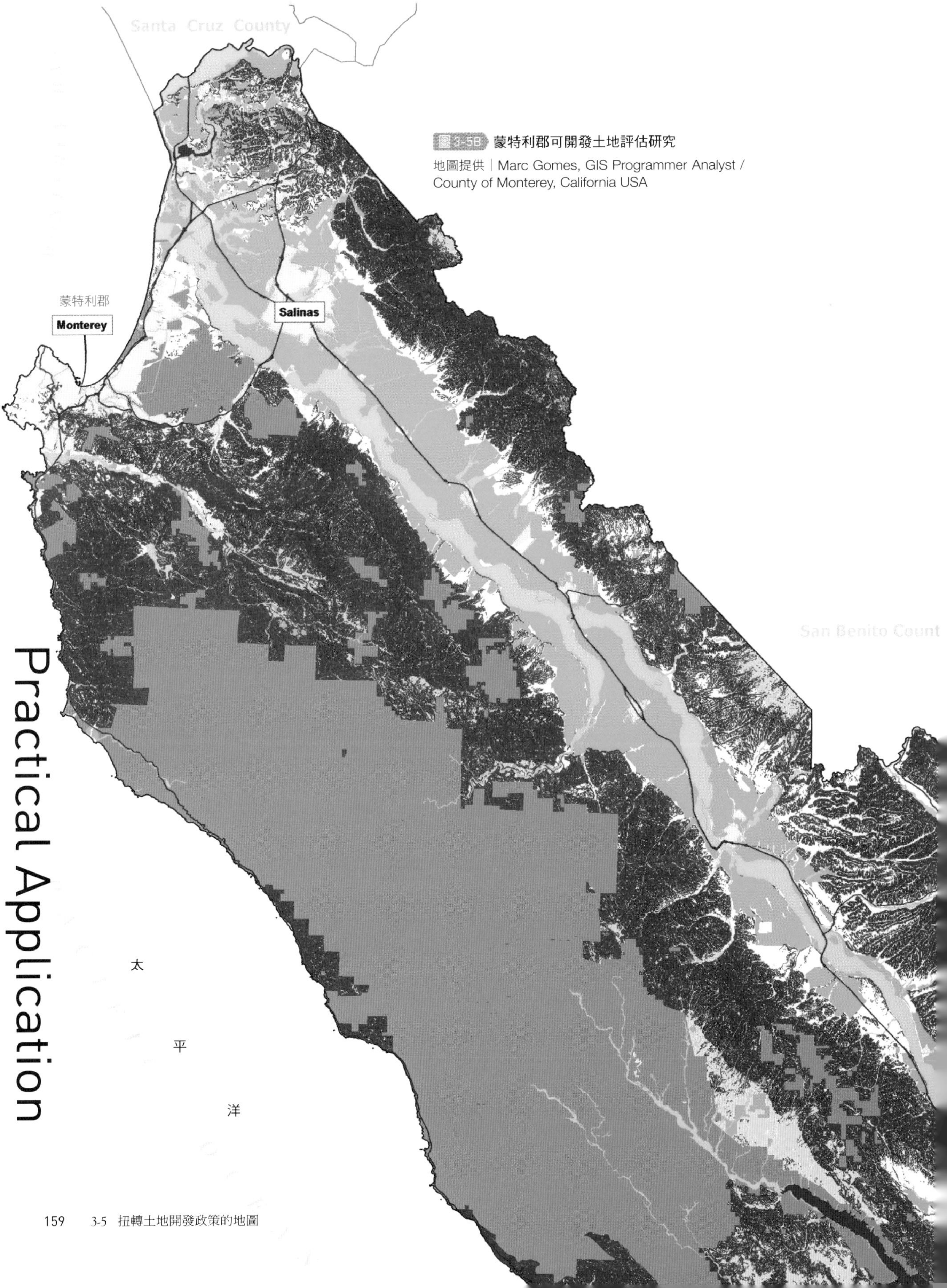

圖 3-5B 蒙特利郡可開發土地評估研究

地圖提供｜Marc Gomes, GIS Programmer Analyst / County of Monterey, California USA

Practical Application

政客的把戲——選區重劃

兵法有云：「不戰而屈人之兵」，並有所謂「上兵伐謀，其次伐交，其次伐兵，其下攻城」。時下選戰之所以難看，主要就是因為都是些「攻城」與「伐兵」之舉。真正「厲害」的政客只要在地圖上改幾條線就可消滅競爭對手於無形之中，這件選舉法寶就是「選區重劃」（Redistricting）——早在一九九〇年代，美國政黨就已深諳此道了。

民主政治中一個最基本的原則就是「一人一票」，所以公平選舉的第一步就是建立完整而正確的人口普查資料。

美國國會分成參議院和眾議院，每個州在參議院中都有兩個席次，眾議院的席次則依各州人口而定，人口最少的懷俄明州（不及五十萬）僅得一席，人口最多的加州（在二〇一七年將近四千萬）可得五十三席（圖3-6A）。為了確保國會的代表性隨著人口變遷而更新，美國憲法的規定，政府應該每隔十年舉行一次全國性的人口普查，以重新決定每個州在眾議院的席次。

每逢尾數為零的年份就是人口普查年，首次的人口普查在一七九〇年舉行，二〇〇〇年是第二十二次的人口普查。每次人口普查之後，各州在聯邦眾議院的代表席次就根據人口的消長而增減。

由圖3-6A可以看出，根據二〇〇〇年普查的結果，東部以及中西部的幾個州如紐約州、印第安那州等在下一屆的國會將失去一到兩

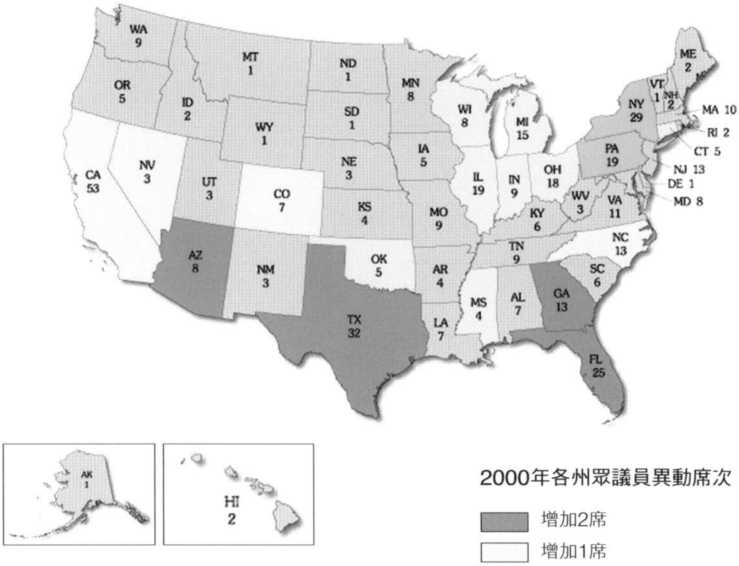

圖 3-6A 美國第108屆眾議員各州代表席次分配

地圖提供｜美國人口普查局（U.S. Census Bureau）

Practical Application

席的眾議員，而南方的幾個州如德州、加州等則會增加一到兩個席次。

美國的眾議員選舉採取小選區制度，每個選區中都只有一個當選名額，譬如某州應選十名眾議員，該州就應該劃分成十個選區，根據公平原則，每個選區的人口應該盡可能接近。而普查後席次發生變化的州，就應該根據最新的席次舉行選區重劃。由於選區重劃常常是決定政黨勢力消長最主要的因素，人口普查之後的第一次全國性選舉通常意義重大，兩黨在國會的版圖往往會有很大的變動。

選區重劃的決定權因州而異，通常是操在州立法單位的手中，因此控制某個州議會的政黨常可藉由選區重劃修理對手。一般而言，利用「選區重劃」來打擊競選對手有「分散策略」及「集中策略」兩種手法。分散策略是將對手的「票倉」切割，放在不同的選區中，這在雙方實力差距較大時十分有效。「集中策略」則是在雙方實力接近時，將對手的票倉盡量集中在同一選區中，從而削弱敵對政黨

↑ 選區重劃，會影響政黨選舉的勝負，尤其在人口稠密區，可能差之毫釐失之千里。圖為舊金山繁榮的市中心區。

在鄰近選區的力量。

比方說，有些少數族裔——特別是黑人，在選舉中通常會支持比較重視社會福利的民主黨，因此共和黨人在重劃選區時，常把黑人集中的社區全部塞到同一個選區中。這樣一來民主黨人雖可在這個選區中大勝，但在周圍幾個選區的共和黨人選起來就會比較輕鬆。這也有點類似兵法中以「下駟對上駟」的策略。

由於選區重劃是這麼政治味十足的東西，導致美國的選舉訴訟層出不窮，有些官司纏訟經年，等到塵埃落定，往往選區又因人口變動而必須要重劃了。

印第安那州是二〇〇〇年人口普查後第一個完成選區重劃的州。在那次的人口普查中，印第安那州失去了一席眾議員，選區由原來的十區（圖3-6B），重新劃分成新的九區（圖3-6C）。由於印第安那州的州議

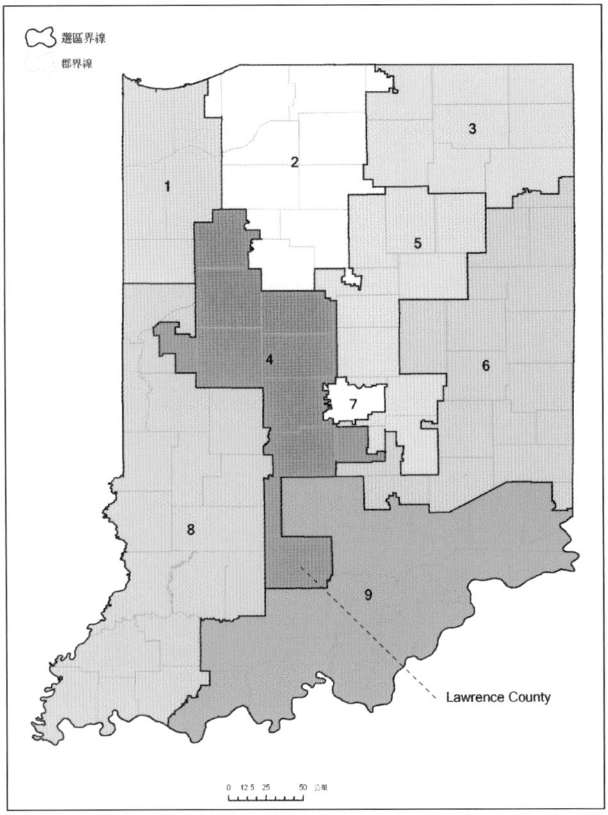

圖 3-6C 2000年印第安那州選區重劃後

資料來源｜美國人口普查局　地圖繪製｜李文堯

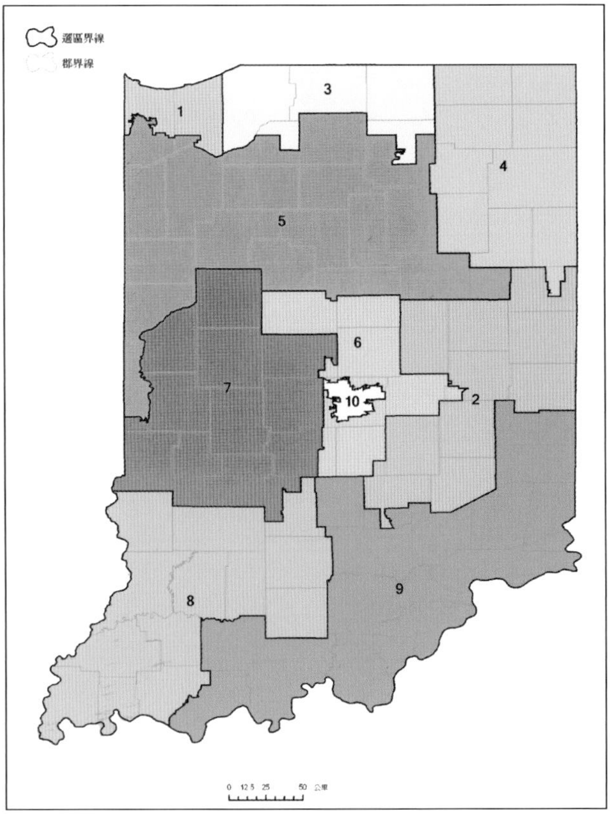

圖 3-6B 2000年印第安那州選區重劃前

資料來源｜美國人口普查局　地圖繪製｜李文堯

會是由民主黨所控制，民主黨採取的策略就是「集中」法，盡量把傾向共和黨的地區放到新的第四選區中。

新選區公布後，原來舊第五選區及第七選區的議員（都是共和黨籍）都宣布要在新的第四選區中競選連任。理由也很簡單，因為新第四選區中的共和黨支持者多，只要黨內初選獲勝，幾乎就可篤定打敗同選區的民主黨候選人。同時由民主黨主導的州議會為了削弱鄰近第八選區共和黨議員的選票，特別把共和黨支持者眾多的羅倫斯郡（Lawrence）從第八選區挖到第四選區。一般說來，類似像新第四選區中羅倫斯郡上方不自然的夾長走廊，通常都是政治運作明顯介入重劃的特徵。

一九九○年剛從賓州研究所畢業，

我參與開發的第一個地理資訊系統就是模擬選區重劃的系統。在此之前，選區重劃大多是用人工在傳統的紙地圖上劃分選區，人工的作法不但慢而且缺乏彈性，一次選區重劃往往要花上好幾個月。

由圖3-6D可看出，印第安那州每個新選區的人口幾乎相等，這是選區劃分最起碼的公平條件，如果要用手算，恐怕曠日廢時。但在地理資訊系統中，這些複雜的計算往往只要幾秒鐘或幾分鐘。地理資訊系統還可以讓使用者在短時間內模擬好幾種不同的選區劃分法，這在過去都是不可能辦到的。

此外為了避免政治運作過度介入，重劃系統還可以加入許多限制條件，例如預先設定每個選區內人口結構（如族群、性別、年齡等）的標準，新選區的人口結構必須在此一標準的合理範圍內。有些地方甚至規定選區形狀必須十分工整，不能有奇形怪狀的選區。

由於地理資訊系統與人口普查資料的普及，選區重劃已經是人人可以嘗試的事情，任何民間團體甚或個人都可以利用這些工具，挑戰政治勢力介入過於明顯的選區規劃，任何政黨或政治勢力想要一手遮天都不再這麼容易了。

台灣若實施單一選舉制，選區重劃也可能成為政治議題。聰明的選民最好先了解這些政客的把戲，讓選區重劃更公平、更能反應真實的民意，而不致淪為政爭的手段。

其實除了重劃選區外，很多類似的工作都可由地理資訊系統代勞，比如學區的劃分，在性質上與選區並沒兩樣，每個學區中的學齡兒童人數應該相當。另外如消防隊、警察局這些單位轄區的劃分，也都可以用同樣的方法來決定。

印第安那州根據2000年人口普查結果所劃分出來的聯邦眾議員選區，每個選區的人口差距極小（參見以下圖表）。

選區	人口
1	675562
2	675575
3	675653
4	675617
5	675664
6	675663
7	675588
8	675565
9	675598

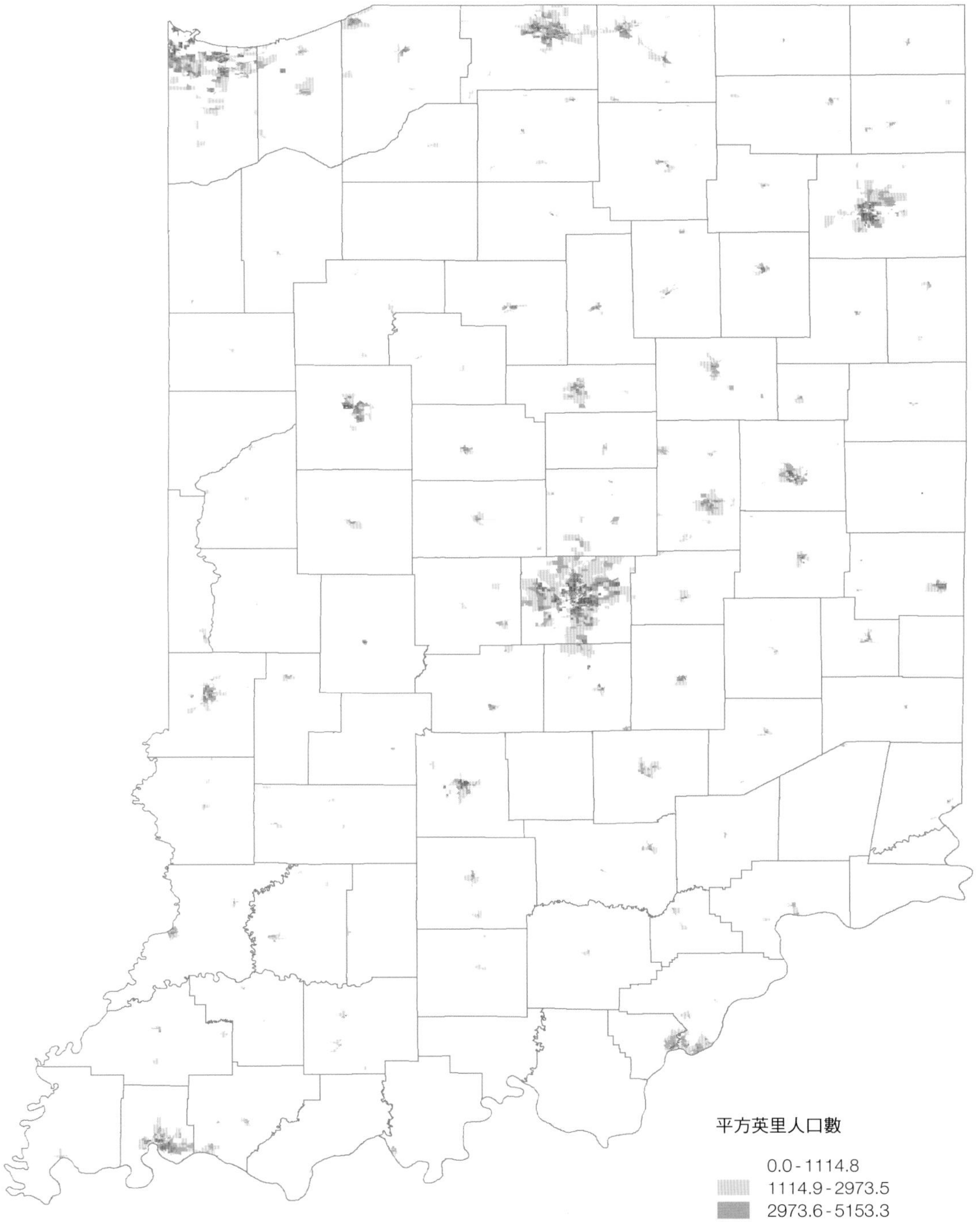

圖 3-6D 印第安那州新劃選區的人口分布圖

資料來源｜美國人口普查局
地圖繪製｜李文堯

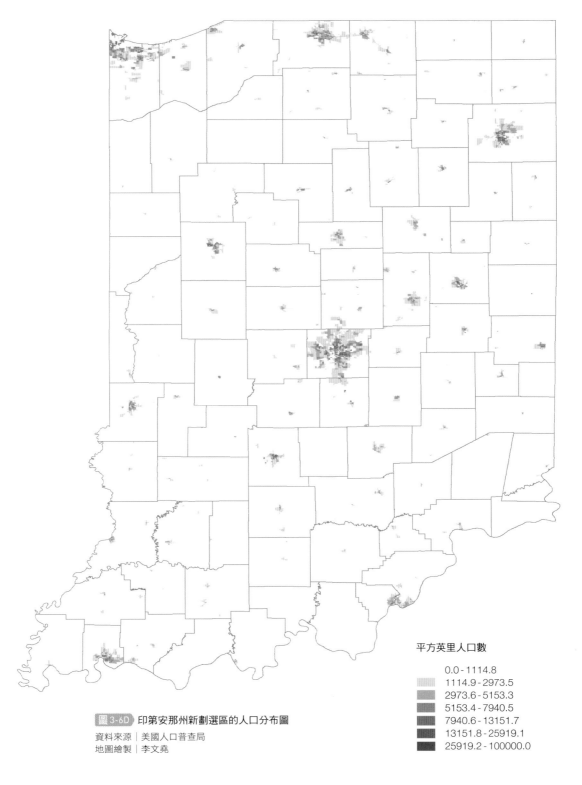

考古地理學——畫出地層年代

曾到聯合國列為「世界遺產」的加拿大亞伯達省（Alberta）恐龍公園一遊，參加公園解說員帶領的化石探勘健行隊。印象最深的，是解說員在隊伍出發前，要大家舉起手來跟著宣誓遵守「一指規則」，就是無論看到多麼驚心動魄不可思議的化石，都不去動它，即使真的忍耐不住非碰它一下不可，最多也只能用一根手指，而不能將化石撿起來看。原因是科學家要解開一塊化石背後所隱含的演化之謎，化石「出土」的環境往往可以提供非常寶貴的參考資料。如果有遊客發現了有趣的化石而「熱心」的撿起來交給園方，化石與環境之間的關連就再也無法確定了，無論這塊化石有多麼奇特，都將因為「並非原封不動」而失去它所具有的考古意義。

考古與地點（location）有密不可分的關係，要了解千百萬年前的景象，須到那個時空的地層脈絡去尋找。考古學家藉蛛絲馬跡追古溯今，往往差之毫釐失之千里，有時全憑運氣，過程相當辛苦耗時；而田野資料蒐集與記錄的精確性，更直接影響後繼的推論分析與研究結果。二十一世紀初當個人電腦與全球定位系統（GPS）漸趨普及，地理資訊科技即被廣泛使用於各種學術領域，其在考古研究上的應用就是新的一例。

在美國南加州沿海座落四個連串的島嶼，統稱為「海峽群島國家公園」（Channel Islands National

圖 3-7A 海峽群島國家公園3D圖
地圖提供｜National Park Service

圖 3-7B 聖塔羅莎島阿靈頓峽谷位置圖
地圖提供｜Lisa A. Pierce / ESRI

Practical Application

Park），隔著三十多公里寬的聖塔芭芭拉海峽與大陸遙遙相望，如 圖3-7A 為該國家公園3D圖。一九四〇至五〇年代，考古學家歐爾博士（Dr. Phil Orr）在其中的聖塔羅莎島（Santa Rosa Island）首度挖掘到史前人類殘骸，為一具女人骨盤與腿骨，經放射性碳素分析，年代溯至一萬一千年前。化石出土處在島嶼西北阿靈頓峽谷（Arlington Canyon），該址遂被命名為「阿靈頓峽谷女人骨塚」，圖3-7B 為聖塔羅莎島阿靈頓峽谷位置圖。

在考古史上另一個重大發現，是一九九四年國家公園研究小組在聖塔羅莎島北岸挖掘出當世最完整的一具侏儒長毛象（pygmy mammoth）遺骸，化石年代更溯至將近一萬三千年前的更新世時期。這項發現不但讓人們對滅絕的侏儒長毛象有更深的認識，也為此串島嶼與北美大陸

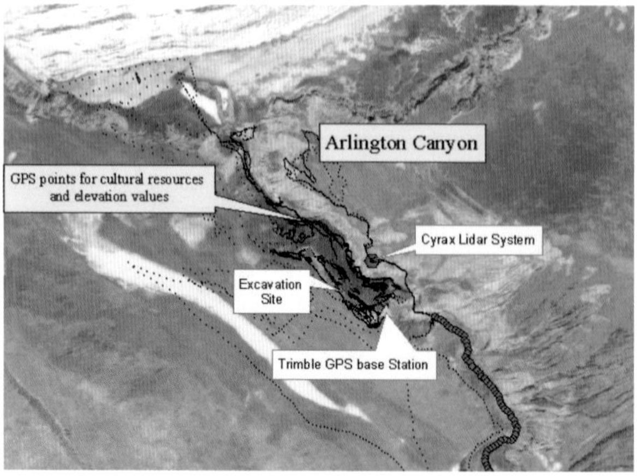

圖 3-7C 阿靈頓峽谷俯瞰圖
地圖提供｜Lisa A. Pierce / ESRI

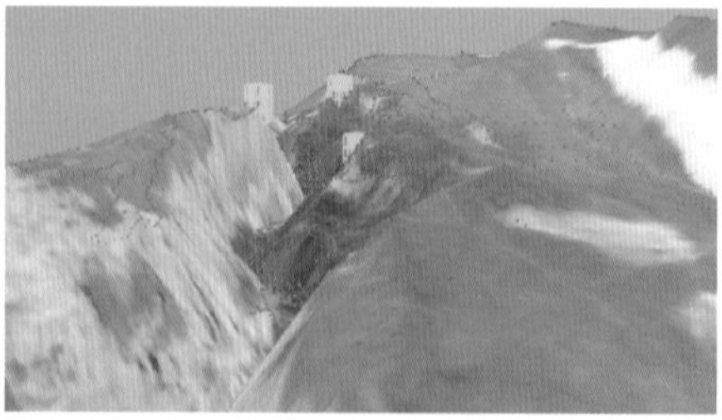

圖 3-7D 阿靈頓峽谷三度空間圖
地圖提供｜Lisa A. Pierce / ESRI

間的地貌變遷與生物演化提供了有力的佐證。據推斷，兩萬年前更新世海水最低之際（低於今日海平面九十多公尺），這四個島嶼其實是一片連起來的陸地，面積八百五十多平方公里——約為今日聖塔羅莎島的四倍，距大陸不到八公里，島上長毛象祖先大概就是在那時從大陸游水過來。後因海水逐漸升高，各島嶼漸形隔絕，原本高達四公尺的長毛象受限於島上有限資源，長久下來終於演化成高僅兩公尺的侏儒長毛象。

那麼，島嶼上的人類是否曾與侏儒長毛象共存呢？年代最久的阿靈頓女人化石，自然而然成為科學家舉證的重要線索。半個多世紀以來該化石一直保存於聖塔芭芭拉自然歷史博物館中，館長強森博士（Dr. John Johnson）近年藉助新改良的放射性碳素分析技術，重新檢視該化石，發現五〇年代的測定結果可能是錯的，該化石年代應遠溯自一萬三千年以前。這項最新的測定分析實具非常意義，等於將人類與侏儒長毛象併放在更新世同一個時間空間裡。若侏儒長毛象與人類曾生活在同一時期，就不能斷定該物種滅絕純粹由於全球氣候改變，很有可能是因人類獵殺而趨於絕種，或由兩個因素共同造成的。

為獲得更充足的證據，強森博士決定重回歐爾博士在阿靈頓峽谷的挖掘現場做更精密的地層取樣分析。但半個多世紀前並無全球定位系統，僅能憑著歐爾博士的筆錄

圖3-7E 地層剖面圖｜地圖提供｜Robert Gardiner / Allen Instruments

與當時拍攝的現場照片，回到五十年前的挖掘地區，再依照附黏在化石上的土質分析，找到化石出土的「那個坑」。「確實地點」既是考古首要條件，為了精確記錄這次採樣行動，強森博士在國家公園協助下聘請專業人士應用最新的GPS地理資訊科技，對樣本蒐集做精密定位並建立一個有系統的數位資料庫。

研究計畫由考古小組與繪圖小組合作進行，前者由強森博士帶領，後者是由資深GIS分析師麗莎・皮爾斯女士（Lisa A. Pierce）負責資訊整合，將GPS、田野勘查、與雷射掃瞄地層資料一併輸入地理資訊系統並繪製成圖。圖3-7C 是皮爾斯女士用地理資訊系統繪成的阿靈頓峽谷俯瞰圖，圖中央的紫色星號標示女人化石出土處，藍色曲線為溪流，綠色三角是GPS測量基站，紅色圓點為雷射掃描器的位置。密布的小黑點是用GPS記錄的土層取樣地點，測量距離以公分計，而以挖掘現場的附近坡壁最為密集。圖3-7D 是地理資訊系統繪成的阿靈頓峽谷三度空間圖，與上一張圖對照，峽谷中的藍塔從左至右分別為雷射掃描器、GPS基站，與挖掘位置。圖中密布的細細紅點等於上圖的小黑點，即GPS取樣地點。

特別值得一書的是 圖3-7E，是由GPS專業技師賈迪納（Robert Gardiner）用雷射掃瞄器（Cyrax Lidar Scanner）測量繪製的地層剖面圖（geologic strata layers）。掃瞄器架設在考古遺址的對面山坡上，原理是用雷射光束掃瞄峽谷

坡壁，依反應器回收的光束密度（light intensity）不同而著色成圖，從圖3-7E可看出掃瞄彩圖呈現的層層結果，資訊分析師得以該圖為憑藉，界定不同的地層。一旦各個地層的年代確定，那麼從每一地層出土的古物年代便能很快估算出，大大改善了考古證據的效率。此圖中的若干藍點為負責接收雷射資訊的反應器，這項科技在考古學上是相當先進的應用。

考古與繪圖小組合力完成資料蒐集工作，不但找到半世紀前化石出土「確實地點」，並用最新科技密集定位採樣，為國家公園豐富的考古文化資源建立一套日後資訊管理與分析模式。雖然侏儒長毛象滅絕的原因迄今仍無定論，在這締結考古專業與現代科技的實例中，我們看到了未來地理資訊應用發展的無限可能。

↓ 圖為「海峽群島國家公園」最東邊的小島━安納卡帕島（Anacapa Island）。

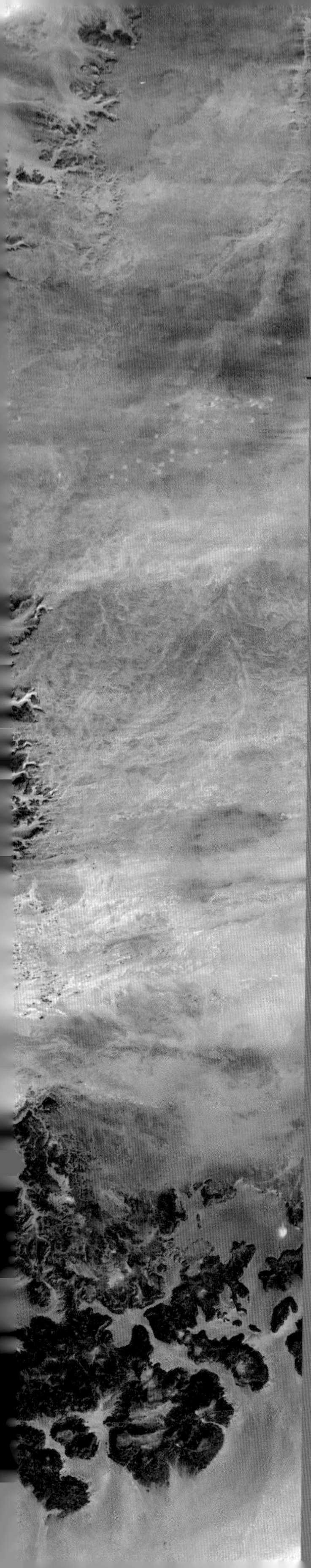

Part 4

疾病與天災

Disease & Disaster

查德境內靠近特克茲綠洲（Terkezi Oasis）的撒哈拉沙漠景觀，地表一系列的岩石裸露是其顯著特徵。

圖片提供｜USGS EROS Data Center Satellite System Branch as part of the Landsat Earth as Art series.

全球PM2.5
與台灣的空污

中國前央視主持人柴靜於二〇一五年二月底推出自費製作的紀錄片《穹頂之下》——全名為《柴靜霧霾調查：穹頂之下同呼吸共命運》，揭露中國嚴重的空氣污染問題。在片中，柴靜用二十四小時監測儀器，努力試圖記錄「PM2.5」：PM是英文particulate matter的縮寫，指大氣的細微顆粒，PM2.5即直徑小於2.5微米的細懸浮微粒。小於2.5微米是怎樣的概念呢？即比髮絲還細，約為人類頭髮直徑的二十八分之一，小到足以穿透人體呼吸系統。

最記得影片有一段精采動畫：空污中的PM2.5夾帶一堆重金屬污染物從鼻孔進入人體呼吸系統，一路過關斬將抵達最末端的肺泡，而讓人喘不過氣。人體清道夫「巨噬細胞」立即群起應戰，卻無法消化分解其內核的重金屬毒素，加上敵人太多而過勞死。得逞的PM2.5不僅導致人體免疫力下降，造成氣喘或支氣管炎，增加肺癌罹患率，還能穿透肺泡膜直接滲入血液循環系統，損害血紅蛋白的輸氧能力，進而引發血栓、心律紊亂、心肌梗塞等心血管疾病。動畫片最後以一句「顫抖吧，人類。你們的每一口呼吸，我都在！」收尾。

柴靜是因為她還未出生的胎兒被檢查出患有良性腫瘤，而開始了對霧霾的調查。世界衛生組織（WHO）的國際癌症研究機構（International Agency for Research on Cancer，簡稱

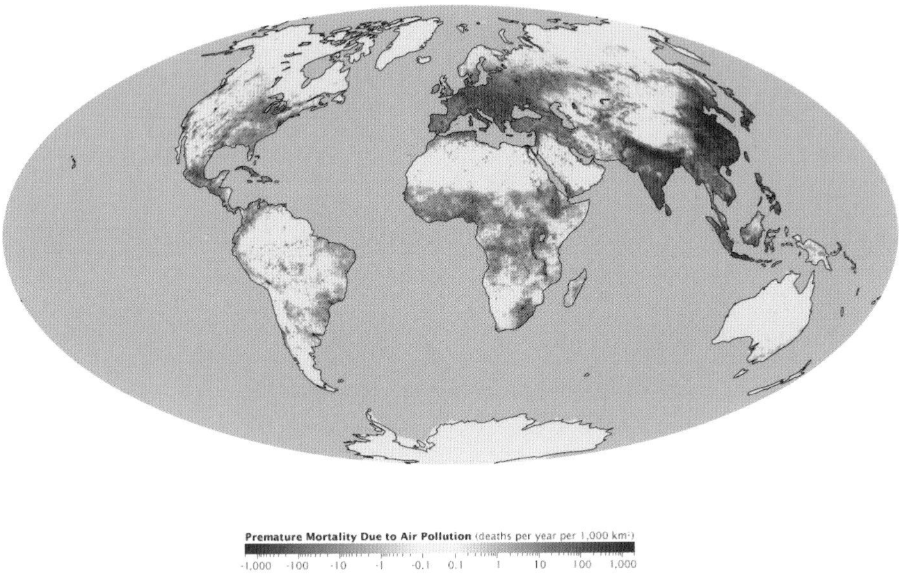

圖 4-1A 全球空污PM2.5導致每1000平方公里平均過早死亡人數的模型估計值（數據蒐集——1850年1月1日至2000年1月1日）｜地圖提供｜Earth Observatory image by Robert Simmon based on data provided by Jason West.

IARC）在二〇一四年出版「空氣污染與癌症」，即指出全球的空氣品質主要受到汽機車、製造工廠、發電廠、焚化爐等各種燃燒排放的廢氣以及大氣中其他污染源所影響。因世界各地的空污來源、區域氣候與氣象等多種因素，環境空氣污染的化學與物理特性很複雜且非常多樣，但環境空氣污染的混合物確實包含了已知的特定人類致癌化學物質。如PM2.5可能含有戴奧辛與砷、鉻、鉛、鎘、汞等有毒重金屬，均被IARC列為一級致癌物質。

IARC綜合研究結果顯示，空氣污染對疾病與醫療負擔的影響甚鉅。據估計，二〇一〇年全球人口因暴露於大氣細懸浮微粒PM2.5而過早死亡者（premature death）約有三百二十萬例，其中歸因於PM2.5的肺癌死亡，有超過半數發生在中國與其他東亞國家。二〇一二年世界衛生組織統計全球七百萬人（即每八人就有一人）死亡與空污有關。二〇一五年三月國際醫學期刊《新英格蘭醫學雜誌》發表研究，亦指出空氣品質與兒童肺部發展確實有高度關聯。

放眼世界各地人們對空污接觸程度，究竟是怎樣的情形呢？空污到底造成了多少健康損害？由於各地的地面空污偵測體系存在差異，北卡羅萊納大學地球科學家維斯特（Jason West）試圖用模擬大氣的電腦模型來解答這些問題。二〇一三年該研究團隊藉由六個大氣模型綜合分析，在《環境研究快報》（*Environmental Research Letters*）發表研究結果，結論是保守估計全球每年有二百一十萬人死亡主因是有毒類型的室外空氣污染，即PM2.5所造成的直接結果。

圖4-1A 顯示全球空污PM2.5導致的每一千平方公里平均過早死亡人數的模型估計值。該研究團隊利用一八五〇年至二〇〇〇年間污染水平的差異來衡量人為造成的空氣污染。深褐色區域比淺棕色區域更容易過早死亡；與一八五〇年相比，藍色地區的空氣質量有所改善，而且過早死亡人數下降。PM2.5細懸浮微粒在中國東部、印度北部和歐洲造成了特別大的損害——因為自工業革命以來，都市化已經向大氣中添加大量的PM2.5。

那麼台灣的空氣品質，又是怎樣一個情形呢？在柴靜揭露中國空氣污染問題有多嚴重之後，台灣有些民眾難免認為，這些骯髒的空氣大多來自中國的境外移入，其實不然。國內研究顯示台灣空氣污染有三分之一是境外霾害移入，三分之二則是自行產生，包括交通和工業廢棄排放等，像中雲嘉地區鄰近沿海工業區，境內污染就很嚴重。

中山醫學大學廖勇柏教授在兩三年前製作了一份台灣過去四十年（一九七二至二〇一一）的癌症地圖，如圖4-1B 為年齡標準化後的死亡率，中興大學環工系莊秉潔教授進一步說明該癌症地圖所顯示的意義：台北從紅轉白或綠，表示罹癌狀況改善了，但台中、雲林、嘉義等地卻由白或綠轉為紅或紫，並持續惡化中。

從癌症地圖不同年代的四張小圖可看出，台北在一九八一年許多鄉鎮均為癌症死亡率偏高的紅色或紫色，分別代表全台最高的十%或顯著高的鄉鎮。但自一九八〇年後工廠陸續遷出台北，乃至一九九七年台北捷運陸續通車之後，癌症就相

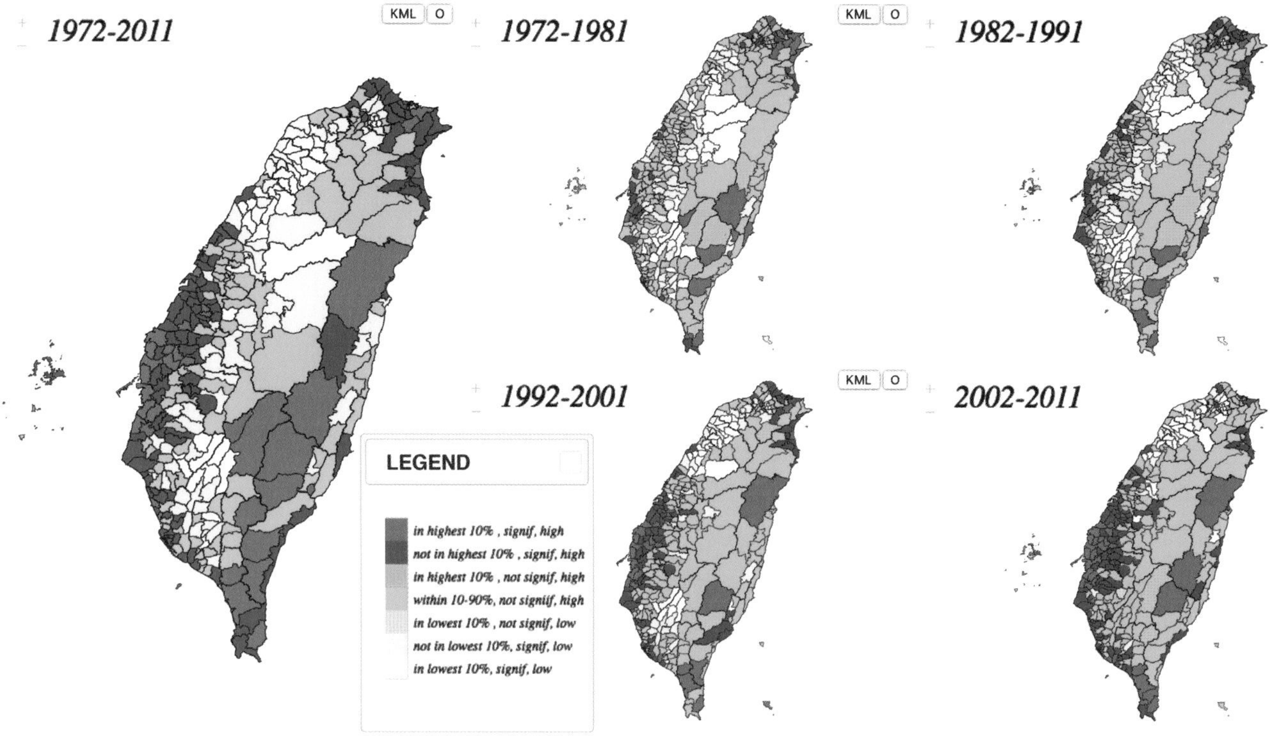

圖 4-1B 台灣過去40年（1972-2011）癌症地圖，年齡標準化後的死亡率

地圖繪製提供｜中山醫學大學廖勇柏教授

對減少了。目前已有不少行政區變成白色或顯著低的黃色，成了全台污染最低的十%鄉鎮。

然而台中、雲林、嘉義的癌症死亡率卻逐年上升中。從四張小圖可明顯看出，在七〇、八〇年代中雲嘉沿海與內陸平地，許多原本是平均值綠色、最低十%白色、或顯著低的黃色的健康城鎮，從九〇年代至今二十多年，卻嚴重惡化為紫色甚或紅色，成為顯著高或前十%的「重癌症鄉鎮」。例如彰化的大城鄉在一九八一年居然屬於顯著低的黃色，但從一九九一年至今嚴重惡化，已成為近二十年顯著高的前十%鄉鎮了。

正如之前曾提過的，很多看似沒有明顯關連的地理事件或現象，一旦畫到地圖上，往往就可以看出事件或現象在時間與空間分布上的關連性，及其背後所隱含的意義。中南部民眾罹癌死亡率的顯著增高，絕對與環境品質的惡化密切相關。或許有人會問，罹癌致死的因素很多，如何證明是因為空污或PM2.5所造成的呢？

圖4-1C 為莊秉潔教授在癌症地圖上加註了台灣各主要電廠的地點與開始運轉的時間，所製作的地圖〈男性氣管、支氣管、和肺癌等標準化死亡率與燃煤電廠之關係〉——從《穹頂之下》PM2.5動畫，我們看到首當其衝的就是人類呼吸系統；之所以針對男性，因傳統觀念為「男主外，女主內」，男性大多暴露在戶外工作，其健康受空污的影響最深。莊教授進而剖析，中南部民眾健康的惡化和台中電廠從一九九一年、六輕工業工廠自一九九七年陸續運轉有關，此外還包括電弧爐業、玻璃工廠等高污染產業的進駐。其燃燒生煤大量排放的重金屬、戴奧辛隨著煙灰沉降表土，若未經妥善處理，很容易進入

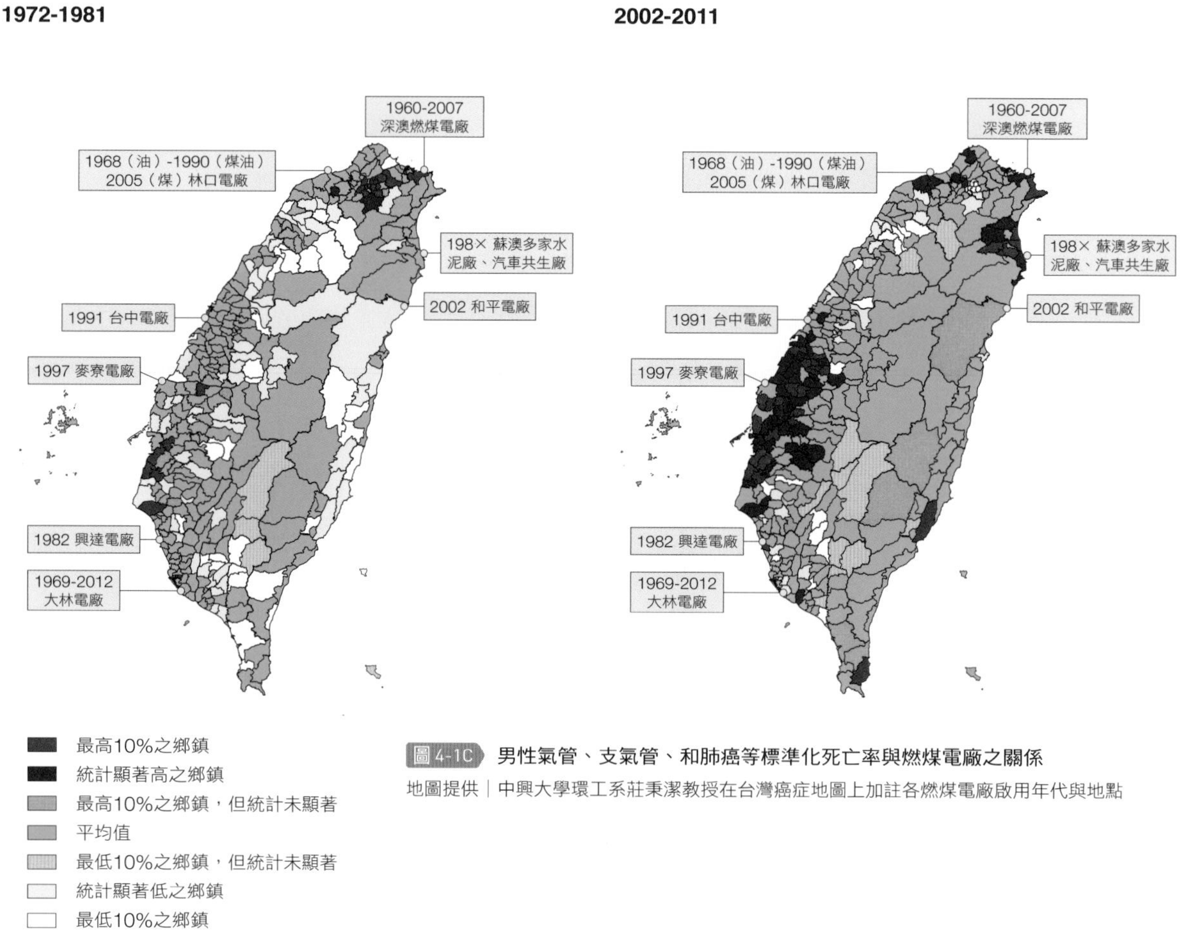

圖4-1C 男性氣管、支氣管、和肺癌等標準化死亡率與燃煤電廠之關係

地圖提供｜中興大學環工系莊秉潔教授在台灣癌症地圖上加註各燃煤電廠啟用年代與地點

圖4-1D PM2.5全台即時概況

資料來源｜環保署空氣品質監測網｜註：留白為山區，暫不估算

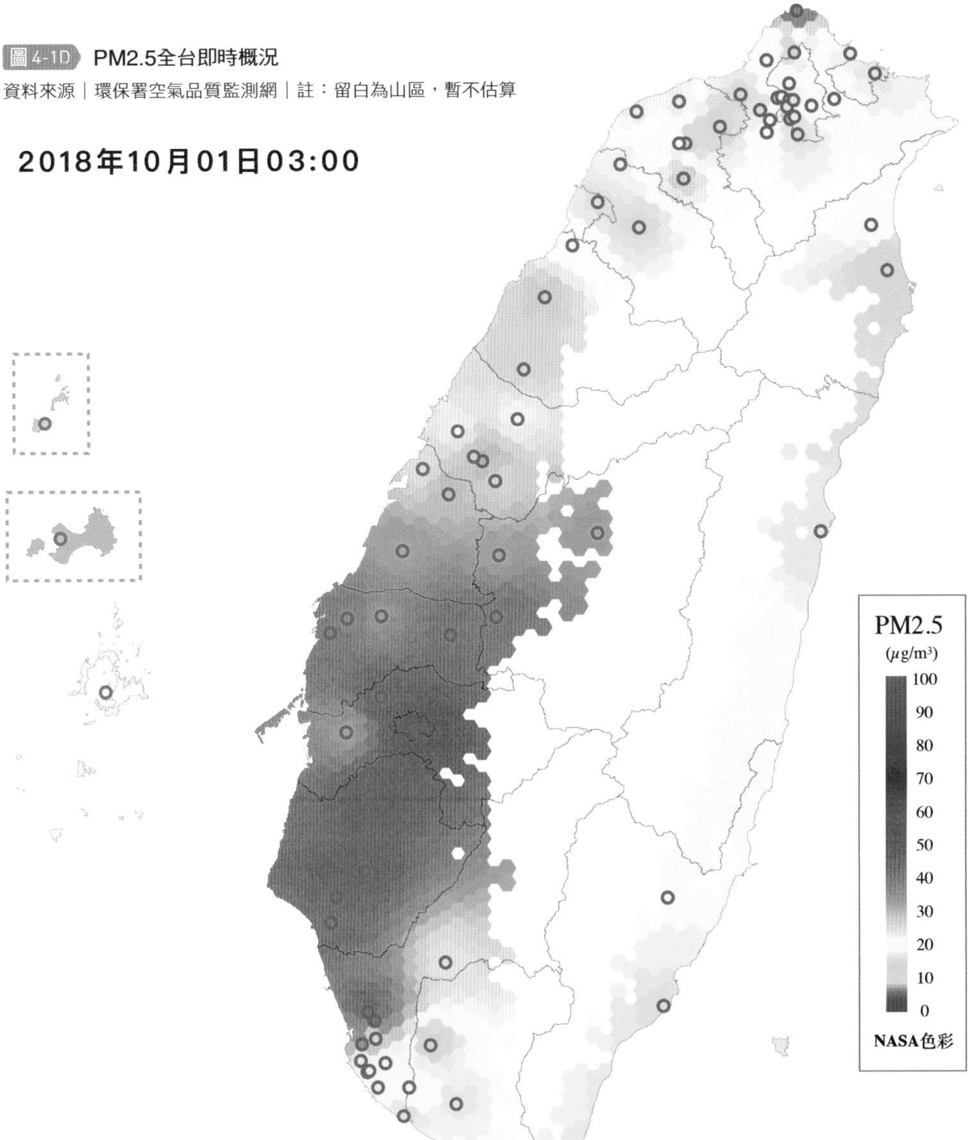

Disease & Disaster

↑ 從空中俯瞰洛杉磯大都會區。柴靜《穹頂之下》紀錄片中有提到洛杉磯如何整治空氣污染的問題。

人體而顯著增高致癌機率。

就以台中火力發電廠為例，莊秉潔教授率領博士學生郭珮瑄等研究團隊曾鎖定數據分析該電廠在一九九七年排放九萬三千多公噸硫氧化物和八百六十四公噸PM2.5，使台灣PM2.5的年平均濃度增加五・二三微克，這般污染可讓全台灣兩千三百萬人的平均壽命縮減約115天。而廖教授繪製的四十年癌症地圖趨勢也證明了該研究假設，台中火力發電廠的空污確實會對周遭居民的健康造成嚴重影響。

顯而易見，台灣也有霧霾問題，而且不容忽視。環保署二〇一八年最新研究報告，一級致癌物砷的排放量在二〇一六年達四・八七噸創歷史新高，其中高達七成來自燃煤。莊教授具體指出，一級致癌物砷的主要排放源是燃煤電廠、燃煤汽電共生廠及燃煤鍋爐，占七十一%。台灣二〇一六年的砷排放量較二〇一五年上升八%，達歷史新高，主因是台灣全國燃煤量自二〇一五年五二二九萬噸增至五五〇四萬噸。而PM2.5最毒的成分除了砷，還有戴奧辛與六價鉻等。同樣受到全國燃煤發電量提升所致，其他一級致癌物鉛、鎘、汞等排放量皆有顯著上升趨勢。

柴靜以旋風般的《穹頂之下》喚起大陸民眾正視嚴重空污問題，再看看台灣這份癌症地圖，若我們一味將空污歸咎於對岸和東北季風，無非間接漠視了中火與六輕所應承擔的社會與環境責任，也忽略了我們自身及下一代的呼吸權益與健康。

PM2.5，其實是台灣每一個人都該正視的切身問題。骯髒的空氣，無孔不入，其實比食安更可怕。黑心油我們可以選擇不吃，但我們無法選擇不呼吸。

註：PM2.5全台即時概況（圖4-1 D），可至環保署空氣品質監測網查詢：env.healthinfo.tw

傳染病地理學——會破案的地圖

十九世紀中期，維多利亞女王統治下的英國，在當時是世界上最強大、最先進的國家，近半個多世紀的工業化，為英國帶來了空前的富裕與繁榮。大量農村人口湧進城市從事工業生產，根據一八五一年的人口普查，當時英國已有一半以上的人口居住於城市中，是當時全球都市化最高的國家。

然而，高度工業化與都市化也付出了極高的環境與社會成本為代價。當時的倫敦雖是世界貿易金融中心，卻也是一個污染嚴重、疾病橫行、衛生條件極差的城市，都市底層居民的平均壽命不到三十歲；未經處理的家庭污水直接排入泰晤士河中，同樣的河水再被自來水公司抽取供應市民的飲用……在這樣的條件下，一八三一年到五四年間，英國先後爆發了三次霍亂大流行，奪走了數以萬計的生命。

霍亂是一種古老疾病，兩千多年前希波克拉底（Hippocrates，公元前四六〇至三七七年）曾記載過症狀類似霍亂的疾病。但大規模的霍亂流行則始於十九世紀，這種流行病隨著殖民國家的軍事與貿易行動，由印度次大陸擴散至全球。自一八一七年迄今，曾爆發七次全球性的大流行，無疑是十九世紀人類面臨最恐怖的傳染病之一。據文獻記載，早在一八三一年霍亂入侵英國前，媒體已廣泛報導這種肆虐亞洲及歐陸的「新」疾病，整個英國立即「預先」陷入恐慌中。不同於二十一世紀的我們對SARS

↑ 圖為舊金山市中心。人口密集的城市都會流行病傳染快速，使地理資訊系統在傳染病學和醫療地理學的空間分析應用更形重要。

的病因、傳播途徑、治療方法都有一定程度的了解，當時人們面對的是一種病因及傳染方式不明、無藥可救、傳播極快、病發後極短時間內就可能喪命的恐怖傳染病，其所造成的社會恐懼不難想像。一八三一年的第一次大流行在英國持續了近一年，造成兩萬多人死亡；一八四八至四九年的第二次大流行，又造成五萬多人死亡。

雖然十年間歷經兩次大流行，但當時醫界對於霍亂的病因、傳播途徑仍所知甚少，最被普遍接受的看法是：霍亂是由於環境中的瘴氣或腐敗的有機物中，散發出的氣體所引起。防制的方法包括維持居住環境的清潔、空氣的流通等。

這種防疫論顯然不容易出錯。維持環境清潔不但對於預防其他流行病也有幫助，更重要的是，政治上也比較容易被

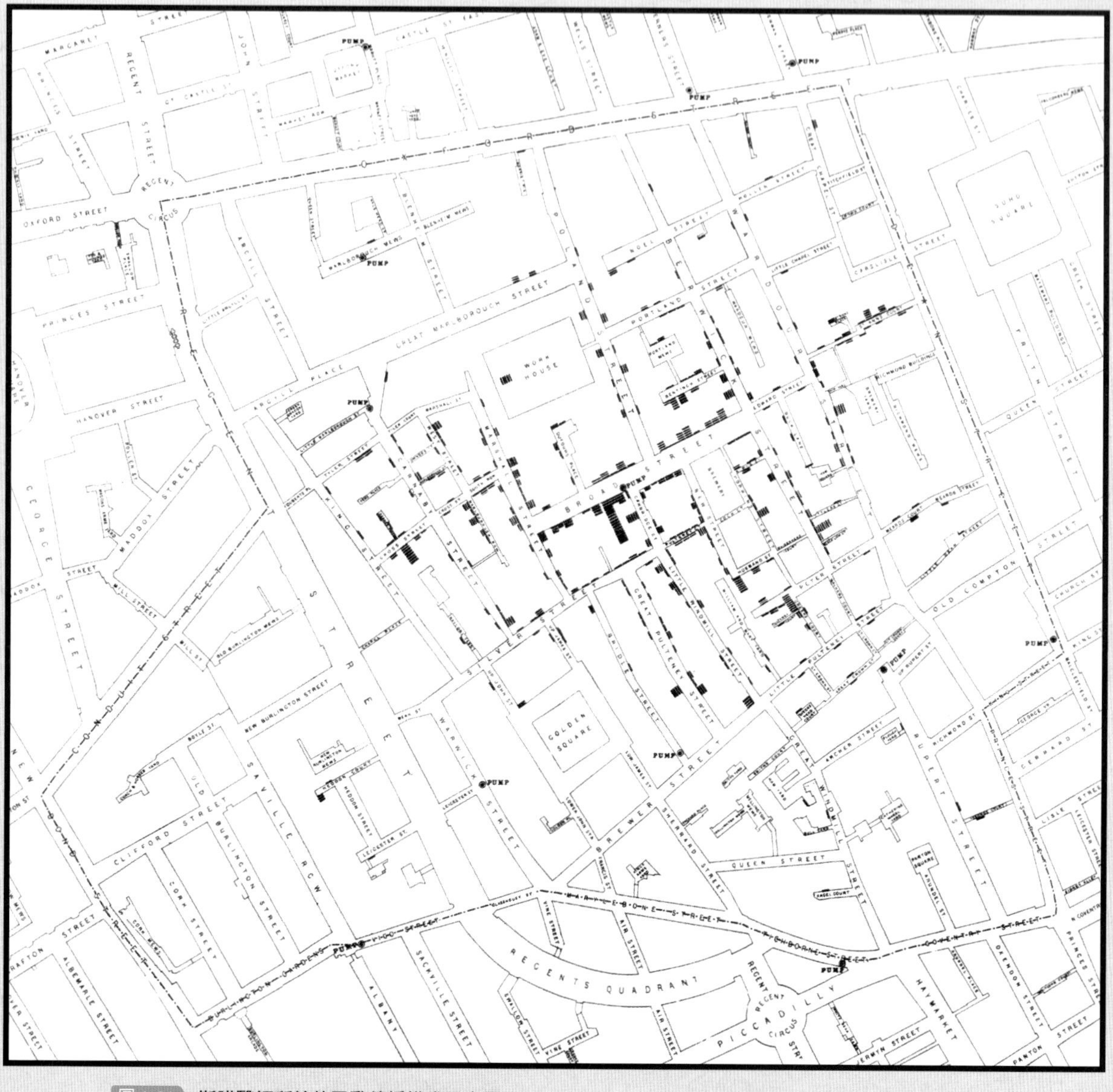

圖 4-2A **斯諾醫師所繪的霍亂傳播模式示意圖**

此圖為斯諾醫師於1855年著作《霍亂傳播模式》所繪製的示意圖，說明霍亂由不潔飲水所傳播的理論。圖中黑色長方形代表霍亂死亡病例的位置，交疊的方塊表示同一地址有多起死亡病例。圖中也標示水井幫浦（pump）的位置，從圖中可看出多數死亡病例都集中於布羅德街上的水井幫浦周圍。

地圖提供｜Frost, W.H., 1936. Snow on Cholera: being a reprint of two papers by John Snow, M.D. The Commonwealth Fund, New York.

接受——因為當時重商的英國政府對於任何會影響貿易的隔離檢疫政策都採不支持的態度。由此亦可見，防疫的作法與政府的心態息息相關。這種「空氣傳染論」直到一八五三年霍亂第三次肆虐英國之後，才逐漸被扭轉過來。

英國醫師約翰．斯諾（John Snow，一八一三—一八五八）在參與了前後兩次的霍亂抗疫工作後，根據臨床經驗，於一八四九年對霍亂傳播途徑提出一種新的看法，他認為霍亂經由空氣傳染的可能性很低，因為實際照顧霍亂病患的醫療人員得病的機率很小；此外，病患的症狀總是從腹瀉開始，因此推論霍亂應是病從口入，主要的致病原因可能是喝了受污染的水。但此一看法並未得到普遍的認同，直到第三波霍亂流行爆發，斯諾醫師才有機會印證他的假說。

一八五四年八月底，倫敦市蘇活區（Soho）爆發嚴重的霍亂傳染，據載，在布羅德街（Broad Street）與劍橋街（Cambridge Street）兩條街口方圓不到二百三十公尺的範圍內，十天內有近六百人染病死亡，相當驚人。斯諾醫師認為這是英國史上最恐怖的一次霍亂大流行，其猛烈程度直可與黑死病相提並論。斯諾醫師在傳染爆發之初，就懷疑霍亂源頭可能是這兩條街口的公共水井，檢視水質後並未發現明顯異常之處，但他沒有因此放棄，取得了所有死亡病患的名單，逐一查訪後，發現絕大多數的死亡病例都居住在布羅德街與劍橋街的街口附近，同時他們的飲用水幾乎都來自該水井。而離此不遠的貧民院因為使用自己的水井，附近釀酒廠的工人則多靠啤酒解渴，因此病例都很少。

至此，斯諾醫師已相當肯定布羅德街的水井是傳染病的來源，但要說服行政當局，仍需要更明確的證據。根據斯諾醫師的記錄，「決定性」的證據來自於一個發生在八公里外的死亡病例，這個死亡的病人因為特別喜歡布羅德街水井的風味，經常派人來此取水，最近一次取水正是霍亂爆發的第一天。九月八日，霍亂爆發後的第九天，當地政府終於接受斯諾醫師的建議，取下布羅德街水井幫浦的把手，這一波「社區感染」才隨之平息。

一八五五年，斯諾醫師在著作《霍亂傳播模式》中，把這一波死亡病例的地理位置（以短線代表）繪於倫敦市街圖上（圖4-2A）。由這張地圖便能很明顯看出，死亡病例集中於布羅德街上的水井幫浦四周，正符合斯諾醫師提出霍亂是由飲水傳播的假說。值得注意的是，此時醫學界對於霍亂的病原仍不清楚，直到一八八四年德國醫師柯奇（Robert Koch）才成功分離出霍亂弧菌。雖然在此之前義大利醫師帕契尼（Filippo Pacini）在一八五四年已從霍亂死亡病患體內觀察到霍亂病菌，但他的研究成果在當時並不為人所知。因此斯諾醫師的霍亂傳播理論的支柱，主要就是病例在空間上特殊的分布型態。

斯諾醫師對流行病學的另一個貢獻，就是利用統計方法來支持他提出的霍亂傳播理論。

十九世紀中葉的倫敦，雖然還有很多居民倚賴公共水井為水源，但已有愈來愈多居民轉向民營的自來水公司買水。儘管當時仍不認為飲水是致病的原因，一八四八年第二次爆發霍亂流行之後，倫敦Lambeth自來水公司為了改善水質，決定將取水口的地點由倫敦市區的泰晤士河移往污染程度較低的上游地帶；另一家Southwark & Vauxhall公司則持續自倫敦市區內的泰晤士河取水。圖4-2B顯示兩家自來水公司的水管分布範圍，紅區為Lambeth公司，藍區為Southwark & Vauxhall公司，紫區則表示兩家水公司水管交錯處。

斯諾醫師在一八五四年第三次疫情爆發後，比較了兩家公司用戶的霍亂死亡率（表4-2），由這項統計數字可以看出，兩家自來水公司客戶的霍亂死亡率，差距竟高達八倍以上。而根據斯諾醫師的調查，在第二次霍亂流行（一八四八-四九）中，這兩家自來水公司客戶的死亡率並沒有明顯的差別。

在那個沒有先進實驗室、沒有電腦、沒有地理資訊系統的年代，斯諾醫師的研究在流行病學、醫療地理學上的成就都是空前的。

這則英國霍亂的故事，不禁讓人想到二〇〇三年SARS肆虐之際，曾在報上看到中研院使用地理資訊系統記錄並檢視SARS病例的地緣關係。若形容這種流行病學的地圖是「會破案的地圖」，和我們日常生活密切相關並可拯救無數民眾的性命，其實一點兒也不誇張。

表 4-2 1854年，倫敦自來水公司用戶的霍亂死亡率

水公司名稱	供水家庭數量	霍亂死亡病例	每10000個家庭平均死亡率
Southwark and Vauxhall	40,046	1,263	315
Lambeth	26,017	98	37
其他	256,423	1,422	59

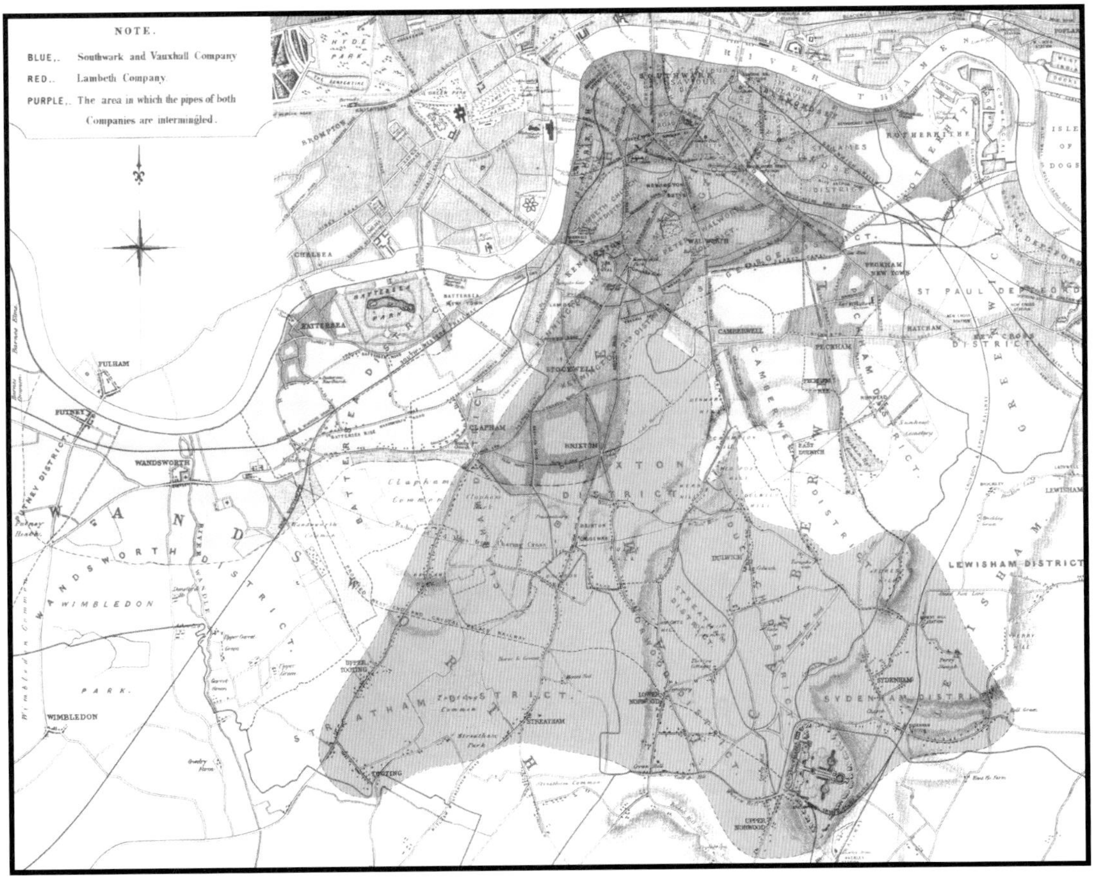

圖 4-2B 19世紀中葉的倫敦市區，兩家自來水公司水管分布範圍

藍區為Southwark & Vauxhall Company，紅區為Lambeth Company，紫區表示兩家水公司水管交錯地帶。

地圖提供｜Frost, W.H., 1936. Snow on Cholera: being a reprint of two papers by John Snow, M.D. The Commonwealth Fund, New York.

Disease & Disaster 4-3

西尼羅病毒的擴散分布

↓ 隨著季節南北遷徙的候鳥，會將西尼羅病毒帶向其他地區，圖為呈人字形成群遷徙的雪雁。

Disease & Disaster

利用地圖分析流行病擴散的起源甚早。一八五四年斯諾醫師將倫敦第三次爆發的霍亂病例標示在地圖上，立刻就看出病例的空間分布與供應市民飲水的幫浦有高度相關性，這大概是利用地圖分析流行病的濫觴。

發現傳染病的異常空間分布型態，對了解其成因、傳播途徑、以及訂定防堵對策往往有極大的幫助。除了傳染病外，近年來地圖或地理資訊系統也被廣泛應用於非傳染病的研究上，例如分析癌症病例的空間分布與環境因子，包括水質、空氣品質、或輻射污染等之間關係。

↑ 公園的海鷗等著好心人士餵食。西尼羅病毒主要藉由蚊子叮咬，而從鳥類間接傳染至人體，
因此要避免在戶外被蚊子叮咬，而非和鳥保持距離。

二〇〇三年爆發SARS疫情，其實早在二〇〇二年十一月中國大陸南方就出現病例。根據世界衛生組織的統計，截至二〇〇三年四月十九日止，全球已有三千五百四十七人感染，死亡人數高達一百八十二人。不過由於中共官方長期以來封鎖消息的作法，SARS真正的感染人數及其空間分布，可能遠比已知的範圍更加嚴重。而封鎖消息，往往使民眾因無知而產生恐慌，那陣子的媒體報導即已表露無遺——人們對SARS的恐慌，傳播速度遠超過SARS。資訊公開雖不能治癒傳染病，但絕對可以幫助控制傳染病的傳播。美國政府近年對於西尼羅病毒（West Nile virus）作法或有值得我們借鏡之處。

↑ 在野生動物保護區，停在身障車位牌上的紅尾鷹。

西尼羅病毒自一九三七年被發現以來，疫區僅限於非洲、西亞與中東地區，受感染者除了發燒以外並無顯著病徵。

過去六十多年來，該病毒不曾在西半球出現，但到了一九九九年，北美民眾與動物卻開始傳出病例。紐約大都會地區、紐澤西、與康乃狄克州爆發了由西尼羅病毒所引發的腦炎，當年該區居民遭此病毒感染者共六十二人，其中七人死亡。此外，家畜如馬、雞、還有各種鳥類，也受到不同程度的感染，化驗這些生病或死亡動物的血清，也證實了該病毒的存在。

根據美國疾病防制中心（Centers for Disease Control and Prevention，簡稱CDC）的研究，西尼羅病毒的傳染媒介主要是蚊子，蚊子先叮咬帶有病毒的鳥而成為帶原者，之後再叮咬其他動物時，病毒便傳到該動物體內，受害者亦包括人類。但人們不會因為接觸了帶有西尼羅病毒的動物屍體而被感染，也不會由一人直接傳染給另一人，僅有極少數病例是由於輸血或器官移植所致。被傳染的人並不會出現特殊症狀，頂多是發燒、頭痛、身體酸痛、皮膚過敏與淋巴腺腫，僅有少數案例轉為嚴重疾病，如脊髓炎與腦炎。迄今，對於西尼羅病毒所引發的病變，尚未發現有效的療法或疫苗。

能及早偵測西尼羅病毒活動的最有效方法，是持續追蹤野鳥的死亡率及分布情形。美國聯邦與州政府的野生動物部門及公共衛生部門，依賴死鳥的血清測試以追蹤監控病毒的發展趨勢。除了野鳥外，研究人員並針對人類、家畜（包括馬、狗、貓等）、雞群、蚊子這四種感染群，分門別類建立病毒測試結果資料。

圖4-3A 至 圖4-3F，是CDC根據二〇〇〇至〇二所建立的西尼羅病毒資料繪製而成，顯示在這三年間，此病毒逐年擴散及人類與鳥類受感染的地理分布情形。圖中綠色部分表示有送樣本進行病毒檢驗的州郡，紅色則代表檢驗結果為帶有病毒的感染者。

從圖4-3A與圖4-3B的分布情形，可看出二〇〇〇年鳥類遭西尼羅病毒感染的地區已擴及美東十餘州，而遭感染的人們僅限於紐約市區方圓百里內。到了二〇〇一年，隨著數以百萬計的候鳥季節性的大規模遷徙，受感染區域也迅速擴散，如圖4-3C所示，中部威斯康辛與伊利諾州以及南部的佛羅里達與阿肯薩斯等州，均有鳥類死亡的案例。圖4-3D顯示人類被感染區域已從美東三州擴散至十州。

二〇〇二年地圖顯示結果更是驚人，圖4-3E為死於病毒的鳥類地理分布，美國東部與中西部幾乎成了滿江紅，美西僅少數幾州倖免於

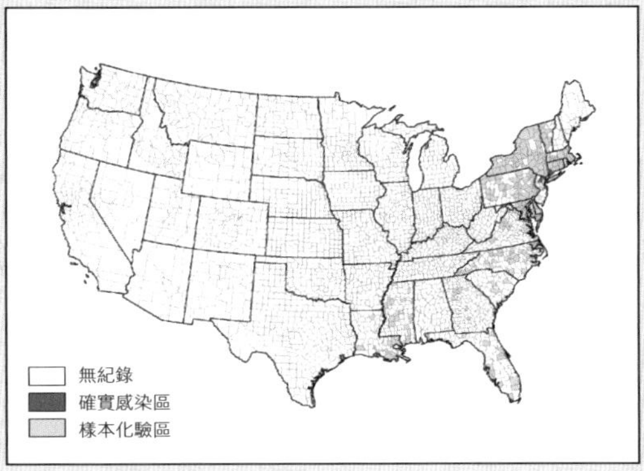

圖 4-3B 2000年—人類

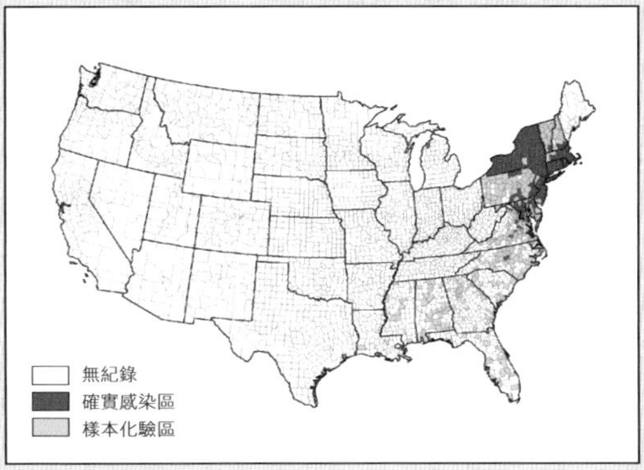

圖 4-3A 2000年—鳥類

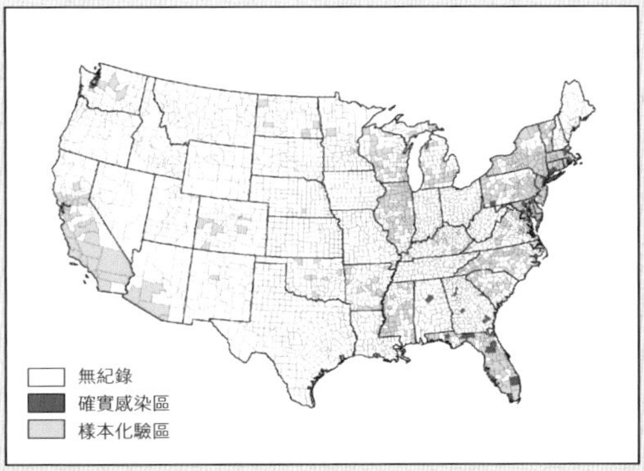

圖 4-3D 2001年—人類

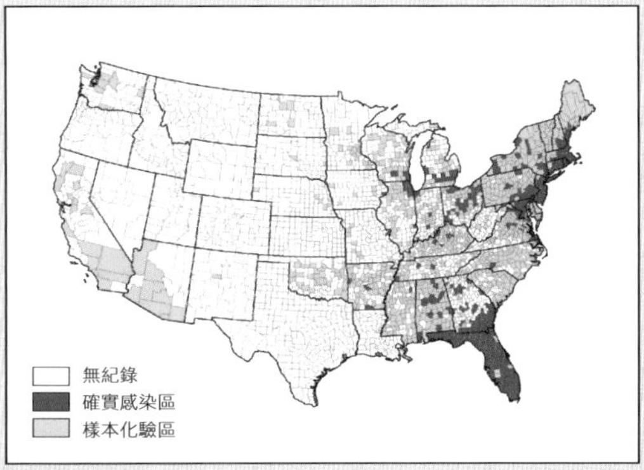

圖 4-3C 2001年—鳥類

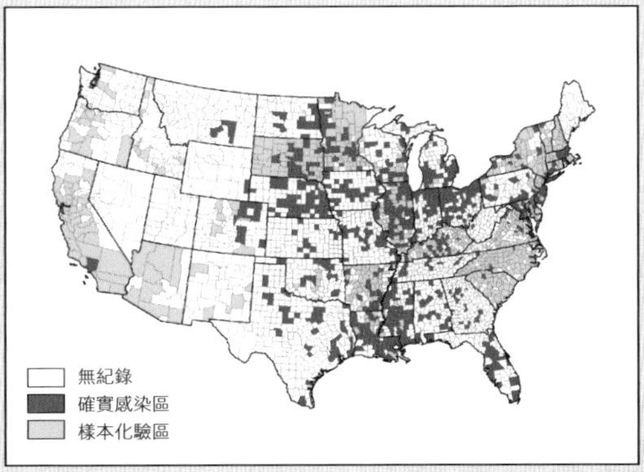

圖 4-3F 2002年—人類

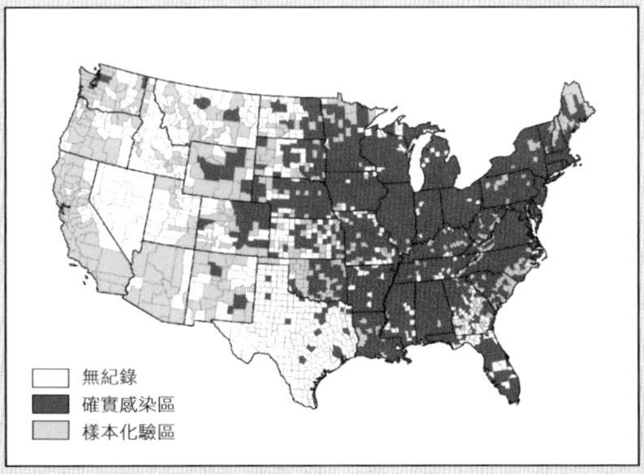

圖 4-3E 2002年—鳥類

圖 4-3A 至 圖 4-3F 2000至2002年，西尼羅病毒擴散與感染分布圖

地圖提供｜U.S. Centers for Disease Control and Prevention & USGS

難。而圖4-3F雖不及圖4-3E那樣怵目心驚，但也顯示西尼羅病毒已如影隨形，隨鳥類遷徙從美東迅速擴散至中西部與南部地區。此外，加拿大也有四個省分證實受到感染，病毒傳播速度遠比想像還快。

圖4-3G是CDC用另一種方式呈現二〇〇六年病毒感染分布情形。圖中綠色表示任何已發現尼羅河病毒的州郡。藍、澄、紅這三色圓點分別代表檢驗結果為帶有病毒的感染者，小藍點程度最輕，大紅點最嚴重，代表每一百萬人至少有一百人遭受感染。

在最初幾年病毒急速擴散之際，全美上至聯邦，下至地方政府的疾病防制與衛生機構，對於這無法遏止的病毒蔓延趨勢，無不傾全力對付：呼籲人們在戶外活動時盡量穿著長袖長褲，或塗抹驅蟲藥避免被蚊子叮咬，要人們小心防範。各州郡並配合將病毒檢驗結果據實向上呈報，CDC除了盡責監視完善建檔，同時將結果公諸於世，因此我們才能清楚看到西尼羅病毒的區域分布與擴散情形。

二〇〇七年三月曾在國家衛生研究院電子報看到一則報導，提及台灣衛生政策研發中心和環境衛生與職業醫學研究組合作，使用地理資訊系統建立了「台灣衛生地理資訊資料庫」。可以預見的是，此舉將有助於研究人員藉由地圖分析而「看見」台灣各種疾病分布、流行病傳播速度與模式、當地居民健康狀況、環境染源及其影響範圍，甚至公衛與醫療資源都能做更有效的配置。

之後二〇一五年九月亦曾在報上看到一則消息：台南登革熱病例破萬，疫情吃緊。成大資訊工程學系助理教授莊坤達與碩士班學生黃啟軒，採用台南市政府的資料開放平台並做同步更新，在「用數據看台灣」網站呈現一張動態圖表，用最快速而簡單明白的方式，告訴一般大眾現階段登革熱疫情最新狀況。可見今日在台灣，地理資訊系統在疾病擴散與醫療防治應用上已愈來愈普遍了，真是促進未來全民健康的莫大福音啊。

圖 4-3G 2006年西尼羅病毒擴散與感染分布圖

地圖提供｜U.S. Centers for Disease Control and Prevention & USGS

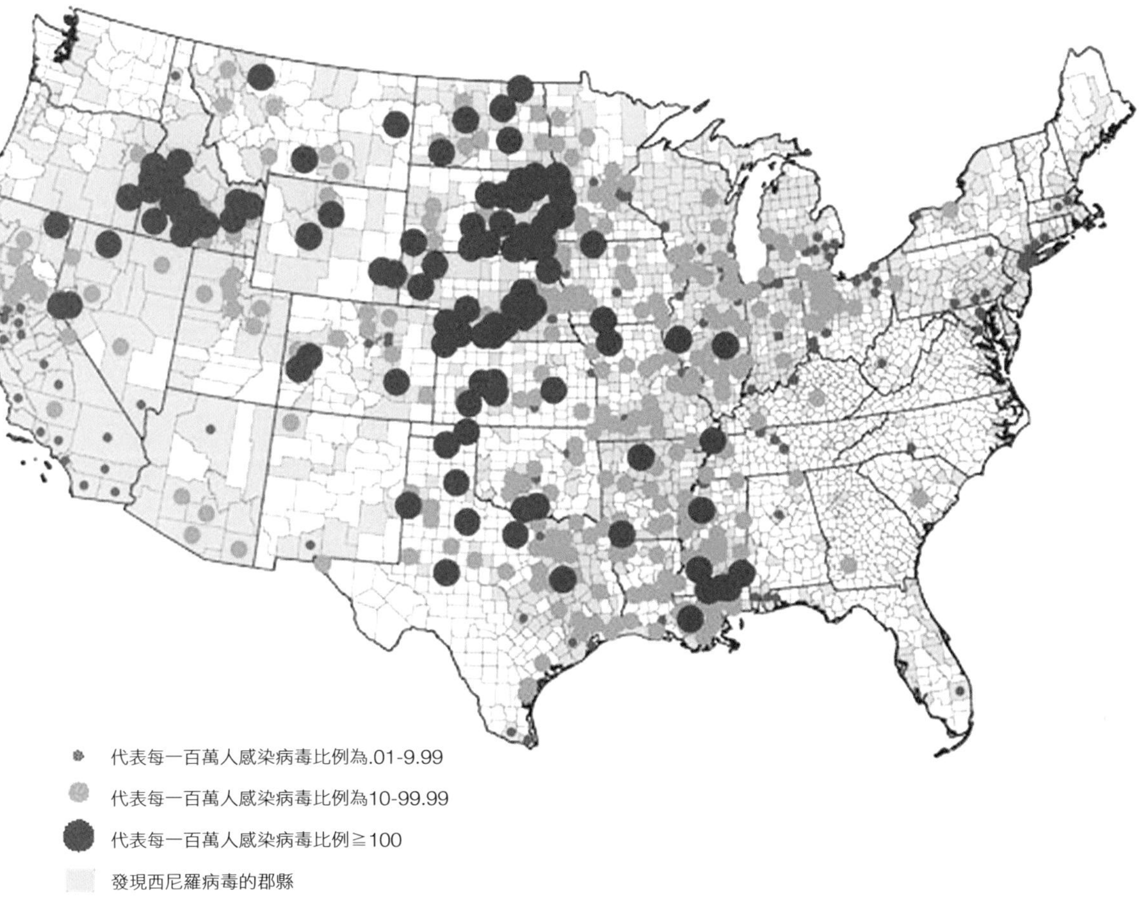

Disease & Disaster 4-4

龍捲風災害的分析與預防

↓ 美國中西部遼闊的大平原，是世界上最容易發生龍捲風的地方。

聽過《綠野仙蹤》這個童話故事嗎？住在美國堪薩斯州大草原上的小女孩桃樂絲，一天龍捲風來了，桃樂絲來不及躲到地下室，被龍捲風吹到一個奇怪的國度，在這裡遇到了想要腦子的稻草人、想要一顆心的錫人、需要勇氣的獅子……

龍捲風英文稱為"tornado"，據說是源自西班牙"tornar"一字，意指「旋轉」。為什麼會形成龍捲風呢？其成因相當複雜，簡單地說，是由於極不穩定的空氣擾動所引起的。當北方的冷氣團與南方的暖氣團會合，因為劇烈輻和作用而產生強烈氣旋，形成了快速運轉、上粗下細的漏斗狀雲。這就是為什麼龍捲風常盛行於中緯度地區或有強烈對流雷雨的地方。

因此，台灣也有龍捲風，只是每年發生的次數屈指可數，多出現於南部高屏一帶，然因規模小且常被地形障礙削減了威力而迅速消失。

世界上龍捲風發生最多的地方，是在美國中西部平坦空曠的大平原上，而《綠野仙蹤》的桃樂絲所居住的堪薩斯州，正位於美國所謂的「龍捲風巷」

↑ 龍捲風是當北方冷氣團與南方暖氣團會合而產生強烈氣旋所致，盛行於中緯度或對流旺盛的地區，風暴前一定烏雲密布。

（tornado alley）的中心。該州中部地區尤其是龍捲風滋生的溫床，自一九五〇年以來已有逾兩百人死於龍捲風災害，財物損失更高達數億美金。一九九九年五月初，堪薩斯州與鄰近的奧克拉荷馬州遭到了一連串龍捲風襲擊，最大風速可達每小時三百六十公里，一共奪去了四十三條人命，數千棟民房被毀（圖4-4A）。

受災十分嚴重的威契塔市（Wichita）百廢待舉，接下來最重要的工作，是擬定有效的防災重建政策，如何才能使未來龍捲風災害的衝擊降到最低？許多因素都須考量：諸如建築物是否在洪泛平原中？房屋結構為何？是否有地下室（一般說來，龍捲風來襲時地下室是最佳的避難場所）？是否在人口密集區（如果需要緊急疏散，人口密集區困難度較高）？龍捲風在該地發生的機率如何？然而傳統的紙地圖都不足以回答上述錯綜複雜的問題，因此威契塔市的地理資訊系統（GIS）部門立刻著手建立一系列的地理資料庫來協助該市擬定災後重建的策略。

研究人員首先分析了從一九五〇年到九九年這將近半個世紀以來，當地龍捲風發生的頻率、強度、以及移動的路徑，並根據分析結果，繪製成龍捲風頻率及強度的空間分布圖（如圖4-4B、圖4-4C）。然後再綜合參考全市房屋結構及人口密度等因素，劃出龍捲風來襲時全市最易發生災害的地區（圖4-4D）。一步一步地，透過這些分析的結果，市政單位在最容易受災的地區建造龍捲風來襲時的避難所，同時也在高危險地區要求較高的建築安全標準。

威契塔市所製作一系列精美的GIS地圖，不但能提供決策或立法時參考，對一般民眾也有很大的教育功能。因為長篇大論的文字報告，往往比不上一張清楚的地圖所能傳達的訊息。將空間分析結果予以視覺化的呈現而「讓人一目瞭然」，這也是GIS在問題的分析模擬之外，另一個很重要的功能。台灣多颱風多地震，如果也能利用GIS來做類似的防災分析，相信必能減少災害的衝擊影響，獲得事半功倍之效。

圖 4-4A 龍捲風前後空照比較圖

災前與災後空照圖的比較，其破壞路徑往往侷限於一條狹長地帶。

圖 4-4A 至 圖 4-4D 地圖提供｜GIS Division / City of Wichita, Kansas

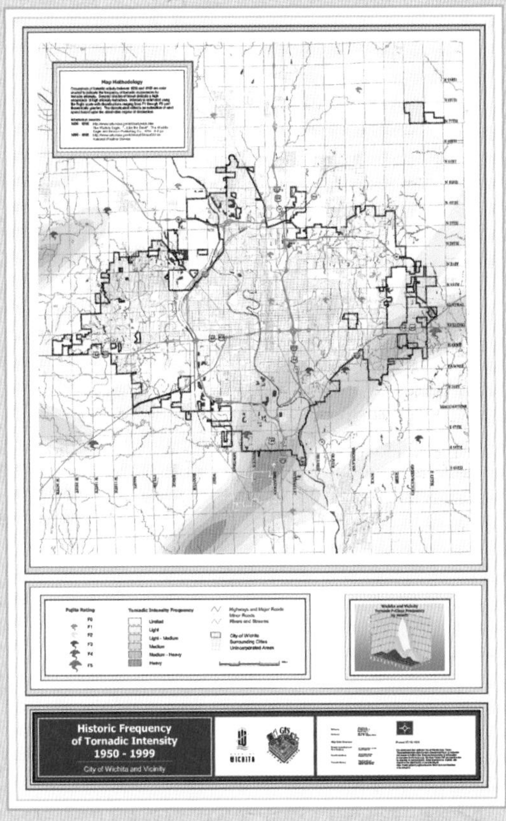

圖 4-4C 龍捲風強度圖

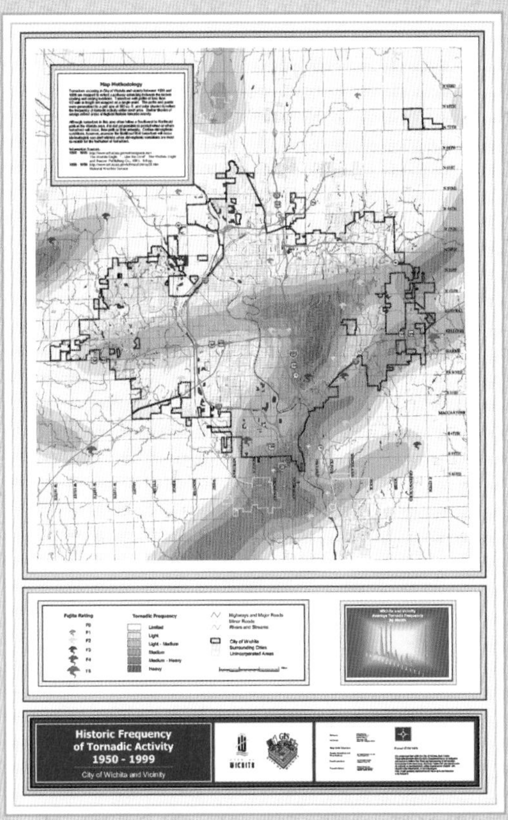

圖 4-4B 龍捲風頻率圖

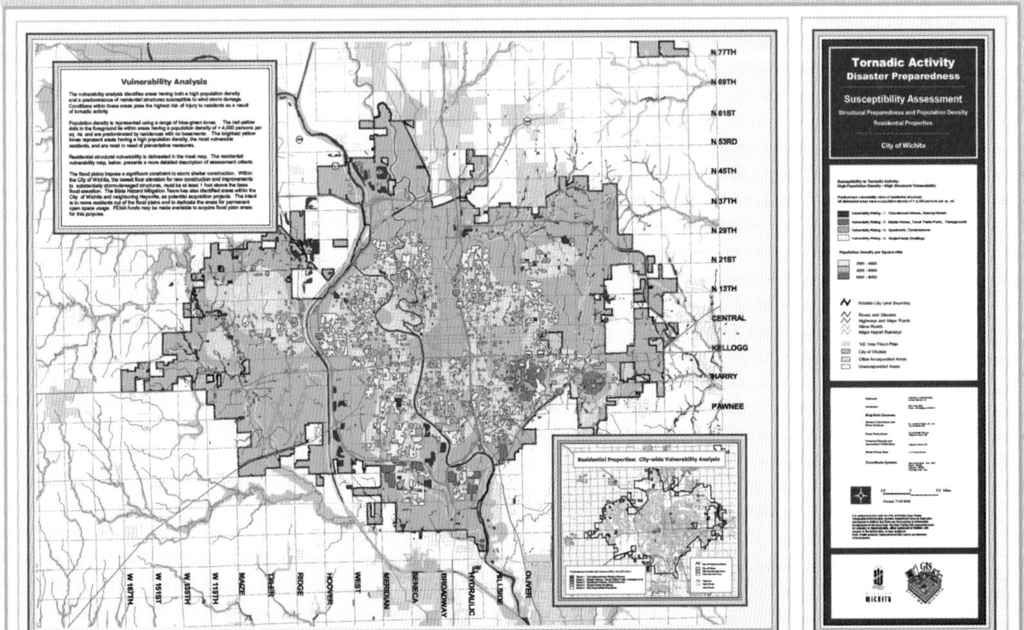

圖 4-4D 龍捲風受災傾向圖

天然災害預測——台北盆地淹水圖

二〇〇一年九月中旬納莉颱風襲台，不但打破了台北市百年來單日降雨量的最高紀錄，並創下颱風中心滯留台灣陸地時間最久的紀錄。北台灣災情慘重，市區許多精華地段，以及造價昂貴的捷運系統，都無法倖免。

根據政府事後的檢討，災情重大的主要原因是降雨量太大，超出兩百年洪水頻率的防洪標準。這幾年來台灣天災頻傳，固然令人憂心，但更令人憤怒的是，政客們對於如何利用天災來打擊對手，似乎更甚於對災難的防範與救治。

然而天然災害真的無法預測也無從避免嗎？「天要落雨」雖然是人力所無法控制的，但如果我們能在事前預測洪水的範圍、深度與時間，我們將更能妥善應變：短期的應變如暫時遷離洪水區，中期的應變如加高堤防，長期的應變如避免與河川爭奪行水地等。如此，自然現象所造成的衝擊應當能縮減至最小。

利用水文模式預測洪水，在國內外早已行之有年，但是地理資訊系統被廣泛應用在洪水的模擬與預測上，則是二十世紀末葉的事。其中數值地形模型的可及性及其精確度的大幅提高，也扮演了十分重要的角色。

數值地形模型（Digital Terrain Model，簡稱DTM）或稱數值高度模型（Digital Elevation Model，簡稱DEM），是一種描述地形起伏的電腦檔案，它的結構十分簡單，一般只是一個兩度空間的矩陣，矩陣行列中儲存的數字就是地表高度（圖4-5A）。

在概念中可以這麼想像著，將一個方格網罩在地表上，再量取每個方格中的地表高度平均值。方格網的密度決定了數值地形模型的水平解析度，一般而言，資料涵蓋的範圍越大，水平解析度就越低。美國地質調查所建立的全球地表高度資料庫，解析度只有一千公尺。台灣目前涵蓋全島的資料解析度是四十公尺。

78	72	69	71	58	49
74	67	56	49	46	50
69	53	44	37	38	48
64	58	55	22	31	24
68	61	47	21	16	19
74	53	34	12	11	12

圖4-5A 數值高度矩陣

數值地形模型一旦輸入地理資訊系統，可模擬出非常逼真的三度空間地表模型，甚至可以模擬不同水位時可能淹水的範圍。如果全球暖化趨勢持續下去，因兩極冰融以致海水上升，我們可做出如圖4-5B至圖4-5E這四張圖，分別模擬了台北盆地淹水一公尺、三公尺、五公尺及七公尺時的情況，這些圖同時也顯示了海水面以同幅度升高時海岸線的變化。類似的分析模擬可以用來預測一些更複雜的空間現象，比如上游水庫破裂時，下游地區淹水的範圍、深度，以及洪水移動的速度等。做分析時還可進一步加入限制條件，例如有無河堤、河堤的高度等。

一般說來，降水到達地表之後，除了部分滲透到地表以下，其餘即成為地表逕流（surface runoff）。地表逕流的移動主要受到地表坡度與坡向影響，根據這個簡單道理，我們可以在地理資訊系統中模擬地表水流動的型態，做出以數值地形模型推算出的集水區坡向圖，並進而做出集水區圖。按常理，集水範圍愈大，淹水的可能性也就愈高。

除了地表起伏之外，降雨在空間及時間中的分布，對於地表逕流也有決定性的影響。因為降雨有大小有強弱，通常不太會均勻的灑落在集水區範圍內，雷達收集的降雨強度資料往往可以作為推估降雨在時空分布的基礎。

圖 4-5B 台北盆地淹水1公尺模擬圖 | 地圖繪製 | 李文堯

圖 4-5C 台北盆地淹水3公尺模擬圖 | 地圖繪製 | 李文堯

圖 4-5D 台北盆地淹水5公尺模擬圖 | 地圖繪製 | 李文堯

圖 4-5E 台北盆地淹水7公尺模擬圖 | 地圖繪製 | 李文堯

↑ 不僅是颱風引起的淹水，如果全球暖化趨勢導致海水持續上升，台北盆地低窪處及沿海地區將首當其衝。圖為台北淡水一景。

此外，地表土壤的滲透性也可能影響地表逕流量。近年已有許多研究顯示，綜合這些資料後，電腦已經能相當準確地模擬過去發生的重大洪水。一旦模型確定之後，便可用在對未來洪水的預測上。

除了預測降雨所造成的洪水外，地理資訊系統也廣泛應用在其他災害的模擬上。例如美國內政部所屬的Bureau of Reclamation便負責預測、模擬水庫崩潰時，洪水可能影響的範圍、到達的時間、以及淹水的深度等。

這些預測結果都要繪製成圖，並對外公布讓民眾知曉。如此當災難來臨時，民眾方能在最短時間內做出正確的應變。

瑪莉亞颱風在2018年7月10日的衛星影像

此颱風的瞬間最大陣風超過每小時260公里，影響衝擊地區包括關島、琉球群島、台灣、中國華東地區。

圖片提供｜Lauren Dauphin,using MODIS data from LANCE/EOSDIS Rapid Response, NASA Earth Observatory.

Disease & Disaster 4-6

記錄全球閃電的落點

美國《國家地理雜誌》在一九九八年二月有篇〈地圖演進兩千年〉的報導，文章中提到，美國地理學者莫里森（Joel L. Morrison）認為一九七二年是遙測技術從太空用途轉而應用到製圖的轉捩點，因為美國航太總署在這一年展開大地衛星（Landsat）計畫，運用多光譜掃描器調查地球資源。莫里森認為，「大地衛星計畫代表製圖者開始有系統地開發這種新的資源」。的

↓ 在空氣旺盛對流的陸地上，容易形成雷雨，而北半球的閃電主要發生在夏季。圖為雷雨前的風雲變色。

確，人類進入太空之後，視野大大的增廣了，許多原來「視而不見」的空間現象，一旦拉長了觀察的距離，反而都變得一目瞭然。

從本書的若干題材為例，諸如〈海底地形圖〉、〈用雷達看地形變遷〉，都是利用衛星來觀測地球外表的形狀。〈台灣黑熊〉、〈長途跋涉的女子〉及〈候鳥遷移圖〉則都是關於利用衛星來追蹤動物遷徙行為。由此看來，從太空中的確能看出許多在地表難以觀察的空間現象，當然也就大大增廣了繪製地圖的題材。

衛星可以長期監視一些極為緩慢的變動，但也能捕捉一些瞬間即逝的現象，例如閃電。美國航太總署的科學家在衛星上裝設了高速的攝影裝備來收集全球閃電的資料，這種高速的閃電感應器，每秒可以攝取五百張影像。藉由衛星的協助，人類首次能從更宏觀的角度觀察閃電現象的地理空間分布，透過長期的觀察，更可以分析閃電的季節性變化。

圖4-6A 就是根據美國航太總署觀測全球閃電現象所繪製成的「全球閃電頻率分布圖」，由圖中可以看出，閃電顯然不喜歡海洋，而且幾乎絕足於南北極；但它們喜歡溫暖的佛羅里達，常登臨喜馬拉雅山脈的高峰，最愛光臨的是中非雨林。

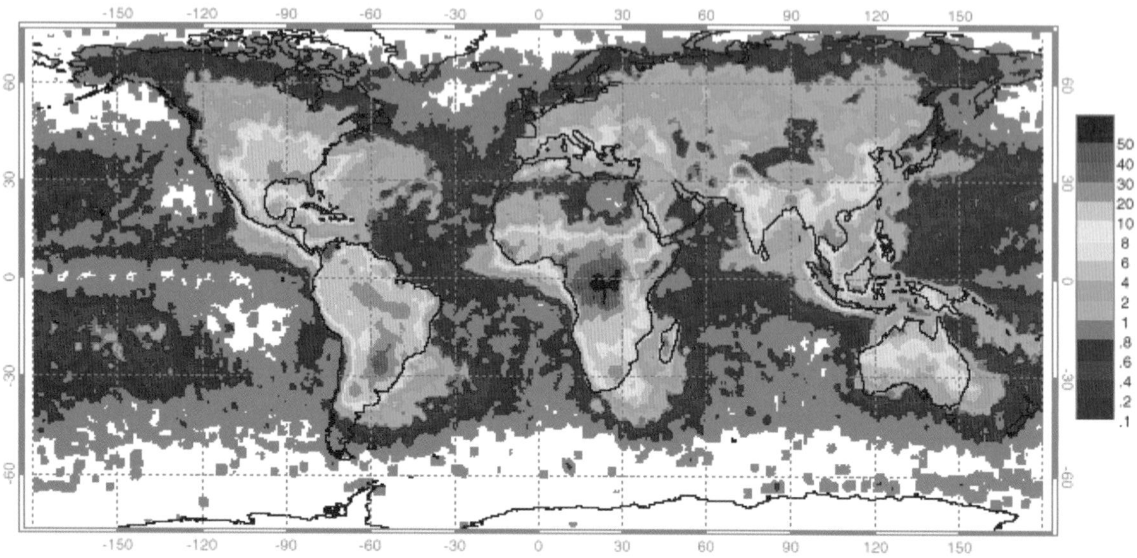

圖4-6A 全球閃電頻率分布圖

由衛星所觀測的全球閃電頻率分布圖，單位為每年每平方公里閃電發生的次數。

地圖提供｜NSSTC Lightning Team / NASA

圖4-6B則是美國航太總署拉長了衛星觀測與蒐集全球閃電資料的時間，從一九九五年五月四日至二〇一三年十二月三十一日，進而製作這張更新的全球閃電頻率分布圖。

除了記錄閃電的空間分布，長期的衛星監視也能記錄同一地點但在不同季節的閃電發生頻率。根據觀察的結果，在北半球，閃電主要發生在夏季，但在赤道附近，閃電則主要發生在春、秋二季。

此外，季節性閃電頻率變化，在南北半球也能造成不同的影響。在北美洲每年夏秋之際經常發生的森林大火，主要是閃電所造成的；而南美的森林火災往往都是人為因素造成的。

為什麼會有這種差異呢？主要原因在於南美洲的閃電主要發生在雨季，所以不易造成天然野火，而北美洲的閃電主要發生在乾季，因此星星之火很容易造就燎原之勢。曾

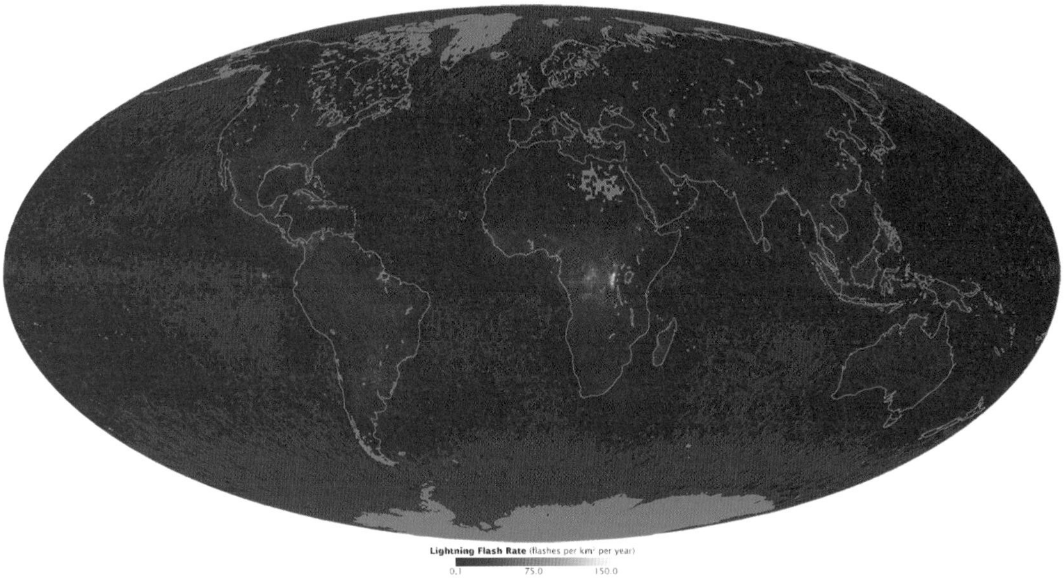

圖 4-6B 更新的全球閃電頻率分布圖

從1995年5月至2013年12月由衛星觀測的全球閃電頻率分布圖，單位為每年每平方公里閃電發生的次數。顏色愈淺，代表頻率愈高。

地圖提供｜Joshua Stevens using LIS/OTD data from the Global Hydrology and Climate Center Lightning Team / NASA Earth Observatory

經在盛暑到美西國家公園旅遊的人可能都有過類似的經驗，明明是晴朗而乾燥的天氣，可是能見度卻莫名其妙變得很差，空氣中霧濛濛的，有時候甚至帶點兒焦味，這通常意謂著附近正有一場森林火災。

極地地區不常有雷雨，自然也就很少有閃電，尤其在南北兩極，閃電發生的機會微乎其微。大洋上閃電發生的次數也不多，這是因為水體的比熱遠較陸地為大，水體表面的氣溫也不容易升得太高，因此靠近水面的空氣不容易產生旺盛的對流，雷雨、閃電自然而然也就不容易發生了。這可由太平洋島嶼原住民土著的語言中少有描述與閃電有關的詞句得到佐證。

科學家希望透過對閃電的長期觀察，能進一步了解閃電發生頻率與劇烈天氣變化之間的關係。也許在不久的未來能夠提供更準確的氣象預報。

即時自動繪製的網路地震圖

一九九九年台灣發生九二一地震後，不到一個月，在十月十六日深夜兩點四十六分，美國南加州也發生七．一級強震，震央在洛杉磯東邊約兩百公里的黑克特礦區（Hector Mine），所幸附近人煙稀少，未造成重大災情。但特別值得一提的是，地震後短短數分鐘內，一張由電腦自動控制、即時（real time）繪製的地震強度分布圖（如圖4-7A），已完整出現在網站http://www.trinet.org/shake.html，在第一時間提供科學家們、救難人員與一般大眾獲得最快最新的地震訊息。

這個由電腦自動產生的地震強度分布圖，英文全名為“TriNet Rapid Instrumental Intensity Map”，是由加州理工學院（Caltech）、美國地質測量局（USGS）、加州礦產地質部門（CA Division of Mines and Geology）協力合作而成。網路地震圖的運作心臟，是由這三個單位在南加州設置兩百個地震觀測站所組成。一旦發生地震，各觀測站儀器會精確讀取該點地震強度，直接將資料轉換成數位形式，傳至加州理工學院地震學實驗室的中樞電腦；在無人操控下，由電腦即時自動繪製地震強度分布圖，幾分鐘內，立即公布於網站上。實驗室的電腦系統有緊急電源，各觀測站也設有備用電池，因此即使在斷電情況下，此系統仍能自動產生地震圖。

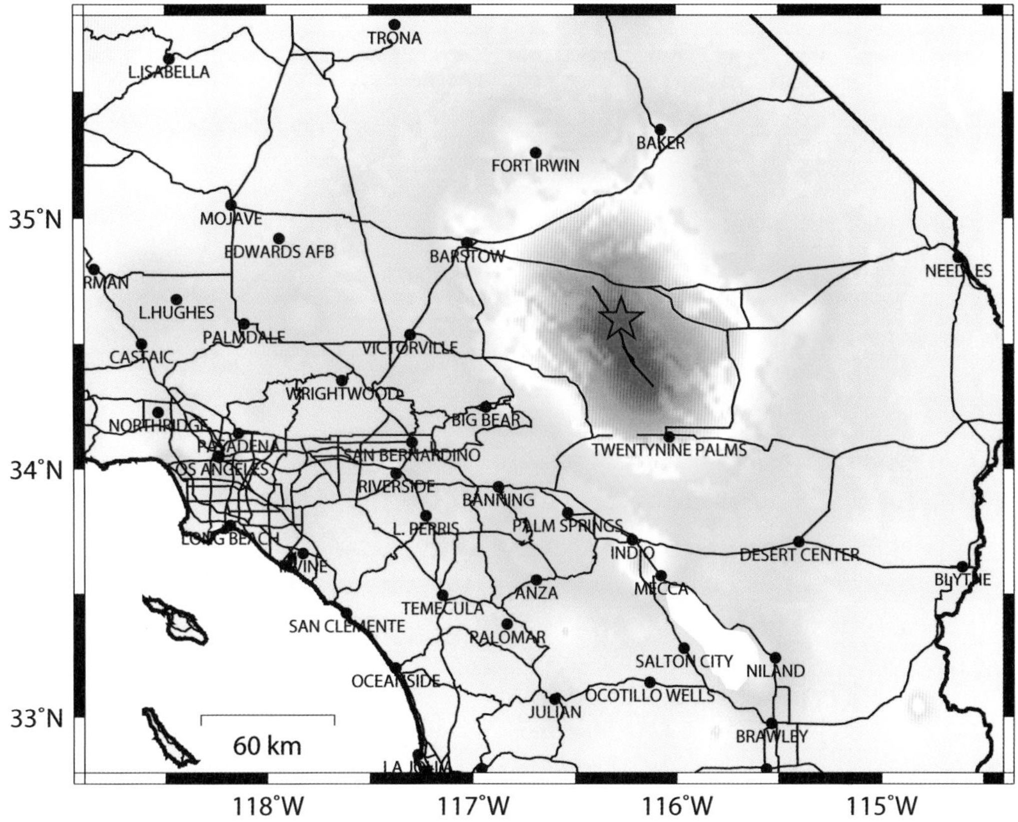

PERCEIVED SHAKING	Not felt	Weak	Light	Moderate	Strong	Very strong	Severe	Violent	Extreme
POTENTIAL DAMAGE	none	none	none	Very light	Light	Moderate	Moderate/Heavy	Heavy	Very Heavy
PEAK ACC.(%g)	<.17	.17-1.4	1.4-3.9	3.9-9.2	9.2-18	18-34	34-65	65-124	>124
PEAK VEL.(cm/s)	<0.1	0.1-1.1	1.1-3.4	3.4-8.1	8.1-16	16-31	31-60	60-116	>116
INSTRUMENTAL INTENSITY	I	II-III	IV	V	VI	VII	VIII	IX	X+

圖 4-7A 地震強度分布圖

地圖提供｜TriNet / U.S. Geological Survey, Caltech, California Division of Mines and Geology

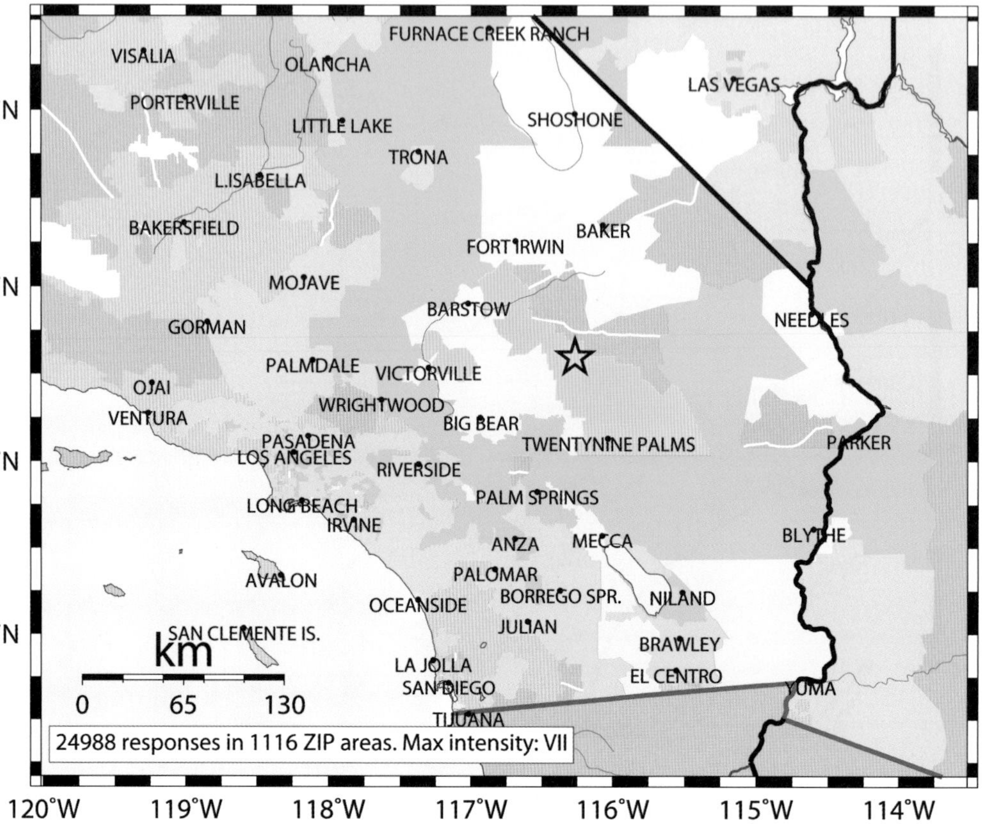

INTENSITY	I	II-III	IV	V	VI	VII	VIII	IX	X+
SHAKING	Not felt	Weak	Light	Moderate	Strong	Very strong	Severe	Violent	Extreme
DAMAGE	none	none	none	Very light	Light	Moderate	Moderate/Heavy	Heavy	Very Heavy

圖 4-7B 社區震災強度圖

地圖提供｜TriNet / U.S. Geological Survey, Caltech, California Division of Mines and Geology

在從前，地震學家在這麼短時間內，可能只能找出震央位置。今日藉由TriNet系統自動顯示強度與波及範圍，地震後數分鐘內，所有上網查詢者都能知道哪些地區震動最劇，以及震災最嚴重的可能地區，相對地，也加速政府與民間緊急救難資源的及時有效配置。

除了地震圖，TriNet專家並設計一份問卷，藉由網路互動溝通的便利，讓上網民眾有機會「抒發己見」，依其親身經歷與觀察結果，描繪地震當時強度與受災情形──譬如地震大概持續多久，是否有東西從架上掉落，以及牆壁是否出現裂痕等近二十個問題。專家接著以郵遞區號劃分，根據網路的問卷結果來研判該區的受創程度，做出第二張網路地震圖，稱為「社區震災強度圖」（Community Internet Intensity Map）。此圖會隨著網路問卷答覆的結果，而不斷修改更新，並張貼在網站上，供大眾參考。

十月十六日地震當天，早上十一點前TriNet就收到九千多份問卷回覆，至下午四點，增至一萬兩千多份。最後的成圖（如圖4-7B所示），填答問卷的民眾超過兩萬五千人，涵蓋範圍囊括南加州一千一百一十七個郵遞區號地區。

黑克特礦區七．一級地震，大概是世界上第一次成功結合數位資訊、電腦自動操控、網路互動科技，將地震強度範圍與社區衝擊影響，在最短時間內，以電子地圖完整呈現世人眼前。只要上網，所有關心的人，不但可得到即時的地震消息，更可透過網路溝通，提供第一手報告。

還記得一九九四年洛杉磯北嶺（Northridge）發生六．七級地震，造成五十七人死亡，兩萬多人無家可歸，財產損失逾兩百億美元。一九九七年成立的TriNet系統，結合政府與學術力量，加上企業資金贊助，短短幾年間，將南加州原有的地震觀測站陸續更新，譜成「地震觀測數位網絡」。其目標，就是要能「即時」提供地震全貌，讓救援行動更有效率，以期將災害減至最輕。

附帶一提，二〇一五年四月二十五日尼泊爾發生七．八級強

↑ 2015年4月尼泊爾7.8級強震造成傷亡無數，圖中石塔基座都震裂了。即時的地震強度分布圖可提高救援行動的效率。

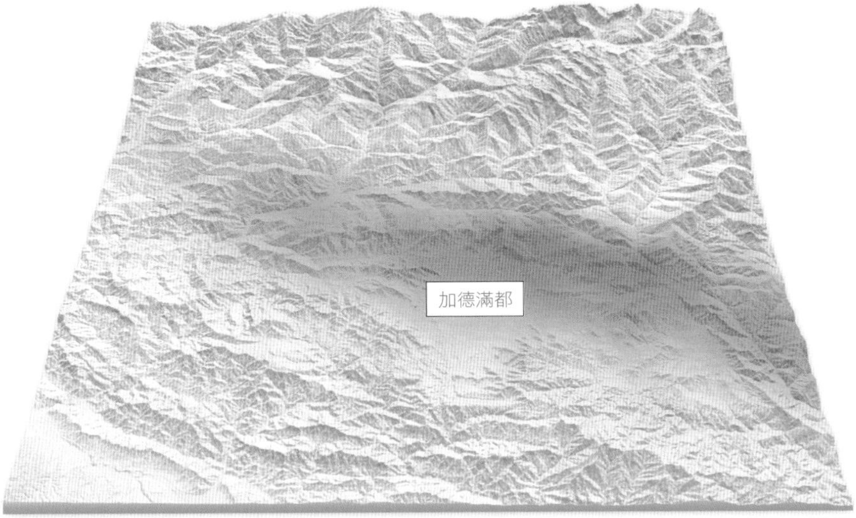

圖 4-7C 尼泊爾2015年強震，地層位移圖

地圖提供｜NASA Earth Observatory / Joshua Stevens using information produced by DLR's Remote Sensing Technology Institute, based on data from ESA Sentinel-1A satellite and the Copernicus Program.

地層位移（衛星測量單位-公尺）

-2.33 陷落　0　2.33 抬升

震，造成八千多人死亡，至少一萬九千人受傷，喜馬拉雅山區城市和村莊數十萬人流離失所。地震摧毀了現代基礎設施和歷史建築，同時導致聖母峰藍塘村（Langtang）附近以及加德滿都周邊其他幾處的山體滑坡，是尼泊爾自一九三四年發生八・〇級地震以來，至今最嚴重的自然災害。圖4-7C 為今日科學家所繪製的尼泊爾地層位移圖，估計最大位移達六公尺。圖中整個災區的地勢起伏都一目瞭然，和十幾年前的地震強度圖相較，已有長足的進步。

Disease & Disaster

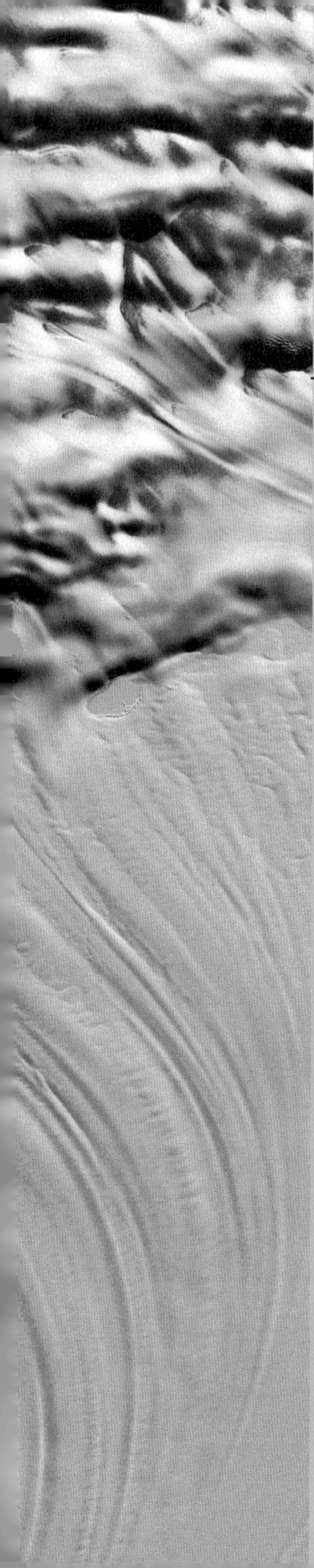

Part 5

氣候與環境

Climate & Environment

南極的藍伯特冰河（Lamnert Glacier）堪稱為世界最大的冰河，圖中影像顯示冰瀑正從極區高原廣闊的冰原注入冰河中。

圖片提供｜USGS EROS Data Center Satellite System Branch as part of the Landsat Earth as Art series.

消失中的雨林

熱帶雨林被砍伐以提供人類農耕、畜牧之用，已有幾世紀的歷史。然而按照目前伐林的速率，科學家估計，全球的雨林也許將會在一百年內消失。雨林的消失不只意謂美麗的自然景觀被破壞，更重要的是，將對全球氣候造成無法預知的影響，並且仰賴雨林維生的多數動植物也將面臨危機。

雨林消失的速率到底多快呢？根據美國糧食農業組織估計，在一九八〇年代，平均每年有十三萬七千多平方公里的熱帶森林（包括雨林及其他森林）被破壞，相當於四個台灣面積的總和。其中約五萬四千多平方公里在南美洲，占全球的四十%，被砍伐的雨林大多集中於亞馬遜盆地。

為什麼要砍伐雨林？南美洲窮困的農民為維持基本生活所需，加上世界肉品市場的大量需求等誘因，使得他們採用火耕，大量砍伐雨林以從事農作。另一個重要原因是：銷售木材換取資金來發展工業或支付國際借貸，例如巴西政府在一九九五年舉債近一千六百億美元，即靠此方式償還貸款。

當然，全球各地伐林速率都不一樣。東南亞國家如印尼、寮國、柬埔寨、馬來西亞、泰國、緬甸、越南等地，從一九七〇年代中期到一九八〇年代中期，每年共約有一萬二千多平方公里

圖5-1A 玻利維亞的聖克魯茲山脈東側熱帶雨林1986年對照2001年衛星影像

圖片提供｜NASA/GSFC/METI/ERSDAC/JAROS and U.S./Japan Aster Science Team

（約三分之一個台灣）的森林轉為農地或作為木材來源。巴西亞馬遜雨林的破壞程度更驚人，從一九七八到八六年每年約有一萬六千平方公里的雨林被砍伐，然而到了一九八八年亞馬遜雨林已被砍伐六%，因開路伐林而被破壞的雨林面積達十六．五%——將近六十萬平方公里，幾乎等於美國德州那麼大。

今日科學家早已藉由衛星影像，分析過去幾十年來的伐林速率。圖5-1A是美國航太總署NASA分別於一九八六年和二〇〇一年拍攝的對照圖，地點是南美玻利維亞的聖克魯茲山脈（Santa Cruz de la Sierra）東側的熱帶雨林，兩個影像涵蓋面積為十七．六×三十五公里。自一九八〇年代中期，人們遷入此區並推動大型農業發展計畫，導致該區雨林快速消失。圖中呈放射狀像派餅一樣的田野，代表一個社區單位，每個單位中央有學校、教堂。長方形的淺色區塊是黃豆種植區，主要是外國貸款資助下的出口經濟作物。在短短十五年間，該區呈現完全不同的地貌。

圖5-1B與圖5-1C則是NASA於二〇〇〇年和二

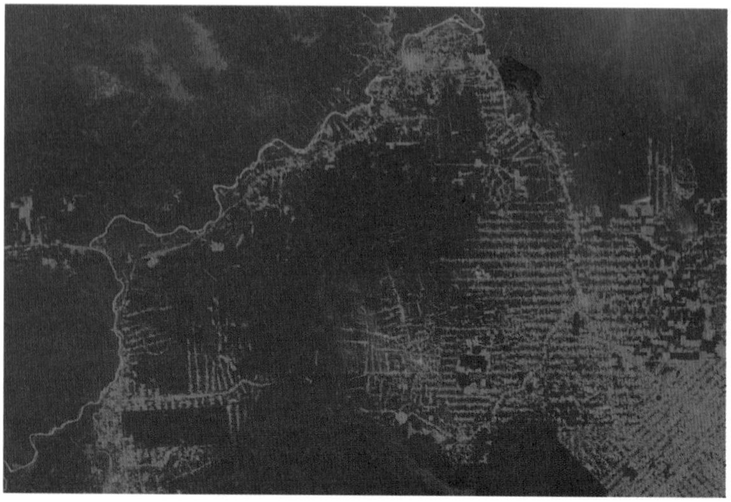

圖5-1B 2000年巴西亞馬遜流域朗多尼亞州雨林的衛星影像

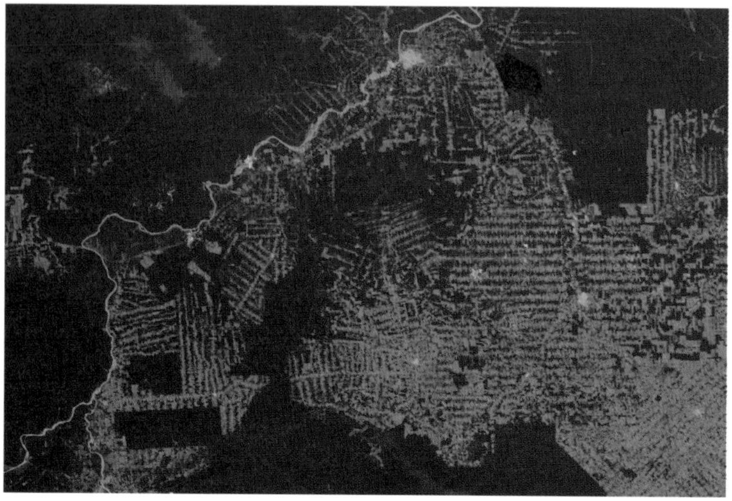

圖5-1C 2012年巴西同一地區雨林的衛星影像

圖片提供｜Scientific Visualizations Studio / NASA GSFC

○一二年拍攝的衛星影像，地點為巴西西部的朗多尼亞州（The state of Rondônia）——曾擁有二○八,○○○平方公里的森林，面積略小於堪薩斯州，卻已成為亞馬遜地區森林砍伐最嚴重的地區之一。在過去三十年中，此區森林被迅速清除：一九七八年清了四千二百平方公里；一九八八年三萬平方公里（將近一個台灣）；到了二○○三年估計有六七,七六四平方公里（比西維吉尼亞州還大）的熱帶雨林被清除。

科學家指出，砍伐雨林會增加大氣層中的二氧化碳和其他廢氣，會對全球碳循環（Global Carbon Cycle）造成嚴重影響。

為什麼呢？因為每一英畝熱帶雨林約貯存一百八十立方公噸的碳，而全球熱帶地區植物和土壤共含有四千六至五千八億立方公噸的碳。當一處雨林地被砍伐焚燒轉為農牧使用時，原本貯存於樹幹中的碳，會和空氣中的氧結合並釋放到大氣層中，成為二氧化碳。據估計，從一八五〇年到一九九〇年，全球因為伐林所釋放的碳已達一千兩百多億立方公噸，目前釋放速率約為每年十六億立方公噸。而石化燃料（煤、石油、天然氣）每年約釋放六十億立方公噸的碳，因此，伐林所造成的二氧化碳增加量，確實相當可觀。

此外，不同砍伐方式和伐林後的土地利用，也會對該區雨林的復育造成不同影響。熱帶雨林地區的農民用火耕方式（闢除雨林並燃燒樹幹）以滋養土地，但是雨水會沖走多數養分，可能短短三年，該區土地就無法繼續農作；當土壤逐漸貧瘠，農民就尋找另一處雨林進行火耕。原本的林地，在地力耗竭和缺乏養分的情況下，樹木重新生長的速度通常很慢，可能至少需半個世紀才能回復原樣。

另一種精耕的香蕉園，因使用大量除蟲劑和化學肥料，對於生態的破壞性更強，當香蕉園廢耕後，可能需要長達一世紀才能長回雨林。影響較小的是林蔭農耕，例如種植不耐日曬的咖啡或可可，雨林的樹木大多被保留以提供陰涼的生長環境，一旦廢耕之後，約需二十年可長回原貌。

熱帶雨林的砍伐不但對於全球氣候有深遠的影響，而且造成無數生存其中物種的滅絕，所以遏止熱帶雨林的消失，早已成為一項國際運動。然而，導致雨林消失的成因相當複雜，牽涉當地政治經濟文化等因素，解決之道也同樣錯綜複雜，全球自由貿易市場、世界經濟運作的本質，以及雨林特殊生態均須納入考量才行。因此對於那些擁有雨林的國家來說，如何改善經濟危機和境內貧窮人民的生活狀況，才是挽救雨林消失所亟需正視的重要課題。

退縮中的北極冰帽

在過去海航時代，尤其是蘇伊士運河（一八六九年完成）和巴拿馬運河（一九一四年竣工）開啟前，從歐洲航行到亞洲是一件很傷腦筋的事。只有兩條遙遠又困難路線可選擇，一是繞過南非的好望角（Cape of Good Hope），一是繞過南美的合恩角（Cape of Horn）。

其實自哥倫布發現新大陸後，美洲一直被十六世紀探險家視為前往東亞地區的最大障礙，無不希望發現一條天然航海捷徑。後來他們發覺美洲中緯度區並無任何通道時，不得不把注意力移向北美的高緯度區，試圖開啟一條「西北航道」（Northwest Passage）——即由加拿大東北的格陵蘭進入極區海域，繞過北美大陸抵達東亞（見圖5-2A）。探險家不相信美洲大陸會一直延伸到北極，卻也沒料到想像中的西北航道，竟被層層的厚冰擋了去路。

極區海域不但堅冰橫亙，氣候亦惡劣多變。四百多年來，為了尋求傳說中的「富庶東方」，探險家前仆後繼進入如死亡迷陣般的北極冰海，試圖發現歐亞間的航行捷徑。根據文獻，最早抵達此航徑入口者是一五七六年的英國探險家弗羅比雪（Martin Frobisher），但他在格陵蘭西側的巴芬島（Baffin Island）發現金礦而放棄航探。一六一〇年，英國人哈得孫（Henry Hudson）航進今日加拿大北邊的哈得孫灣，該海灣遂以之為名。一七七六至七八年，著名的航海家庫克船長（James Cook）企圖尋找從太平洋北側通往大西洋的航道，最後雖未成功，卻因而發現夏威夷群島，並詳細描繪出今日奧勒岡州以北長達五千公里的海岸線，包括阿拉斯加大部分沿岸區。

而其中最有名的，恐怕是一八四五年的航海家約翰．法蘭克林（John Franklin）帶領的遠征探險隊，成員逾百，兩艘船共載了十萬磅肉類與兩千多本書籍，中途卻因受困於極地冰海而陷入絕境，導致人吃人的慘劇，一百二十九人全部罹難。因航途如此艱困，直到二十世紀初——即一九〇六年，挪威著名的極地探險家亞蒙森（Roald Amundsen）才終於以長達三年時間用同一艘船走完西北航道。

即使知道不切實際，這條理想捷徑始終未被遺忘，尤其是在一九六〇年代阿拉斯加

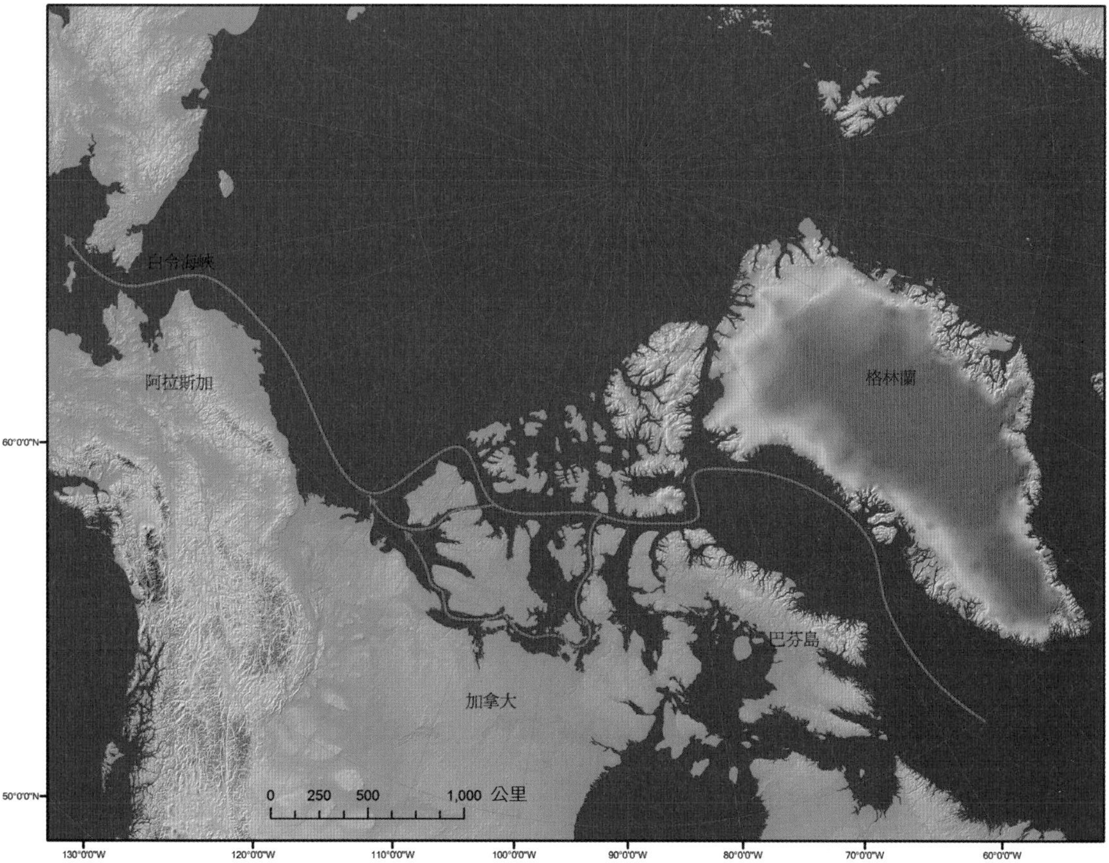

圖5-2A 「西北航道」路線圖｜地圖繪製｜李文堯

發現石油後。一九六九年，一艘重達十一萬多公噸的超大型油輪，以雙層厚殼與強化的破冰裝備，全副武裝地企圖穿越西北航道，結果仍不敵逾十公尺深的堅冰，後來靠著加拿大破冰船的援助才化險為夷。雖然該船抵達阿拉斯加時，油輪船殼留有多處冰撞的破洞，仍被視為第一艘成功航渡西北航道的商業輪船。

儘管現代的航空交通已相當便利，但西北航道仍因貨輪的經濟效益而備受重視。從圖5-2B可看出巴拿馬運河竣工後，雖將歐亞航程縮短了將近一半，但超大型油輪仍無法通過運河而須繞行南美。在講究「時間就是金錢」的國際運輸準則下，西北航道若能成功開闢，航程將減少六成多，貨運時間隨之縮短而大幅提高經濟利潤，更何況這塊偌大極區還具有豐富的自然資源與觀光開發潛力。

昔日看似不可能的夢想，在二十一世紀終將被實現。加拿大騎警肯恩．伯頓（Ken Burton）在二〇〇〇年用巡邏船航行西北航道，僅以二十一天從容走完全程而創下紀錄，因為沿途幾乎沒有冰塊橫阻，景觀和預期相差甚遠，連伯頓都覺得難以置信。

↑ 善於游泳的北極熊。從美國前副總統高爾製作的紀錄片《不願面對的真相》，我們看到北極熊因為找不到暫時歇腳的浮冰，而在茫茫大海中溺斃。

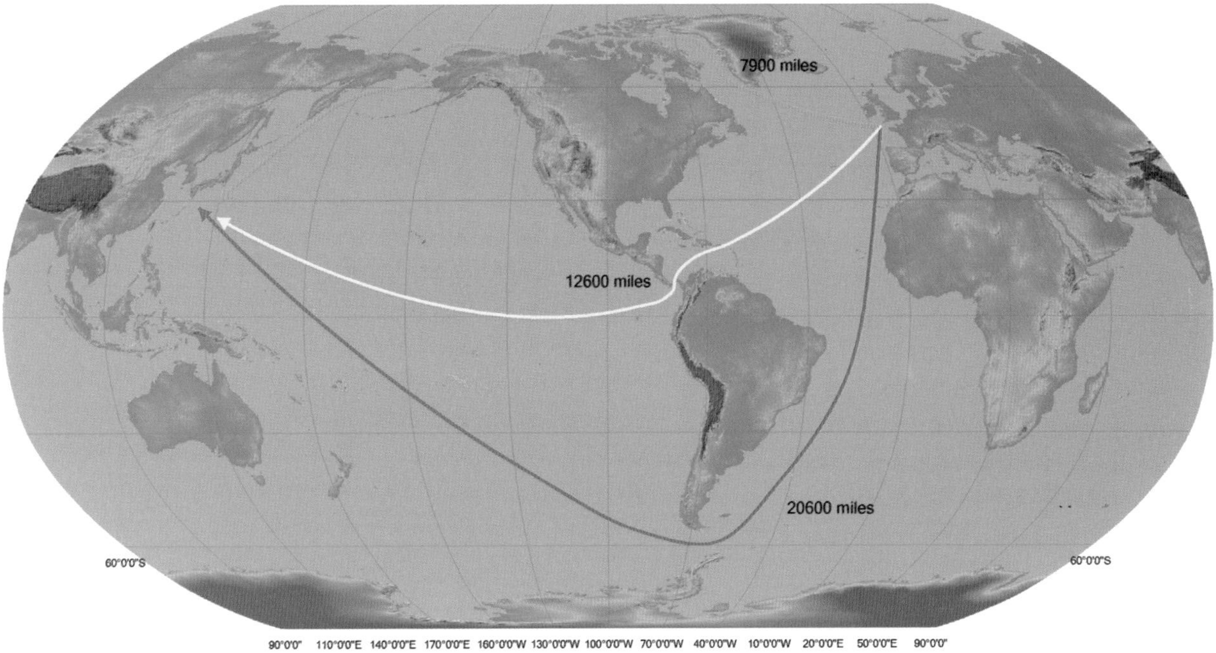

圖5-2B 從歐洲繞過美洲的三條航海路線，里程數的比較

若繞經南美的合恩角，海程約20,600英里；若能通過中美洲的巴拿馬運河，海程約12,600英里；若能走西北航道，海程僅約7,900英里。｜地圖繪製｜李文堯

值得注意的是，該區極冰的消退並非僅是短暫或局部現象。美國航太總署於二〇〇三年研究報告指出，根據一九七九年至二〇〇三年衛星偵測資料，北極區夏季溫度每十年約增加一．二二℃，北極終年不化的永凍冰層則以每十年九%的速率消退中，而過去二十年暖化速度相當於近一百年來的八倍之多。二十餘年長期衛星觀察，讓科學家得以研究北極永凍冰海歷年的變化，並預測如果暖化趨勢持續，北極冰海很可能在五十年或更短時間內，在盛夏之際完全消融。

圖5-2C與圖5-2D分別顯示了一九八〇年與二〇一二年夏季北極冰層最小範圍。相較下可明顯看出，不僅加拿大與阿拉斯加北側，連西伯利亞北部及格陵蘭東北的冰海均有消退或冰層變薄現象。雖然極區範圍廣闊，不同地區的溫度變化各異，而冰層厚度與面積也會隨著風向、洋流、季節而改變，但就整體趨勢顯示，北極夏季的永凍冰海集結範圍正逐漸縮退中，主因是夏季海表溫度增高及融冰期天數變長。變薄的冰塊會比往年更早融化，而冰融後暴露的海水更容易吸

收太陽照射熱量，因而加速融冰的連鎖反應。

因航道逐漸成形，加拿大海軍在二〇〇二年夏天派遣戰艦進入極區——這是自冷戰結束後的頭一遭。美國海軍也開始動員研議，增加破冰戰艦以因應新出現的北極海域巡防需求。再者，因連接兩大洋的開放航道通常以「公海」視之，西北航道是否應開放讓各國自由航行使用，已漸形成一國際議題，而在極區的非法漁獵與偷渡等，也成為亟需正視的重要課題。

此外在加拿大極區沿岸是屬於伊努特（Inuit）愛斯基摩原住民自治領域，千年來靠著獵食海豹、馴鹿、麝香牛、鯨魚等動物為生，北極冰海持續縮退的趨勢，不僅影響原住民傳統生活方式，也將因為國際貨運和觀光而帶來文化與經濟衝擊。

受北極海融冰影響最鉅的野生動物，大概是北極熊了。牠們必須仰賴海水結凍以獵捕海豹，隨著冰域減少和冰期縮短，冰層與冰層之間距離卻愈來愈遠；從美國前副總統高爾製作的紀錄片《不願面對的真相》，我們看到北極熊因為找不到可暫時歇腳休憩的浮冰，而在茫

圖 5-2C 1980年夏季，北極冰層的最小範圍

圖片提供｜Joshua Stevens / NASA Earth Observatory, by using data from the National Snow and Ice Data Center.

茫大海中溺斃。

因此北極冰海可能全部消融，並非杞人憂天。二〇〇七年八月日本「海洋研發機構」和「航太研發機構」共同報告指出，衛星觀測到北極冰海面積不斷縮小，至八月十五日已減至五百三十萬七千平方公里，打破二〇〇五年九月最小面積紀錄，已消失的極冰面積約相當於四個日本列島。而在二〇〇七年北極海表水溫是零下〇・八℃至〇・六℃，創下二〇〇〇年以來最高紀錄。

到了二〇一五年八月，美國航太總署指出西北航道已部分開通了（partial opening，如 圖5-2E）。二〇一八年九月，航太總署科學家估算北極冰海最小面積比一九八一至二〇一〇年的平均最低冰量減少一百六十三萬平方公里（如 圖5-2F）。自一九七〇年代末期至今，北極冰層每年損失大約五萬四千平方公里，相當於每年失去了一・五個台灣面積的冰域。衛星觀測顯示北極海融冰的現況，較預測提早三十年以上，因此地球暖化速度可能遠超過科學界的預測。

圖 5-2D 2012年夏季，北極冰層的最小範圍

與1980年相較，北極冰層不但範圍縮減且明顯變薄，尤其是西伯利亞和加拿大北側的冰海。

圖片提供｜Joshua Stevens / NASA Earth Observatory, by using data from the National Snow and Ice Data Center.

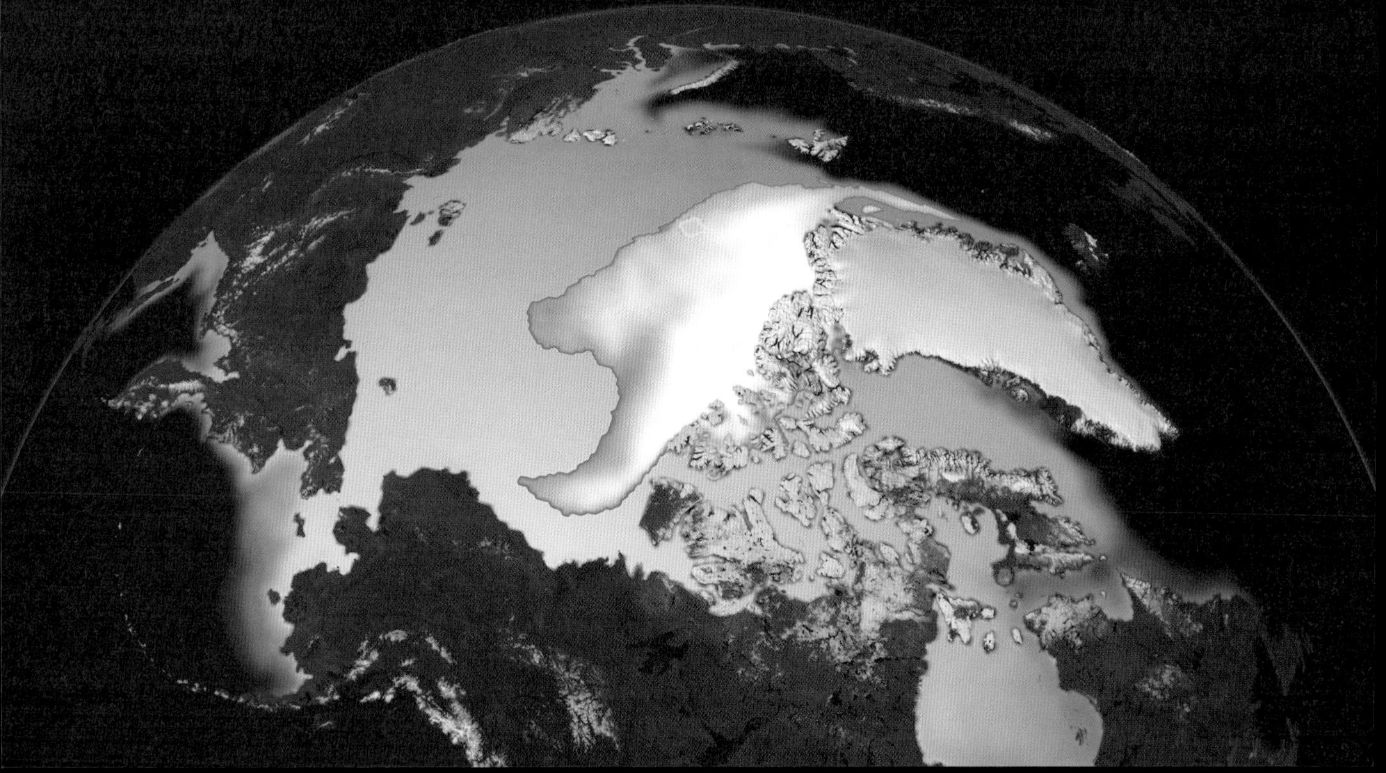

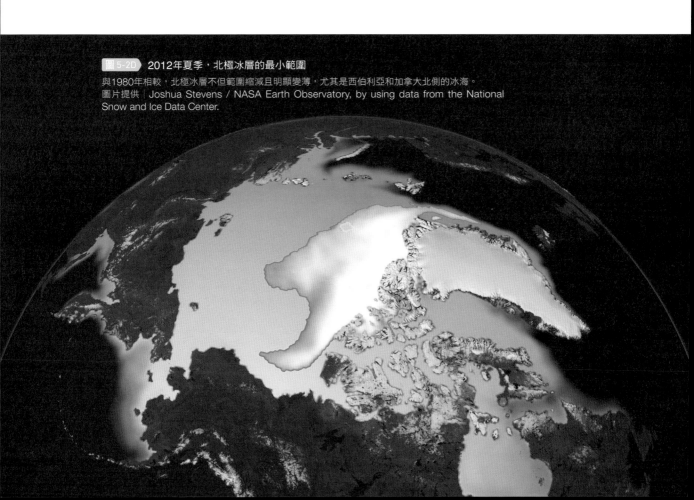

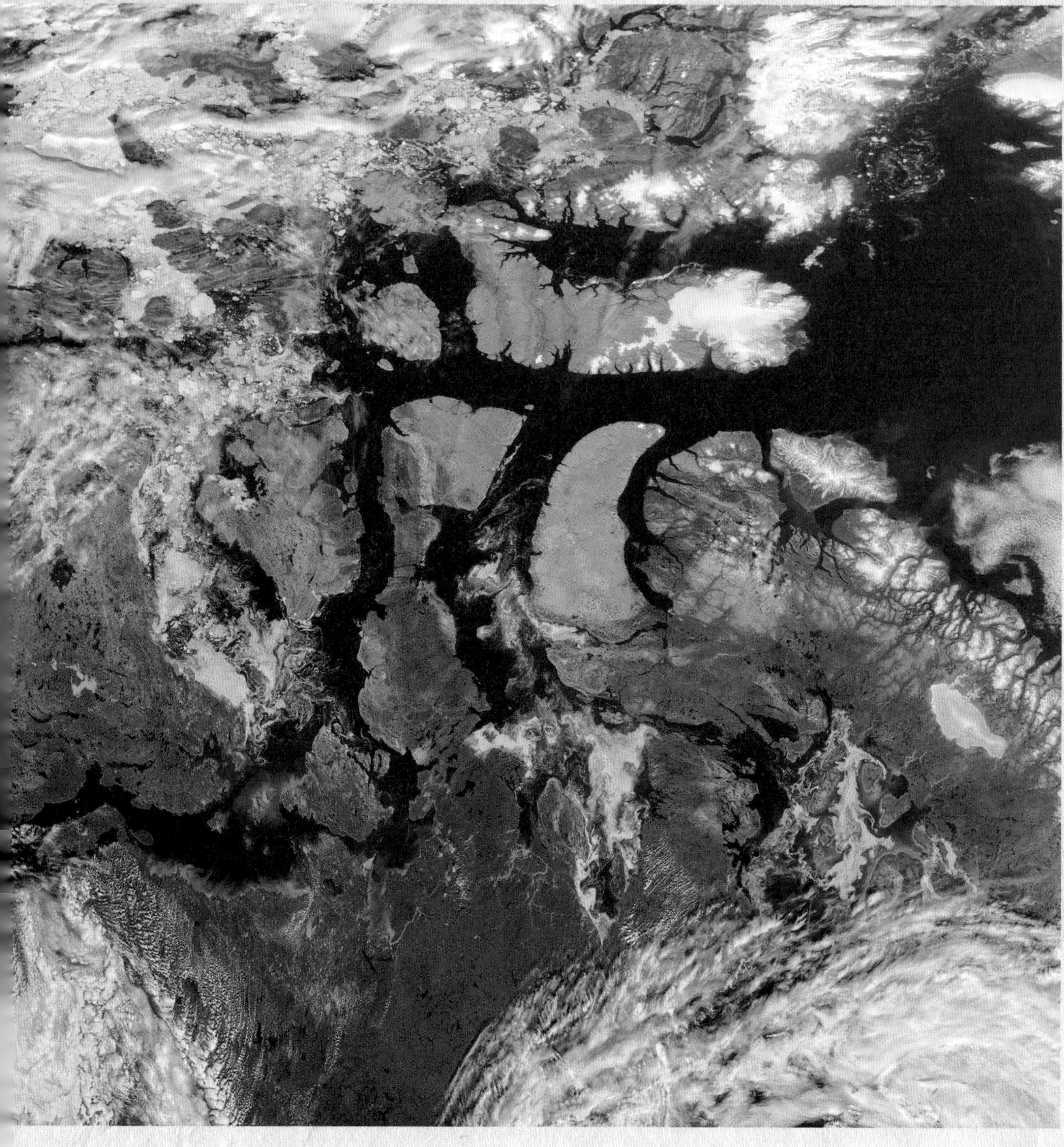

圖 5-2E 2016年8月的衛星影像，北極海冰靠近加拿大之處，很多地方已完全沒冰了。
圖片提供｜Joshua Stevens / NASA Earth Observatory, by using data from the National Snow and Ice Data Center.

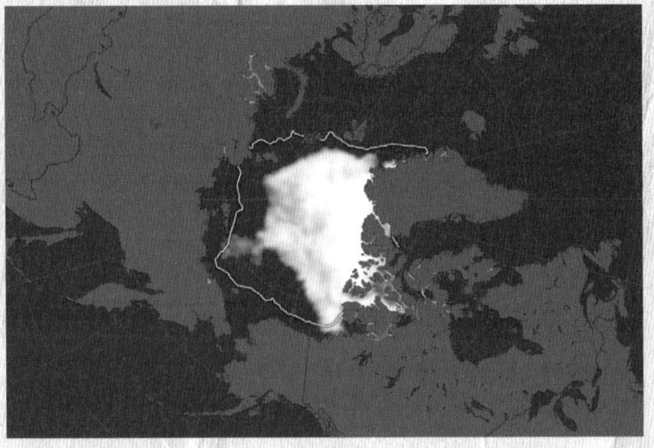

圖 5-2F　2018年9月19日衛星測量的北極海冰範圍。黃色輪廓顯示了1981年至2010年9月海冰的平均中位數。

圖片提供｜Joshua Stevens / NASA Earth Observatory, by using data from the National Snow and Ice Data Center.

Climate & Environment

退卻中的喜馬拉雅山岳冰河

其實，也不用老遠跑到北極海，在中低緯度區，就能感受到地球似乎愈來愈熱了。

在美國蒙大拿州，曾因冰河景觀著稱而被列入保護的冰河國家公園（Glacier National Park），在過去一百五十年間消失的冰河已超過一百一十條。我們在十幾年前首次慕名造訪時，看到的景象與其說是冰河，無寧說是山頭的積雪，令人相當失望。根據研究人員評估，該公園僅存的三十幾條冰河，也許再過二十五年都會消失。

如果你有興趣爬山，現在去登臨世界各高峰，所看到的冰雪可能也比數十年前要少得多。例如赤道附近的非洲最高峰——吉力馬札羅山，山頂長年不化的冰河，據稱成形於一萬一千年前，目前卻逐漸消融中。圖5-3A 和 圖5-3B 顯示該峰山頂在一九九三和二〇〇〇年的雪況。圖5-3C 則是二〇一七年衛星影像。如果哪天山頂冰雪完全不見了，這座被譽稱為「非洲閃亮之山」（Africa's "Shining Mountain"）山頭亦將不再閃亮。

不僅非洲和美洲，歐洲阿爾卑斯山和南美安地斯山脈的冰河也在退卻中。二〇〇七年二月的報導，俄亥俄州立大學的古氣候學家湯普森在「美國科學促進會」年度大會表示，在智利境內、赤道地區最大的庫里卡利斯冰河，預計五年內會完全消融。文中提到，這條冰河在二〇〇六年有一大段從中融斷，掉入冰河末端新形成的高山湖泊，激起的巨浪及洪水衝往下方山谷，淹沒了好幾個村落。類似狀況也發生在喜馬拉雅山區，冰河消融形成高山湖泊，底下山谷居民遭逢新的威脅，而這些人很多是住在世界最貧窮的地區。

地球約有四分之三的淡水存於冰帽和山岳冰河，而今日大多數地區冰河都在退卻，除了意外雪崩天災，還會有什麼其他影響呢？美國地質調查所全球陸冰空間監測中心（Global Land Ice Measurements from Space，簡稱GLIMS）的主任卡格爾（Jeff Kargel）指出：「冰河就像供水的自然調節器，冰河快速消融，將影響飲水供應、農業灌溉、水力發電、生態棲地、觀光旅遊和海岸線等。」目前他參與的研究計畫，便是將全世界冰河的規模與移動狀況，過去曾被記錄的歷史資料、地圖、照片等，以及每條冰河的位置、長度、起源、類型

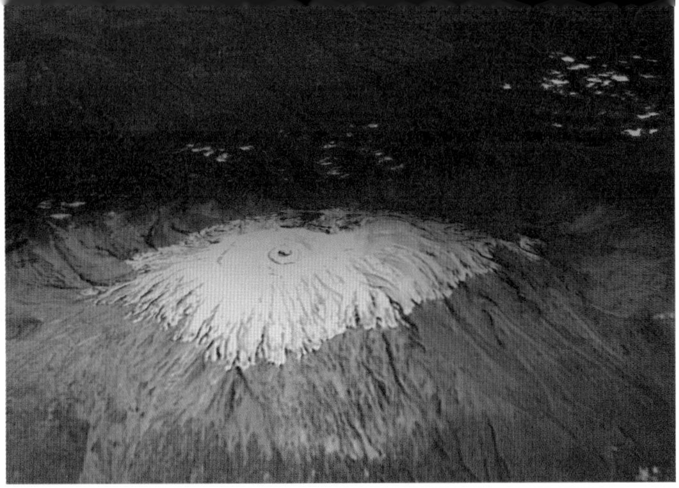

圖 5-2A 非洲最高峰吉力馬札羅山在1993年2月的山頂積雪狀況

圖片提供｜Jim Williams / NASA GSFC Scientific Visualization Studio and the Landsat 7 Science Team

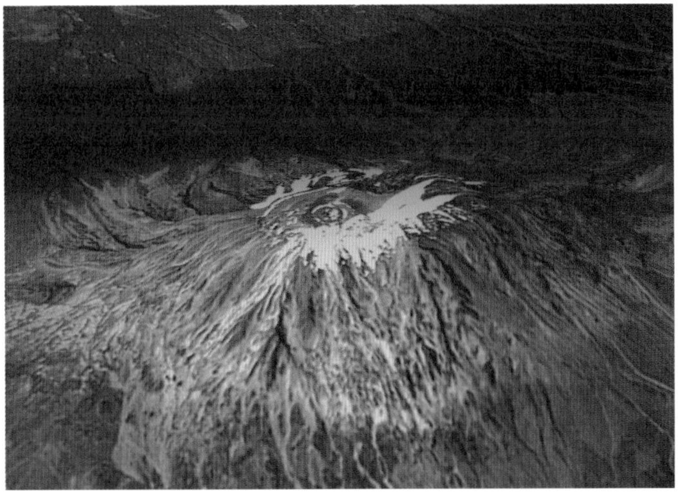

圖 5-2B 短短七年，吉力馬札羅山在2000年2月的山頂積雪狀況

圖片提供｜Jim Williams / NASA GSFC Scientific Visualization Studio and the Landsat 7 Science Team

圖 5-3C 吉力馬札羅山在2017年2月的衛星影像，山頂依然只剩殘雪

圖片提供｜Jesse Allen / NASA Earth Observatory, by using EO-1 ALI data provided courtesy of the NASA EO-1 team

Climate & Environment

圖5-3D 退卻中的喜馬拉雅山岳冰河

此圖是在2002年5月由NASA拍攝的衛星影像，從圖中可明顯看出喜馬拉雅山區冰河整體退卻現象，很多冰河都變薄甚至消融了。｜圖片提供｜Jeffrey Kargel, USGS / NASA JPL / AGU

和每條冰河中心位置的海拔高度等，整合建構一套全球冰河資訊的資料庫。

科學家追蹤冰河改變的方法是丈量每一條冰河，並將冰河以往的規模變化與當地和區域性的氣候互相比較。這不是簡單的事，因為冰河會隨著氣溫、降雨量等氣候因素的長期變化，改變其長度、寬度與深度。何況目前約有十六萬條冰河分布於地球兩極及高山地區，如果每年都需派

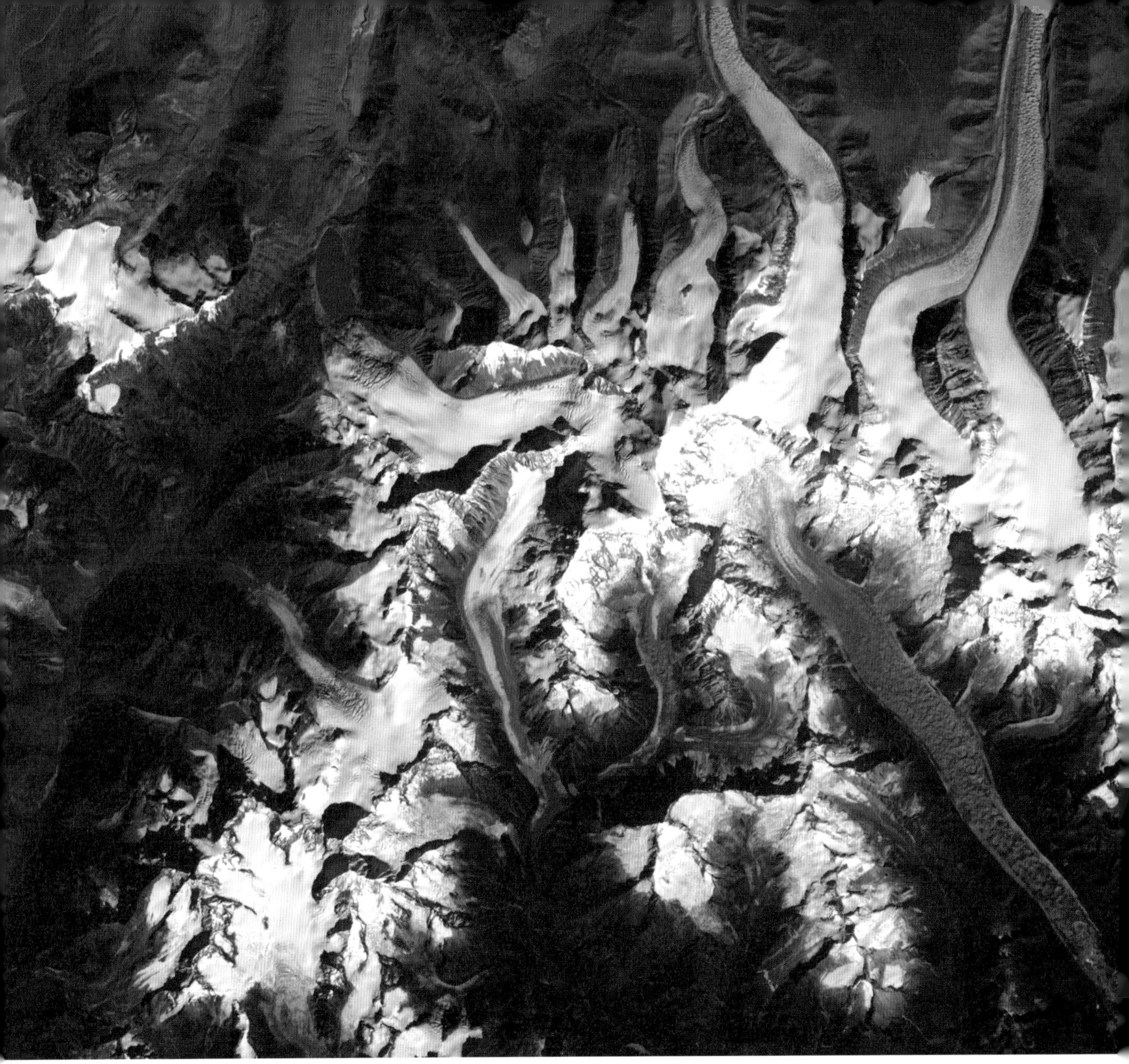

遣一支研究小組到每一條冰河進行實地調查，不但成本昂貴，而且運作會很困難。

慶幸的是，科學家已能藉由尖端的高解析度衛星影像，評估並追蹤全球冰河的移動與改變狀況。參與GLIMS這項計畫者有來自二十四個國家的一百多位研究員，研究者負責蒐集與分析自己所在地區的冰河，藉衛星影像、歷史地圖及相關資料，判斷冰河在過去幾十年間是前進或後退，並將分析結果送到協調中心整合。

「冰河的退卻與崩解，是全球氣候變遷的自動指示器之一。」正如卡格爾所言，透過對全世界冰河現況與過去記錄進行追蹤比較，研究人員得以更了解全球暖化現象，推斷究竟是屬於週期性自然現象，抑或人類活動造成溫室效應所致。其實二○○一年氣候變遷的跨國討論會中，即有科學家指出本世紀結束時，地表將增溫一．四℃至五．八℃。研究者並發現溫度增加和冰河退縮有顯著關連。圖5-3D 為喜馬拉雅山區冰河，從冰河退卻所形成的冰蹟湖及冰河變薄的趨勢，就可看出這些冰河正以驚人的速度崩解中。

短期來說，冰河消融提供充沛水源，或有助於灌溉與飲水供應，但就長期來看，萬一冰河消失，對仰賴冰河水源的社區所造成的直接衝擊及可能引發一連串民生與

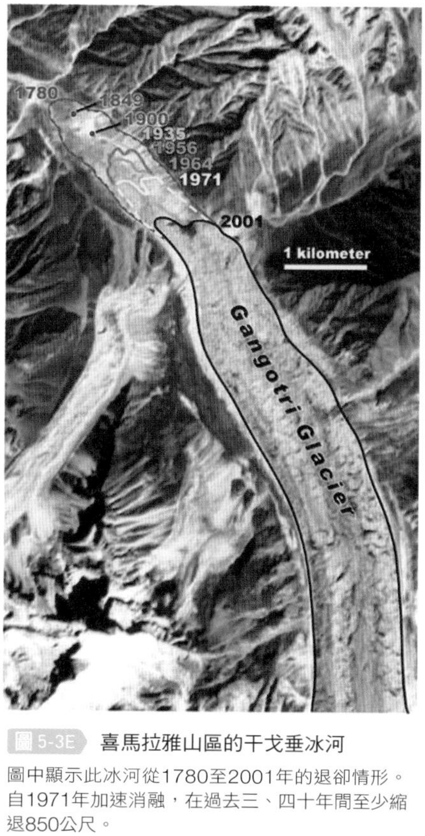

圖 5-3E 喜馬拉雅山區的干戈垂冰河

圖中顯示此冰河從1780至2001年的退卻情形。自1971年加速消融，在過去三、四十年間至少縮退850公尺。

｜圖片提供｜Jesse Allen, NASA Earth Observatory, based on data provided by the ASTER Science Team. Glacier retreat boundaries courtesy the Land Processes Distributed Active Archive Center.

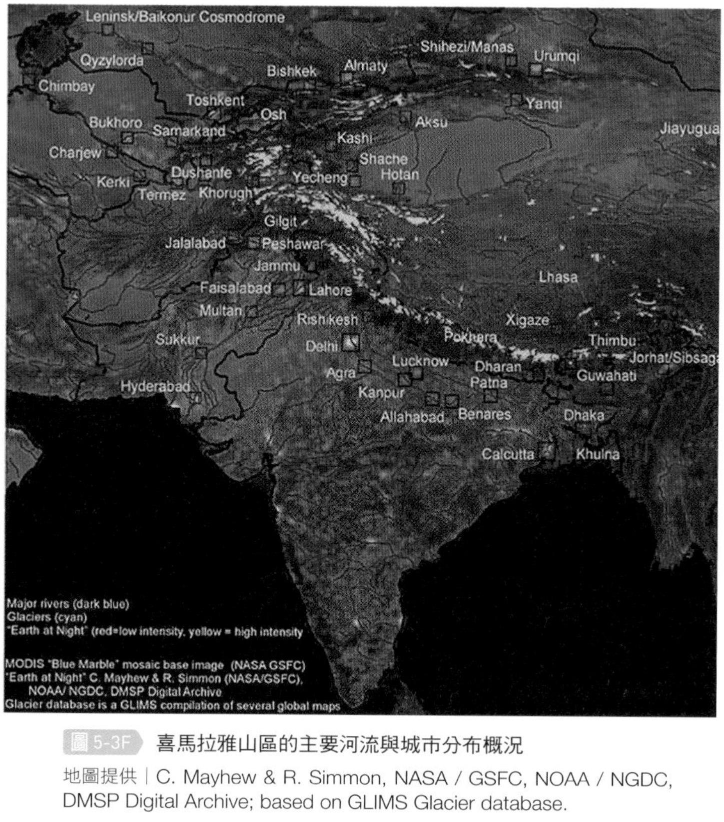

圖 5-3F 喜馬拉雅山區的主要河流與城市分布概況

地圖提供｜C. Mayhew & R. Simmon, NASA / GSFC, NOAA / NGDC, DMSP Digital Archive; based on GLIMS Glacier database.

政治經濟問題，其嚴重性不容忽視。例如喀什米爾和尼泊爾之間的干戈垂冰河（Gangotri Glacier），目前長約三十公里，寬〇．五至二．五公里，是喜馬拉雅山區最大冰河之一，也是恆河流域甘濟斯河谷盆地（Ganges River Basin）主要活水來源，而該盆地——包括印度新德里，有千百萬人仰賴該河流的水。圖5-3E 顯示此冰河從一七八〇至二〇〇一年的退卻情形。

冰河的水，如同定量銀行存款，若很快用完，以後可能就沒有穩定水源了。美國科學家賈德．戴蒙（Jared Diamond）在《大崩壞》書中即指出，美國西南區的阿納薩茲印地安部落之所以崩壞，關鍵因素之一即是氣候變化下的長年乾旱；而印度河谷的摩罕吉羅達遺址，極可能因為氣候變化、河流改道、和水資源問題而使這光芒四射的古文明走向覆亡。

衛星影像可顯示短期或長期的冰河活動趨勢，對於倚賴冰河水源或位於冰河附近的社區尤其重要，如圖5-3F 所示，我們可看到喜馬拉雅山區的主要河流及可能受影響城市。雖然目前冰河融化趨勢無法被改變或減緩，但透過GLIMS研究計畫，科學家希望能更清楚了解冰河與氣候之間的關係，並對未來冰河改變所將影響的區域範圍與衝擊程度有更準確的預測。

↑ 美國冰河國家公園在過去150年間消失的冰河已超過110條，很多冰河已成為山頭的積雪。

歐洲熱浪與加州大火

不尋常天候容易釀成災變。二〇〇三年七、八月之際，歐洲遭受史無前例的熱浪侵襲，估計有三萬人因熱浪而致命，令人驚異，其中尤以法國所受衝擊最鉅。

美國《時代》週刊在當年八月二十五日刊登一篇短文，描述滾燙巴黎的真實情景：按往年正常情形，八月初的巴黎氣溫約在二十四℃上下，是年卻飆衝至四十℃，而且居高不下。一向蔑視冷氣機的巴黎居民，遇到這種不按常理出牌的天氣，連電風扇都賣到缺貨的情況下，人們紛紛交換「避難心得」：有人穿著衣服淋浴並裹著濕衣就寢，有人在臉上蒙蓋一塊冰毛巾睡覺，甚至連法國國家氣象局都建議居民把窗簾弄濕以降低室溫。

只要想像一下，台北如果熱到四十℃，卻沒有冷氣或電扇可用，那份烤爐般的煎熬會是多麼慘烈，就能深切感受該文描述的一點也不誇張了。

面對這不尋常的熱浪，美國航太總署藉由衛星偵測蒐集的地表溫度，用地理資訊系統繪製了讓人一目瞭然的地圖。如圖5-4A，法國東部與南部被繪上深紅色，表示該區二〇〇三年溫度較二〇〇〇至二〇〇二年同一時期的平均溫度增高了至少十℃。白區顯示氣溫正常，藍區代表氣溫比以往涼爽。除了法國，阿爾卑斯山區如瑞士、奧地利、義大利北部等地，是年的夏溫也偏高。英國南部與蘇格蘭均受熱浪波及，導致溪流水位降低，對鮭魚洄

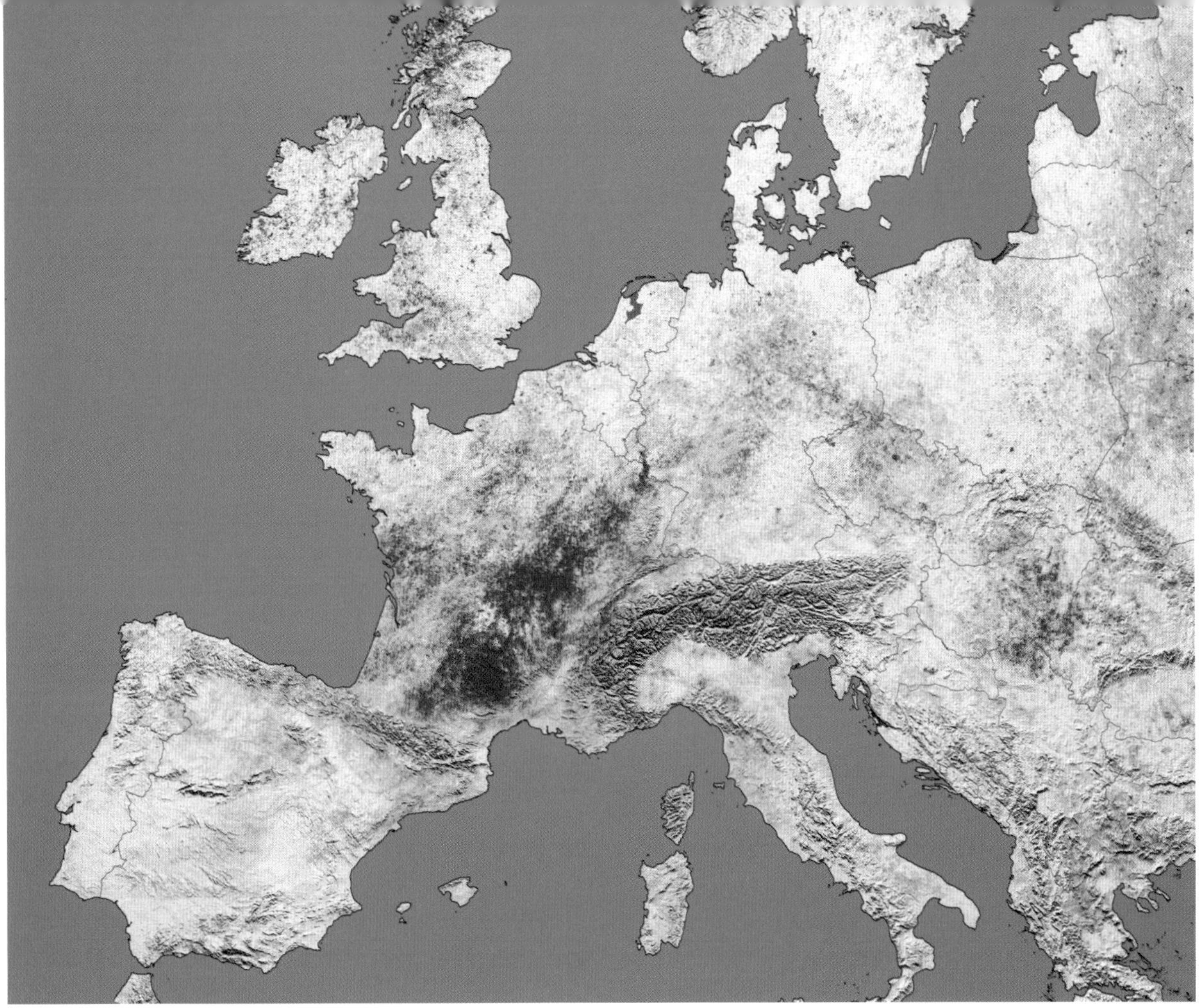

圖5-4A 2003年歐洲熱浪襲擊之夏，地表白天溫度異常圖

地圖提供｜Reto Stockli and Robert Simmon / NASA, based upon MODIS data

游造成威脅。從法國、西班牙至義大利，異常高溫乾旱並引發森林大火；葡萄牙也發生二十多年來最嚴重的森林火災，焚毀林地面積幾乎相當於盧森堡。

無獨有偶，同樣在二〇〇三年，美國南加州在十月下旬也發生令人怵目心驚的大火。如圖5-4B。因當年秋季較往常乾旱且溫度偏高，加上聖塔安娜焚風呼嘯助虐，火勢迅速蔓延。據美國國家森林服務署及國家火災互援中心估計，是年多起大火延燒面積總加超過二十八萬公頃土地，動用的消防隊員達一萬三千多人次，燒掉三千三百多棟房舍，損失近六千萬美元，規模之大，數十年來所罕見。

這場因乾旱、高溫與狂風交相

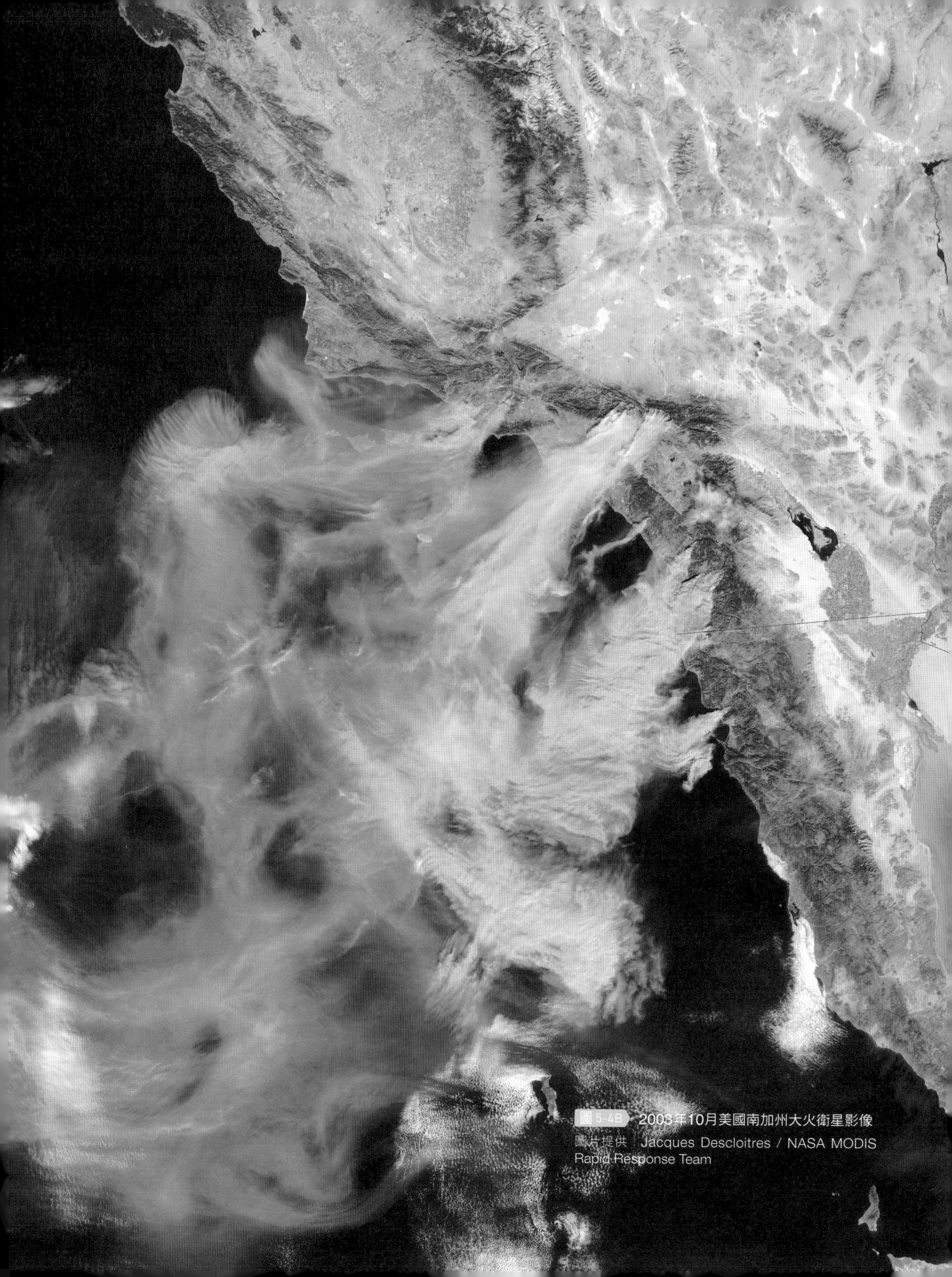

圖 5-4B 2003年10月美國南加州大火衛星影像

圖片提供｜Jacques Descloitres / NASA MODIS Rapid Response Team

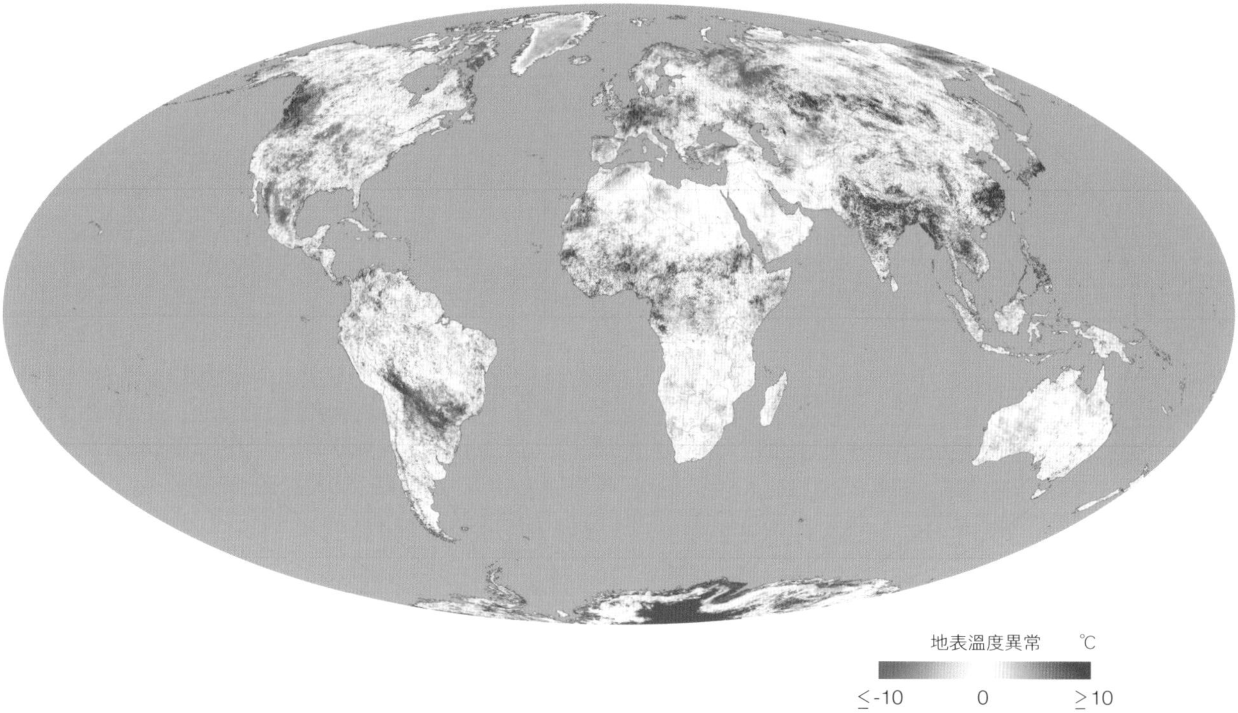

圖5-4C 2015年7月歐洲熱浪襲擊之夏，全球地表白天溫度異常圖
地圖提供｜Jesse Allen / NASA Earth Observatory, using Land Surface Data from the MODIS Science Team

作用而一發不可收拾的大火，最終得以被有效控制，全賴老天爺幫忙：氣溫陡降，風勢停歇，濕度增大，某些山區居然還神奇地下了雪。天氣似乎瞬間從夏天進入冬天，也正因如此戲劇化的轉變，許多房子被燒的災民，不僅全部家當付之一炬，還得立即過起挨寒受凍的日子，面對斷壁殘垣又雪上加霜，境遇相當淒涼。

而從二〇〇三年至今，極端氣候似乎有愈演愈烈之勢。二〇一五年，滾燙的熱浪再度襲擊歐洲。圖5-4C 為二〇一五年六月三十日至七月九日全球白天地表溫度異常圖。就這十天的溫度與同期的二〇〇一－一〇年平均溫度進行比較：深紅色顯示地表比長期平均值熱上十℃的地區；深藍區域則比均溫低了十℃。白色代表正常均溫，灰色地帶表示沒有足夠的數據。

特別注意此圖歐洲呈深紅色：在七月二日，荷蘭氣溫達到三十八．二℃，是有史以來的最高氣溫；七月五日德國最高溫更達到四十．三℃；七月七日在瑞士日內瓦達到三十八．九℃，都是這兩個國家有史以來的最高溫度。

而加州野火也有愈燒愈熾烈的趨勢。自二〇一一年起連續五年的嚴重乾旱，加上其特殊氣候——從初夏到仲秋天氣乾燥而炎熱，而且不時伴著東北強風（在北加州稱為「暗黑風」〔Diablo winds〕或惡魔之風〔devil winds〕；在南加州稱為聖塔安娜風〔Santa Ana winds〕），一旦閃電打雷或人為過失而引起火災，在乾燥強風煽動下，足以產生毀滅性的野火，使災情變得更加慘重。如二〇一三年優勝美地Rim Fire燒掉逾十萬公頃森林，二〇一七年十二月南加州Thomas Fire——在聖塔芭芭拉與梵圖拉（Ventura）燒掉十一萬四千多公頃，如 圖5-4D 棕褐色為被燒焦地區，超越了二〇〇三年聖地牙哥野火（Ceder Fire）。

而加州有史以來房子被燒掉最多、最具破壞性的一次，是二〇一七年十月北加州的納帕酒鄉和索諾瑪郡的Tubbs Fire：據稱起火原因是八日當晚至少有十根電線桿被強風吹倒而一發不可收拾。在九日凌晨時分，如颶風般的狂風以每小時將近一百公里的最大風速襲捲該區，至少有五千六百多棟建物被燒毀（其中超過一半位於聖塔羅莎市〔Santa Rosa〕）。如 圖5-4E 衛星影像顯示二〇一七年十月Tubbs Fire野火，比二〇〇三年聖地牙哥野火燒毀了兩千八百多棟，足足多了一倍。

目前已然躍居第一，而且是「加州有史以來」最大的火災，是二〇一八年夏季才發生的，位於北加州的曼多席諾野火（Mendocino Complex Fire），從七月一直燒到九月才平息，焚燒面積超過十八萬五千公頃。圖5-4F 為二〇一八年八月九日衛星拍攝的假色視圖（影像經過色彩處理），當時大火已燒毀了約十二萬公頃。圖中黃色地區表示野火正在燒，已燒過地區是深橘色，還沒燒到的是藍色和綠色。

圖 5-4D 2017年12月Thomas Fire目前排名第二，在南加州梵圖拉一帶燒掉十一萬四千多公頃，棕褐色為被燒焦地區。
圖片提供｜Joshua Stevens / NASA Earth Observatory, using Landsat data from the USGS, and ASTER GDEM data from NASA/GSFC/METI/ERSDAC/JAROS, and U.S./Japan ASTER Science Team.

這古怪莫名、令人詫異的天候，究竟只是一種短暫的反常現象，抑或暗喻著未來不可避免的全球暖化趨勢？是否能完全歸因於千萬年間周而復始的自然現象，還是須歸咎於現代人類使用石化燃料所造成的溫室效應？如果《明天過後》的電影場景不再是科幻想像而在真實世界活生生上映，人類真能逃過如此巨大浩劫嗎？

其實科學家早已證實，地球目前比一萬兩千年前冰河時期溫暖了五℃，全球海平面也持續升高。過去僅短短一百年間，全球平均溫度便竄升了至少〇・六℃。因氣候變遷造成了地貌的改變，專門出版世界地圖集的英國泰晤士地圖公司（Times Atlas）早在二〇〇七年便表示不得不進行大幅度改版，請製圖師重新繪製各地的海岸線以及不斷變小的湖泊。

從不尋常的大火與熱浪，我們看到大自然的可敬與可畏，以及人類有限的力量。其實「全球暖化」一詞，僅能陳述部分的事實，我們更應該注意的是「全球氣候變遷」。真正足以構成嚴重威脅的，可能不在於全球溫度或海平面的緩慢上升，而是地球表面熱能的重新分配所導致的乾旱、水澇、颶風，或更難以預測的，愈趨極端的氣候。

↑ 氣候異常導致加州乾旱而野火燎原。圖為2003年10月南加州百年罕見的大火，遠遠望去簡直像火山爆發，山腰住宅區卻仍燈火閃爍，十分詭譎。

圖 5-4E 2017年10月10日納帕酒鄉附近的Tubbs Fire衛星影像，是加州有史以來建築物被燒毀最多棟、最具破壞性的一次。此圖中央，白煙下被燒成深褐色地區即為災情最慘重的聖塔羅莎市。

圖片提供｜Joshua Stevens / NASA Earth Observatory, using Landsat data from the U.S.Geological Survey.NASA/GSFC/METI/ERSDAC/JAROS, and U.S./Japan ASTER Science Team.

圖 5-4F 2018年7月燒到9月的曼多席諾野火，是加州有史以來燃燒面積最大的一次。圖為8月9日衛星拍攝的假色視圖，黃色地區表示野火正在燒。

圖片提供｜Joshua Stevens / NASA Earth Observatory, using Landsat data from the USGS, topographic data from the SRTM.

全球暖化——京都議定書與巴黎氣候協定

二〇一六年上任的美國總統川普認為氣候變遷是一場「騙局」，諷刺的是，二〇一七年的美國即飽受極端氣候的摧殘，被戲稱為「陷於水深火熱之中」：德州經歷五十年來最強颶風「哈維」肆虐，佛羅里達州遭受八十年來最強五級颶風「艾瑪」侵襲，而美國西部與西北地區則熊熊烈火燎原，包括加州、奧勒岡、華盛頓、愛達荷、蒙大拿、懷俄明、科羅拉多、內華達及猶他等多達九州都有野火肆虐情形，燃燒面積大約三萬三千平方公里，幾乎相當於台灣（三萬六千平方公里）。

而美國國家海洋暨大氣總署（NOAA）二〇一八年數據更顯示了，自從有溫度紀錄以來，全球最熱的五年依次是：二〇一六、二〇一五、二〇一七、二〇一四及二〇一〇年——亦即平均溫度最高的五年，都發生於二〇一〇年以後。而第六名到第十名為二〇〇五、二〇一三、二〇〇九、一九九八、二〇〇七年——也都發生在過去二十年間。

NOAA根據科學家收集的數據所發布的年度環境報告，並指出了地球環境在過去二十年所發生的主要變化，除了上述氣溫創下新高紀錄，還包括了：一、海平面升高再創紀錄（以每年三．二公釐的速度持續升高）；二、冰河在過去三十幾年來的持續消融；三、極端天氣的比例增加，且繼續惡化中；四、創紀錄的溫室氣體排入大氣中——

由於人類燃燒化石燃料（fossil fuel），自工業革命以來，大氣中的二氧化碳濃度已增加四十%以上，二〇一三年五月大氣中的二氧化碳濃度創下歷史新高，首次達到四百ppm（萬分之四百）；五、海洋大規模吸收儲存並釋放熱量，長期下來導致冰山融化、海平面上升、全球氣候變化，以及珊瑚礁及魚類種群的減少甚或死亡。

其實早在一九五〇年代就有科學家指出，人類使用石化燃料已造成大氣中二氧化碳濃度緩慢上升的現象。然而在一九八〇年以前，大致只有歐美日等少數工業化國家大量製造二氧化碳。到了八〇年代，許多新興工業國（包括亞洲四小龍）也加入二氧化碳生產行列。九〇年代之後，大陸、南亞、甚至非洲國家都積極發展工業，成為溫室氣體的製造國。迅速增加的二氧化碳，加上人類砍伐森林，大量降低了地球自行消化二氧化碳的能力，造成大氣中溫室氣體濃度迅速升高，也加速全球暖化趨勢。

攸關全球溫室氣體排放量的重要環保公約《京都議定書》（Kyoto Protocol），已於二〇〇五年二月十六日正式生效。《京都議定書》的目標是預計在二〇〇八至一二年間，將已開發國家的二氧化碳、氟氯碳化物等溫室氣體排放量，降一九九〇年的九十五%以下。地球溫室效應的惡化，被形容為「一列失速下衝的火車」，至此開始踩下煞車的第一步。

而取代《京都議定書》的歷史性《巴黎氣候協定》（Paris Agreement），於二〇一五年十二月中旬出爐。根據《巴黎氣候協定》二十九條內容，全球一百九十五個國家和歐盟（亦即一百九十六個締約方）將致力於大幅減少溫室氣體（greenhouse gas）的排放。目標是以一七五〇年工業革命之前為基準，希望在本世紀結束前，全球平均溫度上升不超過二℃，進而追求更艱難目標——均溫不超過一．五℃。為了實現目標，《巴黎氣候協定》要求各國以五年為一週期，定期制定「國家自主減排」的承諾目標；並希望各國透過可再生能源，用更經濟有效的方式減排，追求經濟的

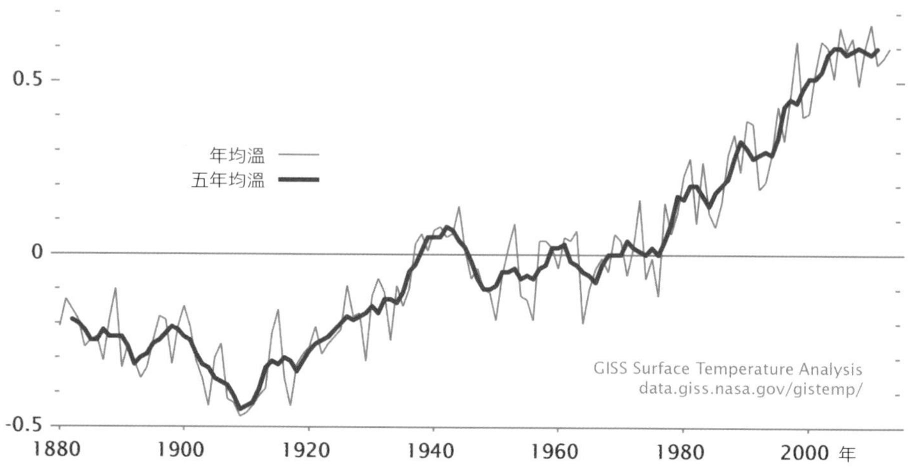

圖 5-5A 1880年至2013年全球年均溫曲線圖
圖片提供｜NASA Goddard Institute for Space Studies

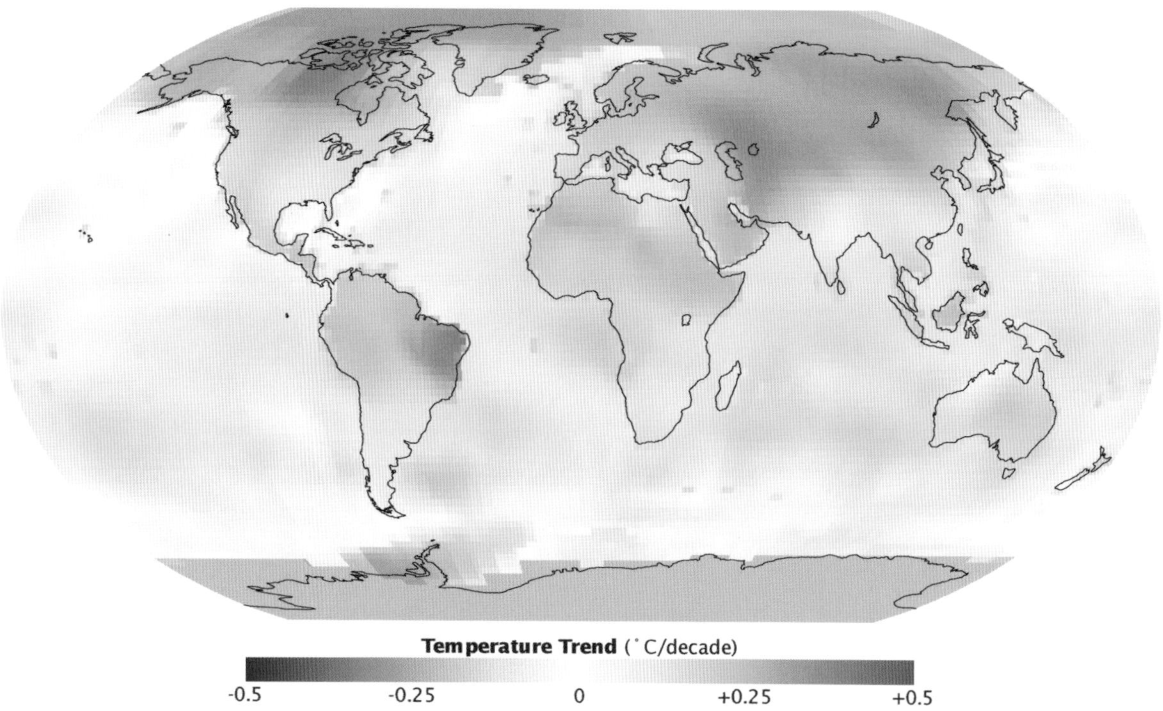

圖 5-5B 2013年全球地表與海洋表面年均溫異常圖｜地圖提供｜NASA Goddard Institute for Space Studies

「綠色成長」。此外該協定並將溫室氣體減排義務，從已開發國家（四十一國）擴大至中國、印度等開發中國家——即已開發國家必須提供資金，協助開發中國家達成減排目標及因應氣候變遷的衝擊。

言歸正傳，全球暖化的現象，可以用地圖清楚呈現出來。全球氣溫雖然因時因地每年不同，藉由各地氣象站和衛星資料提供準確的數據，科學家得以推知全球氣溫歷年變化。他們從陸地和海洋表面取得「日均溫」（每日最低溫和最高溫兩者平均數），統計算出全球年均溫，並以一九五一至一九八〇年這三十年均溫作為基數，判斷地球是愈來愈暖或愈來愈冷。

圖5-5A 是一八八〇到二〇一三年全球年均溫的異常值圖表。科學家並取五年的均溫，畫出異常值曲線，從曲線的走勢可看出一八八〇年至今全球溫度確有升高的現象。

圖5-5B 是一九五〇到二〇一三年全球地表與海洋表面年均溫，相對於一九五一到一九八〇年均溫基數的異常值。黃、澄、紅代表變暖地區，愈紅表示愈熱；白色地區表示年均溫變化並不明顯，淺藍至深藍色地區則顯示年均溫降低。從圖中可看出全球大部分地區都有明顯增溫趨勢。圖5-5C 則是二〇一七年二月冬天的地表溫度異常值，深紅地區表示溫度增高十℃以上。從圖中可看出美國中西部、西伯利亞東北部，以及格陵蘭南部都異常暖和。

聯合國跨政府氣候變遷委員會（Intergovernmental Panel on Climate Change，簡稱IPCC，由一百一十三個國家共逾一千兩百位科學家組成）綜合評估報告早已指出，全球暖化有大於九十％機率是因人類活動而導致溫室效應氣體增加所致。然而二〇〇一年的布希政府仍以「減少溫室氣體排放會影響美國經濟」近視短利的理由，拒絕簽訂《京都議定書》。而今日的川普否認氣候變遷，美國麻省理工學院知名語言學榮譽退休教授、政治文化評論家喬姆斯基（Noam Chomsky）更直言批評：「幾乎敲響人類的喪鐘」。原因無它，因為今日美國溫室氣體排放量高居世界第一。

伍茲霍爾海洋研究所（Woods

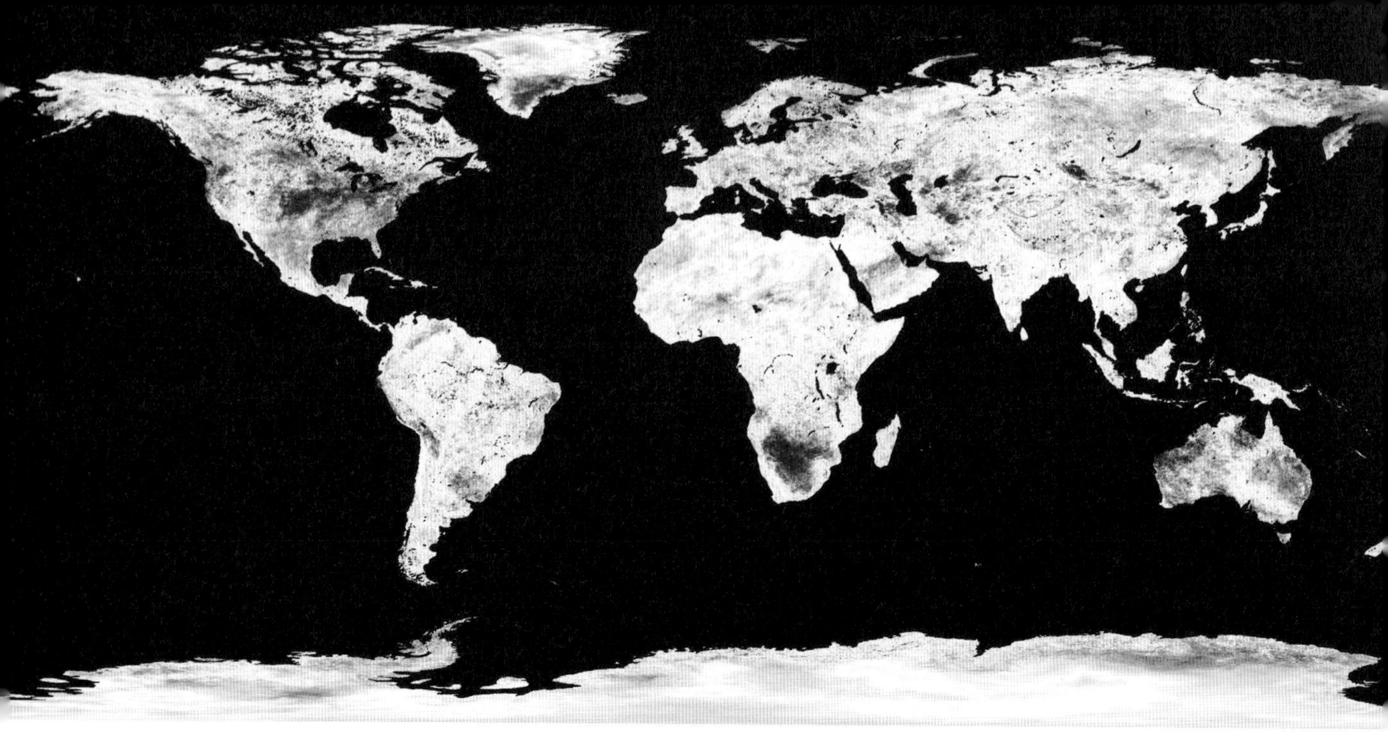

圖 5-5C 2017年2月冬天全球地表均溫異常圖，圖中的深紅地區表示氣溫至少升高10℃。
地圖提供｜Jesse Allen / NASA Earth Observatory, using data courtesy of the MODIS Land Group.

Hole Oceanographic Institution）的柯瑞（Ruth Curry）發現從一九六五到九五年北極冰帽已融化兩萬平方公里，如果格陵蘭島的冰帽全部融化，海水將升高七公尺；地球暖化勢將改變水的循環而對氣候產生重大影響。加州斯克里普斯海洋研究所（Scripps Institution of Oceanography）的巴內特博士（Dr. Tim Barnett），利用美國國家海洋暨大氣總署數百萬筆的海洋觀測紀錄，輸入新的電腦模式來模擬氣候變遷，證實了溫室氣體致使地球暖化。巴內特博士強調，對於有理性的人，現在要爭辯的並非全球暖化警訊是否夠清楚，而是我們接下來該如何面對。

美國作家麥可．克萊頓（Michael Crichton）在所著的《恐懼之邦》一書，探討目前關於氣候變遷的種種科學知識。他認為這幾年來暖化議題已被廣泛用來製造「恐懼」，我們無法解釋一些和理論不符的現象，許多「危機」也缺乏充分科學證據，但「恐懼」卻已成功散布，進而產生政

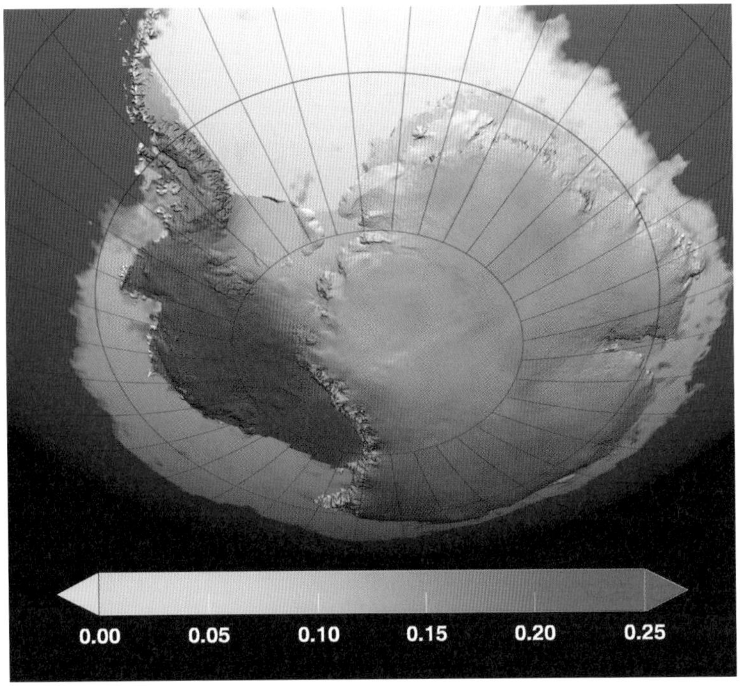

圖5-5D 南極地區從1957年至2006年，在五十年間的暖化趨勢，平均每十年升高0.5℃。
地圖提供｜Trent Schindler / NASA Goddard Space Flight Center Scientific Visualization Studio.

經權力與利益的獲取。

但《恐懼之邦》畢竟是一部小說，作者雖然引經據典並附上學術期刊出處，然在書中對很多相關的科學數據，多以他自己的詮釋來營造戲劇張力，不見得正確。科學家為了澄清克萊頓若干偏頗或錯誤詮釋，還在官方網頁（www.realclimate.org）公開糾正書中誤導讀者的不實之處。有些被訪問的科學家見克萊頓如此誤傳訊息，甚至覺得被克萊頓出賣了。

獲得奧斯卡最佳紀錄影片的《不願面對的真相》，是美國前副總統高爾以陳述證據的方式來討論全球暖化，引述的都是有憑有據的研究結果而非誇張的小說情節。片中令我印象最深的，是科學家從南極鑽取的冰核層中，分析了不同年代的二氧化碳濃度變化，並建構了長達六十五萬年的時間軸，讓我們清楚看到今日的二氧化碳濃度已遠遠高出地球過去六十五萬年的最大量。而過去半個多世紀以來，南極氣溫已升高二・五℃，平均每十年升高〇・五℃，是全球暖化速率最快的地區（如圖5-5D）。

夏天一年比一年熱，看看這些充滿暖色的彩圖，不能不讓人警覺全球暖化不但是政府亟需正視的迫切議題，更是我們每個人都該關心的事。多騎車走路、多乘坐大眾運輸系統、多用省電燈泡、少開冷氣、攜帶環保筷並力行垃圾分類回收等，至少是每個人都能努力做到的事。

正如斯德哥爾摩環境學院暨回復力研究中心（Stockholm Resilience Centre）主任羅克斯瓊姆（Johan Rockstrom）在二〇一五年就警告說：「造成全球氣溫可能上升六℃的主因，並非二氧化碳的人為排放，而是生物圈的反應。我們每年因燃燒化石燃料而排放九千兆噸二氧化碳，卻有一百萬兆噸的天然碳就埋在西伯利亞的永凍苔原下，因此我們是否能夠讓天然碳持續被覆蓋在永凍土層、雨林、北方森林、濕地才是重要的。如果我們無法好好維持生態圈的平衡，那麼大自然就會開始反撲。」

↑ 在加拿大洛磯山脈的班夫國家公園，我們也看到了退卻中的山岳冰河。

海面地形與聖嬰現象

聽過「聖嬰」現象嗎？它通常和全球不尋常的天氣有著密切關係。你知道它的成因嗎？是誰發明這個名詞呢？你可知道科學家正藉由海面地形來研究、預測聖嬰現象？

要認識聖嬰，必須先了解熱帶太平洋正常狀況下的信風體系（trade winds，又作貿易風，西班牙人以前便是藉此風之助，從南美殖民地航向菲律賓）。我們都知道，太陽照射赤道區比地球其他地方都來得強些。赤道區氣流上升，亞熱帶地區的風便吹向赤道區，並因地球自轉等因素，由東向西吹，在熱帶太平洋區域上形成廣大的信風東風帶，又稱赤道東風。

在赤道東風推波助瀾下，海水也被往西推，印尼的海平面通常就比南美祕魯的海平面高約五十公分。而祕魯沿海——即太平洋東側水域，因表層海水一直被往西推，下層較冷而富含浮游生物的海水便跟著補上來，祕魯就因這營養海水而成為世界五大漁獲量最多地區之一。

暖水的體積，比等量的冷水來得大，因此暖水區海面也比冷水區高些。通常西太平洋的海水較暖且較深，東太平洋海水則較涼而略淺。

太平洋東西兩區海水溫度的差異，也對氣候造成了影響：西太平洋因海溫高，致使大氣對流旺盛，像印尼多雨潮濕，而東太平洋的祕魯卻乾燥少雨。我們可以把對流旺盛的西太平洋看成一個大量釋放熱氣和濕氣到大氣中的暖水爐，當這巨大的暖水爐改變火力或移動位置時，便連帶對世界天氣或氣候產生了波及效應。

所謂聖嬰，便是當赤道東風減緩，所引起的一連串自然現象。就這麼想，當赤道區的海水不再被風一直往西推，東太平洋下層深冷的海水，上補的量便會因而減少；祕魯海面溫度也隨之增高，太平洋東西海面溫差也就因而變小了。在這般連鎖反應下，赤道東風更形減弱，使得對流旺盛的暖水爐火力變小或有東移的趨勢，繼而擾亂世界各地慣常的天氣型態。

最早發現聖嬰現象的是祕魯討海人，便用西班牙文稱之為「El Niño」，有人直譯中文為「厄爾尼諾」，英文則是「Christ child」之意，因為海洋變暖通常是發生在聖誕節之後。對祕魯人來說，聖嬰可能是常態，只不過規模有大有小。現在科學家提到聖嬰，通常是指狀況較嚴重者。一九六〇年代以前聖嬰被認為是南美太平洋沿岸特有的區域現象，後來科學家才發覺，聖嬰和整個赤道太平洋的風向與溫度改變有關。

科學家雖然發現赤道東風減弱會引起聖嬰現象，但究竟什麼原因使得赤道的風勢改變，目前說法卻仍然莫衷一是。不過，今日科學家已能藉由衛星偵測的海面地形，成功預測聖嬰發生的可能性了。一九九二年美法合作發射一枚衛星（名為TOPEX / Poseidon），在一三三六公里高空中，每十天一週期用精密雷達儀器測量全球海面高度，持續至今。在第一單元我們曾提到地球海平面不是平的，海面形狀主要是受到重力及海水大規模流動的影響。然而重力通常是長年不變的，海水的流動卻會在四季輪替下，因風勢、風向、溫度等因素而使得海面高度跟著改變。因此，根據衛星蒐集的精確資料，並扣除重力與季節等因素，科學家便可依照海面高度的「異常值」來研判聖嬰發生趨勢。譬如一九九七到九八年的聖嬰，科學家早在一九九七年的春天便預測它確定會形成。

如 圖5-6A 至 圖5-6D 所示，圖像中「正常」的海面高度是用綠色顯示，藍區代表海面高度低於正常值五至十三公分，紫區代表海面高度

圖5-6A 至 圖5-6D 這4張圖顯示了衛星在不同時間所觀測到的太平洋海面地形變化與聖嬰現象。

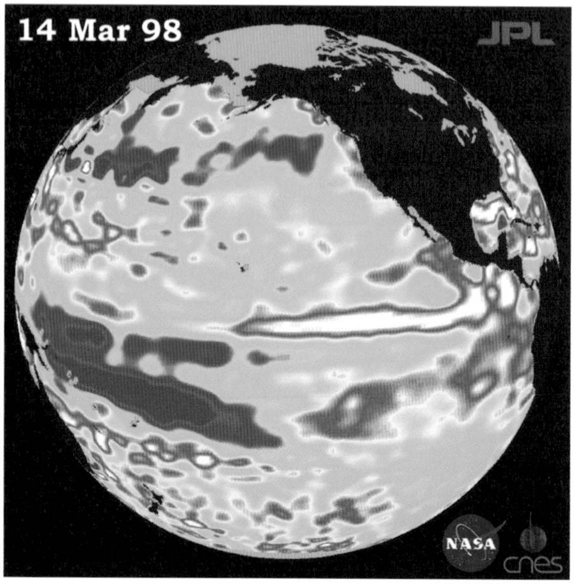

圖5-6C 1998年3月14日，聖嬰減弱，赤道太平洋中間的海面高度逐漸回復正常狀態。

圖片提供｜NASA / CNES / JPL

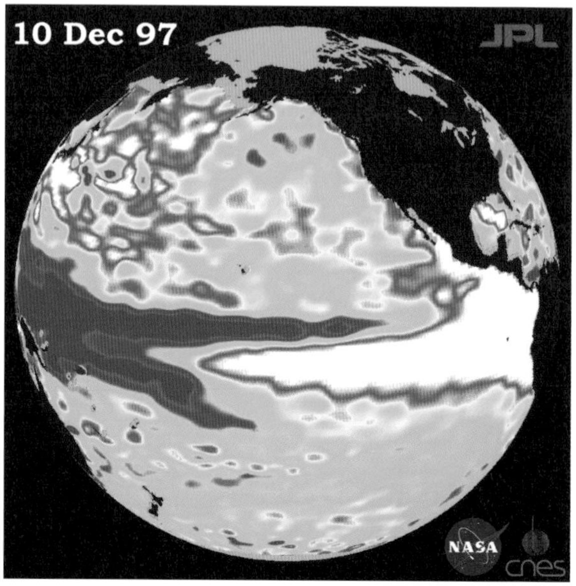

圖5-6A 1997年12月10日，赤道西太平洋海面顯著降低呈泛紫，暖水區移至東太平洋。

圖片提供｜NASA / CNES / JPL

圖5-6D 2001年1月2日，反聖嬰現象，暖水區占據太平洋赤道西邊與北邊。

圖片提供｜NASA / CNES / JPL

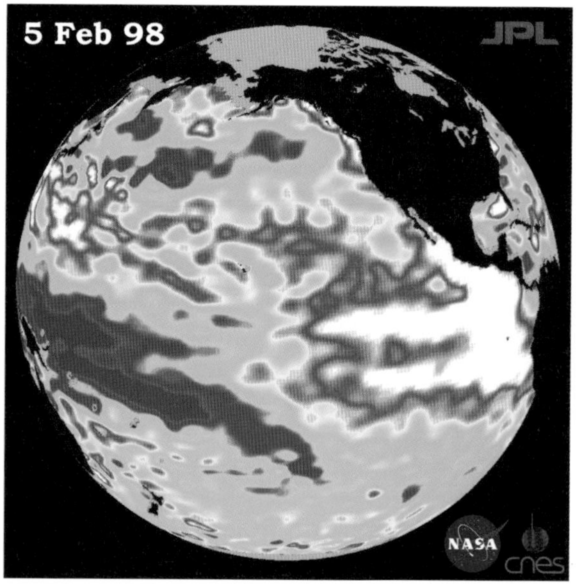

圖5-6B 1998年2月5日，東太平洋聖嬰的暖水區往南北擴增中。
圖片提供

NASA / CNES / JPL

↑ 聖嬰年在南加州Lancaster遍地澄色的罌粟花。

低於正常值十四公分以下。相對地，紅區代表海面高度高於正常值十公分上下，白區則代表海面高度高於正常值十四至三十二公分。藍紫地區均顯示海水上層的溫度較正常來得冷，紅白地區則顯示海水溫度較正常暖和。海面高度能讓科學家推估熱量在海洋中的分布情形，及其對未來氣候可能產生什麼影響。

聖嬰影響最大的地區往往在赤道附近，平時少雨的東太平洋出現了大豪雨，多雨的西太平洋雨量則顯著減少或鬧旱。一九九七至九八年的聖嬰可能是本世紀最厲害的一次，大家可能都還記得，西太平洋印尼雨量驟減以致於森林大火不斷，朦朧的霾害並

圖 5-6E 2016年1月18日冬季聖嬰接近高峰，太平洋海面平均高度異常圖。

地圖提供｜Jesse Allen / NASA Earth Observatory, by using TOPEX-Poseidon, Jason-2 &3 data provided by Akiko Kayashi and Bill Patzert, NASA/JPL Ocean Surface Topography Team.

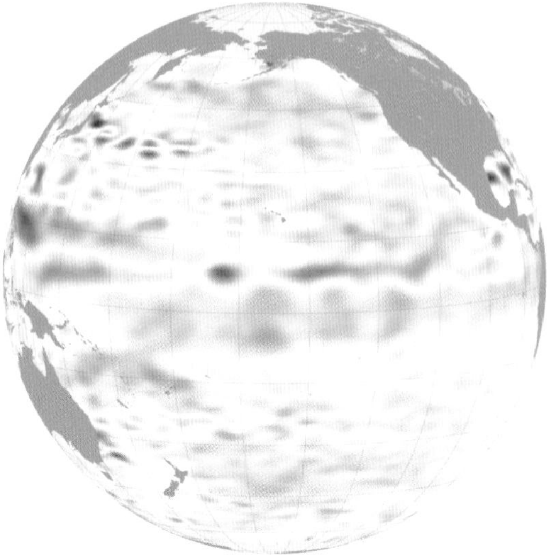

圖 5-6F 2016年11月4日當反聖嬰接近高峰，太平洋海面平均高度異常圖。

地圖提供｜Jesse Allen / NASA Earth Observatory, by using TOPEX-Poseidon, Jason-2 &3 data provided by Akiko Kayashi and Bill Patzert, NASA/JPL Ocean Surface Topography Team.

影響當地及鄰國民眾健康，澳洲和東南亞等地也相繼出現乾旱；東太平洋如祕魯，沙漠一度變成了湖泊，智利則因洪患造成上萬人無家可歸；美國加州因降雨量大增，荒漠中長出令人驚嘆的大片花海，然而優勝美地山谷卻歷經百年來最嚴重的洪水；墨西哥灣的沿岸則颶風頻頻，佛羅里達州發生了暴風雪，連非洲雨量也大增。

赤道東太平洋會變暖，當然也會變冷。科學家將這種現象取名為「La Niña」，和聖嬰El Niño意思相反，西班牙文是「女孩」之意，有人直譯為「拉尼娜」或「女嬰」，台灣中央氣象局則統一譯為「反聖嬰」現象。反聖嬰是當赤道東風變得比原來還更強時，就會把更多溫暖海水吹向西太平洋；東太平洋因流失更多的表層海水，須由下層補充更多深冷海水，致使海面溫度降低，而產生反聖嬰現象，通常會跟在聖嬰後面發生，如一九九八到二〇〇〇年小規模的反聖嬰。圖5-6E 與 圖5-6F 是近年較新的圖，分別顯示二〇一六年一月十八日當聖嬰現象接近高峰時，以及二〇一六年十一月四日當反聖嬰接近高峰之際，衛星觀測的太平洋海面平均高度異常圖。紅色表示海洋高於正常海平面的區域——海面高度較高，代表海水溫度較高（膨脹效應）。藍色則顯示海面高度和溫度低於平均值（冷縮效應）。正常的海平面高度則以白色顯示。

聖嬰常會帶來驚人的生命財產損失，人類雖無法逃避或改變大自然的律動，但若能善加預測聖嬰與反聖嬰的現象，便能及早做出應變決策，減少其負面影響。

↑ 聖嬰現象會帶來比往常更豐沛的雨量，形成令人驚豔的花海。圖中紫花是羽扇豆（Lupine）。

臭氧耗蝕的遠慮近憂

大家可能都聽過「臭氧洞」（ozone hole）這個名詞。但「臭氧洞」是什麼？何時被發現的？分布於大氣中那一層薄薄的臭氧（O_3），減少到「破了個洞」，到底會對我們的日常生活造成什麼重大的影響呢？

一九七九年，美國國家航太總署（NASA）開始用衛星蒐集大氣中的臭氧資料。在此之前，已有科學家懷疑人類製造的化學物會破壞大氣上層的臭氧層，但直到一九八五年，大氣科學家發現在南極上方出現一個「臭氧洞」，關於臭氧洞的討論才日趨受到重視。

科學界追蹤南極臭氧洞擴大的情形已逾二十年。二〇〇〇年九月上旬，NASA衛星在南極上空偵測到的臭氧洞，面積達兩千八百三十萬平方公里，相當於美國的三倍大。二〇〇一年九月，南極臭氧洞縮小了一點，仍達兩千六百萬平方公里，比北美洲（包括美國、加拿大、墨西哥加起來）面積還大。到了二〇〇六年九月，NASA記錄到的南極臭氧洞面積達二千九百萬平方公里，範圍之大前所未見。

其實大氣中「臭氧洞」並非真是一個破洞，較精確的說法應是「臭氧耗蝕區」（ozone depletion area），表示臭氧含量非常稀少的地區。大氣中的臭氧含量原本就不多，而絕大部分臭氧是分布於平流層（Stratosphere，或稱同溫層）——距離地表約十至四十公里處。因地球的大氣層，特性隨高度

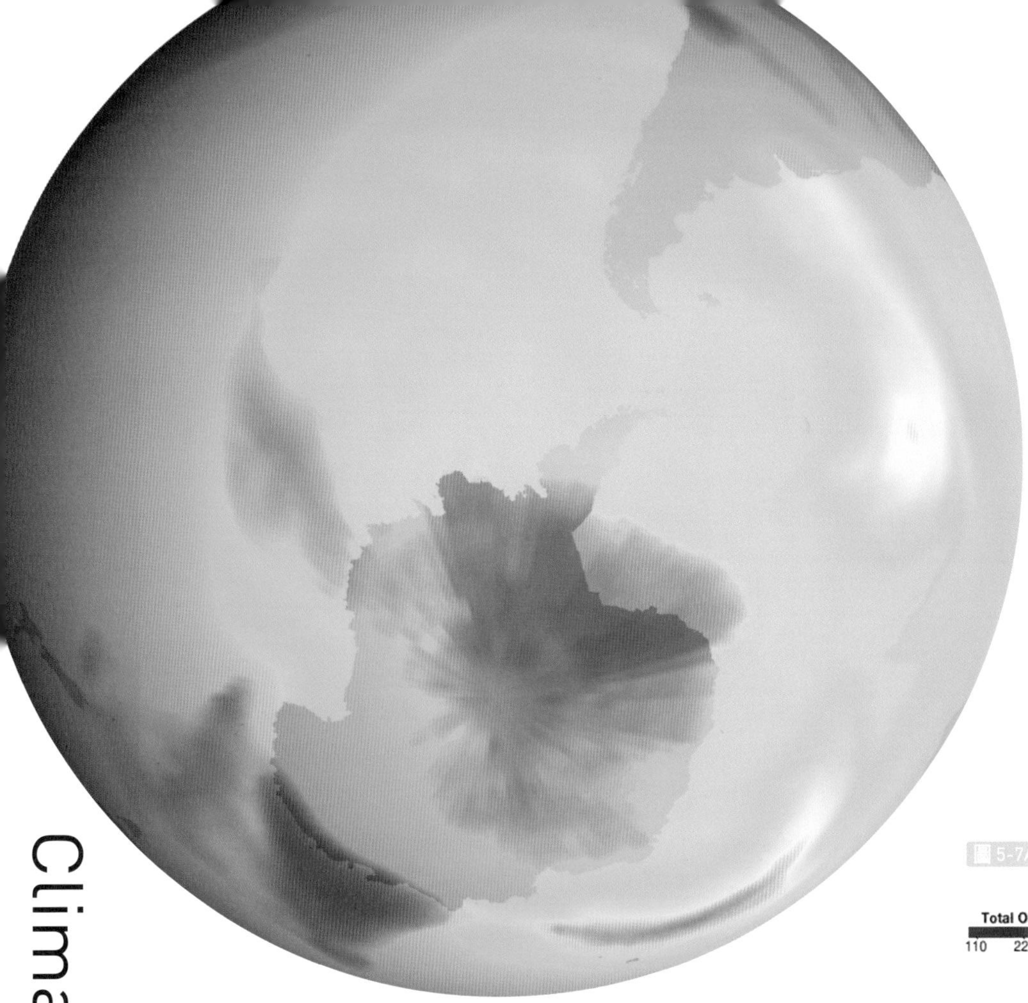

圖 5-7A Sep 18 1979

Total Ozone (Dobson Units)
110 220 330 440 550

Climate & Environment

不同而有變化，科學家便依其特性予以區分，從地表以上十公里之間的大氣稱為「對流層」（Troposphere），對流層之上便是平流層。

平流層的臭氧之所以重要，是因為它能吸收陽光中的紫外線，將之轉換成熱能，就像地球的一層保護屏障，能擋住致命的輻射，只讓極少量到達地表。一旦此層臭氧減少，紫外線照射強度隨之增強，不但會導致人類罹患皮膚癌及白內障機率增加，而且還會損害免疫系統，減低人體對病毒的抵抗力。此外，紫外線會抑制植物生長，並減少水中浮游生物數量，進而對海洋生態平衡造成負面影響。

然而，臭氧若分布在靠近地表的對流層中，卻是一種污染物，因為它對人體肺纖維與植物均會造成損害，並有可能

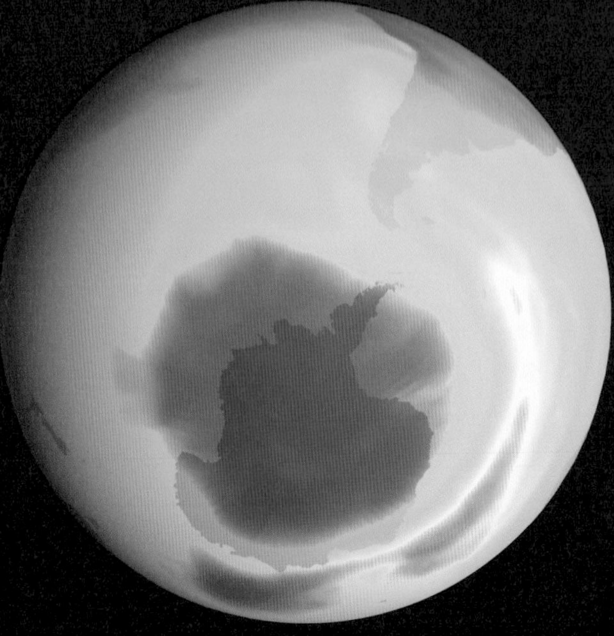

圖 5-7B Sep 21 1988

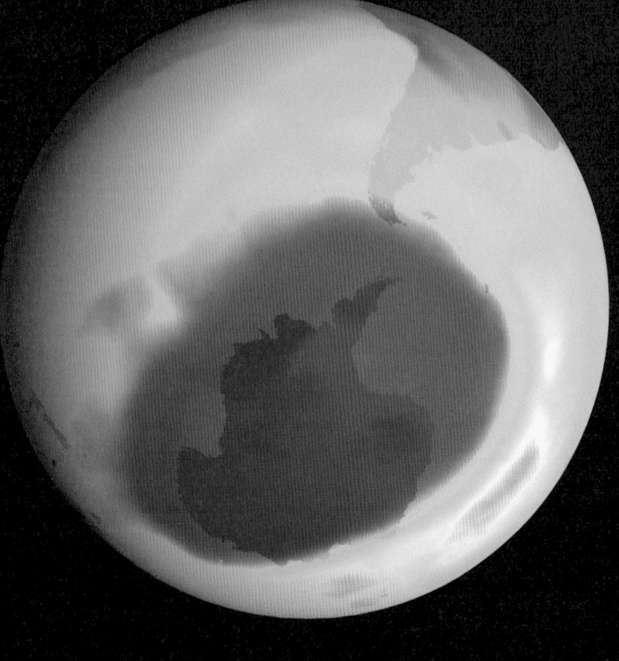

圖 5-7C Sep 10 2000

圖 5-7A 至 圖 5-7E

南極上空的「臭氧洞」分布與變化情形

深藍代表臭氧洞，表示臭氧含量比正常狀況減少20%。圖5-5a至圖5-5e顯示「南極臭氧洞」的最大範圍，其衛星偵測時間分別為1979年（9月18日）、1988年（9月21日）、2000年（9月10日）、2002年（9月24日）、2006年（9月24日）。

1979年是NASA首次藉由衛星蒐集臭氧資料，之後臭氧洞有明顯增大趨勢。2002年9月，南極臭氧洞似乎縮小了，但科學家們強調那是因為那一年大氣「平流層」（Stratosphere，或稱同溫層）特殊的氣候型態所致，並非臭氧洞已逐漸被修復。2006年則是自NASA有記錄以來最大的臭氧洞。

致使大氣污染更形惡化。因此，臭氧到底是有益還是有害的，究竟能保護或傷害地球上的生物，端賴它分布在哪一層大氣中。目前科學家發現了臭氧分布狀態的改變：能保護我們的平流層臭氧有減少的趨勢，而在對流層──即我們日常呼吸的空氣中，有害的臭氧卻逐漸增加。

這裡我們所要討論的，主要是針對平流層中對人類有益的臭氧。

亙古以來，平流層的臭氧含量多寡與分布情形雖會隨著季節、風向、長期的太陽輻射強度等因素，而有週期

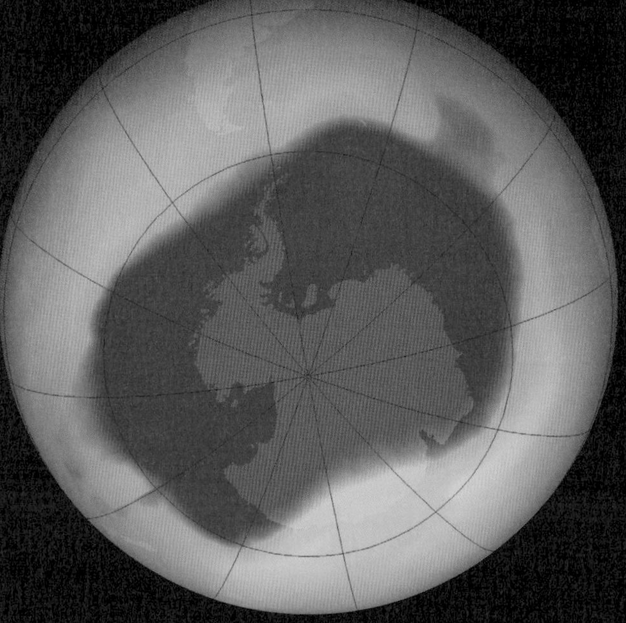

圖 5-7E Sep 24 2006

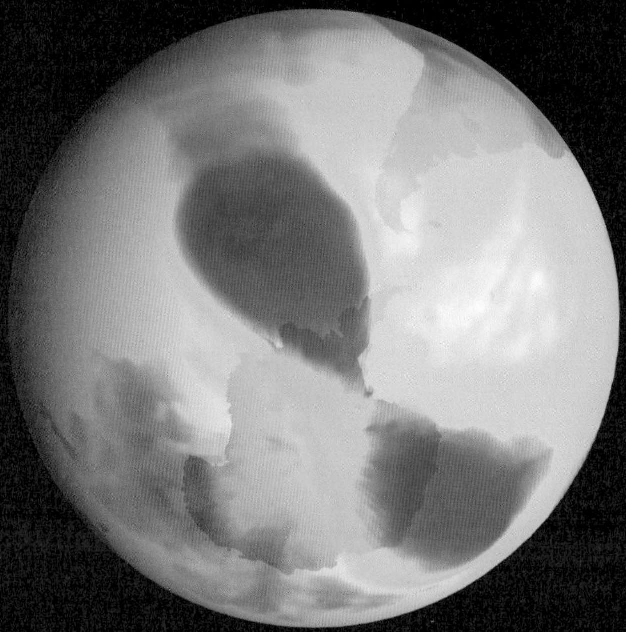

圖 5-7D Sep 24 2002

圖 5-7A 至 圖 5-7E

圖片提供｜NASA GSFC Scientific Visualization Studio

性的起伏，但透過自然機制調節，臭氧在不斷被製造與破壞過程中，仍能保持某種程度的平衡。我們可以試著把臭氧平衡（ozone balance）想成是一個「漏水的桶子」，只要灌進去的和漏掉的水等量，這桶子裡的水量就能維持一定。

不幸的是，科學家直到一九七〇年代初期才警覺到，人類活動正嚴重干擾平流層中臭氧的平衡，譬如曾被工業廣泛使用的冷媒與噴霧劑，其人工合成的氟氯碳化物（CFCs）就是破壞臭氧層主要因素之一。當氟氯碳化物由對流層升至平流

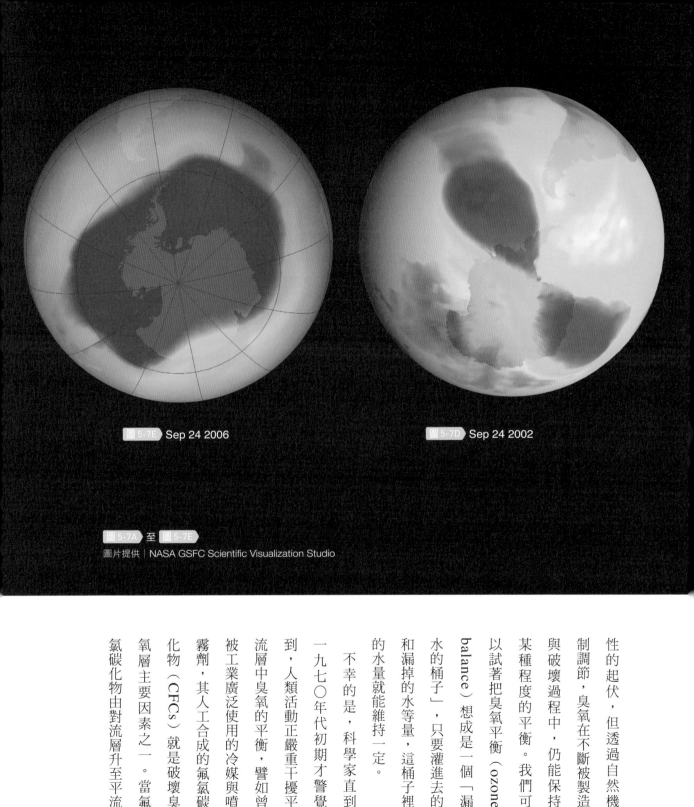

層，會因紫外線照射而分解產生氯原子，氯原子會扮演「催化」的角色，促進不安定的臭氧反應成為安定的氧，致使大量臭氧分解消失。

「臭氧耗蝕」，就是指臭氧的消失量超過了製造量。如前面提到「漏水的桶子」，若將破壞臭氧的氟氯碳化物注入大氣中，就好比水桶的漏口被戳大了，補進的水不及流失的水多，水桶裡的水就會減少。而臭氧逐漸減少，紫外線強度就會相對增加，而對地表生物造成危害。科學家已證實，大部分臭氧消失是由人工化合物直接造成的，一九八七年《蒙特婁議定書》（Montreal Protocol Treaty）便是國際間體認到臭氧層對地球生態環境的重要，開始強制規定締約國管制，進而全面禁用「臭氧層破壞物質」。不過在管制前，被排放到大氣的氟氯碳化物已上千萬噸，而且此化合物非常安定，估計可能要百年時間才能讓臭氧層回復原狀。

圖5-7A至圖5-7E是NASA根據衛星資料繪製的臭氧洞在一九七九、一九八八、二〇〇〇、二〇〇二、二〇〇六年分布變化情形。看到這些圖，或許有人會覺得奇怪，為何臭氧耗蝕的現象在南極上空特別嚴重，只在南極出現這麼大的臭氧洞呢？

簡單地說，是和南極當地氣候有關。科學家在過去十幾年來，發現了極區的「極地平流層冰雲」（Polar Stratospheric Clouds，簡稱PSCs）和「極地渦旋」（polar vortex）兩者的互動機制，都會快速破壞極區的臭氧層：前者所含的冰粒，會因化學反應釋出氯氣，進而分解臭氧；後者則因冷氣團的風速強勁，致使低緯度區吹來富含臭氧的暖空氣無法進入渦旋，持續低溫促進極地平流層冰雲的生成，更加速了臭氧被分解。換句話說，南極臭氧洞主要與該區特殊的自然環境和氣候特徵有著密切關係。

臭氧在大氣平流層中到處流動，就像我們看到的對流層的浮雲般。昔日科學家在某一地區測得臭氧的多寡，並不能代表全球臭氧量的增減情形。然而藉由衛星輔助，今日科學家得以對全球的臭氧分布流動與改變狀況進行每日偵測觀察。

二〇一七年九月，美國航太

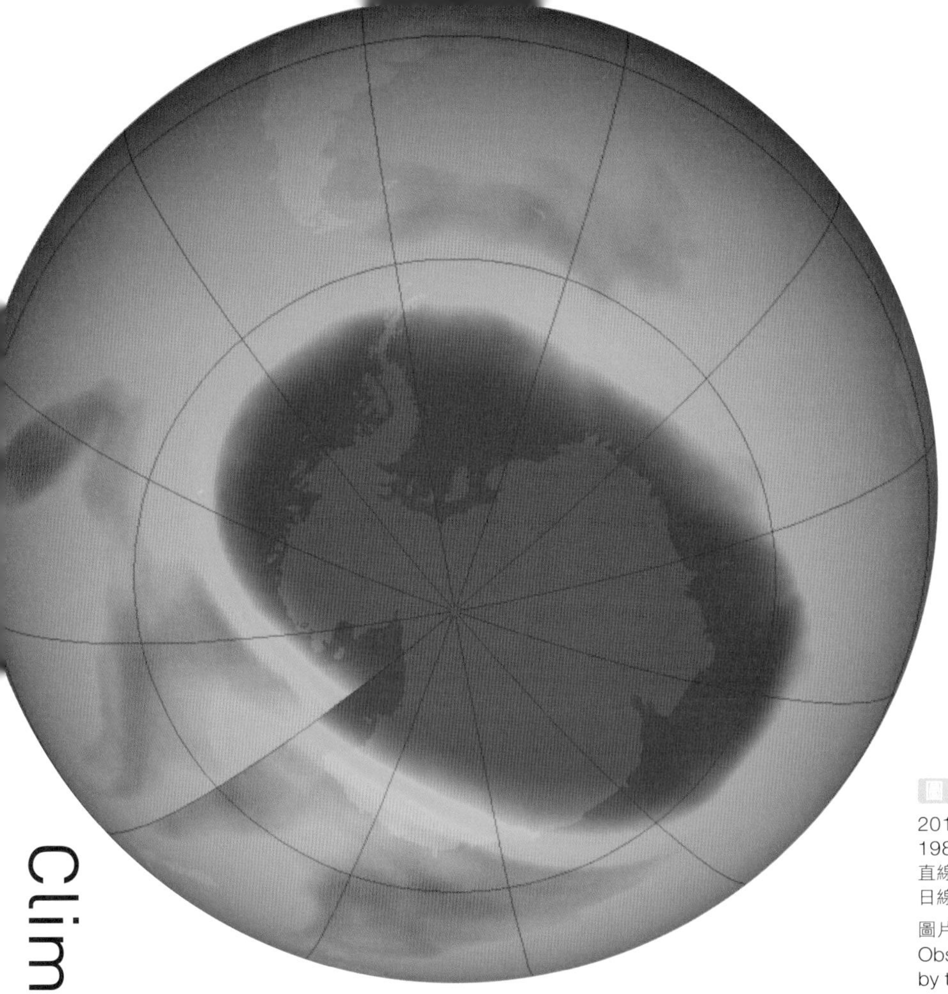

圖 5-7F
2017年南極上空的「臭氧洞」縮小至1988年以來的最小面積。左下方狀似直線是衛星的資料蒐集轉換受到國際換日線影響所致。

圖片提供｜Jesse Allen / NASA Earth Observatory, using visuals provided by the NASA Ozone Watch team.

總署以及國家海洋暨大氣總署（NOAA）聯合發表聲明，衛星數據顯示該年南極的臭氧層破洞縮小了，在九月十一日達到了年度高峰，範圍一九六〇萬平方公里，約為美國面積的二・五倍——卻是一九八八年以來的最小面積（如圖5-7F）。然而科學家也指出二〇一七年臭氧破洞範圍較小，是由於自然氣候變化，並不一定是快速癒合的信號。預計南極臭氧層破洞要到二〇七〇年左右才會恢復到一九八〇年的水平。

現在我們應曉得何謂南極上空的「臭氧洞」及其形成原因了。雖然臭氧在大氣中僅占很小的一部分，臭氧的耗蝕卻對地球上生物有著不可忽視的致命影響。

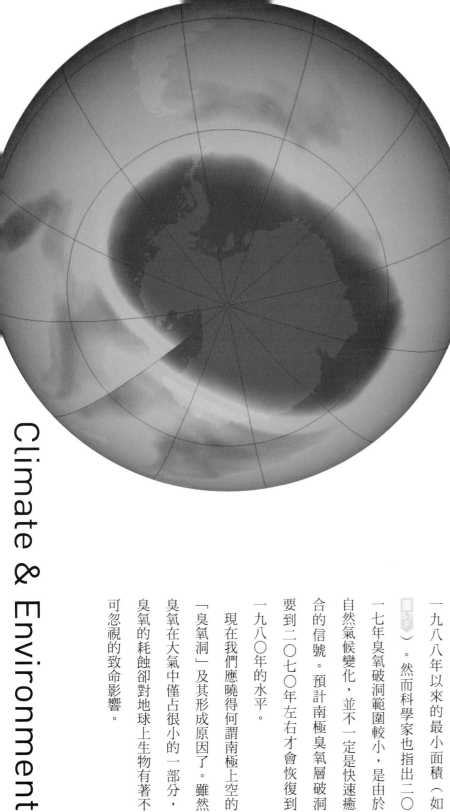

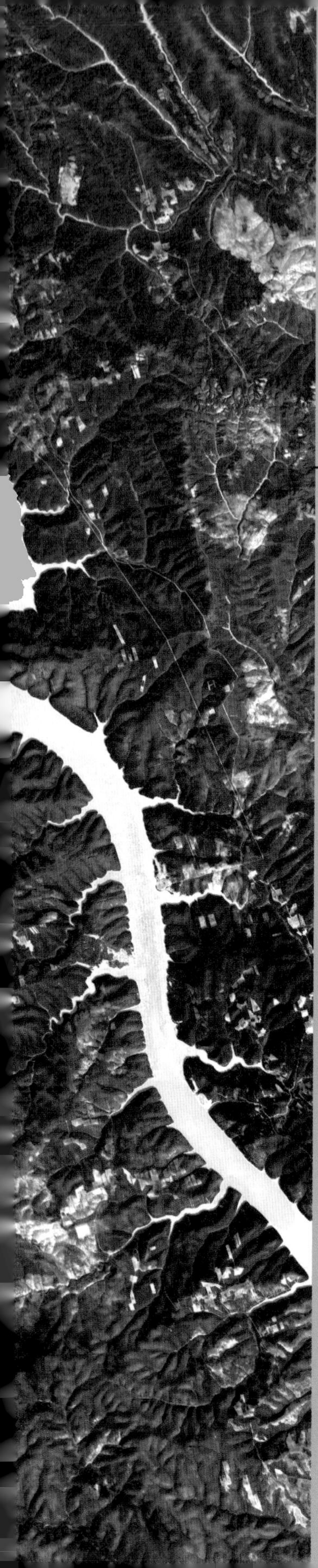

Part 6

從空中透視
Mapping from Space

在西伯利亞南邊安格拉河築起的Bratskove Reservoir水庫，湖水形狀猶如一條龍，因而綽號「龍湖」（Dragon Lake）。此圖拍攝於冬天湖水冰凍時。

圖片提供｜USGS EROS Data Center Satellite System Branch as part of the Landsat Earth as Art series.

Mapping from Space 6-1

用雷達看地形變遷

一般人說到世事變遷，常用「滄海桑田」一詞，是說大海可能變成農田，這固然是大家耳熟能詳的成語，其實古人對於地形變化的觀察，可能遠遠超出一般人的想像。

《莊子．胠篋篇》：「夫川竭而谷虛，丘夷而淵實」；《詩經．小雅》：「百川沸騰，山冢崒崩。高岸為谷，深谷為陵」。這些句子都是用自然地貌的變動來比喻人事變遷。雖然地形並不是文章的主題，但這也正說明了兩千年前的中國人對於地形的變化已有了相當深刻的觀察，因此借用這些「淺顯」而「形而下」的自然現象，來解釋一些「形而上」的高深哲理。

第一次讀到莊子「丘夷而淵實」這句子，頗有匪夷所思之感，因為這個說法與現代地形學者戴維斯（W.M. Davis，一八五〇－一九三四）提出的地形發育觀念，竟有若合符節之處。

戴維斯把生物學上演化的觀念帶進地形學，認為地形的演化可以分成幼年、壯年與老年期。地形的演化到了末期，地表已被風化、侵蝕的力量磨平，而形成幾乎沒有起伏的準平原，就像莊子所說的：高山終被磨平，低窪地終被填實。

我一直感到好奇的是，古時候的人怎能觀察出來，山丘會（逐漸）被夷為平地呢？

像「川竭而谷虛」倒是有可能在相當短的時間內發生的地形變動，比方說河川的上游發生山崩，阻斷了流水，下游的河川不就竭了、谷

↑ 在飛機上俯瞰奧勒岡州的三姊妹山，屬於美國西北地區喀斯開山脈火山系列。

也自然虛了嗎？「淵實」所需要的時間可能更長一點，淤積作用也許要幾年或許幾十年才能把一個湖填實，這都不需要精密的測量儀器觀測，是有可能在人短暫的一生中發生的地形變化。

但是山丘夷為平地就比較令人費解，莊子那個時代的人是怎麼看出來，山會（漸漸）變矮的？也許莊子是不小心「碰」對的，中國文人寫文章講究對仗，還有比「丘夷」更好的對子來對「淵實」嗎？

當然，地表高度除了受風化、侵蝕等外營力影響外，也受到地殼內部岩漿活動產生的內營力影響，低緩的平原可能因板塊擠壓或火山活動，重新隆起而成為山頭。否則如果只有風化、侵蝕等外營力而沒有岩漿活動的內營力，長久以往，地表終將全部成為低緩的平原。然而不論外營力或內營力，這些作用對於地表高度的影響通常都非常緩慢而不易為肉眼所察覺。

儘管科學家對於地表細微的變化有高度興趣，但長久以來地表的測量都只能局限於點（例如使用GPS），而無法得知局部地區整體地面的變化。

想像中最好是能有一部「大地攝影機」（geodetic camera），在同一地點每隔一段時間拍一張，將地表的變化鉅細靡遺記錄下來。這不是天方夜譚，這個夢想早在九〇年代南加州的一場大地震之後，即被證明是可行的。

一九九二年六月二十八日清晨，距洛杉磯東方約一百五十公里的Landers小鎮發生規模七．三級的地震，由於震央位於人煙稀少的沙漠地帶，因此沒有造成太大災害，也沒有成為重大新聞。但地震發生後，法國科學家馬松內（Didier Massonnet）利用歐洲太空總署ERS衛星（European Remote Sensing Satellite）於地震前後拍攝的雷達影像，成功顯示地震後斷層附近詳細的地表變形。由於雷達影像所顯示的地表位移，與該次地震的理論模型所推估的情況極為接近，這個新的測量技術立刻引起全世界相關科學家的重視。

這種稱為「雷達干涉測量法」（Radar Interferometry，也譯作「雷達干涉技術」）的新技術，基本原理是由衛星或其他航空器向地表發射雷達波，再由雷達波自地表反射回來的時間來推算衛星與地表之間的距離。

觀測地表的雷達波波長極短，如ERS衛星的雷達波，波長只有約五公分。為方便討論，我們假設波長為五公分整。若衛星所在位置離地表八百公里，雷達波自衛星至地表往返需旅行一千六百公里，因為這個距離是波長的整數倍，所以當反射的雷達波返回衛星時，會剛好完成最後一次振動的週期。也就是說，雷達波到達時的相位（phase）與離開時的相位將會相同。

但如果衛星與地表的距離增加一公分，雷達波往返的距離就增加兩公分，因此當雷達波返回衛星時不會完成一個完整的振動週期，而只完成一個振動週期的百分之四十。根據這個原理，利用反射波的相位差來度量距離，可以精確到幾公分，甚至幾公釐的程度。

假設自太空中的同一點，在不同的時間拍攝兩張同一地點的地表雷達影像，兩張影像應該不會有任何相位差，除非地表高度在這段期間中有了微小的變動。因此，當我們要測量地表變形的程度時，便可以將兩張有相位差的雷達影像疊合起來，相位差就會形成干涉

圖 6-1A 三姊妹火山雷達干涉圖

地圖提供｜C. Wicks/USGS

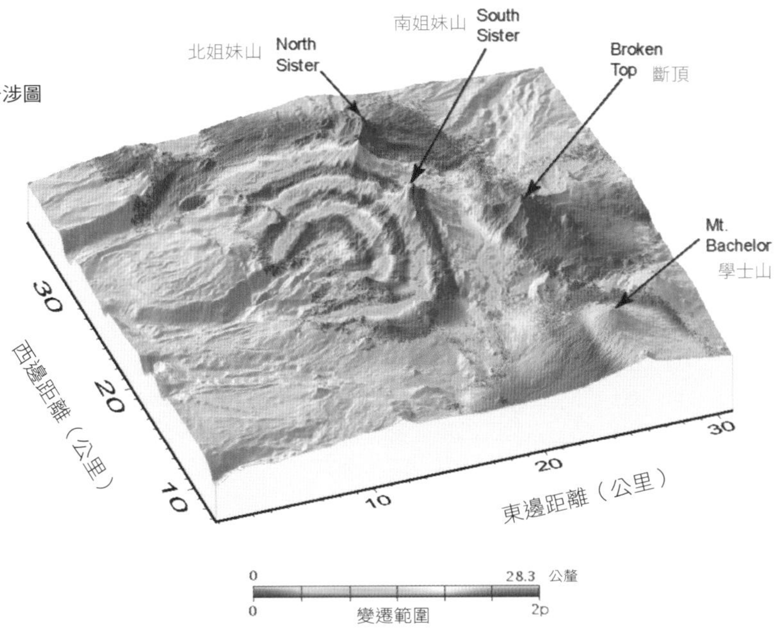

圖 6-1B 三姊妹火山地形圖

三姊妹火山位於美國奧勒岡州，屬喀斯開山脈，最高的南姊妹山海拔為3,158公尺。

地圖繪製｜李文堯

現象。科學家就可利用這干涉圖形（Interferograms）計算出地表位移的程度。

一般雷達干涉圖形都是用光譜中由紅色到紫色的彩色條帶表示地表高度的變化，這有點類似肥皂泡或油膜因為薄膜表面與底部反射光相位差所形成的彩色。

在雷達干涉圖形中，一組完整的彩色條帶代表半個波長的相位差，ERS衛星的波長為五．六六公分，因此半個波長的相位差就表示地表的高度變化是二．八三公分。簡單的說，Massonnet發明的利器可以讓科學家由幾百公里外的高空，觀察地表幾公分的細微變化。

圖6-1A 即為美國地質測量局（USGS）的專家用「雷達干涉測量法」觀測美國奧勒岡州中部三姊妹（Three Sisters）火山，自一九九六年八月到二〇〇〇年十月間地表隆起的現象。三姊妹火山是喀斯開山脈（Cascade Range）的一群火山，圖6-1B 中央最高的群峰即為三姊妹火山。

圖6-1A 中，每一組紅色到紫色的彩色環帶代表二．八三公分的高度變化，沒有顏色的部分並不一定表示地表沒有變形，而是因為地表的植被或其他因素影響了觀察。

由圖中四組彩色環帶可以看出火山隆起大約只有十公分左右，隆起的原因可能是地底岩漿增加，世界上其他地區的火山也發現類似現象。但地質專家表示，這並不表示三姊妹火山有立即爆發的危險。

美國太空總署也曾利用「雷達干涉測量法」觀測油田的地表高度變化。圖6-1C 的四張圖，顯示的是加州Bakersfield附近一座油田在四個不同時期，因石油開採活動而造成的地表下沉現象。

透過這些雷達影像，科學家發現自一九八九年至今，部分油田的地表已沉降達三公尺以上。某些沉降較快的地方，幾乎是以每個月三公分的速度下沉。科學家希望透過這些研究，進一步了解地底岩床因石油開採而產生的變化，這些研究的結果可作為未來改進石油開採工序的參考。

雷達干涉測量法應用十分廣泛，除了地震、火山、油田的觀測外，還被用於觀測冰河、地滑或土石流

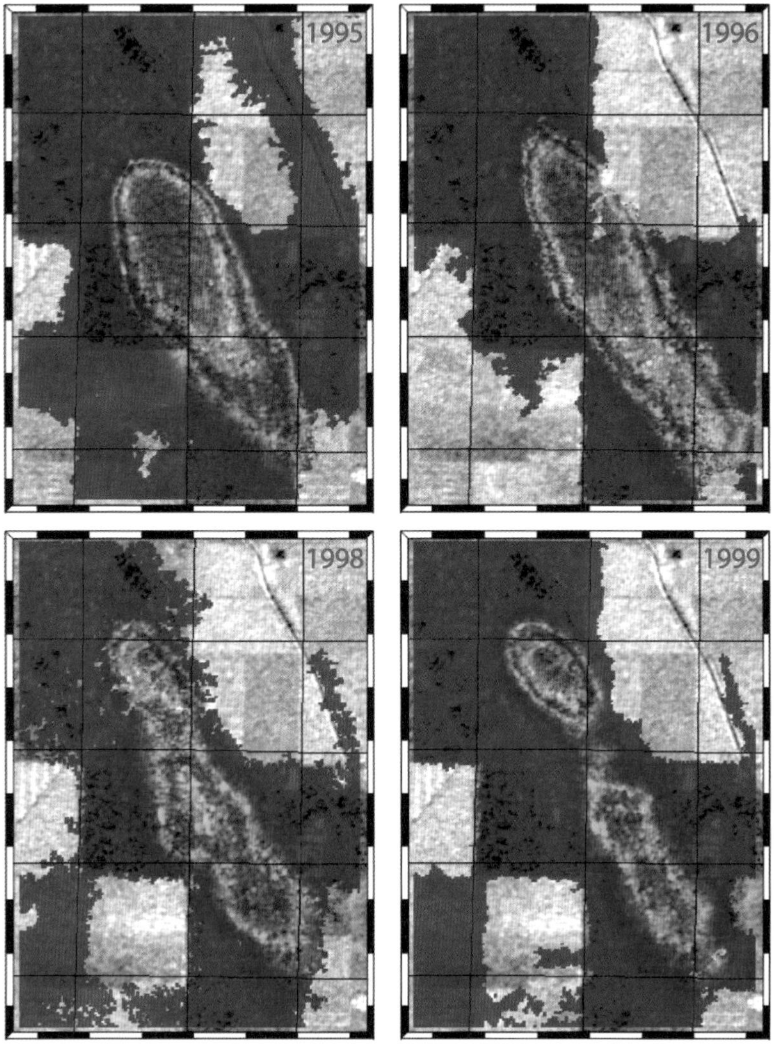

圖 6-1C Bakersfield油田雷達干涉圖

紅色是下降最明顯的地區，紫色是相對最穩定的地區，沒有顏色的地區表示資料無法取得。

地圖提供｜NASA/JPL

的移動。

台灣的學者也有利用「雷達干涉測量法」分析九二一地震後地表的位移。也許在不久的未來，科學家可以利用「雷達干涉測量法」對火山爆發、地震或土石流等天然災害做出較準確的預測。

註：肥皂泡和油膜上的彩色，是由光的干涉所引起的。簡單地說，就是薄膜表面所反射的光線與薄膜底面所反射的光線互相疊加。疊加之後結果造成部分加強、部分減弱，這與光的波長、薄膜的折射率以及薄膜的厚度都有關。如果薄膜厚度遠小於1/4光波長，而它的兩面都是空氣（張在一個垂直鐵絲圈上的肥皂薄膜的頂部就是這種情況），那麼干涉是減弱的，對與光源處於同一邊的觀察者來說，薄膜是黑的。當沿著薄膜增厚的方向（上述肥皂薄膜的下方）看時，在反射光線裡能看到波長越來越長的光波之加強性干涉（互相加強）。因此一個垂直的鐵絲圈上的肥皂薄膜，在白光照耀下，它的頂部是黑色的，往下就是各種顏色的彩帶。

巴拿馬地峽與運河

大家應該都知道巴拿馬地峽的地理位置吧？它連結了北美洲與南美洲（圖6-2A），將東側的大西洋與西邊的太平洋隔開。很多人可能都會有這個印象：巴拿馬地峽應該是南北走向。其實不然，翻開地圖仔細看，你就會發覺，一段狹長的巴拿馬地峽原來是呈東西走向（圖6-2B）。

還有一個有趣的地理問題。大家可能都知道，巴拿馬地峽有個著名的巴拿馬運河，那麼，如果你坐船「從西而東」通過巴拿馬運河，運河的終點將會是太平洋，還是大西洋呢？我猜九十九%以上的人，會回答說是東邊的大西洋。

又錯了，你看到的將是太平洋。為什麼呢？因為從圖6-2B我們可以看出，巴拿馬運河從大西洋到太平洋是呈「西北-東南」走向，和我們直覺認為的「東-西」走向，轉了將近一百八十度。看了地圖便容易一目瞭然，為什麼運河東邊是太平洋。若沒有地圖做參考，恐怕想破頭也難以理解這箇中道理。

據科學家的研究指出，在距今兩千萬年前巴拿馬地峽還未誕生，北美與南美兩大洲並不相連，太平洋和大西洋其實是相通的。地表下，太平洋板塊和加勒比板塊相互擠壓形成海底火山，火山冒出海面便形成火山島，成為類似今日的夏威夷群島。歷經一連串造山運動，以及千百萬年來由洋流挾帶南北美兩大洲的大量沖積土長期在這火山群島間沉澱囤積，漸漸在三百萬年前形

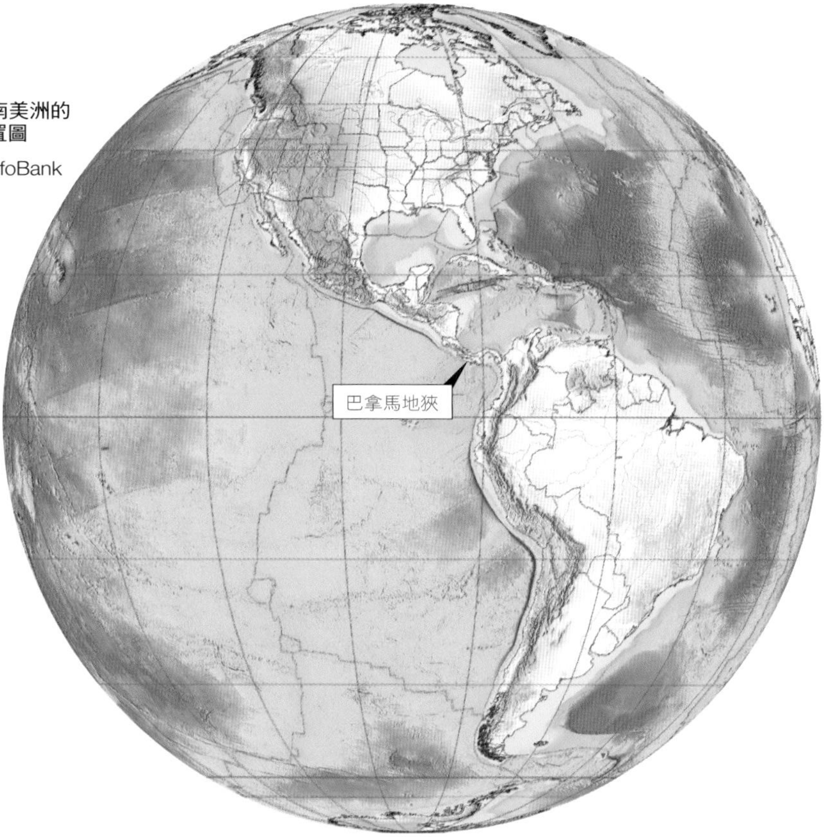

圖 6-2A 連接北美洲與南美洲的巴拿馬地峽位置圖

地圖提供｜USGS CMG InfoBank

成了巴拿馬地峽。

科學家們並相信，巴拿馬地峽的形成，堪稱是地球過去六千萬年間最重要的地質事件之一。雖然這塊狹長土地和各大洲相比，面積微不足道，但該地峽對於全球氣候與環境卻有深鉅的影響。它分隔了太平洋與大西洋，因而改變了兩大海洋的洋流路線。大西洋洋流被迫繼續往北走，形成了今日我們所謂的墨西哥灣流（Gulf Stream），此洋流將加勒比海溫暖的海水帶向大西洋東北一帶，進而使得歐洲西北區域的氣候變得較為暖和。若沒有這股墨西哥灣流的調節，歐洲西北區的冬季氣溫可能會陡降十℃。簡言之，巴拿馬地峽直接或間接影響了洋流與大氣循環模式，也影響了各地區的降雨，長久來看，也進而影響了各地因雨侵蝕形成的地形景觀，甚至影響農耕條件以及人類文明的發展。

若說巴拿馬地峽是千百萬年神奇的大自然

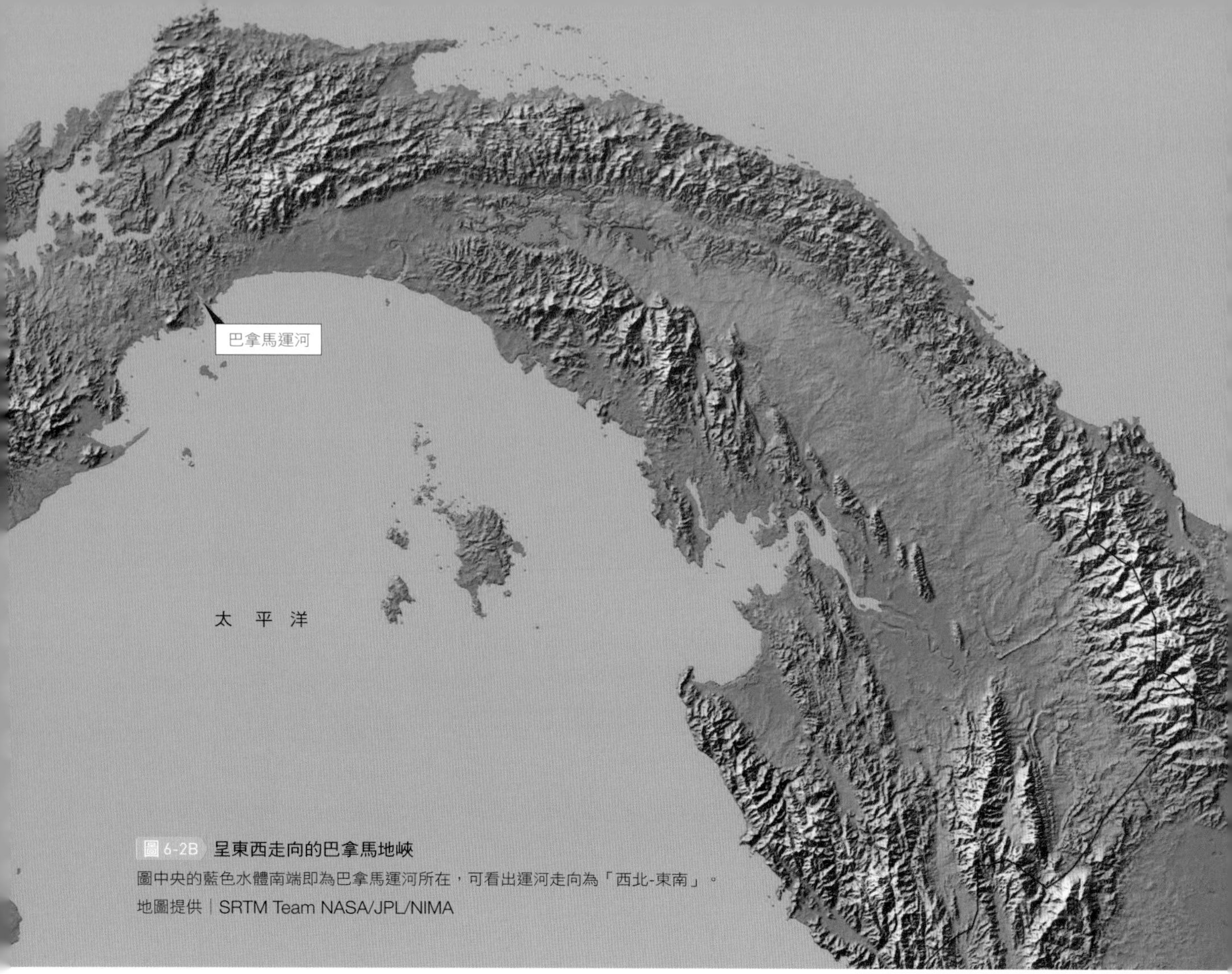

圖 6-2B 呈東西走向的巴拿馬地峽

圖中央的藍色水體南端即為巴拿馬運河所在，可看出運河走向為「西北-東南」。

地圖提供｜SRTM Team NASA/JPL/NIMA

造化，巴拿馬運河則堪稱人類史上最艱鉅的工程之一。一九〇三年，美國煽動巴拿馬脫離哥倫比亞獨立，是年十一月，羅斯福總統即與巴拿馬簽約，以一千萬美元獲得運河開鑿權以及運河區的永久租讓權。運河從一九〇四年動工，到一九一四年竣工通航，全長八十三．一公里，寬一百五十至三百公尺不等。運河兩端設有水閘調節水位，船隻通過時可提高水位二十餘公尺。根據美國國家地理學會紀錄片，該運河前後耗費多國十萬名人力完成，興建過程中的工程意外和致命傳染病，共奪走了兩萬多名工人的性命。

被譽稱為「世界橋樑」的巴拿馬運河，它的誕生不僅大幅縮短了太平洋與大西洋之間的航程，也促使世界海

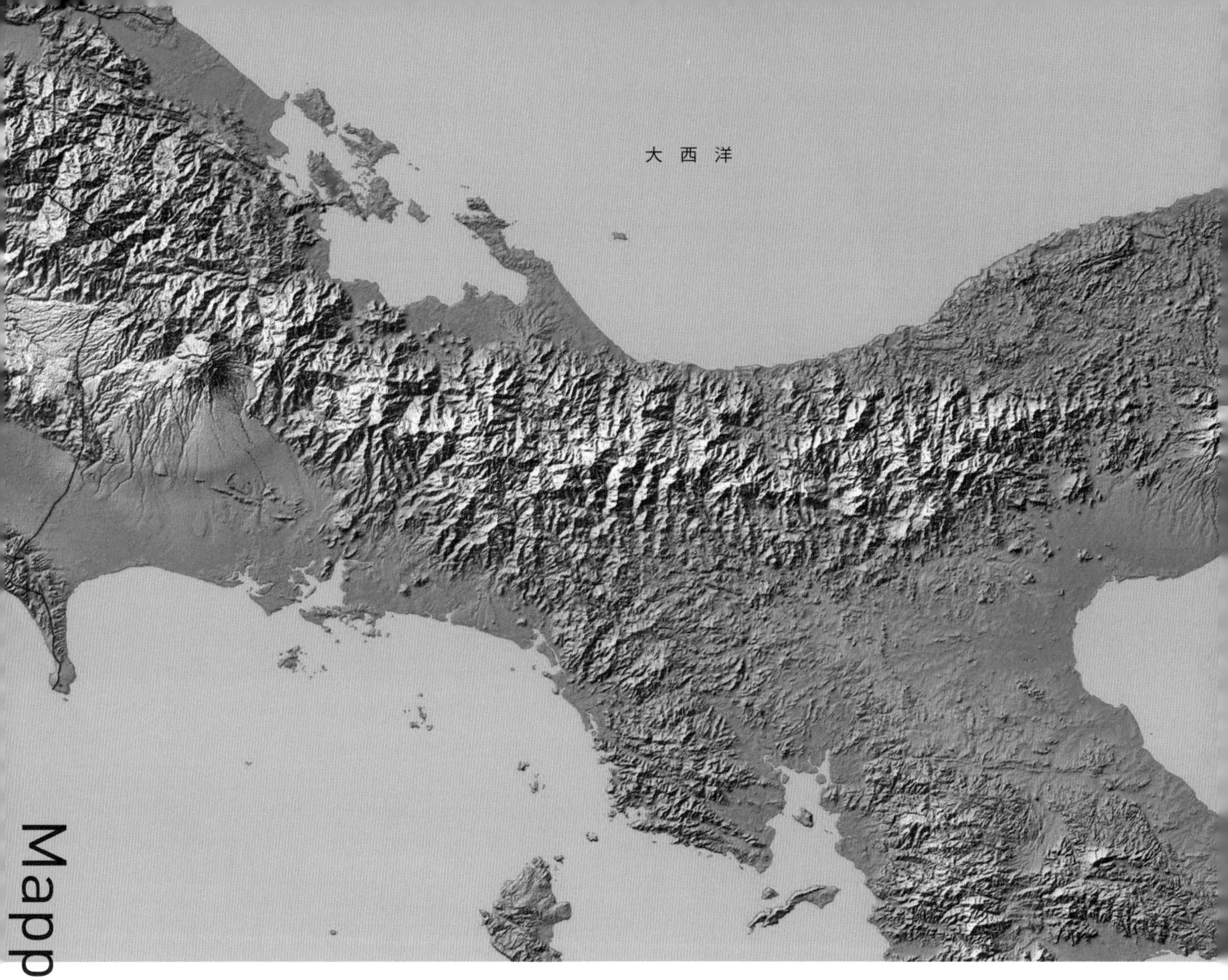

運業蓬勃發展。目前使用該運河最多的國家是美國、日本和中國。雖然巴拿馬終於在一九九九年底從美國手中取回運河的控制權，然而，因國際巨型貨輪和油輪無法通過之故，已逾九十歲的運河遂面臨是否該被拓寬更新的爭議。

運河是巴拿馬的經濟支柱，一旦拓寬工程順利推展，隨伴而來的可觀就業機會定能大幅降低國內將近十％的失業率，並將為該國帶來全球性的商業契機。問題是，運河擴建經費估計至少需五十億美元巨額資金，就一個財力有限、當時人口僅兩百八十萬的小國家（只比台北市兩百六十幾萬人口多些），根本難以獨資完成建設，更遑論巴拿馬已扛著九十億美元的沉重負債，向國際求援勢在必行。

Mapping from Space

圖6-2C 從太平洋北緯9度西經79.8度位置向西俯瞰巴拿馬運河及周遭地形｜地圖提供｜SRTM Team NASA/JPL/NIMA

巴拿馬號稱花費了三千萬美元做運河拓建評估報告，其中包括工程、經濟、環境等多項研究，但評估的重點均偏向「如何拓寬」的技術層面，而非「該不該拓建」的原則問題。國際環保人士擔心，運河拓寬將需要更多的水來移動更大的船，勢必得新闢更大的蓄水湖因應。今日四萬多公頃的加藤湖（Gatun Lake，如圖6-2C & 圖6-2D）便是當年為了運河工程，將叢林村莊淹沒而成。拓建結果對生態環境將造成什麼樣的衝擊影響，不能不加以正視。

值得一書的是巴拿馬針對「運河是否應拓建」這項議題，已於二〇〇六年十月二十二日進行全民公投，結果有超過七十八%的投票者支援運河擴建。整個擴建計畫總投資估計達五十二．五億美元，預計工期為七年，估計將創造四萬個與建築相關的工作機會。實際施工日期從二〇〇七年九月起至二〇一六年五月，耗費九年完工，並於二〇一六年六月二十六日正式啟用。

看了這些新聞，不禁令人想到，台灣似乎比巴拿馬更民主而富裕，若將備受爭議的重大建設（如核四）付諸公投，不知會產生什麼樣的結果呢？

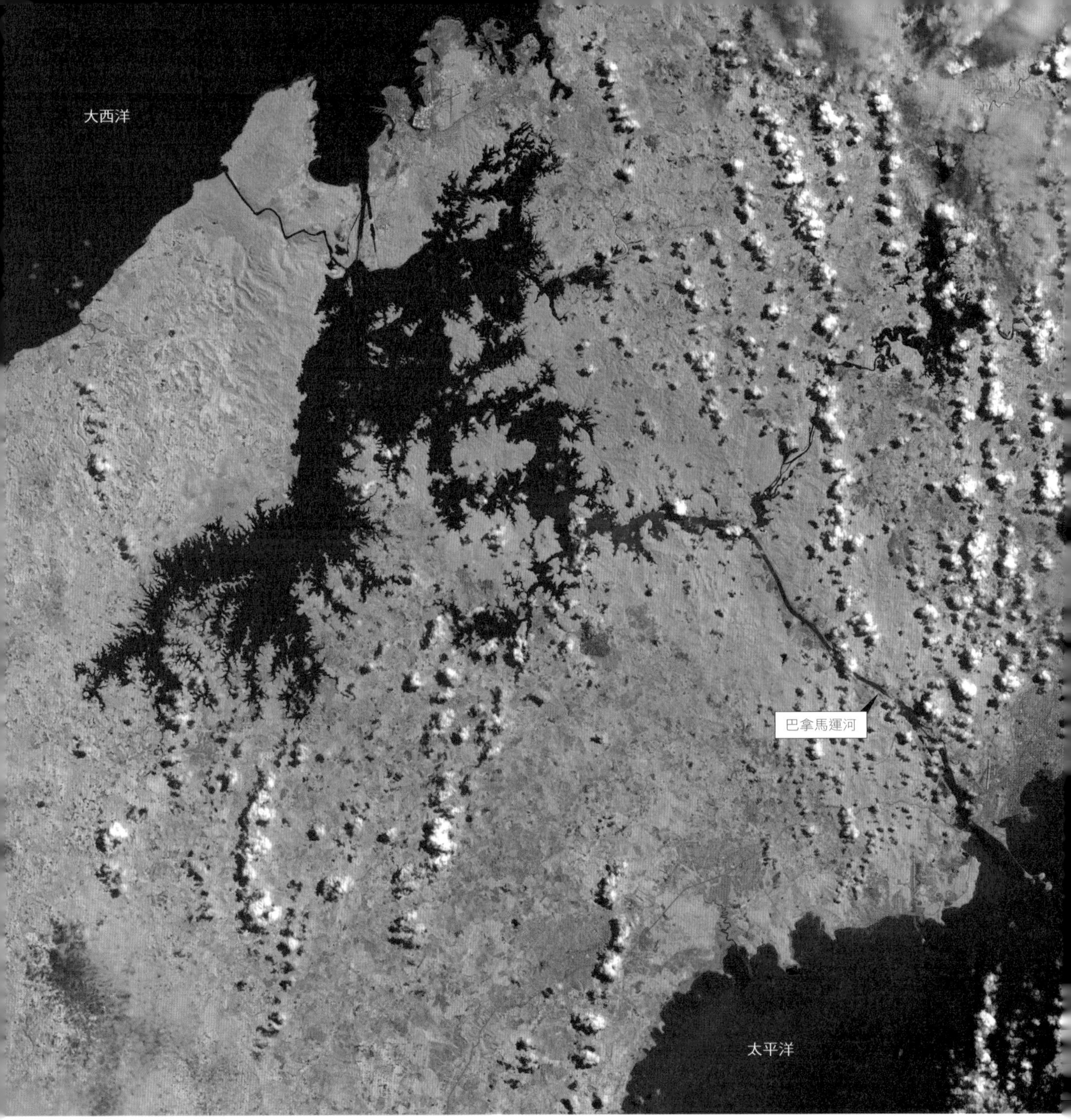

圖 6-2D 衛星影像，從上空俯瞰巴拿馬運河及加藤湖

圖片提供｜Jesse Allen, Earth Observatory/NASA, using data from the Landsat Project and University of Maryland's Global Land Cover Facility

再現伊甸園——美索不達米亞濕地

中東的美索不達米亞肥沃月彎，被歷史學家喻為人類最早的文明搖籃之一。五千年前古代阿拉伯閃族（Sumeria）在此留下了文化足跡，而底格里斯河和幼發拉底河帶來的豐沛河水，在兩河交會處形成中東最廣闊的沼澤濕地區，不少人相信這裡就是聖經中所描述的伊甸園以及大洪水發生之地。

很不幸地，這塊生態豐富的美麗濕地在一九九〇年代間卻經歷巨大改變：昔日茂密的蘆葦叢，無數漫天飛翔的水鳥，居民輕舟往返沼澤中，淺灘裡躺著慵懶的水牛……這一切景象均已消逝，取而代之的，是有如月球表面般光禿荒蕪的乾裂大地。

為什麼會這樣？伊甸園的破壞，最早可溯至一九五〇年代，當時英國工程師繪出藍圖想排放濕地的水以擴增農地，並抽取地底下藏量可觀的石油。但真正有系統地挖渠排水，卻是遲至九〇年代初期兩伊戰爭前後，當時伊拉克總統海珊大興土木建造水壩、堤防與運河，阻斷底格里斯河和幼發拉底河的河水流入濕地。短短不到十年的時間，這塊已存在數千年的沼澤生態體系即告崩潰。原本居住在此區近五十萬人口的閃族後裔（Marsh Arabs）也被殺戮或驅逐，目前僅餘約四萬人。

美索不達米亞濕地曾涵蓋將近兩萬平方公里（台灣面積為三萬六千平方公里），主要分布在伊拉克境內，曾是中東地區最重要的冬候鳥

↑ 北美佛羅里達州的大沼澤（Everglades）國家公園和美索不達米亞濕地同樣面臨生態危險，於1993年被聯合國列為「瀕危的世界自然遺產」。

Mapping from Space

棲息地。著有《中東的鳥類》一書的鳥類學家波特（Richard Porter）指出，美索不達米亞濕地最近一次的官方鳥類田野調查是在一九七九年進行的，當時還有數百萬水鳥和數千隻野生動物從西伯利亞西部遷移到此區過冬。然而，十幾年來歷經兩伊戰爭、恐怖攻擊、和經濟開發的摧殘，目前濕地面積僅存不到原先的十五％。濕地生態環境遭到破壞，面積大量縮減，也造成生存其間的動植物族群跟著遭殃，至少有十六種鳥類和五種哺乳動物面臨了絕種危機。

二〇〇一年，聯合國環境計畫（United Nations Environment Program，簡稱UNEP）向國際社會提出警訊，美索不達米亞濕地的消逝為「全世界環境大災難之一」，若在接下來兩三年不立即採取步驟加以拯救，美索不達米亞濕地將成為永遠的歷史名詞。

圖6-3A 是美國國家航太總署NASA在一九七三至七六年由衛星蒐集資料合成的影像。

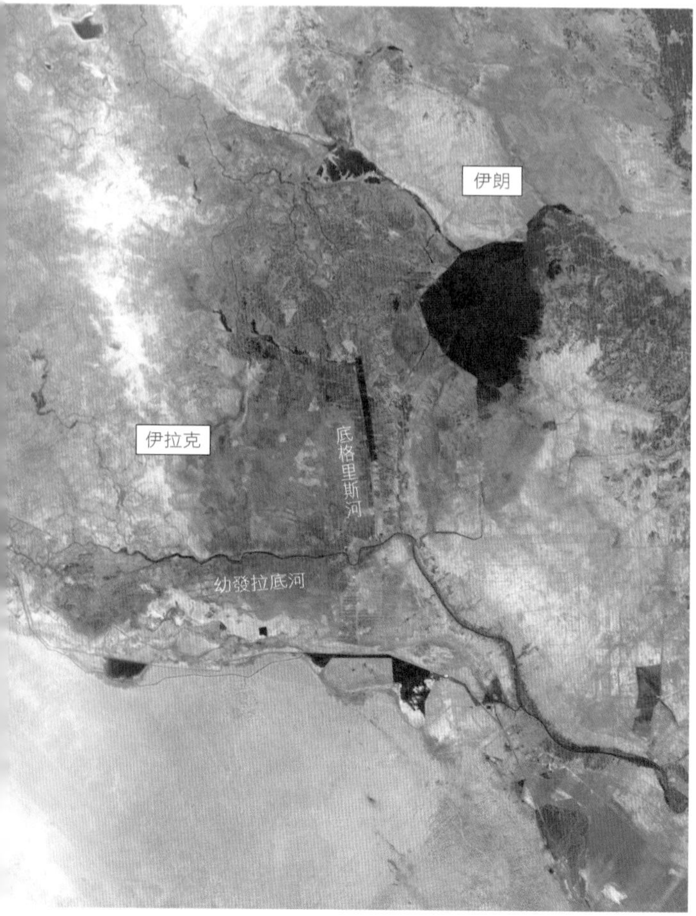

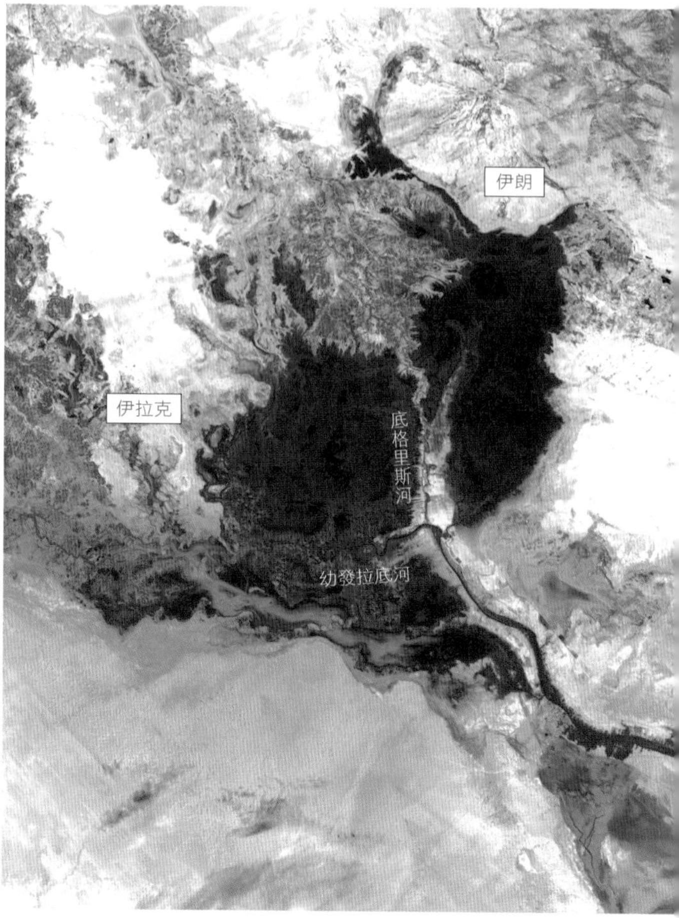

圖6-3B 2000年美索不達米亞濕地的衛星合成影像

圖6-3A 1973-76年美索不達米亞濕地的衛星合成影像

圖片提供｜Hassan Partow / UNEP, based on data from NASA Landsat and the USGS EROS Data Center

在此圖中，深紅色的塊狀區域是濃密的沼澤植被，為終年沼澤區；深紅色外圍的淡紫色區域，則為季節性濕地；淺藍色表示河流或季節性湖泊，深藍色則為永久湖泊。底格里斯河從圖的上方偏左，自西北向東南注入；幼發拉底河則從圖的左側，由西向東流入。兩河在圖的中央附近交會後，匯合成阿拉伯河（Shatt-al-Arab River）蜿蜒向東南注入波斯灣中，因沿岸長著茂密的棗椰樹叢，此河流看起來反而像一條紅色動脈。

圖6-3B則是NASA在二〇〇〇年的衛星資料合成影像。從圖中可見，原本的沼澤區大多已呈現灰褐或棕色，顯示該區植被相當稀疏，而灰白至淺灰色地區則是毫無植被

的光禿乾地，甚至已成為鹽地。唯一僅存的天然濕地，就只剩伊朗與伊拉克國界上的那塊。曾經是一片廣闊的水鄉澤國，植被繁茂譜出無數生命組曲的湖泊與濕地，如今卻被飛沙荒漠及乾涸的湖底所取代。

海珊總統下台之後，倒是為美索不達米亞濕地的重建點燃了希望之光。原先流亡海外的閃族後裔，便有人放棄高薪優渥的工作，返鄉發起「再現伊甸園計畫」（Eden Again Project）。

然而，濕地的復原並非灌水就好，整個重整工程不但精細複雜，且昂貴耗時。要復原這一大片面目全非的土地，首要之務是清理工作——包括農業與工業污染、有毒化學物質、戰爭留下的地雷與爆炸物等。各區土壤均須先經過檢測，被蹂躪過度的地區，還可能因為土質的鹼度或酸度過強而無法修復。此外，濕地重建計畫所須面對的還包括與農民、石油商之間的利益衝突，以及與鄰國如土耳其、敘利亞、伊朗等醞釀多時的水資源之爭。

儘管困難重重，伊拉克人仍開始拆除那些致使沼澤乾涸的堤壩和運河。到二〇〇四年二月，美索不達米亞即發生戲劇性的轉變。如 圖6-3C 所示，幼發拉底河北部和南部的幾個大沼澤區已被重新淹沒，Al Hawizeh沼澤以南的乾旱區整個體系正被填滿。這些區域近乎深藍或黑色，顯示有積水但缺乏植被或極其稀疏。

圖6-3D 顯示二〇〇八年美索不達米亞濕地持續復甦，然而上游新建的大壩和乾旱，讓復甦的沼澤地面臨新的威脅。二〇〇九年 圖6-3E 中可見的洪水量明顯少於二〇〇八年；不僅沼澤地，而且相鄰的灌溉作物區域也顯得遠不如前一年那麼茂盛。二〇〇九年的乾旱並嚴重影響了伊拉克的冬季和春季農作物。到了二〇一〇年， 圖6-3F 似乎講述了一個不同的故事。雖然沼澤看起來進一步縮小了，但圖像中心的灌溉農業區域比前一年更廣也更綠。

除了聯合國的環境規畫署，美國、義大利、丹麥等國政府和國際鳥盟（Bird Life International）均參與濕地重整計畫。聯合國環境規畫署並於二〇〇六年對伊拉

圖 6-3D 2008年美索不達米亞濕地的衛星合成影像

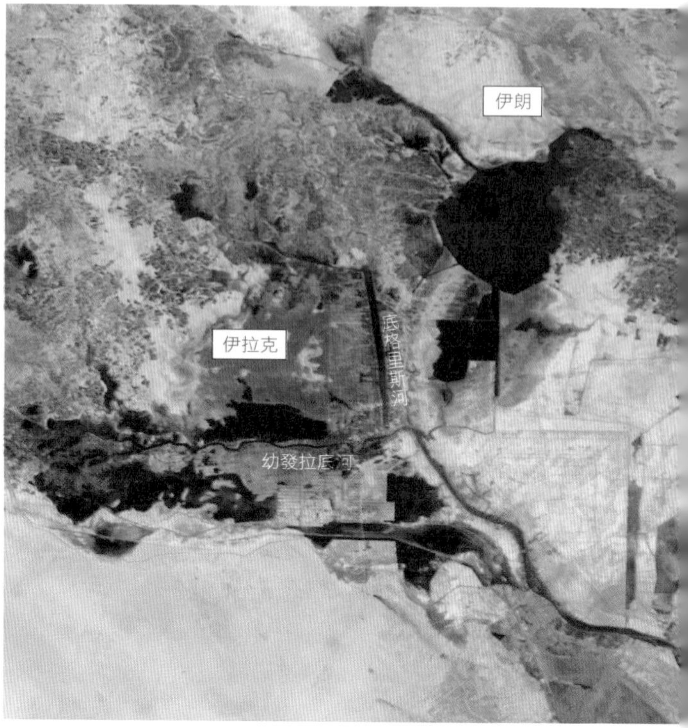

圖 6-3C 2004年美索不達米亞濕地的衛星合成影像

圖 6-3F 2010年美索不達米亞濕地的衛星合成影像

圖 6-3E 2009年美索不達米亞濕地的衛星合成影像

圖片提供｜Hassan Partow / UNEP, based on data from NASA Landsat and the USGS EROS Data Center

↑ 水是溼地的命脈。水資源分配不當，以致大沼澤保護區涉禽如林鸛數量遽減而被列為瀕危物種。

克沼澤復原做了評估，結論說大約有五十八％的沼澤區已回復到一九七〇年代中期的狀況，因為水源呈季節性存在，而且植被相當茂密。伊拉克和美國科學家進行了兩年的實地研究，結果發現，在重新淹沒的沼澤地中，「原生大型無脊椎動物、大型植物、魚類、和鳥類的重現率顯著提高。」

然而，各種重新淹沒的沼澤區之間缺乏連通性，仍是物種多樣性和當地物種滅絕的關注點。此外，隨著經濟和農業活動重新啟動將同步耗費水源，在重整之初那幾年流入沼澤的水量，可能無法永續供給。

結論是，美索不達米亞沼澤的最終命運，仍難以確定。到底需要多久的時間才能完全修復，沒人敢說，只希望未來真有一天，再現伊甸園。

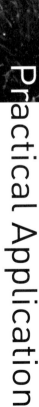

火口湖的誕生

在前面第一單元曾經介紹利用太空遙測技術來繪製海底地形圖，這種測量方式雖可在很短的時間內測量很大範圍的海底地形，但其精確度仍無法與傳統的聲納探測法相提並論。二〇〇〇年七月，美國國家地質調查局（U.S. Geologic Survey，簡稱USGS）便利用了最先進的水底聲納探測儀器，將火口湖國家公園（Crater Lake National Park）的火口湖湖底地形做了一次徹底的測繪。

火口湖國家公園位於美西的奧勒岡州境內（圖6-4A），公園內的地標火口湖是馬札馬山（Mount Mazama）在一次劇烈爆發後，山頂陷落而形成的。馬札馬山是喀斯開山脈（Cascade Range）眾多火山中的一座。從圖6-4A可看出，喀斯開山脈南起加州北部的莎斯塔（Shasta）火山及拉森（Lassen）火山附近，向北通過奧勒岡州及華盛頓州，最後再進入加拿大南部。除了火口湖外，著名的雷尼爾峰（Mount Rainier）、亞當斯山（Mount Adams）、胡德峰（Mount Hood），以及曾於一九八〇年爆發的聖海倫火山等，均屬於喀斯開山脈一系列的火山。

根據地質學者的研究，火口湖國家公園的火口湖，其形成過程可分成：成長，爆發、陷落、積水成湖這四個階段。成長階段大約始於距今四十萬年前，馬札馬山是一座「成層火山」（Composite Volcano），意指整座山是由數百次小規模噴發的熔岩與火山碎屑交互相疊、逐漸堆積而成的。至今火口湖岸的懸壁仍可看出歷次噴發成層的堆積物，馬札馬山的高度在最高時期約達海拔三千七百公尺左右。

距今約七千七百年前，馬札馬山發生一次巨大的爆發，科學家估計，這次爆發在幾天之內，噴發了約五十立方公里的岩漿及火山碎屑。火山灰甚至可達加拿大中部及格林蘭島。

當大量岩漿在極短時間內爆發之後，在火山內部的岩漿庫（Magma Chamber）留下了極大的空間，火山頂部因驟然失去的支持力量而塌陷下來，形成一個直徑約十公里的火山臼（Caldera）。

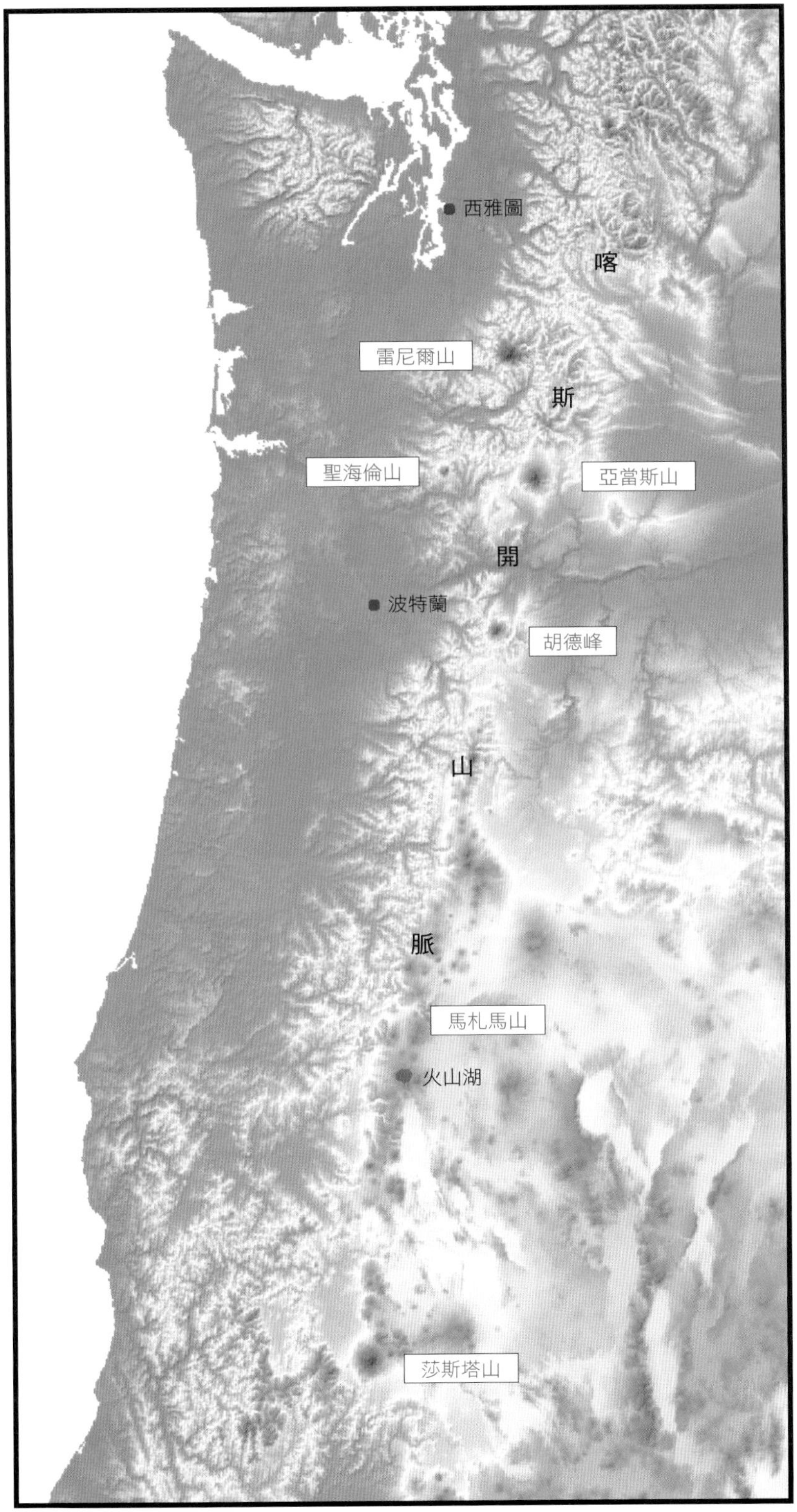

圖 6-4A 喀斯開山脈的火山系列｜地圖繪製｜李文堯

↑ 從飛機上俯瞰火口湖，可清楚看出整個火山口的形貌及湛藍湖水。

以後數百年的降雨或降雪逐漸將這個火山臼積水成湖，這便是我們今天看到的火口湖了。火口湖沒有溪流注入，湖水也不外流，目前的湖水面高度大致上是降水與蒸發量之間的平衡。根據最新的測量，湖水最深處的深度可達五百四十九公尺，是全美最深的湖泊。

圖6-4B 就是USGS根據最新湖底深度資料繪成的湖底地形圖。最新的聲納探測儀器不但能讓科學家「看到」水底直徑一公尺左右的物體，還可根據反射波的特性研判湖底的組成物質，這些資料讓科學家對火口湖的地質史能有更進一步的了解。根據這些湖底地形和地質資料，及歷年來的湖底沈積物採樣，科學家知道自七千七百年前的大爆發之後，馬札馬山的火山活動仍然相當頻繁。

圖6-4C 便是科學家以地理資訊系統，重繪另一張火口湖湖底地形圖。

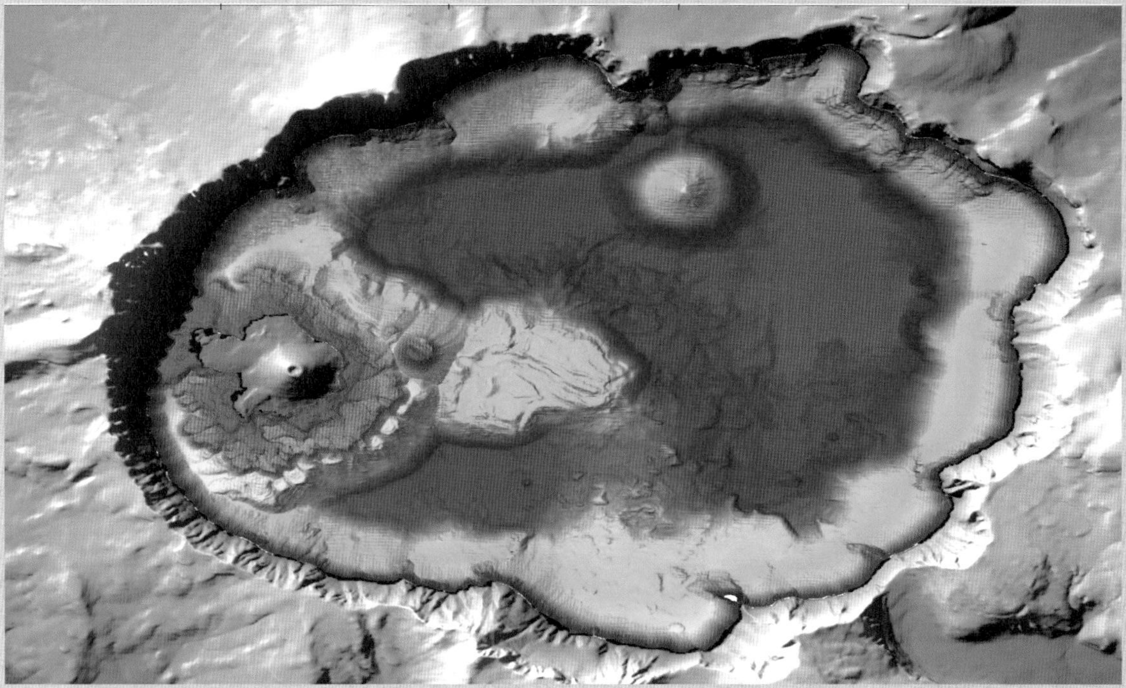

圖 6-4B 火口湖湖底地形圖
地圖提供｜U.S. Geological Survey

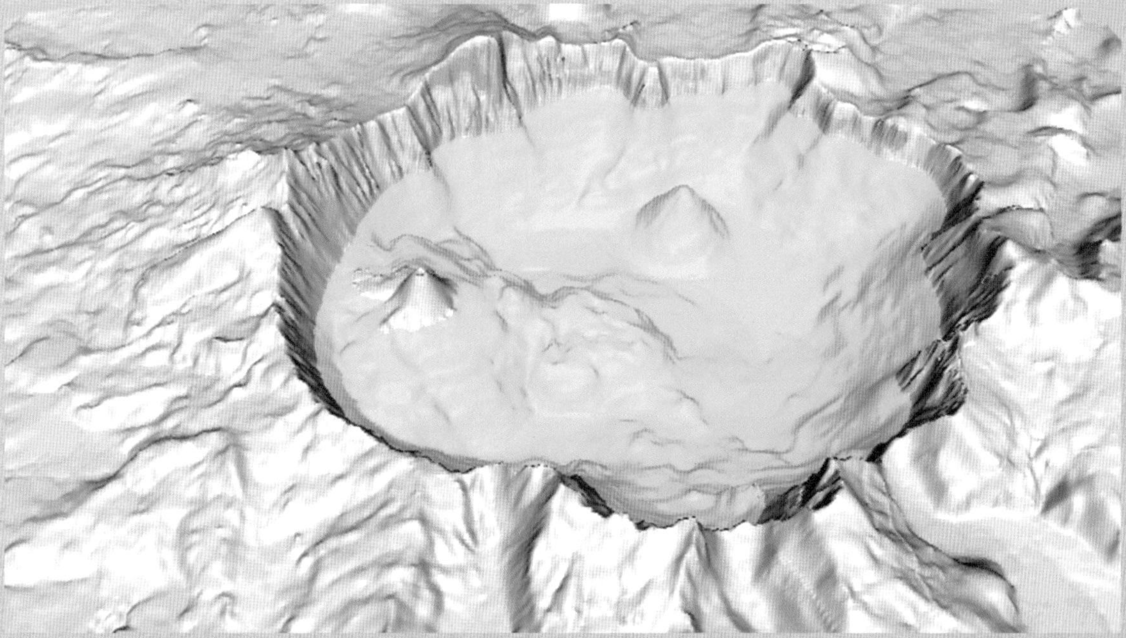

圖 6-4C 火口湖湖底及其周圍地形圖
地圖提供｜Connie Hoong, U.S. Geological Survey

↑ 站在火口湖的湖邊，看向湖中的巫師島。

↓ 胡德山和火口湖都在奧勒岡州，兩者均屬於喀斯開山脈火山系列。

火口湖的地質演變史——
此湖自7700年前大爆發至今的演變過程如下：

一、年輕的火山臼
距今7700年前馬札馬山大爆發不久，當時部分火山灰與碎屑在火山臼內堆積，形成1000-2000公尺深的厚泥，亦即火口湖的湖底。

二、新火山
大爆發之後約80年，火口湖湖深約250公尺，水位海拔高1540公尺。此時馬札馬山底下岩漿活動復趨頻繁，安山岩岩漿再度湧出，並在湖底西側形成方山，成為今日巫師島（Wizard Island）的基礎（如 圖6-4C 在湖心偏西的錐島）。

三、雨水注入
湖水持續升高，在大爆發後約130年，湖深幾乎已達310公尺。熔岩湧出後遇水冷卻而形成角礫岩邊坡，堆積於方山邊緣。

四、熔岩持續堆積
大爆發後約250年，湖水深度已達410公尺，水位海拔1700公尺。火口湖中央的方山已被湖水淹沒，巫師島則因熔岩繼續湧出，高度繼續成長，底部亦擴大。

五、巫師島
大爆發後約470年，湖水與巫師島都逐漸增高，此時水位海拔1805公尺，只比現今水位低約80公尺。

六、瑪麗安火山錐的形成
由岩石組成判斷，科學家推測瑪麗安火山椎（Merriam Cone）形成的年代大約與巫師島相當。（如圖6-4c在湖心偏北的錐體）

七、地滑
距今約4900年前，一個流紋英安岩錐（rhyodacite dome）在巫師島東側山腰形成，為火口湖的火山活動劃下句點。此後火口湖邊的懸壁發生幾次地滑，是造成現今湖底地貌崎嶇不平的主要原因。

乾旱中的峽谷重生記

曾在《紐約時報》讀到一篇有趣的報導，大意是這樣的：在一九六○年代前後，美國西部環保運動正如火如荼進行，其中抗爭最激烈的一樁，是想阻止政府在科羅拉多河的格藍峽谷（Glenn Canyon）興建水壩。格藍峽谷在大峽谷國家公園的上游，當時並未被劃入保護區。結果水壩仍於一九六三年興建完成，水壩攔截河水所形成的鮑爾湖（Lake Powell）綿延近三百公里，淹沒美麗的格藍峽谷及周邊無數的支流峽谷。

當時激進的環保先驅，也是美國著名的自然荒野作家愛德華・艾比（Edward Abbey）這麼形容：格藍峽谷是科羅拉多河的「活心臟」，而人工鮑爾湖則是個「死藍水」。他常說要開一艘裝滿炸藥的船到格藍峽谷水壩底下把它給炸毀，好讓那些骯髒的死藍水流掉。那時擔任山岳社（Sierra Club，美國最大環保組織之一）執行總監伯爾（David Brower）也說，格藍峽谷已死，是他一生中最感到失望的事。

該報導中最幽默的卻是這麼一句話：「艾比先生和山岳社在當時沒做或無法做到的，大自然卻在今日做到了。」為什麼呢？因為美國西部在二○○○年前後發生嚴重持續乾旱——有人說是五百年來罕見的嚴重旱象，已致使鮑爾湖的水位平均以每四天三十公分的速度急遽下降。從一九九九年至二○○四年底，僅短短五年間，這座水庫已經

↑ 之所以稱為橋，是因為底下有溪水流過。但幾年乾旱下來，已經沒水了。

圖 6-5A 1999年的格藍峽谷與鮑爾湖

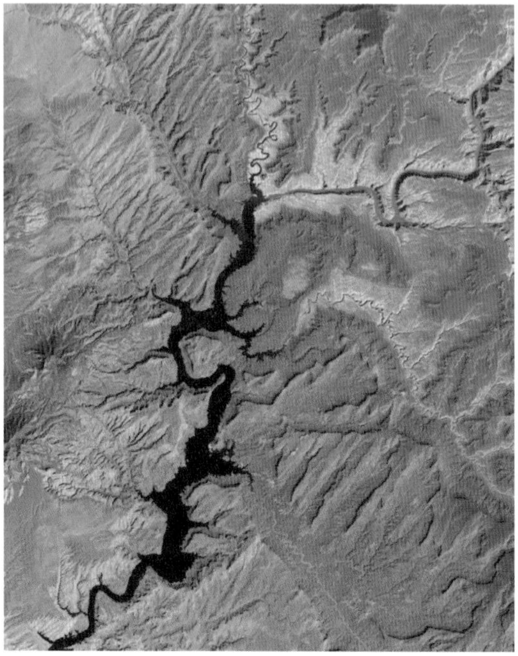

圖 6-5B 2016年的格藍峽谷與鮑爾湖

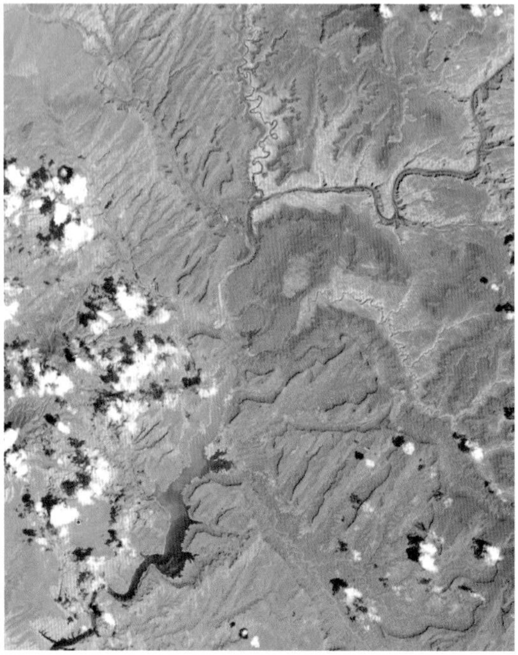

圖片提供｜Jesse Allen, based on data provided by the Landsat 7 Science / NASA

失去了六十%湖水。

當水庫滿水位之際，鮑爾湖面積約達六萬五千公頃。逾五年破紀錄的乾旱，使得科羅拉多河流域水位出奇的低，鮑爾湖水位已經驟降約四十公尺，面積剩不到三萬四千公頃。加上都市人口及農業用水有增無減，還有西南區荒漠乾燥氣候下的自然蒸發，當時專家預測如果持續乾旱，只要再過兩、三年，鮑爾湖就可能缺乏足夠的水來供應水力發電。假設再持續乾旱下去，預計到二〇〇八年湖水很可能會降至水壩的出水管以下，屆時鮑爾湖水將僅剩不到四分之一。幸好之後的幾年旱象有稍微緩解，但仍無法回到原來的水位。

座落於格藍峽谷的彩虹橋（Rainbow Bridge），是一座幾乎呈現完美幾何的天然石拱橋，早在一九一〇年便被劃為美國國家紀念地（National Monument），曾被稱為世界七大自然奇景之一。之所以稱為「橋」，因為其下有溪流穿過。記得在一九九〇年代中期我們坐船造訪該地，上岸後一路沿著碧綠溪水走到彩虹橋下。但拜極度乾旱之賜，鮑爾湖持續縮水，短短不到十年彩虹橋下已無溪水。

在鮑爾湖下游的米德湖（Lake Mead）是由胡佛水壩攔截而成的，也是美西最重要的貯水區之一，在同一時期也遭遇類似的旱象，湖水面積明顯地快速縮減中。圖6-5A與圖6-5B分別是NASA在一九九九年和二〇一六年五月拍攝的衛星影像，互相比對即可發現，圖中北邊的維京河（Virgin River）變乾涸，溪水一路後退，難怪彩虹橋下不再有溪水穿流。

鮑爾湖遊憩區每年平均遊客達兩百五十萬人次，隨著湖水的水位持續下降，國家公園服務署已花費鉅資移動鮑爾湖與米德湖多處的碼頭與遊憩相關設施。據官方說法，每六公尺的水位變遷，就要花上六百萬美元來改變設施。更重要的是，科羅拉多河長逾兩千三百公里（相對於台灣南北全長不到四百公里），從上游至下游估計有超過兩千五百萬人口仰賴此河供應日常用水，而此河所灌溉的農地面積至少達一百四十萬公頃，加上電力減產問題（乾旱已致使格藍峽谷水壩電力生產降低三十％），如果旱象仍未紓解，將有六個州直接受到衝擊——包括中下游的亞利桑納州、內華達州、南加州，以及上游的懷俄明州、科羅拉多州和猶他州。專家指出持續乾旱勢必會引發搶水的問題，若各州政府機關無法解決缺水困境，就要由聯邦出面裁解。

然而從另一個角度看，湖水的下降也使得格藍峽谷漸漸顯現出半世紀以前的迷人風貌，原本被水淹沒的支系峽谷，如今有些竟然已成為登山健行的新天地。矢志恢復峽谷自然容貌的格藍峽谷協會創辦人英格伯瑞森博士（Dr. Richard Ingebretsen）便說：「這樣的乾旱簡直是天賜。」因為隨著峽谷逐漸重現，人們終能親眼瞧見那曾經失去的，是多麼美麗的景致。

也難怪《紐約時報》會幽默又帶點諷刺地說：大自然正在做環保人士做不到的事。

三十年的都市成長——上海

↓ 上海浦東以前是黃浦江農村地區，現在人口已超過500萬，
並成為上海最高、最具標誌的建築所在。

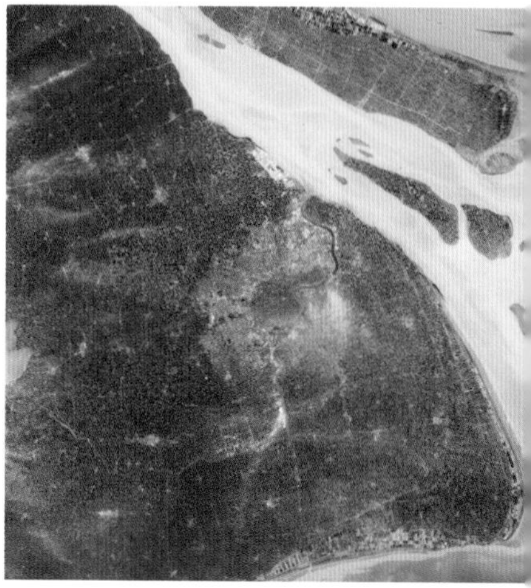

圖6-6A 1984年上海衛星影像

圖6-6B 1994年上海衛星影像

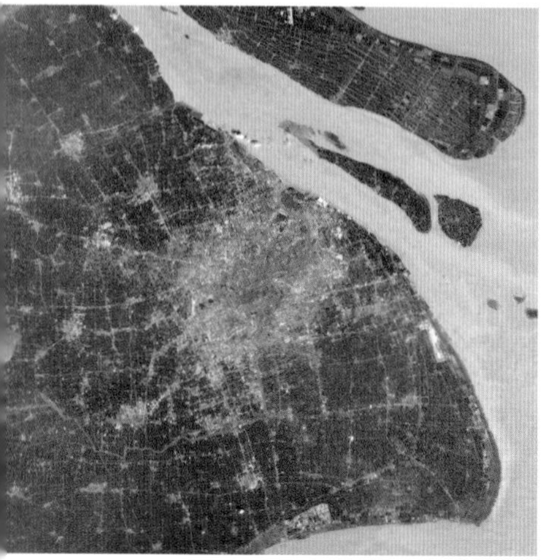

圖6-6C 1999年上海衛星影像

都市成長對於環境的衝擊一直深受科學家所重視，藉由幾十年來衛星影像的資料蒐集輔助，許多研究報告也相繼出爐。為什麼要進行這樣的研究呢？許多科學家著眼於都市成長對於全球氣候可能產生的效應。由於都市綠地較少，又多建築物、道路等大量高蓄熱體，容易造成塵罩高溫化現象，在四周較低溫的郊區陪襯下，便有如一座發熱島嶼。除了加劇當地空氣污染，對於區域微氣候，甚至全球熱能轉換分布過程，都可能產生某種程度的影響。

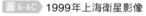

而研究過去半世紀以來中國都市發展的地理學家們，均傾向用一個詞來概括變革的步伐，那就是「前所未有」。在一九六〇年，大約有一．一億中國人——或十六%的人口居住在城市；到二〇一五年，這個數字已經漲至七．六億，高達五十六%——等於超過一半的人口住在城市。（作為對比：截至二〇一七年三月美國總人口約三．二五億。）

大陸都市化的急速增長，始於二十世紀的八〇年代，當中國政府開始對外貿易和投資開放。隨著市場

地圖提供｜NASA Goddard Space Flight Center

圖6-6D 2004年上海衛星影像

圖6-6E 2009年上海衛星影像

圖6-6F 2016年上海衛星影像

在「經濟特區」的發展，村莊逐漸發展成為蓬勃發展的城市，城市擴張成了龐大的大都會區。

也許沒有哪個城市比上海更能體現這一趨勢了。一九八二年，上海僅是一個一千二百萬人口的工業城市，經過三十年，到二〇一六年已膨脹至二千四百萬人口（超過了台灣總人口兩千三百多萬），成為世界上最大的都會區之一。

美國航太總署的Landsat衛星在過去四十多來一直在收集上海的圖像。來自Landsat 5、7和8的系列影像展示了該城市在一九八四年至二〇一六年間，逾三十年不斷增長的足跡。圖中已開發地區呈灰白色，農田和森林是綠色的，淺灘和充滿沉積物的水則是棕褐色。

從衛星圖像中（圖6-6A 至 圖6-6F）可清楚看出，在一九八四年上海的核心區域是黃浦江西岸，那時上海已向四面八方擴展，主要是新住房、工廠、購物中心、停車場、道路和農田。而浦東，以前曾經是黃浦江的農村地區，現在人口已超過五百萬，並成為上海最高、最具標誌性建築的所在地。

根據Landsat圖像分析，一九八四年上海的城市面積為三〇八平方公里，到二〇一四年，該市面積已擴張為一，三〇二平方公里，足足增長了四倍有餘。幾十年來，這座城市的核心不斷向外輻射，周圍城鎮也持續擴大並逐漸與上海合併。最迅速的擴張是發生在二〇〇〇年至〇四年之間，那幾年上海增加了二四三平方公里的市區。

請特別注意虹橋國際機場的位置。一九八四年，它與城市最西邊的農田接壤；到二〇一六年，都會區域開發已完全包圍機場，同一期間機場也大大擴展。

而機場並非唯一一個進行大整修的交通樞紐。上海港口在一九八五年處理不到一百萬標準箱（twenty-foor equivalent units，簡稱TEUs），到了二〇一五年運輸逾三千六日萬標準箱，足以超過新加坡成為世界上最繁忙的集運裝箱港口。（相較之下，新加坡二〇一五年運輸三千一百萬標準箱。美國最繁忙的港口——洛杉磯和長灘共處理一千五百萬標準箱。）

正如近幾十年來上海迅速擴張一樣，長江三角洲地區的城鎮也在迅速擴張。二〇一五年世界銀行一份報告指出，長江三角洲經濟區七，七三四平方公里——包括上海，蘇州，無錫和其他幾個城市，在二〇〇〇年至一〇年間成為都會區。這個面積相當於八十八個紐約曼哈頓，相當驚人。在此期間，該地區的人口增加了二千一百萬人。

上海的實體足跡迅速擴散，然而總體人口密度從二〇〇〇年的每平方公里八，七〇〇人降至二〇一〇年的六，九〇〇人。這一轉變主要是由於城市核心地區的變化——原先為較低收入者設置擁擠的住房單元，被更寬敞的豪宅所取代。

無可避免地，快速的發展速度改變了上海的自然生態系統。二〇〇〇年至二〇一〇年，該區的濕地以每年一．二%的速度下降。海平面上升、侵蝕、疏浚和蓄水基礎設施的建設，都導致濕地的消失。在稱為土地複墾的過程中，在灘岸堆沉積物來建立新的沿海土地也發揮了關鍵作用。

用混凝土取代森林和農田，已顯著提高城市的溫度——這種現象稱為城市熱島效應。在Landsat上使用熱傳感器的中國研究人員表明，從一九八四年至二〇一四這三十年間，上海部分地區溫度升高八十一%之多，但他們也發現城市綠化工程減緩了熱島的增長。其他研究證明，上海現在有更強烈的熱浪和更多與熱有關的死亡。

儘管城市化步伐令人眼花繚亂，但有跡象顯示上海的增長可能逐漸減少。自二〇一〇年起，長江三角地區人口增長率已降了大約一半。與此同時，官員在五年計畫中宣布將限制該市人口為二五〇〇萬，以期減輕對該市人口的壓力、環境、基礎設施和城市服務。

因都市景觀截然不同於自然地貌，具有改變區域微氣候甚至影響全球氣候的潛力，包括溫度、大氣層化學物質、降雨形式等。當都市範圍不斷擴大，土地利用與植被改變所造成的環境衝擊和複雜度勢必隨之提高。

事實上，都市成長圖不僅對於研究氣候水文或能量轉換的科學家有用，對於研究人口成長與經濟活動的社會科學家也同等重要。而都市化伴隨而來的問題如水電供應、學校與醫療設施、污水與垃圾處理、通勤交通瓶頸等，也都是不容忽視的議題。回歸原點，任何一項問題都必須從都市成長圖上先檢視分析，才能進一步妥善規畫並加以解決。

註：

這一系列衛星影像中，植被、河流、和城市的顏色略有不同。由於圖像是由三個不同的傳感器拍攝30年，因此很難實現完美的色彩匹配。受到天氣和季節變化的影響，如植被顏色、水道中懸浮沉積物的量，以及大氣中霧霾的量，都會致使每個圖像基色略有不同。

火星地形圖

人類對外星的地圖繪製起源甚早，十七世紀，義大利科學家伽利略就已利用自製的簡單望遠鏡觀察繪製月球的地貌。太空時代來臨後，月球地圖的繪製更成為登陸月球前重要的準備工作之一。

一九六九年人類首次登陸月球時，太空人便帶著繪有詳細地形、經緯度和地名的月球地圖。哥倫布如果地下有知，或許會很羨慕這些太空人的際遇吧？因為早期的探險家總要冒著迷失的危險，前往一些不知名的地方，再將「新發現」的山川海岸繪入地圖中。在登月的行動中，地圖所扮演的角色，與傳統探險活動中的地圖大異其趣——地圖不再是探險成果的紀錄，而是探險行動的指南。雖然登月的太空人或許比大發現時代的探險家冒著更大的生命危險，但可以確定的是，他們肯定不會迷路。

伽利略在繪製月球地貌時，觀察到火星是被太陽照亮的行星。然而相較於月球，火星地圖的繪製要晚得多。這當然是因為火星的距離過於遙遠，即使透過最好的超級望遠

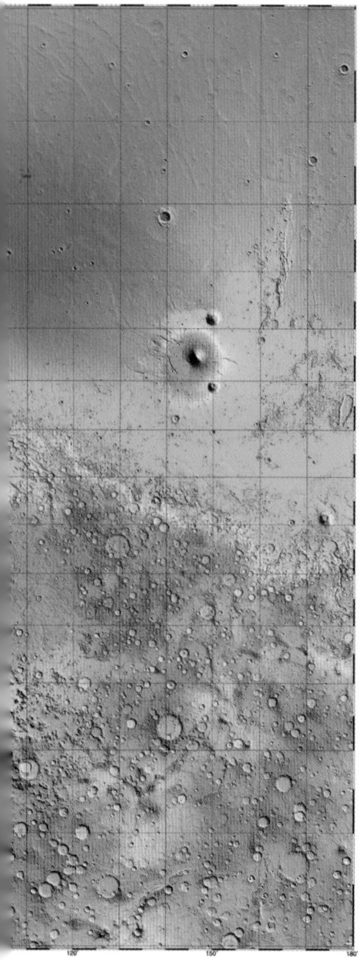

鏡，火星看起來也只不過跟肉眼觀察的月亮相當。二〇〇三年八月，是火星有史以來最接近地球的時刻，但距離地球仍然約有五千五百多萬公里之遙。一九七一年，美國發射的太空船「水手九號」，成功地進入火星軌道，在接下來的一年中，傳送了約七千多張涵蓋整個火星地表的影像回到地球。科學家得以藉由這些影像，拼湊出有史以來第一張火星全圖。

圖 6-7A 火星地形圖

此圖為麥卡托投影，範圍至南北緯70度。由圖中可看出火星地形有幾個重要的特徵：南半球地表高度明顯高於北半球；位於赤道附近、西經60度到150度間巨大的火山高地及深谷；以及位於南緯45度、東經70度附近巨大的海臘斯盆地。

地圖提供｜MOLA Science Team / NASA

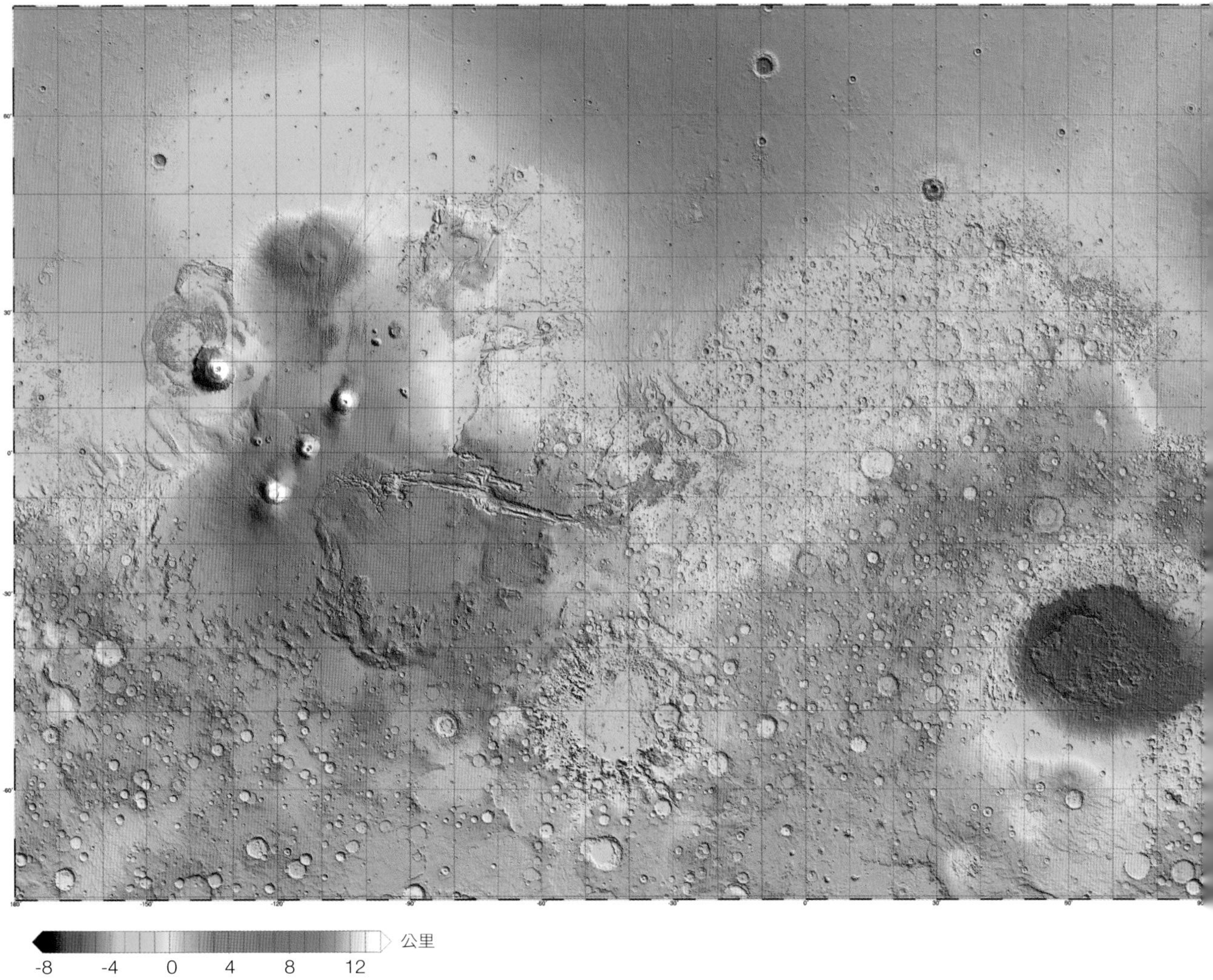

一九九六年底發射的美國太空船「火星全球探勘者號」（Mars Global Surveyor）又將我們與火星的距離拉近了一大步。圖6-7A所示的火星地形圖，是根據「火星全球探勘者號」上攜帶的「雷射測高儀」（Mars Orbiter Laser Altimeter）所蒐集的高度資料繪製而成。這張地圖包含了「火星全球探勘者號」在一九九八到九九年間所測量的兩千七百萬個高度點。高度資料的水平解析度為一度（在赤道附近相當於五十九公里），高度誤差在十三公尺以下。此圖不是由影像拼湊而成的地圖，而是根據高度資料在地理資訊系統中建立的地形圖。火星地表高度起伏甚大，最高點與最低點高差約三萬公尺，約為地球的一・五倍。

這些最新的地形資料，讓科學家對火星的地形與地質作用有更進一步了解，同時也產生了更多的疑問。其中最讓科學家感到困惑的，就是火星地表一些看似相當年輕，可能是流水所造成的侵蝕地形。過去科學家相信火星上已有幾十億年沒有流動的水。關於這些有趣的議題，在二〇〇一年二月號的《國家地理雜誌》中文版曾有詳細的報導。

圖6-7B 火星的海臘斯盆地

從這球形圖更能清楚看出海臘斯盆地的位置，此巨大隕石坑直徑約2300公里，深度達9公里，是火星上的最低點。

地圖提供｜MOLA Science Team / NASA

從這張地形圖看來，火星地表最引人注目的特徵，就是南北半球地形的顯著差異，北半球相當平緩，南半球則遍布高山深谷和巨大的隕石坑，平均高度高出北半球約五千公尺之多。由於北半球地勢的低緩以及相對較稀少的隕石坑，科學家推測這個地區在遠古時代可能曾經為水體所覆蓋。

位於南緯四十五度、東經七十度附近的海臘斯盆地（Hellas Basin，圖中深藍色的橢圓形盆地）是一個巨大的隕石撞擊坑，直徑約二千三百公里，深度達九公里，是火星上的最低點，從 圖6-7B 可更清楚看出其所在位置。而火星上的最高點是位於北緯十八度、西經一百三十五度的奧林帕斯山，如 圖6-7C 最左側那個白色圓錐點。這座據稱是太陽系中最大的火山，高度達兩萬一千多公尺，比我們最高的聖母峰還高出兩倍多。據推測是因為火星上沒有板塊運動，所以火山能在同一岩漿源頭上方持續增高。

「火星全球探勘者號」多年來在火星軌道中持續進行地圖測繪工作。可預見的是，這些資料將成為未來其他火星探測計畫的藍圖。

圖 6-7C 火星的火山高地與深谷

此圖是 圖 6-5B 球形圖的反面，最左側的白色圓錐點，據稱是太陽系中最大的火山。

地圖提供｜MOLA Science Team / NASA

Mapping from Space

後記

你不能忽視的地理資訊系統GIS

在台灣，一般人對於「地理資訊系統」（Geographic Information System，簡稱GIS）這個名稱，可能還不是那麼熟悉。但如果你曾上網Google查詢地點或開車路線圖，藉由電腦的電子地圖獲得所需資訊，那麼，恭喜你，你已是一位GIS使用者了。

在這瞬息萬變的二十一世紀，科技一日千里，電腦與智慧型手機早已相當普及，使得GIS應用愈趨廣泛，漸融入人們日常生活中。即時的空間資訊變得愈來愈重要，透過網際網路、無線通訊、平板電腦和智慧型手機，不管何時何地，人們已能在緊要時刻，及時獲得所需的地理空間資訊。最近一家藥房在哪裡？該怎麼走才能最快到達目的地？哪個路段正在塞車，如何繞道而行？如何才能找到心目中理想的租屋或預售屋？該如何安排最具經濟效益的送貨路線？某輛計程車目前確實行蹤？這些都是GIS極具效率的應用。

電子地圖的查詢功能，其實只是GIS一項最基本的生活化應用，而GIS所涵蓋的範疇，絕不限於提供「地點服務」（location services）而已。GIS不只讓我們看到地圖，也看到了物體或現象間彼此的空間對應關係，及其相對位置可能隱含的意義。就大的範圍或較複雜的運用為例，政府階層在面對自然資源管理，各種污染事件的危機處理，或在道路規畫、生態保育、醫療保健、傳染病源追蹤等，與空間分布有關的課題分析上，都能藉由GIS的「透視」功能，對規畫做科學化的客觀評估，以獲取最佳的決策導向。

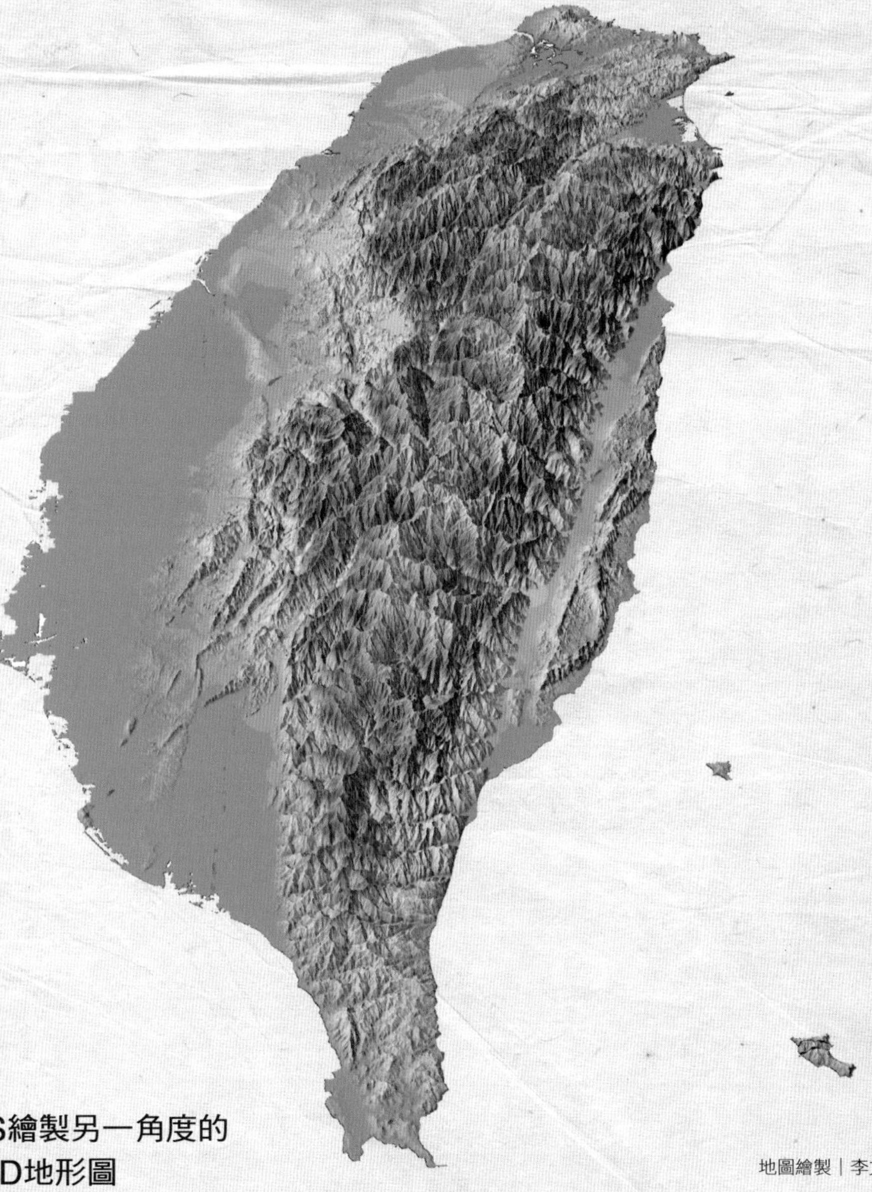

用GIS繪製另一角度的台灣3D地形圖

地圖繪製｜李文堯

不同於本書開頭那張台灣三度空間地形圖，這張圖是模擬從鵝鑾鼻南方約240公里，高度約360公里的高空觀察台灣的地勢起伏。為了加強效果，地形高度的垂直誇張為3.5倍。圖的製作過程是先將「數值地形模型」（Digital Terrain Model，簡稱DTM）資料輸入地理資訊系統，然後建構出一個虛擬的三度空間地勢模型，這個虛擬模型就如同我們一般所見的實體地形模型，只不過它是存在於電腦的記憶體中。一旦虛擬模型建立後，我們就可在電腦中隨意改變觀察者的位置（距離、方位角、俯角）。同時為了產生立體效果，我們也可以任意指定光源（太陽）的位置（方位角及俯角），根據光源的位置，地理資訊系統便可計算出虛擬模型中各點陰影的明暗強弱，最後再用不同的分層設色來表達地形高低，而繪製出這張具有另一番視覺效果的三度空間地形圖。

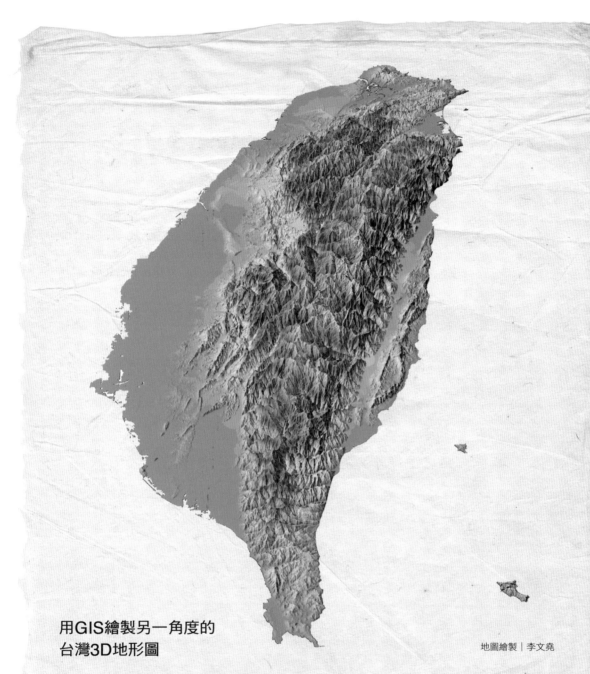

順著全球數位化的潮流趨勢，可以預見的是，在不久的未來，與空間資訊密不可分的ＧＩＳ將成為我們生活中不可或缺的一部分。人人都會受益於ＧＩＳ橫跨時空的特質，無時無刻不在使用ＧＩＳ，卻懵然而不自覺。

ＧＩＳ廣泛的定義

ＧＩＳ英文全名“Geographic Information System”，顧名思義，是由「地理」、「資訊」、「系統」三者結合而成。地理，概括來說，是地球表面上所呈現的一切容貌特徵與事件過程，你所看到的山川景象，你所經歷的塞車路段，你所知道的原油污染地點，只要跟相對位置與空間分布有關的，都可說是地理的範疇。資訊，是將空間資料經數位化處理後，儲存於電腦資料庫中，這是ＧＩＳ運作心臟，沒有基本的數位資料，就無法製作或分析地圖。系統，則連結了電腦硬體、運作軟體、空間資料與使用人員這四項要件，缺一不可。

一套完整的ＧＩＳ運作系統，儲存龐大的空間資訊，不但能呈現電子地圖，且具有詳細屬性資料以備查詢，並能讓人們在電腦螢幕上操作、疊合、重組、抽離、分析各種空間資訊，一目瞭然，看到自己生活環境與周遭世界。結合地圖處理、資料庫與空間分析這三項功能，正是ＧＩＳ不同於其他資訊系統的地方，而又以空間分析（或模型分析）的功能是ＧＩＳ最與眾不同之處。

ＧＩＳ是一門新科技，也可說是一門新學科。它牽涉的範圍相當廣泛，發展脈絡主要與電腦輔助設計系統（Computer-Aided Design Systems，簡稱ＣＡＤ）、電腦繪製地圖系統（Computer Cartography Systems）、資料庫管理系統（Database Management Systems），與遙感探測系統（Remote Sensing Systems）四者的關係密切，綜合這些系統專善的能力，ＧＩＳ居中轉圜其間，堪稱集其大成。

在應用方面，ＧＩＳ能處理很多類型的問題。大致來說，最常被應用的，是「地點」（Location）與「狀況」（Condition）有關的查詢，前者如「最近一家麥當勞在哪裡」？後者如「台北市目前共有幾家誠品？」

第三種是「趨勢」（Trend）的探討，譬如「過去二十年來，台灣各縣市人口增長趨勢與分布情形為何？」第四種是關於「最佳路線」（Routing）的安排，求得兩點之間最短的、最快捷的、最具效率、或景點最多的途徑等，像國際快捷公司FedEx或DHL每日送貨服務要採用最經濟省時的走法，就需要做進一步的分析計算。

第五種是較複雜的「模式分析」（Pattern），譬如垃圾掩埋場最適地點的選擇評估，或野生動物棲地活動範圍與道路間的關係。最後一種是預測性的「虛擬模型」（Modeling），如溫室效應造成了極地冰塊溶解，若導致海水上漲十公分，將淹及全球哪些地區？還有洩油事件，在風向與潮流等當地條件影響下，多少噸原油在二十四小時、四十八小時，甚或一星期後，污染將擴散至哪些地區，對該區環境生態造成多大衝擊？

從上述的應用範疇，可將GIS發展過程簡略地分為三個階段：在最初發展階段，GIS的主要工作是蒐集資料，建立數位資料庫，並做簡單的地點與狀況查詢工作。中間的過渡階段，使用者用GIS從事較複雜的分析操作，不但跨越多層面的主題資料，並結合統計數值與空間分析的技術。到了最後的成熟管理階段，GIS成為決策者必備的支持體系，著重於錯綜複雜的模式分析與模型推演。

台灣因起步較晚，且受制於空間數位資料的整合性與公開化的問題，仍朝著成熟管理階段邁進。但近幾年已急起直追，有愈來愈多政府單位與學術機構使用GIS建立地理資料庫，藉其空間分析功能來處理問題了。

GIS與「資訊自由」

GIS要能落實發展，政府的主導扮演著關鍵角色，因為空間資料的蒐集與更新，以及數位資料庫的建立，往往是GIS推展之初耗費最鉅、最費時的一項基礎工程，通常只有政府部門具備這樣的人力、物力、財力與公信力來建立地理資料庫。

建立地理資料庫是相當昂貴的。加拿大在一九六五年便已做過估算，若以當時人力財力製作一套比例尺五萬分之一的全國基本資料庫，至少需要五百名以上的技術人員費時三年才能完成這項工程，若以一九六五年加拿大幣值來計算，則前後所需花費高達八百萬加幣。台灣面積小，加上目前有電腦系統協助，因此資料的收集與建立遠比四十年前要容易多了。然而，基礎資料的調查輸入需花費很多人力、金錢與時間，至今仍是不變的事實。像在一九九七年被內政部選為國土資訊系統示範點的台中市，單是該市千分之一地圖的基本資料建立工作，就花了上億元台幣，前後費時三年才完成。

地理資料庫的建立，需由政府帶頭推動。但資料庫建立後，真正的工作才算開始。如果費時費力建立起的地理資料庫不能用於分析、解決實際的問題，那麼地理資料庫的用途可能還比不上銅像或紀念碑，因為數位資料看不見摸不著，連「到此一遊，合影留念」的功能都沒有。而使用資料庫第一步就是要能拿到資料，理論上說來，除了涉及國家安全有關的部分之外，各政府單位都應將資料公開釋出給大家使用，不僅要讓需要資料的人們「能夠」取得，並且還要「容易」取得。

人民有「知」的權利，但即使在民主先進國家如美國，也是經過長期奮鬥才獲得這項權利的。在一九五〇年代，聯邦政府的資料連民意代表都很難一窺堂奧，只有「特權」才能取得。然在國會議員莫斯（John E. Moss）號召動員下，歷經十餘年奮鬥，終於在一九六六年由詹森總統簽署通過了「資訊自由法案」（Freedom of Information Act）。法案明文規定，除了與國家安全相關資訊外，政府機構必須將該單位資料釋出讓人民檢閱與複製使用，不論為公為私，任何人依法均有取得資訊的權利。在一九九六年更通過一項「電子資訊自由修正案」（Electronic Freedom of Information Act Amendments of 1996）明確訂出，政府機構須使用電子新技術，來增加公家資料的可及性。

回首過去三、四十年來，美國GIS所以能蓬勃發展，正因有法律規定政府所建立的資料都須釋出，並須秉持便民原則，讓民眾輕易取得。像人口普查局在一九八〇年代建立的數位資料庫“TIGER”（即Topologically Integrated Geographic Encoding and Referencing），民眾只要上網就能清楚看到市鎮大街小巷，不僅街道兩旁地址均詳細記錄在檔案裡，任何新的資料都會隨時輸入更新。將這些基本資料拿來加值處理，產業界便能做出電子地圖，發展進一步的生活應用。美國地質測量所與土地管理局，在一九九〇年代都投注了好幾億美元在空間資料的數位化生產上，並上線開放供人使用。其他政府單位的人口與地理資料庫也一樣公開，任何人都可查閱，雖然有些公家機構會要求「使用者付費」，卻不能把資料扣住不放，因為這些資料都是用納稅人的錢生產出來的，政府沒有任何權力或理由阻止人民使用這些資料。

台灣自推動國土資訊系統後，近一二十年來ＧＩＳ資料生產單位多，已頗具成效，卻仍存在資料取得不易的問題。近幾年台灣電子地圖也是因為政府開放地圖加值而得以發展，但地理資訊圖庫通常僅限於對各級政府機關、學術單位、登記有案的私人公司與民間團體開放，而非開放給每個人。政府僅釋出部分資料並限制使用對象，追根究柢，正是缺乏明確法律來落實「資訊自由」，保障人民「知」的權利。就拿犯罪率分布為例，在美國上網就可查到這類主題地圖，民眾購屋時就能當成重要的參考指標。但在台灣，儘管做過相關研究，結果卻不釋出。像這類無礙於國家安全卻與民生息息相關的資料，不釋出是毫無理由的。此外已過時的「保密防諜」也成為限制資料流通的藉口，事實上以今日衛星探測技術之發達，很多資料已經沒有保密的意義了。徒然限制資料的流通，就好比把一棟房子對外的門窗洞開，卻把房間的門鎖上，真正受到限制的，往往是住在房子裡的人。

國土資訊系統的推動，政府責無旁貸。沒有精確的基本空間資料，ＧＩＳ等於一座空殼子；但若資料建好了就鎖起來，不但浪費大量公帑，損及人民權益，更扼殺ＧＩＳ未來的應用發展生機。唯有訂定法規，釋出資料給全國納稅人民使用，才能根除某些單位「擁資料自重」的本位主義，才能杜絕「資料得靠關係才要的到」的官僚現象，也才能讓台灣ＧＩＳ全面普及蓬勃發展，讓社會受惠於ＧＩＳ強大空間分析力量。

GIS起源於北美

雖然早期文獻記載有限，但以電腦為系統運作基礎的GIS發源於北美，卻是眾所公認的，至少在一九六〇年代GIS已被開始使用。GIS牽涉的學術背景涵蓋了地圖學、電腦資訊科學、地理學、測量學、遙感探測、數學、統計，以及商業資料處理；應用範圍則包括環境保護、土地管理、都市區域規畫、交通運輸、不動產所有權稅徵、自然資源管理、水電瓦斯線路管理、最適位址選擇、污染防治、流行病追蹤等，不勝枚舉。事實上，GIS這門領域具有「多重學科」的特色，好比一個大熔爐，融聚了各門各派學術理念與菁英創見，不約而同為GIS開創新局勢。

一九六〇年代至七五年，是GIS拓荒時期。在草創之初，對北美GIS發展最具影響的關鍵人物與機構，分別是哈佛電腦繪圖研究實驗室（Harvard Laboratory for Computer Graphics，簡稱LCG）的費瑟（Howard Fisher），加拿大地理資訊系統的湯林森（Roger Tomlinson），以及加州的環境系統研究機構（Environmental Systems Research Institute，簡稱ESRI）創始人丹卓曼（Jack Dangermond）。

費瑟在一九六五年於哈佛成立LCG，率先研發一套自動繪圖的電腦配備SYMAP，首度將統計量化資料用地圖的形式來呈現。譬如各行政區人口數量，電腦不但自動繪製行政區域界線，並能在各區域間，依照人口多寡比例，畫上深淺不同顏色，繪製成一張人口分布概況的地圖。SYMAP畫出來的東西，就地圖學標準是粗糙的，卻能快速而有效地呈現資料特色，特別是人口統計資料，並能連結不同參數做簡單的分析。這對日後GIS在都市區域規畫，還有資源管理的應用，奠下了發展基礎。費瑟最重要的貢獻，便是讓使用者看到了電腦自動繪圖呈現地理資訊的無限可能。

約在同一時期，原本任職航空測量公司的湯林森，說服了加拿大政府農業部，於一九六六年開始建立加拿大地理資訊系統（Canada Geographic Information System，簡稱CGIS），堪稱世上最早建立的全國性地理資訊系統，且已歸併於加拿大國土資料系統中。

ＣＧＩＳ這套系統若非全球第一套，至少「ＧＩＳ」這一名詞是自此而創。ＣＧＩＳ處理的，是加拿大土地目錄資料庫的建立與地圖製作。因當時的ＩＢＭ已開始研發航照圖片數位化的技術，因此轉任公職的湯林森聘請ＩＢＭ電腦專家，共同進行加拿大農業重整與發展計畫，對ＧＩＳ的發展產生了若干深遠影響，包括用掃瞄機將紙地圖上的資料加速數值化，建立資料索引圖表，與地誌學的編碼概念。三十幾年來累積的成果，使ＣＧＩＳ數位地圖檔迄今達一萬多張，包含一百多種不同的主題。

丹卓曼在一九六九年創立ＥＳＲＩ，最初是一家環境顧問公司，在一九七〇年代主要是承接政府計畫，著重ＧＩＳ資料庫建立與個案應用。後來公司提升技術層次，漸轉向ＧＩＳ電腦軟體開發，同行競爭的還包括Intergraph等其他業者。一九八二年Arc/Info軟體問世後，ＥＳＲＩ在業界漸露頭角。一九九〇年代因個人電腦日趨普及，便順勢推出在ＰＣ上應用的ＧＩＳ系統，今日ＥＳＲＩ堪稱全球最具規模的ＧＩＳ軟體公司。費瑟、湯林森與丹卓曼，這三人可分別代表學術界、政府部門與產業界，是北美ＧＩＳ發展之初最具影響力的人物。

大約從一九七一至一九八〇年代初期，美國ＧＩＳ由個人推動，漸轉為國家機構建管，或由政府資助從事實驗研究。因早期電腦設備極其昂貴，泰半只有政府具備足夠的財力人力來落實ＧＩＳ發展。例如美國國家海洋測量所（National Ocean Survey）在一九七三年正式出版第一張用電腦自動繪製的航海圖。美國地質測量所（United States Geological Survey，簡稱ＵＳＧＳ）在一九七六年已有超過十五套的資訊系統，負責蒐集與處理地質、地理、地形與水文等多種空間資訊。其他如美國中央情報局、人口普查局、住宅與市區開發部、國家森林服務處等也著手建立資料庫，上自聯邦政府，下至州郡市鎮，都注意到電腦處理空間資料、自動繪製地圖，以及呈現與分析結果的能力非常。此期間的國際性地理資訊研討會，也促進了經驗交流與ＧＩＳ觀念推廣。到了一九八〇年，全美至少已有五百多套ＧＩＳ應用系統。

自一九八〇年代初期，GIS開始轉為產業界主導的局面，至一九八五年，北美已有上千套GIS相關應用系統。但GIS真正被廣泛推展應用，是到了一九八〇年代後期，此時，世界其他國家在美加等國的支援激勵下，也開始有了顯著的進展。自一九九〇年到今日二十一世紀初，由於個人電腦的廉價普及，還有資訊暢通的網際網路帶動了市場，促進GIS產業間的競爭，更加使得市面上GIS應用日趨生活化，逐漸改由使用者來主導潮流。

網路搜尋引擎巨擘Google在二〇〇五年推出"Google Earth"這項免費的空照地圖服務以來，至今已有無數人使用。到了二〇〇七年七月，Google Earth更推出虛擬立體圖像服務，用戶不但可以看到地圖，還可瞧見世界許多知名地標的立體影像。可以預見的是，未來網路地圖搜尋即將出現更多的突破發展。然而，像Google Earth這種電子地圖的查詢，只能算是GIS最入門應用。

GIS與主題地圖

GIS所能顯現的絕不僅是地點位置，讓你知道「什麼地方在哪裡」而已。「查詢」只是GIS最基礎的一項功能，高層次分析運用才是GIS最能發揮功效的專長。借助龐大的數位資料庫，GIS不僅可用來查詢空間資料、自動繪製地圖，更可進行各種現象之間的空間分析。而這種空間分析，往往是透過「主題地圖」（thematic maps）的套疊而達成的。

如果說，任何與空間有關的事物都可繪成地圖，那麼，你所能想到的人、事、地、物等，任何單一主題的資訊，都可將之視覺化，用一張地圖來顯示現象或實體相互間的分布情形。這種集合同一類型的空間資料，所做成的一張張地圖單元，便稱為主題地圖。

主題地圖由來已久。如本書中曾提及，早在一六八六年，英國天文學家哈雷（Edmond Halley）便做出了第一張氣象圖，用來顯示低緯度地區的盛行風方向，這張風向圖，堪稱主題地圖的濫觴。哈雷還在地圖上將等值的點連成一線，繪製磁場偏角的等方位線。其他受到哈雷啟示而產生的主題地圖，譬如等高線、等氣壓線、同溫線、等降雨線均屬之。一八五四年，英國醫師斯諾（John Snow）開啟醫療主題地圖的先例，用手繪出霍亂病例在地圖上分布位置，而找出病源所在——原來病患都喝了同一幫浦打出來的水。這張霍亂病例分布圖，用今日GIS的角度來看，便是疊合了市區街道、病例分布、各個幫浦位置這三張主題地圖，不但清楚顯示了調查結果，地圖本身也變成重要的分析工具。

有別於傳統的紙地圖，GIS將紙地圖中「資訊呈現」與「資訊儲存」兩者功能分開。不同的主題像地形、土地利用、河流、植被、道路等，在GIS中通常是分開儲存的。空間資訊的儲存媒介，由原來版面有限的紙張，轉變為具有龐大儲存能力的電腦系統，各個主題資料不但可隨時改寫更新，也可加以補充擴建。不像傳統紙地圖一出印刷廠，資訊就此僵化固定，你在地圖上看到的，幾乎就是你所能得到的全部資料，GIS所能提供的資訊是很有彈性的，是活的。藉由GIS幫助，你可以圈選地區，把需要的主題地圖一張張叫到螢幕上，加以套疊起來，你就能看到紙地圖變成了電子翻版，再度呈現眼前。

GIS更有一項去蕪存菁的優點。假設今天你所關心的只是公路網的分布，面對一張紅黃藍綠、塞滿各種符號的傳統紙地圖，你只能乾瞪眼。從錯綜複雜的地圖中專心挑出你所要的資訊，最容易看清楚的辦法，可能是把公路描在另一張空白紙上了。但在GIS裡，因為各個主題資料是層層分開存放的，你大可把不需要的主題像鐵路、河川、等高線、行政界線、市鎮名稱等拿掉，只選擇你所需要的公路網主題。正因為具有這種套疊與抽取主題的彈性，GIS便能達到視覺上清晰辨識的效果，讓人們「看到」只想看到的資訊，這是傳統紙地圖絕對無法辦到的。

近二十年來，電腦製圖技術突飛猛進，統計資料加上現有地圖、田野觀察、航照、衛星影像與遙測記錄等，為地理資訊的分析應用，提供無限可能的發展空間。今日像門牌、街道、水系、人口密度、學區、犯罪率、餐廳旅館分布等，均可個別製成數位化的主題地圖。這些化繁為簡的單一主題地圖，大大增加了地理分析的應用彈性，透過GIS運作，可以隨時更新資訊，任意增添或篩選主題，在螢幕上操作分析，在短短時間內，製作所需要的地圖。更重要的是，藉著主題地圖的層層套合，你也許就能發現原先的各個孤立事件，其實可能會有空間上的某種關連，就像前面舉的霍亂病例，進而破解現象之謎。

GIS的空間資料

當我們描述空間現象時，不外是「在哪裡」及「是什麼」兩個要素。在GIS裡記錄位置的方式，最通用也最為人知的是經緯度。當然，日常我們所熟悉的郵遞區號或街道門牌等，都能用來標示事物的地點。

除了「在哪裡」，我們通常更關心空間現象「是什麼」。「是什麼」就是一般所謂的屬性（attributes）資料，也就是空間資料「有什麼特性」。除了「是一條道路」之外，一條道路的屬性資料還可包括編號、長度、鋪路物質、整修日期、速限、線道數目、每日平均交通流量等。在傳統的紙地圖裡，屬性資料通常由不同的符號來表示，例如淺藍色的線代表河流，紅色粗線代表高速公路，黑色細線代表省道等，但一張紙圖上所能顯示的屬性資料相當有限。在GIS中屬性資料呈現的彈性很大，我們可以任意選擇我們關心的屬性資料，然後賦予屬性不同的符號。比方說我們可用粗細不同的線來代表交通的流量，也可以用不同顏色的線來區別各種道路鋪面性質。我們更可同時查詢任一條道路的所有屬性：只要在電腦上用滑鼠圈選某一條道路，就能叫出對應資料。其他如公園、學校、房地產、公私機構、生態保護區等，GIS都能把空間現象與屬性資料串連起來，使人們能「深入」現象而了解全貌。

數位資料庫的建立，是GIS系統運作最根本一環。空間資料最初來自現有地圖，將紙地圖上的符號轉換成電腦能讀取的數位形式，此一步驟被稱為「數位化」（digitizing）。早期，操作員用一種類似滑鼠的電子游標在地圖上慢慢移動，將道路、海岸線、行政區等轉換成數位資料。隨著科技進步，「全自動」數位化系統應運而生。美國地質測量所在一九八〇年代初期便已使用電子光學掃描器，將它所有地圖都數位化，每張地圖都包含了超過一億位元的資訊。即使資料來源各異，地圖投影法與比例尺也不盡相同，在GIS處理下，都不再是棘手問題。

除了地圖，空間資料來源還包括野外調查、航照、衛星遙測等。近年已很普及的全球定位系統（Global Positioning System，簡稱GPS），能藉由衛星發出的訊號而精確定位，也已成為蒐集空間資料的利器，就像本書裡提到追蹤台灣黑熊的研究。這些資料多在收集階段就已用數位形式儲存，因此不需任何轉換就可直接輸入電腦，大大簡化了資料蒐集程序。

空間資料經數化後，主要分成兩種格式儲存：一是向量模式（"vector" model），另一種為網格模式（"raster" model）。這兩種空間資料結構，均是用點、線、面的幾何觀念，來表示各現象間的位置分布與彼此對應關係。在向量模式中，具有「點」特質的實體，譬如一個鑽探孔，可用單一的（x, y）點座標描述；具「線性」特質者，如道路或水管，便用點座標集合而成的線（lines）表示；具「面」特質者，如行政區或河流集水區，便以線段集合形成的多邊形（polygons）來表現。網格模式，其實是由許多規則排列的小方格（grids）所組成，其原理與結構就好比照片影像的呈現，每一方格均儲存實體的特殊屬性。方格愈小，資料解析度就愈高。高解析度資料雖登錄較詳盡，但相對地，會增加儲存所需的記憶體空間，而做應用分析時，也會顯著增加資料處理運算的時間。

資料儲存模式的選擇，將影響日後GIS的運作效率。向量與網格模式兩者在資料貯存與應用上，各有利弊，像水電瓦斯油管等管線分布，因精確度要求高以及資料本身的特性，多採用向量模式儲存。向量模式對於不連續物體（如鑽探孔）的特質描述，十分合適，但對於具有連續特質的實體（如土壤的分布或地形坡度坡向）便不及網格模式來得適用。像GIS最常見的數值地勢模型（Digital Terrain Model，簡稱DTM）就是

More Info

一種網格資料，對於空間的連續現象能夠幾近真實的呈現。現今的ＧＩＳ已能同時套疊處理這兩種資料模式。

放眼看世界ＧＩＳ

除北美以外，世界其他國家的ＧＩＳ發展，相對均較為遲緩。如英國，雖早在一九六○年代在倫敦皇家藝術學院即設立「實驗地圖學小組」（Experimental Cartography Unit），而英國陸地測量所（Ordnance Survey）在一九七三年也已成立數位化自動點圖的生產線，但兩者均著重於用電腦來輔助生產高品質的地圖，並不是ＧＩＳ的研發應用。直到八○年代，因官方對於水電管線設施的數位地圖資料大量需求，而促使ＧＩＳ順勢急速擴展，英國並在一九八九年成立地理資訊學會（Association for Geographic Information），以促進產業界、教育界與政府部門之間的經驗交流。

瑞典在一九七○年代中期已著手建立「瑞典土地資料庫系統」（Swedish Land Databank System），用電子系統取代舊有人工系統，並特別設置中央不動產資料局（Central Bureau for Real Estate Data）專責管理地產資料。到了一九八○年代晚期，瑞典土地資料庫的數位資料已不再侷限地產，此系統可與人口統計與戶籍資料合併，進而對都市與區域規畫提供政策參考依據。

澳洲的地籍圖管理屬於州政府責任，因此在一九七○年代後期全國各州已建立基本的土地資訊系統（Land Information System）。此外，國家科學與工業研究機構並建立「澳洲資源資訊系統」（Australia Resources Information System），從各個地方政府取得現有數值資料，將尺度格式加以標準化。到八○年代中期，該資料庫已包括地形、環境資源、道路、人口、地籍、管線公共設施、社會經濟等主題地圖。澳洲的ＧＩＳ起步不算早，卻是後起之秀，其政府於一九八六年成立的澳洲土地資訊會（Australian Land Information Council）協調各州之間的資料流通與整合，功不可沒。

日本ＧＩＳ在六○與七○年代幾乎毫無動靜，但在八○年代卻因電腦工業與產業界推動而急速發展，今日並由國家地理院專責ＧＩＳ研發。蘇聯也是遲至一九八三年，國家科學院地理所才首次舉辦ＧＩＳ問題研討會，但最初重點是放在自動繪圖與地形資料庫籌建。中國最初是在沒有外援情況下獨立發展ＧＩＳ，在七〇年代初期，大陸已著手研發數位化繪製地圖技術。一九八〇年中央科學研究院會議中成立ＧＩＳ工作小組，並在八〇年代中期，將ＧＩＳ應用於環境災害的預估與管理分析。其他開發中國家如牙買加與泰國，分別在美國與澳洲資助下，於八〇年代中期開始推展ＧＩＳ。

台灣正式推動ＧＩＳ，約在八〇年代後期，剛開始是由台大地理系的教授將ＧＩＳ觀念導入，並負責宣導與教育訓練。在學術界與內政部資訊中心推動下，經建會於一九八七年進行國土資訊系統（ＮＧＩＳ）的可行性分析，並於一九九〇年成立國土資訊系統推動小組，此跨部會組織以內政部資訊中心為核心幕僚，設有九大資料庫，推動單位包括與環境主題有關的經濟部、農委會與環保署；與社會經濟資料有關的主計處；與土地資料及基本圖有關的地政司；與都市計畫及公共設施有關的營建署；與交通資料有關的交通部，以及各地方政府的推動委員會。國土資訊系統結合全國各種具有空間分布特性的地理資料，由研考會釐定資料類別、標準格式、資料品質與更新制度，目的是要提高資訊共享，以減少重複調查建檔工作。立意原本甚佳，但內政部推動資訊的五大原則之一，是尊重各級政府權限與運作方式，因此，各級政府單位的資料庫建好後若不釋出，內政部資訊中心也無可奈何，在資料整合上並無任何強制力量。

放眼世界，很多國家的ＧＩＳ起步雖晚，卻能急起直追，這和政府高層對ＧＩＳ發展的重視程度有直接關連。台灣目前尚未有高層級的獨立專責機構（如美國地質測量所或日本國土廳），也缺乏國家級的ＧＩＳ研究實驗中心，加上資料開放流通問題，因此ＧＩＳ的發展受到相當的限制。過去十餘年政府部門做的ＧＩＳ主要是資料生產數位化，地理圖庫建立與管理，或者將資料上網提供大眾查詢。但就像前面提到的，若ＧＩＳ只具有簡單的電子地圖查詢功能，而無法運用各種空間資料加以整合和套疊分析，嚴格說來，那很難稱得上是一個真正的ＧＩＳ。

參考文獻

- *Elements of Cartography*, by Arthur H. Robinson, Joel L. Morrison, Phillip C. Muehrcke, A. Jon Kimerling, & Stephen C. Guptill. John Wiley & Sons, Inc., Sixth Edition, 1995.
- *The Mapmakers – The Story of the Great Pioneers in Cartography from Antiquity to the Space Age*, by John Noble Wilford. Alfred A. Knopf, a division of Random House, Inc. Revised Edition, 2000.
- *How to Lie with Maps*, by Mark Monmonier. The University of Chicago Press, Ltd. Second Edition, 1996.
- *Mapping Ways of Representing the World,* by Daniel Dorling & David Fairbairn. Addison Wesley Longman Limited, 1997.
- *The NEW Geography – How the Digital Revolution Is Reshaping the American Landscape*, by Joel Kotkin. Random House, Inc. 2000.
- *How Maps Work – Representation, Visualization, and Design*, by Alan M. MacEachren. The Guilford Press, 1995.
- *Some Truth with Maps: A Primer on Symbolization & Design*, by Alan M. MacEachren. Association of American Geographers, 1994.
- *Datums and Map Projections – for Remote Sensing, GIS and Surveying*, by J. C. Iliffe. Whittles Publishing, 2000.
- *Flattening the Earth – Two Thousand Years of Map Projections*, by John P. Snyder. The University of Chicago Press, Ltd. Paperback Edition 1997.
- *Mapping Cyberspace*, by Martin Dodge & Rob Kitchin. Routledge, the Taylor & Francis Group, 2001.
- *Longitude – The True Story of a Lone Genius Who Solved the Greatest Scientific Problem of His Time*, by Dava Sobel. Walker Publishing Company, Inc. 1995.
- *Snow on Cholera: being a reprint of two papers by John Snow, M.D.*, by W. H. Frost, together with a biographical memoir by B.W. Richardson and an introduction by Wade Hampton Frost, M.D. The Commonwealth Fund, New York. 1936.
- *Bushmanders & Bullwinkles – How Politicians Manipulate Electronic Maps and Census Data to Win Elections*, by Mark Monmonier. The University of Chicago Press, Ltd. 2001.
- *Air Apparent – How Meteorologists Learned to Map, Predict, and Dramatize Weather*, by Mark Monmonier. The University of Chicago Press, Ltd. 1999.
- *Principles of Geographical Information Systems – Spatial Information Systems and Geostatistics*, by Peter A. Burrough and Rachael A. McDonnell, Oxford University Press Inc., 1998.
- *Geographic Information Systems and Science*, by Paul A. Longley, Michael F. Goodchild, David J. Maguire & David W. Rhind. John Wiley & Sons, Ltd., 2001.
- 《地圖學》，徐聖謨編著，中國文化大學地學研究所1982年9月再版。
- 《小地形學》，鄒豹君著，台灣開明書店1983年3版發行。

相關資訊網站

- 台灣黑熊保育協會網站：http://www.taiwanbear.org.tw/
- 國際環保組織「拯救大象」網站：http://www.savetheelephants.org
- 雪雁遷移路線研究計畫網站：http://north.audubon.org/
- 沙丘鶴遷移路線網站：http://www.signalsofspring.com/
- 環境永續指數（ESI）網站：http://sedac.ciesin.columbia.edu/es/esi/
- 環境績效指數（EPI）網站：https://epi.envirocenter.yale.edu/
- 中山醫學大學廖勇柏教授的癌症地圖線上版：http://taiwancancermap.csmu-liawyp.tw/
- 西尼羅河病毒的擴散分布——美國疾病防制中心網站： http://www.cdc.gov/ncidod/dvbid/westnile/wnv_factsheet.htm
- 美國人口普查局（US Census Bureau）網站：http://www.census.gov/
- 美國國家地質調查局（USGS）網站：http://www.usgs.gov/
- 美國國家航空暨太空總署（NASA）網站：http://www.nasa.gov/
- 2014年Google Maps 為愚人節製作"Pokeman Master"整人玩笑影片：https://www.youtube.com/watch?v=4YMD6xELI_k
- 2015 柴靜霧霾調查【穹頂之下】完整版：https://www.youtube.com/watch?v=ZqS_66XJmF8
- WeMo Scooter電動機車即時租借服務：https://www.wemoscooter.com
- YouBike公共自行車：https://taipei.youbike.com.tw/home
- 環保署空氣品質監測網查詢PM2.5全台即時概況：https://env.healthinfo.tw/air/